本书荣获"山东大学人文社会科学重大研究项目"的资助

|博士生导师学术文库|
A Library of Academics by
Ph.D. Supervisors

中日韩自由贸易区非诉讼制度研究

姜作利 著

光明日报出版社

图书在版编目（CIP）数据

中日韩自由贸易区非诉讼制度研究 / 姜作利著. --
北京：光明日报出版社，2023.11
ISBN 978 – 7 – 5194 – 7154 – 5

Ⅰ.①中… Ⅱ.①姜… Ⅲ.①自由贸易区—工商行政管理—研究—中国、日本、韩国 Ⅳ.①F752.731

中国国家版本馆 CIP 数据核字（2023）第 213148 号

中日韩自由贸易区非诉讼制度研究
ZHONGRIHAN ZIYOU MAOYIQU FEI SUSONG ZHIDU YANJIU

著　　者：姜作利	
责任编辑：刘兴华	责任校对：宋　悦　李佳莹
封面设计：一站出版网	责任印制：曹　诤

出版发行：光明日报出版社
地　　址：北京市西城区永安路 106 号，100050
电　　话：010-63169890（咨询），010-63131930（邮购）
传　　真：010-63131930
网　　址：http://book.gmw.cn
E – mail：gmrbcbs@ gmw.cn
法律顾问：北京市兰台律师事务所龚柳方律师
印　　刷：三河市华东印刷有限公司
装　　订：三河市华东印刷有限公司
本书如有破损、缺页、装订错误，请与本社联系调换，电话：010-63131930
开　　本：170mm×240mm
字　　数：335 千字　　　　　　　　印　张：19.25
版　　次：2023 年 11 月第 1 版　　　印　次：2024 年 1 月第 1 次印刷
书　　号：ISBN 978 – 7 – 5194 – 7154 – 5
定　　价：98.00 元

版权所有　　翻印必究

前　言

当今世界正经历百年未有之大变局，新问题层出不穷，但发展主流势不可挡，毋庸置疑，越来越多的新兴国家和发展中国家正在崛起，冷战后的"一超多强"日渐衰落。虽然地区冲突仍时隐时现，但各国人民追求世界和平、携手共建"人类命运共同体"与和谐世界，已成不可逆转的世界潮流。中国传统文化中的和谐思想正博得越来越多国家的认可，中国作为世界和平的建设者、全球发展的贡献者及国际秩序的维护者，正在发挥着举足轻重的作用。在国际商事纠纷解决方面，西方国家主导的非诉讼制度正遭受司法危机的侵害，上演着愈演愈烈的诉讼化，非诉讼纠纷解决方式的本质属性正在受到削弱，严重有悖于各国人民崇尚世界和平、期盼采用和谐方式解决纠纷的愿望。

中日韩三国人民共同信仰中国传统文化中的和谐思想，决定了中日韩自由贸易区的非诉讼制度根植于三国的传统文化。本书的主要创新之处在于：

第一，从构建"人类命运共同体"及和谐世界的高度，诠释中日韩自由贸易区非诉讼制度的重要性。习近平总书记构建"人类命运共同体"及和谐世界的倡议彰显了人类社会发展的大势，为提高各国人民生活福祉指明了方向，具有历史性里程碑的意义。然而，以美国为首的少数国家出于私利和霸权的需要，固守冷战思维，怂恿日本、韩国等国家变本加厉地围堵和抑制中国的发展，无疑成为"人类命运共同体"与和谐世界建设的主要威胁。有鉴于此，构建适合中日韩三国人民文化传统的非诉讼制度为自由贸易区的正常运行提供了保障，必然成为构建"人类命运共同体"及和谐世界的突破口和样板，其重要意义自然是不容置疑的。

第二，从文化是法律之源的视角，深入探讨中日韩自由贸易区非诉讼制度的正当性及可行性。众所周知，文化是法律之源。特定的文化，必然产生相应的法律。中华民族创造了灿烂辉煌的文化，特别注重人与人之间的和谐关系，崇尚"爱人"及"和为贵"的思想，尊奉"和而不同""求同存异"

及"己所不欲勿施于人"的原则，尊重和包容他人，合作共赢，和谐相处。中国这种德行文化，正在博得世界各国人民的认可和赞赏，使中国成为礼仪之邦、世界和平的建设者、全球发展的贡献者及国际秩序的维护者。在民事纠纷解决方面，中国人崇尚的是"听讼，吾犹民也，而必使无讼乎"，采用协商与调解来解决纠纷。相比之下，西方的文化缺少基本的德行：以贪婪与零和博弈为特征，披着平等、公正的华丽外衣，依仗霸权和欺凌获取暴利。当今世界越来越多的新兴国家和发展中国家日益崛起，西方国家急剧衰落，这是不容置疑的事实。

中日韩三国都崇尚中国传统文化的和谐思想，三国自由贸易区的非诉讼制度必然根植于和谐思想。这不仅是三国人民的文化信仰，也与各国人民期盼世界和平、共享幸福生活的美好愿望相契合。

第三，首次将"和谐"设定为中日韩自由贸易区非诉讼制度的核心价值取向，填补了国际商事纠纷解决制度理论框架的空白。人类社会存在诸多基本的共同价值，如和谐、人权、自治、正义、效益等。中国传统文化博大精深，倡导的是和谐（即"爱人""和为贵"及"无讼"等），其中和谐无疑是核心价值取向。可见，和谐也自然成为中国民事纠纷解决制度的核心价值取向。比较而言，西方文化中，和谐概念淡薄，信奉的是自治、正义、效益等价值取向。西方国家强调规则之治、诉讼至上，把法律视为唯一的正义标准和正当规范。同时，把法律等同于精神的认同，要求人们信仰法律，以法律为人们唯一正确的价值尺度，却忽略了法律与文化、信仰、道德、习惯之间的不同及其间深刻的依存关系。

笔者认为，中国传统文化中的"和谐"毫无疑问是诸多价值中的核心价值，证明了诸多价值之间存在着优先序列，即任何其他价值的实现必须以和谐为前提。中日韩三国共同信仰中国传统文化中的和谐思想，必然成为三国自由贸易区非诉讼制度中的核心价值取向。完全可以合理预测，随着"人类命运共同体"与和谐世界建设的快速发展，和谐必将成为国际商事非诉讼制度中的核心价值取向，为提高各国人民的福祉作出贡献。

第四，在中日韩自由贸易区非诉讼制度中构建以调解为主、仲裁为辅的程序，填补了国际商事纠纷解决制度程序框架的空白。随着越来越多的新兴国家和发展中国家成为西方国家主导的经济及法治全球化参与者，他们逐渐发现西方国家法治漠视人与人之间的和谐关系，非诉讼制度中崇尚仲裁程序、漠视调解程序的重要性。尤其是，西方国家近年来的仲裁程序中司法危机愈演愈烈，非诉讼制度日趋走向诉讼化，导致程序复杂、延时拖沓、费时耗力、费用高昂，难以促进人与人之间的和谐关系。考虑到中日韩三国人民共同信仰中国传统文化的和谐理念，不愿意采用仲裁或诉讼方式解决纠纷的客观事实，笔者建议中日韩自由贸易区非诉讼制度中将调解设定为首要的必经程序，仲裁作为辅助程序。毫无疑问，将调解作为非诉讼制度中的主要程序，填补了国际国内非诉讼制度的空白。这有着坚实的文化根基，自然是唯一正确的选择。

第五，国际商事非诉讼制度的建构是一个极其浩大的系统工程，不可能一蹴而就，需要付出长久艰苦的努力。特别是，虽然中日韩三国共同信仰中国传统文化中的和谐思想，但由于三国法治建设经历了不同的路径，西方司法危机的影响错综复杂，本书只提供了一个理论框架，难免有挂一漏万、浅尝辄止之嫌。虽然该建议契合了"人类命运共同体"、和谐世界建设及中国传统文化中的和谐理念，但难以完全摆脱时间和学历之限，期待读者朋友批评指正。

姜作利

目 录
CONTENTS

导 论 ·· 1

第一篇　现代国际商事非诉讼制度新发展

第一章　国际商事协商和调解制度概述及新发展 ················ 9
　第一节　国际商事协商与调解制度的起源与新发展 ············ 9
　第二节　国际商事协商与调解的价值取向 ····················· 18
　第三节　国际商事协商和调解制度的新发展 ··················· 21
　小　结 ··· 30

第二章　国际商事仲裁制度概述 ································· 32
　第一节　国际商事仲裁制度历史沿革 ···························· 32
　第二节　国际商事仲裁的价值取向 ······························· 35
　第三节　国际商事仲裁调解制度 ·································· 43
　小　结 ··· 53

第三章　国际商事仲裁制度司法化及新发展 ····················· 55
　第一节　国际商事仲裁制度司法化之理论交锋 ················ 55
　第二节　国际商事仲裁制度的理论创新 ························· 63
　第三节　国际商事仲裁制度的程序创新 ························· 68
　第四节　国际商事仲裁制度新发展的评析 ······················ 100
　小　结 ·· 107

1

第二篇　当今世界上主要自由贸易区非诉讼制度

第四章　WTO 争端解决机制 ··················· 111
- 第一节　WTO 争端解决机制的主要价值取向 ··················· 111
- 第二节　WTO 争端解决机制的主要程序 ··················· 114
- 第三节　WTO 争端解决机制中的仲裁制度 ··················· 116
- 第四节　WTO 争端解决机制对中日韩自贸区非诉讼制度的主要启示 ··· 119
- 小　结 ··················· 121

第五章　美墨加自由贸易区非诉讼制度 ··················· 122
- 第一节　NAFTA 非诉讼机制 ··················· 123
- 第二节　USMCA 非诉讼制度新发展 ··················· 127
- 第三节　USMCA 非诉讼制度对中日韩自贸区的警示价值 ··················· 132
- 小　结 ··················· 133

第六章　中国—东盟自由贸易区非诉讼制度 ··················· 135
- 第一节　CAFTA 非诉讼争端解决机制概述 ··················· 135
- 第二节　CAFTA 非诉讼争端解决机制的主要特点 ··················· 136
- 第三节　CAFTA 非诉讼争端解决机制对中日韩自贸区的启示 ··················· 142
- 小　结 ··················· 143

第三篇　中日韩传统文化与非诉讼制度比较

第七章　文化与法律的关系 ··················· 147
- 第一节　文化对法律的驱动性 ··················· 147
- 第二节　文化的冲突性和包容（宽容）性 ··················· 150
- 第三节　法律对文化的能动性 ··················· 152
- 第四节　文化与法律的关系对中日韩自由贸易区非诉讼制度的启示 ··· 153
- 小　结 ··················· 156

第八章　中国传统文化中的"和谐"价值与非诉讼制度 ··················· 157
- 第一节　中国传统文化中的和谐思想 ··················· 158

第二节　中国非诉讼制度 ··· 162
　　小　结 ··· 171

第九章　日本传统文化中的"和谐"价值与非诉讼制度 ········ 173
　　第一节　日本对中国传统文化的接受 ································· 173
　　第二节　日本非诉讼制度 ··· 175
　　第三节　日本自由贸易区非诉讼制度 ································· 187
　　小　结 ··· 190

第十章　韩国传统文化中的"和谐"价值与非诉讼制度 ········ 192
　　第一节　韩国对中国传统文化的接受 ································· 192
　　第二节　韩国非诉讼制度 ··· 195
　　第三节　中韩自由贸易协定非诉讼制度 ···························· 201
　　小　结 ··· 206

第十一章　中日韩传统文化与非诉讼制度比较 ······················ 207
　　第一节　中日韩传统文化之比较 ······································· 207
　　第二节　中日韩非诉讼制度比较 ······································· 214
　　小　结 ··· 218

第四篇　中日韩自由贸易区非诉讼制度构想建议

第十二章　中日韩自由贸易区非诉讼制度中协商制度构想建议 ········ 221
　　第一节　协商的特征及其重要地位 ···································· 221
　　第二节　协商的基本原则 ··· 225
　　第三节　中日韩自由贸易区非诉讼制度中协商制度构想建议 ··· 226
　　小　结 ··· 230

第十三章　中日韩自由贸易区非诉讼制度中的调解 ············· 231
　　第一节　调解在价值取向和程序上的特征 ························· 232
　　第二节　调解协议及其法律效力 ······································· 234
　　第三节　调解员的选定与行为规范 ···································· 238
　　第四节　调解员的调解技巧 ·· 243

小　结 …………………………………………………………… 252

第十四章　中日韩自由贸易区调解制度构想建议 ………………… 253
　第一节　调解的保密问题 ………………………………………… 253
　第二节　和解协议的法律效力及强制执行力 …………………… 259
　第三节　中日韩自由贸易区非诉讼制度中调解制度构想建议 … 263
　　小　结 …………………………………………………………… 271

第十五章　中日韩自由贸易区非诉讼制度中仲裁制度构想建议 … 272
　第一节　中日韩自由贸易区仲裁制度中的核心价值取向与和谐思想 … 273
　第二节　中日韩自由贸易区仲裁制度的程序 …………………… 275
　　小　结 …………………………………………………………… 284

主要参考文献 ……………………………………………………… 286
后　记 ……………………………………………………………… 293

导 论

一、本书的缘起

本书在国际国内首次从构建"人类命运共同体"与和谐世界的高度及弘扬中国传统文化的视角，对中日韩自由贸易区的非诉讼制度展开系统、深入的研究，并提出了切实可行的构想建议。本书主要缘起以下三点。

（一）中国的迅速崛起与"人类命运共同体"及和谐世界建设

随着中国政治和经济的日益强大，以美国为首的一些发达国家如坐针毡，挖空心思地推行"中国威胁论"，竭力拉拢和胁迫中国周边国家，企图对中国形成包围之势，进而维护自己的霸权。日本、韩国作为多年对美国俯首帖耳的两个亚洲国家，出于维护自身利益的需要，频频与美国遥相呼应。同时，日韩两国受地理位置及文化等因素的影响，也在寻求多样化的途径，与中国及其他亚洲国家开展区域经济活动，使其利益最大化。

面对风云变幻的当今世界，习近平总书记基于马克思主义的唯物史观及中国传统文化中的和谐精髓，着眼于提高各国人民福祉的宗旨，适时提出了针锋相对的对策：提出了构建"人类命运共同体"与和谐世界的伟大构想，博得了越来越多国家的认可和支持，大大增强了中国及中国文化在国际社会的影响力。在这个伟大倡议的语境之下，我国政府积极与日韩两国展开了建立中日韩自由贸易区的谈判。中日韩自由贸易区作为构建"人类命运共同体"不可分割的一部分，这一伟大倡议的实施在全球具有特别重要的意义：一是日韩两国作为多年受美国庇护的"密友"，三国自由贸易区的建成必然有助于争取日韩两国的支持，瓦解美国在亚洲的同盟；二是日韩两国都接受了中国文化，具备了坚实的文化基础，自然有助于进一步提升中国文化在当今世界的影响力。

（二）区域经济一体化的蓬勃发展

世界经济自18世纪萌生，风雨兼程，在西方工业的推动下，得以迅速发展。第二次世界大战之后，特别是 20 世纪 90 年代以来，新科技革命和社会生产力快速发展，促进了经济全球化的发展，越来越多的新兴国家及发展中国家也积极参与，他们在国际社会的话语权得以快速提升。同时，区域经济一体化也得到了飞速发展，其原因错综复杂，但根本的原因在于西方强国依仗政治及经济强势在经济全球化中推行弱肉强食、适者生存的丛林规则，以维持他们利益最大化。广大新兴及发展中国家则从经济全球化中获利甚少，甚至被"边缘化"，成为发达国家和跨国公司的"新技术殖民地"。近年来，新兴及发展中国家不再臣服于发达国家的经济霸凌，迫使发达国家组成区域经济来维持自己的主导地位。同时，新兴及发展中国家也另辟蹊径，通过组成区域经济体来发展经济，增强在国际社会的话语权。

（三）国际商事非诉讼制度司法化与非诉讼制度本质属性的削弱

自欧洲工业革命以来，西方强国依仗其政治、经济及法律强势，开始主导着国际商事非诉讼制度的发展，推行着自治、公正、效率等价值取向，维护着强国的利益最大化。近年来，随着西方国家内部矛盾激化，讼累突出，司法危机开始蔓延。由于西方文化中缺少博大精深的和谐理念，他们始终痴迷法律信仰，漠视社会关系的多样性及多元纠纷解决方式的作用，导致非诉讼制度司法化愈演愈烈，非诉讼制度的本质属性被削弱。这样一来，和谐作为一种社会价值理想及一切价值取向的最终目标[①]正在被削弱，非诉讼纠纷解决方式的程序也日趋复杂，导致耗时耗力、费用昂贵。毫无疑问，非诉讼制度的这种愈演愈烈的司法化，和"人类命运共同体"与和谐世界的建设背道而驰，自然违背了各国人民追求世界和平、合作共赢的美好愿望。

二、我国国际商事非诉讼制度研究存在的问题与不足

20 世纪 60 年代以后，世界进入了相对稳定与和平的发展时期，伴随着西方强国愈演愈烈的司法化，公共治理理念开始在各国兴起，法律至上思潮开始削弱，国际商事中采用非诉讼方式解决纠纷成为世界潮流。我国的研究进展较快，成果不断涌现，但仍存在一些问题与不足。

（一）对党和政府的指导作用重视不够

我国自对外开放以来，党和政府领导人从提高全人类福祉的高度，提出了一系列关于维持世界和平、构建"人类命运共同体"及和谐世界的倡议，

[①] 乔欣. 和谐文化理念视角下的中国仲裁制度研究［M］. 厦门：厦门大学出版社，2011：12-49.

为我国国际商事非诉讼制度的研究提供了强有力的政治基础和指导作用。研究者积极响应我国领导人的号召，做了大量、深入的研究，高质量的成果频频问世，成绩斐然。然而，多数研究集中于国内非诉讼制度，对国际商事非诉讼制度的研究难免有蜻蜓点水之嫌。特别是，大多数研究仍沉湎于法律至上及诉讼神圣等传统的理念，对"人类命运共同体"及和谐世界等倡议中的各国人民和谐相处、合作共赢的精髓重视不够。例如，研究成果仅限于司法及非诉讼纠纷方式的程序方面，没有从"人类命运共同体"及和谐世界建设的高度展开，没有对其价值理论与中国传统文化中和谐理念之关系进行系统、深入的探讨。

（二）对不同学科之间深刻的依存关系的研究有待提高

人类社会发展的客观事实早已表明，人类的社会关系不仅包括个体成员之间及其与国家之间的二元关系，还包括文化、信仰、道德、习惯之间深刻的依存关系。换言之，人类社会的多元性，决定了非诉讼纠纷解决的多元性，那些迷信法律至上及要求人们信仰法律的思想，显然有悖于人类社会关系的多元性现实。其中，文化的作用至关重要：西方文化的贪婪、自私、对抗等特征必然产生以自治、效益及程序正义等价值取向为特色的非诉讼制度，严重偏离了"人类命运共同体"及和谐世界建设的需要。相比之下，我国的研究大多集中于国际商事非诉讼制度本身，对与其他因素之间的相互影响、协调及制约的关系重视不够。可见，本研究根植于中日韩三国人民共同信仰的传统文化之上，具有足够的正当性。

（三）相关研究浅尝辄止，没有抓住根本

众所周知，法律价值是法律程序的正当性基础，通过法律程序得以实现，而法律程序则是法律价值的载体。由于价值观具有多样性特征，不同的法律程序必然表现着不同的价值组合与序列。法律价值组合与序列绝不是一成不变的，会随着社会的发展而产生相应的变化。国际商事非诉讼制度根植于西方的法律制度和文化，崇尚的是自治、效益、公正等价值取向。当今世界已经进入了稳定、和平时期，构建"人类命运共同体"与和谐世界已经成为各国的共识。这必然要求国际商事非诉讼制度的价值取向发生相应的变化。既然和谐是各国人民的崇高理想，也是法治社会的价值追求，那么它必然成为国际商事非诉讼制度中的核心价值取向。遗憾的是，我国的研究仅停留在简要介绍的阶段，并没有抓住根本，没有重构国际商事非诉讼制度的价值组合和序列。换言之，我国的研究并没有抓住文化是法律之源这个根本，对我国传统文化中的和谐价值重视不够。因此，在中日韩自由贸易区（中日韩自贸区）非诉讼制度中首次依据中国传统文化中的和谐理念，将和谐设定为核心价值取向，希望产生抛砖引玉的效果，作为这方面的一个突破口，完善国际商事非诉讼制度的理论框架，为构建"人类命运共同体"与和谐世界作出贡献。

三、本书的框架及结构

本书内容包括导论和四个部分。

第一篇从习近平总书记"人类命运共同体"与和谐世界建设的高度出发，对当今世界国际商事非诉讼制度（主要包括协商、调解和仲裁）的历史沿革、固有缺陷和新发展进行了深入剖析，为提出中日韩自贸区非诉讼制度的构想奠定法理及规则基础。

第二篇对当今世界主要自由贸易区的非诉讼制度进行了全面梳理，旨在探寻不同的自由贸易区非诉讼制度的优劣，归纳出有价值的经验和教训。例如，北美自由贸易区由两个发达国家和一个发展中国家组成，它们在政治、经济、文化方面差距较大。该自由贸易区的非诉讼制度（特别是仲裁制度）理论框架和程序比较完善，适当考虑了墨西哥作为经济弱小的发展中国家的特殊情形。由于中国是中日韩三国中唯一的发展中国家，北美自由贸易区对中日韩自贸区非诉讼制度的构建有重要的借鉴意义。

第三篇首先对文化与法律的关系进行了深入探讨，其次对中日韩三国文化中的"和谐"思想进行深入挖掘，最后对日韩两国有关中国传统文化中的"和谐"思想进行了系统、全面的探究。接着，笔者对中日韩三国在这方面文化的相通性进行了全面、系统的比较和提炼，分析三国文化之间存在的差异，为三国在谈判中的妥协提供了准备。笔者认为，中日韩三国在文化上的相通性为三国自贸区构建和谐、高效及公正解决争端的非诉讼制度，奠定了坚实的文化基础。这是本书试图构建中日韩自贸区非诉讼制度的最大特色。

第四篇针对中日韩自贸区非诉讼制度提出了较全面的构想建议，主要包括三个方面。

第一，将三国认同的中国文化中的"和谐"作为自贸区非诉讼制度的核心价值取向。当前的国际商事非诉讼制度是西方国家政治、经济及法律的产物，在价值取向方面偏重公平，漠视协商和调解的作用，推行仲裁制度的司法化。其结果必然是导致实质不公平，强者获得利益最大化，不利于弱者的崛起。毫无疑问，这些发达国家所主张的公平价值取向有悖于中日韩三国传统文化中认可的"和谐"思想和"人类命运共同体"倡议的合作共赢宗旨，不应成为三国自贸区非诉讼制度的核心价值取向。

第二，将协商和调解设定为中日韩自贸区非诉讼制度中最重要的程序。西方国家主导的国际商事非诉讼制度中的司法化倾向，直接导致漠视协商和调解的重要性，过分偏重于仲裁程序。这显然有悖于中日韩三国人民共同崇尚的和谐理念。因此，笔者主张中日韩自贸区非诉讼制度中应把协商和调解规定为首要的程序，仲裁作为辅助程序。例如，除了规定争端方在提交仲裁前必须经过协商和调解程序，还应规定当事方可以在仲裁程序中的任何环节进行协商和调解。换言之，任何当事人不可以排除上述规定。更重要的是，协商与调解的结果必须具有拘束力和可执行性。

第三，就构建全面、系统的具有中日韩特色的自贸区非诉讼制度提出了具体建议。近年来，一些国际商事仲裁组织在国际知名企业的推动下，针对经济及法律全球化发展催生的诸多新问题，建立了不少新的程序，如"临时仲裁""紧急仲裁员制度""小额诉讼""合并仲裁""紧急仲裁员""第三人制度"等，这些程序较少受司法化的影响，往往简单易行、费用低廉和注重效率，也适合中日韩三国传统文化的思想特质，应该成为三国自贸区非诉讼制度的重要组成部分。同时，近年来美国仲裁法中出现的紧急仲裁员程序也已经被世人广泛认可，代表了国际商事仲裁制度的发展趋势，也适合中日韩自贸区经济发展的特点，自贸区仲裁制度应该予以接受。

最后，笔者深入探索了法院对仲裁的司法监督问题和自贸区仲裁裁决的执行问题，主张法院的司法监督必不可少，但必须注重中日韩三国的传统文化，不可过度干涉仲裁员的自由裁量权和当事方的自治权。针对裁决的执行问题，笔者认为在执行裁决中，应该适当注重三国当事方传统文化中对"和谐"思想的认同，秉承"和为贵"的理念，在友好的氛围中执行裁决，为未来的进一步友好合作打好基础。

第一篇 01

| 现代国际商事非诉讼制度新发展 |

第一章

国际商事协商和调解制度概述及新发展

协商和调解是人类社会进程中历史最悠久的争端解决方式。虽然在经济全球化初期,受法治全球化中司法化的影响,协商和调解发展滞后于经济的发展,但是,随着近年来各国经济合作的快速开展,协商和调解的独有功能再次得以展现,正在受到各国及知名国际仲裁机构的重视,协商和调解在促进世界多边经济贸易合作方面,正发挥着越来越重要的作用。

第一节 国际商事协商与调解制度的起源与新发展

协商和调解作为非诉讼制度(Alternative Dispute Resolution,ADR)[1]中主要的方式之一,具有久远的历史。相比之下,协商解决争端无须任何第三者或专门机关,因其基本技术简单、容易实践,所以是历史最悠久也是最常用的解决争端的方式。[2]协商的产生几乎与人类进入村落时期同步,是古人通过和解来解决纠纷的主要方式。当争端产生时,由于缺少村、部落或国家的强制规定和参与,古人只能依据当地的风俗习惯及道义习俗,自行约定进行协商,既没有规律可循,也没有原则可遵守,程序上很随意,通过和解的方式来化解矛盾,解决争端。[3]

一般地说,调解作为另一种通过和解来解决争端的方式,产生的时间要晚于协商,即争端双方协商后,仍无法通过双方妥协达成共识,遂请求街坊邻居、村、部落或国家机关来主持,采用说明、劝导等方式,促使争端双方

---

[1] 国际商事纠纷解决中的非诉讼制度主要包括协商(consultation)、调解(mediation)、调停(conciliation)、斡旋(good office)及仲裁(arbitration)等方式,限于篇幅,本书集中研究协商、调解及仲裁方式。
[2] 范愉. 非诉讼程序(ADR)教程(第4版)[M]. 北京:中国人民大学出版社,2020:107.
[3] F FOX W. International Commercial Agreements [M]. Deventer: Boston Kluwer Law and Taxation Publishers, 1992:184.

在自愿的基础上达成协议,从而使争端得以解决。①与协商方式一样,调解具有非强制性、高效率及保密性等特点。但是,与协商相比,调解往往花费时间长、成本高。虽然调解的结果并不具有法律效力,但是由于有第三方的参与和监督,调解结果的执行一般具有更大的保证。更为重要的是,除解决争议之外,调解还具有其他重要功效,如帮助签订合同、阐明政策、预防冲突及教育等。其中的教育功效主要体现在,如果当事人的争议解决技巧有限,调解能够培育当事人成功管理其事务的自信心。此外,一些当事人在诉讼程序中还将调解作为一种过滤机制,即通过调解去考虑对方的各种事实情况、论点及证据,以便决定该如何处理有关问题。②

一、国际商事协商的起源与特征

(一) 国际商事协商的起源

中国是最早运用协商来解决争端的国家。早在商周时期,人们就已经习惯于通过争端双方的协商,来达成共识、化解分歧、解决争端。在汉代,协商已经被人们普遍采用,并与调解等结合,构成了较完整的多元化争端解决机制。在西方国家,古雅典于公元前403年,出现了较完整的协商和仲裁程序,用来解决人们之间的争端。此后,协商作为一种争端解决方式,一直持续至今。

国际商事协商最早产生于西方国家。古雅典时期的商人们就开始运用协商来解决商事争端,随后的古罗马商人在与其他国家商人经商时,也开始采用协商方式解决争端。随着中世纪各西方国家之间商事交易的快速发展,协商逐渐发展成主要的商事争端解决方式。由于西方国家的国际商事交易发展较快,争端急剧增多,涉及问题日趋复杂,特别是受司法化的影响,人们逐渐转向利用仲裁来解决争端,协商的重要性不再受到人们关注。

近年来,随着经济全球化的快速发展,越来越多的国家参与到多边贸易合作中,竞争日趋激烈,贸易合作难度增大,国际商事的多元性和复杂性史无前例,人们越来越愿意以和解方式解决纠纷,维持长久合作关系以便取得双赢,在这种情况下仲裁已经难以解决所有的国际商事争端。这样一来,协商再次受到关注,在解决错综复杂的国际商事争端方面,正发挥着日趋重要的作用。不少国家的法律和知名国际商事仲裁机构的相关规则,都对协商作

---

① 董新民. 国际商务法律 [M]. 北京:中国审计出版社,1996:283.
② 尹力. 国际商事调解法律问题研究 [M]. 武汉:武汉大学出版社,2007:26.

出了具体的规定。最具有代表性的当数 WTO 争端解决机制，其中的《关于争端解决规则与程序的谅解》（谅解书）把协商规定为强制性的程序，即争端方只有在经过磋商不能解决争端的情况下，才能要求 WTO 的争端解决机构成立专家组。此外，《美国—墨西哥—加拿大协定》（USMCA）和中国—东盟自由贸易区（CAFTA）都很重视协商的作用，并作出了相应的规定。实践证明，WTO 争端解决机制中的协商在各成员国争端解决中发挥了重要的作用，也是国际商事争端解决中的首要选择。[①]

（二）国际商事协商的特征

与其他争端解决方式相比，国际商事协商具有以下特征。

（1）国际商事协商有助于维持双方的和谐合作关系。国际商事协商运用的重要条件是争端双方具有协商的愿望和诚意，从长远的目标来看待双方的合作。换言之，双方要相互尊重各自的权利和尊严，相互信任；遵守协商的规则，不恶意滥用协商程序；遵守协议和承诺及对未来的合作给予厚望；等等。因此，协商通常适合于已经合作多年的商业伙伴。如果协商在这些条件下展开，争端双方相互尊重、相互妥协和谅解，就可以找到双方都满意的方案，取得双赢的结果。因此，从短期来看，通过协商达成协议，一方可能感到利益受损，但是从长远来看，双方会从长久的友好合作中获得较大收益，因而协商是一种较理想的争端解决方法。

（2）国际商事协商具有较大的灵活性和高效率。协商在形式上和程序上比较随意，双方在确定具体程序方面具有较大的自治权，并不拘泥于任何特定的程序。例如，协商在争端解决的整个过程中均可使用，可以与调解及仲裁等方式交互使用；协商地点、时间、争端范围及具体形式（如面对面协商、电话协商或电子商务）等，只要双方达成合意，就可展开协商。可见，与其他方式相比，协商可以节省时间、降低费用、提高效率。

（3）国际商事协商的现实可能性越来越大。一般地说，双方于合作初期，往往更注重标的物的质量和金额的数量。在日趋激烈的竞争中，随着双方的理解逐步加深，相互更加尊重，双方会从战略上来考量，更多地关注关系的维系和长远利益，不会仅仅拘泥于某一笔生意的得失。这样一来，一旦双方产生了争端，采用友好协商的方式来解决争端，往往具有更大的现实可能性。随着经济全球化的发展，多边主义得以维持，特别是"人类命运共同体"与

---

① 赵瑾. 国际贸易争端解决的中国方案：开放、协商、平等、合作、共赢［J］. 国际贸易，2019（6）：41-47.

和谐世界建设的快速发展，各国商人之间的合作和理解自然会加深，和谐的愿望得以进一步提升，因而必然大大增加双方通过协商来解决争端的可能性。

（4）国际商事协商具有较高的私密性。近年来，随着法治全球化的快速发展，协商、调解及仲裁等非诉讼方式的诉讼化现象日益明显，直接危及这些非诉讼方式的独立性，这有悖于当今世界多元化发展的基本趋势。这些非诉讼方式诉讼化的重要问题之一，是对协商解决争端过程中的透明度要求越来越高，对争端双方在双方关系、商业机密等方面的私密性带来威胁。国际商事协商的进行完全依靠双方的合意，没有第三方的参与，这自然有利于维护双方的私密性，充分彰显了协商区别于其他争端解决方式的特征。

当然，国际商事协商也存在一定不足：一是一方面双方可以随时不遵守已经达成合意的程序，退出协商程序，导致协商破裂；另一方面，也可能给那些缺乏诚意的一方利用协商来拖延时间的机会。这样，双方只能寻求其他方式来解决争端，无疑造成了时间和金钱的浪费。二是协商的结果一般没有法律约束力，如果一方拒绝自觉执行协商的结果，则会导致协商过程中人力、物力的浪费，甚至贻误另一方的商机，造成更大的经济损失。

二、国际商事调解的起源与特征

（一）国际商事调解的起源

调解指在第三方协助下，以当事人自主协商为主的纠纷解决方式。调解是协商的延伸，二者的区别在于中立第三方——调解人的参与。调解不同于审判和仲裁的决定性因素是，调解人没有权利（和义务）对争议双方当事人施加外部的强制力，对争议事项作出判断和决定。[1]与协商一样，调解也是一种历史悠久的传统非诉讼程序。从历史发展的视角看，从中国原始社会的调解发展到人民调解，再到被誉为"东方经验"的调解与仲裁相结合的方式，调解在具体形式、运作方式及体系方面，都远比协商更系统、更完善、更富有吸引力。

在中国原始社会时期，由于人们交往越来越紧密，国家官僚统治秩序能力有限，人们之间的争端主要靠自愿协商或请亲族近邻、乡保及族长等来协助，进行调解解决。自秦朝以来，随着国家法秩序的日益强大，开始了对国家正式的审判制度的统一化。然而，传统中国是以乡土社会为基础的国度，

---

[1] 范愉．非诉讼程序（ADR）教程（第4版）[M]．北京：中国人民大学出版社，2020：114．

由于地域、地理以及人力、物力和财力的限制，国家的权力实际上无法全面深入社会之中，国家既无法提供有效的法律服务，也无法全面地干预和控制社会。因此，出现了"天高皇帝远"的现象，乡土社会本身仍然是没有或只有很少正式法律的社会。①也就是说，由于缺乏经济形态的根本性变革和独立的法律职业团体，国家统治与民间自治在制度上难以融合，国家与地方的法秩序统一化的尝试无不遭到失败。②因此，中国传统社会的小农经济特点，决定了其社会结构以宗法家族为基础，统治模式是松散的中央皇权，传统民间的调解在维持社会的稳定方面，发挥着重要的作用。

从法文化角度来看，儒家和谐思想是调解制度的核心文化基础。尽管道家、法家和儒家对于实现和谐所运用的手段不同，但他们对和谐所要达到的目标有着大致相同的理解。③在这种和谐文化背景下，构建和谐的人际关系与社会秩序就成为古代统治阶级的最高理想。人们之间在发生纠纷或冲突时就会选择调解的方式来保持和谐的人际关系，而且即使是国家的官员们也主张不要轻易地就纠纷进行审判。即使当事人已经将诉状递到法庭，民间调解依然加紧进行，而此时的官员也在"劝讼"和"息讼"，劝导双方当事人最终同意和解并恳请销案。④

自中国社会进入第一次国内革命战争和抗日战争时期以来，中国共产党以赶走日本侵略者和建设新中国为己任，采取了农村包围城市的战略，使农民自身的利益与共产党的利益协调起来，广泛发动群众和壮大人民力量。为了实时化解农民之间的矛盾，调动人民的力量，中国共产党传承了中国传统的调解方式，进而创设了人民调解制度，并广泛应用。到1954年，人民调解的制度和法律逐渐成熟，政务院颁布了《人民调解委员会暂行组织通则》，标志着人民调解制度作为一种法律制度在我国正式确立。虽然人民调解在"文化大革命"时期进入了停滞和坎坷阶段，但是在"文化大革命"后又迎来了快速发展时期。例如，国务院于1989年5月5日通过了《人民调解委员会组织条例》，该条例于同年6月17日生效；司法部于2002年9月11日通过了《人民调解工作若干规定》，该规定于同年11月1日生效；2010年8月28日第十一届全国人大常委会第十六次会议表决通过了《中华人民共和国人民调解法》，从而确定了人民调解在中国法律制度中的地位。在中国法治建设如火

---

① 苏力. 道路通向城市——转型中国的法治 [M]. 北京：法律出版社，2004：7.
② 宋明. 人民调解纠纷解决机制的法社会学研究 [D]. 长春：吉林大学，2006：31.
③ 陈弘毅. 法理学的世界 [M]. 北京：中国政法大学出版社，2003：178-212.
④ 宋明. 人民调解纠纷解决机制的法社会学研究 [D]. 长春：吉林大学，2006：33.

如荼的今天，人民调解在人员及解决争端数量方面也有了很大发展，我国已形成了一个遍布全国城乡、厂矿，深入各个基层单位的人民调解员组织网络，建立了一支数量巨大的人民调解工作队伍，这是举世无双的。①

显而易见，调解在中国具有久远的历史，相关规则和制度都比较完善。当然，由于历史、地理环境等原因，中国虽然历史悠久，文化博大精深，但是，中国历史上闭关自守的时间较长，国际商事交易诞生及发展较晚，调解在中国作为国际商事争端解决方式的时间自然也晚于西方国家。必须指出的是，中国传统文化一向崇尚"海纳百川，有容乃大"。随着中国对外开放的快速发展，西方的法律和仲裁制度也"纷至沓来"。中国在从传统调解文化和制度中汲取了智慧的基础上，吸收了西方仲裁的理念和制度，在世界上首创了"调解与仲裁相结合"的争端解决制度，受到了各国际组织和各国的赞誉与欢迎，被誉为"东方经验"，为当今世界国际商事争端解决机制的发展作出了世人瞩目的贡献。②

国际商事调解起源于西方国家。由于受历史和地理环境的影响，西方国家很早就开始了国际商事活动。早在公元前18世纪的巴比伦时期，当地人就开始与外国人进行商事交易，并采用协商和调解的方式化解矛盾与解决争端。随着古罗马的对外征服和逐渐强大，古罗马人与外国人的商事交易也加快了发展，调解经常被用于国际商事争端解决中。然而，由于当时缺乏和平的环境，商事交易不多，不同国籍的商人之间相互缺乏了解和信任，关于调解的规则和制度并未得以完善。西方国家进入中世纪后，战乱逐步减少，国际商事交易开始增多，调解也开始被广泛用来解决国际商事争端。随着西方国家自中世纪后期开始的法治建设的发展，传统的调解功能被弱化。自18世纪始，西方国家的经济呈现多元化现象，国际商事争端解决方式也进入了多元化时代，调解重新得到重视。

近年来，随着经济全球化的快速发展，世界的多元化日益凸显，因而大大促进了国际商事调解制度的发展，越来越多的涉及国际商事调解的国际规

---

① 宋明. 人民调解纠纷解决机制的法社会学研究 [D]. 长春：吉林大学，2006：33.
② 时至今日，中国国际贸易促进委员会/中国国际商会调解中心已经与多个国家或地区建立了诸多调解中心，如北京—汉堡调解中心、阿根廷—中国调解中心、中韩商事争议调解中心、中加联合调解中心、内地—澳门联合调解中心、中美商事调解中心、中意商事调解中心等；此外，还与相当多的国际和行业组织建立了合作调解机制，如与国际商事仲裁联合会、伦敦国际仲裁院、瑞典斯德哥尔摩商会调解院、中国香港和解中心、英国有效争议解决中心、新加坡国际仲裁中心等有调解合作。这证明了国际商事调解正在成为国际商事争端解决中必不可少的方式，具有重要的发展前景。

范面世。许多世界知名的国际组织和国际商事仲裁机构也制定了相关规则，其中最具有代表性的是国际商会先后制定了多个规则。实际上，国际商会仲裁院早已闻名世界，同时，国际商会对友好解决国际商事争端予以特别关注。早在1921年6月，国际商会就在伦敦召开会议，与会者包括来自比利时、英国、意大利、荷兰及美国的律师和学者代表，讨论了一系列的规则，确定了国际商会最早的仲裁和调解规则。同时，国际商会的国际仲裁委员会起草了一个名为《不同国家商人间调解与仲裁的建议计划》的文件，确认了调解与仲裁的相互补充和宗旨相同的理念。该文件开宗明义地声明，"考虑到运用调解和仲裁解决不同国家商人间争端对世界商事大有裨益，国际商会坚信会对使用调解和仲裁予以大力支持。"①此后，国际商会为了实施上述计划，制定了一系列国际商会仲裁规则和调解规则。例如，国际商会于1988年1月1日生效的《国际商会调解与仲裁规则》，是国际商会制订的一个代表性调解类规范。更重要的是，《国际商会友好争议解决规则》（*The ICC Amicable Dispute Resolution Rules*）于2001年7月1日生效，对上述规则进行了完善。特别是，新版《国际商会调解规则》《ICC调解规则》于2014年1月1日正式生效，大大简化了纠纷调解的程序，从各个方面强化了国际商会友好争议解决国际中心的职能，帮助争议双方采用调解方式有效解决纠纷。

在国际商事争端解决的实践方面，国际商会也发挥了先锋作用。于国际商会成立初期，调解被认为与仲裁同等重要，甚至比仲裁适用得更广泛。例如，在起初解决的40个案例中，80%是通过非正式方式解决的（包括调解）。根据国际商会档案的记载，上述案例中第一个就是运用调解于1922年12月28日友好解决的。国际商会在解决上述早期争端过程中，积累了较丰富的采用友好方式解决国际商事争端的经验。国际商会调解委员会曾深有体会地指出，"国际商会经常请求地方商会给予帮助，要求他们向争端当事方提出友好解决的建议。国际商会认为，这种道德行为总会取得最愉快的结果，国际商会调解委员会向双方提出的建议几乎总是被接受。总的来说，这种友好和低廉的程序对商事交易（活动）具有极大的作用。"国际商会在争端解决实践中，一直注重调解与仲裁的互补作用。也就是说，即使运用仲裁来解决争端，国际商会也经常在程序中采用调解的技巧作出裁决。总之，截至今日，国际

---

① LEOVEANU A, ERAC A. ICC Mediation: Paving the Way forward, in Mediation in International Commercial and Investment Disputes Edited by CATHARINE TITI AND KATIA FACH GOMEZ [M]. London: Oxford University Press, 2019: 81.

商会一直传承着 1921 年大会支持国际商事调解的精神，其调解规则为促进全世界友好解决国际商事争端起到了开路先锋的作用。[①]

需要强调的是，近年来，国际商会运用调解和解的案件逐年增多。[②]不仅争端当事人来自更多的国家，争端涉及问题的领域也更广，除传统的国际货物买卖争端外，还涵盖了能源、电信、建设、金融、保险及运输等领域。[③]

联合国国际贸易法委员会（UNCITRAL）制定的涉及国际商事调解的相关规则，促进了各国关于调解法律的统一化，意义十分重大。1980 年 12 月 4 日联合国大会通过的《联合国国际贸易法委员会调解规则》《UNCITRAL 调解规则》共 20 条，基本涵盖了调解的方方面面。2002 年 UNCITRAL 制定了《联合国国际贸易法委员会国际商事调解示范法》，旨在协助各国完善自己的调解法，便利于各国利用中立的第三方进行调解或调停友好解决国际商业中的争端。特别重要的是，UNCITRAL 主持起草的《联合国关于调解所产生的国际和解协议公约》《新加坡调解公约》于 2018 年 6 月 27 日在第五十一届会议上获得通过，并于 2020 年 9 月 12 日正式生效。众所周知，调解方式的启动和运行完全取决于争端当事人的自觉自愿，即当事人对调解程序具有很大的控制度，既可以随时决定停止调解的进程，也可以终止和解协议的达成。也就是说，一旦一方当事人事后反悔，之前已经开展的工作就付诸东流，需要重新开展争端解决过程。调解员的作用仅限于促进调解进程，营造调解的良好氛围，并不具有强制作用。即使最终达成了和解协议，该协议的执行也同样依赖于当事方的自觉执行，一旦相关当事人拒绝执行，就必然造成当事人时间和金钱的浪费。

《新加坡调解公约》针对以上现象，汲取了《纽约公约》的经验和教训，允许一方当事人不需要提起合同诉讼，直接寻求某国执行机构执行和解协议，

[①] LEOVEANU A, ERAC A. ICC Mediation: Paving the Way forward, in Mediation in International Commercial and Investment Disputes Edited by CATHARINE TITI AND KATIA FACH GOMEZ [M]. London: Oxford University Press, 2019: 83.

[②] 比如，根据国际商会的统计，2017 年，来自 31 个国家的 86 位当事方选择了国际商会的调解程序。2018 年，选择调解程序的公司数量超过 100 家，比 2017 年增长 15%。(ICC Guidance Notes on Resolving Belt and Road Disputes Using Mediation and Arbitration, https://cdn.iccwbo.org/content/uploads/sites/3/2019/02/icc-guidance-notesbelt-and-road-disputes-pdf.pdf, visited on 9 October 2021.)

[③] LEOVEANU A, ERAC A. ICC Mediation: Paving the Way forward, in Mediation in International Commercial and Investment Disputes Edited by CATHARINE TITI AND KATIA FACH GOMEZ [M]. London: Oxford University Press, 2019: 89.

从而大大便利了和解协议的执行。该公约的制定和通过都充分表明国际社会对于调解机制的重视,理论界和实务界都充分认识到调解在争议解决过程中可以发挥的独特作用,即能够满足当事人对于省时省费的需求,在传统仲裁诉讼之外另辟蹊径,寻求争端得以和谐解决。该公约的达成也能消除社会公众对调解持有的一些怀疑态度,有利于调解在更广范围内得以适用。[1]

(二) 国际商事调解的特征

与国际商事仲裁相比,国际商事调解具有诸多特征。

(1) 国际商事调解具有更充分的自治性和灵活性。在性质上,国际商事仲裁和调解都属于民间性质,但是,国际商事调解的结果以和解协议的形式出现,没有法律拘束力。一旦相关当事人反悔,只能重新进行调解或仲裁。国际商事仲裁的结果的形式则是裁决书,因而具有法律拘束力,是"一裁终局",一般可以得到强制执行。

(2) 国际商事调解具有较大的独立性。这里的独立性指国际商事调解独立于国际商事诉讼及仲裁而存在。《UNCITRAL 调解规则》第 16 条规定,"当事人允诺,在调解期间,不将作为调解主题的争议提交仲裁,也不将之提交诉讼。"

(3) 国际商事调解的程序更简易。国际商事调解的程序十分简易,完全靠争端方自愿决定,如究竟选择哪个调解机构,完全由争端当事方决定,没有严格的要求。相比之下,仲裁作为"准司法程序"均要求双方的书面协议,否则仲裁的事实就不可能产生。在审级方面,国际商事调解不存在多级审理制度,但是国际商事仲裁裁决在某些国家(如英国)可以被法院改判。同时,近年来,随着仲裁的诉讼化日趋明显,有不少人提出在仲裁程序中增加二审制的建议。在执行主体上,国际商事调解的执行主体没有第三人,当事方就是唯一的主体。

(4) 国际商事调解中调解员的作用有限。[2]在国际商事调解的进程中,调解员的职能仅限于创造和谐友好的氛围,动之以情,晓之以理,劝说当事方进行友好调解,作出适当让步,最终达成和解,乃至自觉执行和解结果。换

---

[1] 赵云. 新加坡调解公约:新版纽约公约下国际商事调解的未来发展 [J]. 地方立法研究, 2020 (3): 86.
[2] 此外,调解与其他非诉讼纠纷解决方式一样,还存在其他固有的局限性,如当事人缺乏诚意,调解人选任程序不合理导致调解人素质差,相关法律规范缺乏明确的规则或原则,程序上的过度灵活性导致强制和不公平的结果,等等。(范愉. 非诉讼纠纷解决机制研究 [M]. 北京:中国人民大学出版社, 2000: 192.)

言之，调解员并不能决定纠纷解决结果或者施加任何有约束力的决定。①然而，国际商事仲裁的裁决具有强制性，裁决书一经作出，即具有法律拘束力。

第二节 国际商事协商与调解的价值取向

与仲裁和诉讼相比，国际商事协商的优点毋庸置疑。同时，调解的优点也是十分明显的，如调解能够维持争端方的和谐友好关系，不拘泥于谁胜谁败，能取得双赢；调解能够使当事方相互理解和信任，排除对抗性；调解远比诉讼和仲裁更便捷、更价廉；调解允许争端方在取得和解的结果过程中考虑诸多因素，如特殊价值、传统、利益及情势，因此能够解决疑难争端。②总的来说，国际商事协商与调解秉持坚持下列主要价值取向。

一、和谐与诚信

与仲裁和诉讼相比，协商与调解寻求的是通过友好协商或第三人参与调解来解决双方的矛盾和争端，因此，和谐是协商和调解的核心价值。③一般地说，和谐的含义不易准确定义，协商与调解中的和谐指双方放弃对抗，采取友好的方式，通过适当的妥协来达成共识。首先，双方应有战略性的考量，从长远的利益出发，不拘泥于从单一商事交易中获取暴利；其次，双方应心怀善意，相互尊重，相互理解各自的困难和处境，适时作出适当让步；最后，双方应寻求双赢，绝不可谋求零和博弈，更不可心怀歹意，通过滥用协商或调解来拖延时间，维护自己的不当利益。

诚信作为古今中外备受推崇的价值，一直是各国民事交往中的根本性原则。如《周易》中讲"人之所助者，信也"。孔子提倡"民无信不立"。孟子

---

① 王钢. 国际商事调解规则研究 [M]. 北京：中国社会科学出版社，2019：17.
② TUHRER D. Is Conciliation Obsolete or Démodé? Dispute Settlement as a Protracted Process of Interaction between the Parties Concerned, in Flexibility in International Dispute Settlement: Conciliation Revisited edited by Christian Tomuschat and Marcelo G. Kohen, Koninklijke Brill NV [M]. Leiden: Brill Academic Publishers, 2020: 34.
③ 由于国际商事协商和调解的理论与实践一直由西方国家所主导，缺少博大精深的和谐文化之源，始终推崇自治、公正及效率等价值取向，有悖于当今国际社会正走向和谐世界的大势。为此，笔者在这里基于"人类命运共同体"及和谐世界建设的需要，在国际国内首次提出和谐作为协商和调解的核心价值取向的观点，自然具有毋庸置疑的正当性。

说"诚者,天之道也;思诚者,人之道也"。管子认为"诚信者,天下之结也"。中国传统经商之道是"诚招天下客,誉从信中来"。然而,诚信的含义与和谐相近,同样不易作出定义。虽然各国和国际组织制定的规则中都有诚信的要求,但是,并没有作出明确、具体的规定。尽管如此,协商和调解的本质决定了诚信在协商和调解中起着至关重要的作用。

总的来说,各国调解立法和调解规则都对诚信做了规定,但是含义较模糊,如只是要求当事人"为了达成共识作出真诚的努力"。如2014年1月1日生效的《ICC调解规则》第7条第3-4款规定了调解人和当事人的诚信义务:"在确定和进行调解过程中,调解人应尊重当事人的意愿,并应给予当事人公平和公正的对待;每一方当事人均应在调解过程中善意行事。"虽然这些规定缺少足够的可操作性,但是当事人在调解中的一些行为可以被视为非诚信的,其中主要的是当事人没有秉持善意参与调解,如派出的代表没有得到相关授权,拖延回复通信超过预期时间,无故延期调解会,在调解过程中拒绝承担义务或突然提出新的要求,拒绝签署书面协议,不公开有价值的信息,回答具体问题时故意蒙骗或误导对方及用威胁退出调解的方法威胁对方等等。也就是说,诚信并不要求当事人完全改变自己的立场,也不要求泄露没有直接关系的秘密,但要求当事人敞开胸怀,坦诚地进行信息的交流。只有如此,双方才能了解各自的真实状况,设身处地地予以考量,从而达成共识,取得双方满意的和解结果。

二、合法

各国关于协商和调解的法律都规定了"合法原则",即不能违背国家的法律和法规。《中华人民共和国人民调解法》也有此规定。一般地说,这样的规定意味着,协商当事人的协商过程及达成的结果、调解员实施调解的过程、调解协议的内容等,不得违背我国的强制性法律规定。各国和国际组织的调解规则,一般都有类似的规定。例如,2020年9月12日生效的《新加坡调解公约》第3条第1款规定:"本公约每一当事方应按照本国程序规则并根据本公约规定的条件执行和解协议。"本条第2款规定:"如果就一方当事人声称已由和解协议解决的事项发生争议,公约当事方应允许该当事人按照本国程序规则并根据本公约规定的条件援用和解协议,以证明该事项已得到解决。"可见,虽然协商和调解都是更为灵活、弹性的争端解决方式,无所谓"依法调解"与"友好调解"的分类,完全依赖于当事人的意愿,但是不得违反仲裁地的公共秩序和强制性规定,在执行中,也不得违背当事人国家的强制性规定。

三、平等与公平

鉴于协商与调解的程序完全基于当事人的自愿和自觉，可能给缺乏诚信的当事人提供了依仗势力蒙骗对方的机会，各国和国际组织的调解规则都规定或默认了平等与公平的价值取向。① 一方面，平等与公平要求调解人坚持中立，秉承平等、公平的态度和立场，合理调解当事人的利益争端，不拉偏架，不吹黑哨。如 2011 年 1 月 1 日生效的《中华人民共和国人民调解法》第 3 条第一项规定，调解人应当在当事人自愿、平等的基础上进行调解。《ICC 调解规则》第 7 条第 3 款规定："在确定和进行调解过程中，调解人应尊重当事人的意愿，并应给予当事人公平和公正的对待。"《欧洲调解人行为规则》（European Code of Conduct for Mediators）第 2 条第 2 款规定："调解人应始终并且尽力以公开方式公正地对待双方当事人，在调解程序进行过程中，调解人有义务为双方当事人提供平等服务。"《加拿大 ADR 协会国家调解规则》第 II 部分第 6 条规定："调解员应该保持公正，不能在调解中偏向任何一方。调解员在任何情况下都不能和作为调解标的的纠纷的一方当事人建立职业关系或代理任何一方当事人，除非在信息完全公开后经所有当事人同意。"② 另一方面，平等与公平要求当事人遵循平等与公平的理念，不得依仗自己的势力或其他因素，索取不当利益。

应该指出，虽然公平也是调解的重要价值取向，但是现在国际社会更重视尊重当事人意思自治，并不注重实体正义问题。换言之，国际上的调解活动往往着力于当事人最终达成协议，强调问题的解决，而缺少对于实体正义的充分考量。③

---

① 公平与公正这两个概念有广义和狭义之分。广义上，这两个概念是人们平时使的习惯用语，意思相近，可以通用。狭义上，两者之间存在一些差别，如公正的事情必定是公平的，但是公平的事情不见得是公正的。考虑到本书的研究范围，采用两者的习惯含义，不加区别。

② 宋朝武，杨秀清，邱星美，等. 调解立法研究 [M]. 北京：中国政法大学出版社，2008：360.

③ GENN H. What is Civil Justice For? Reform, ADR, and Access to Justice [J]. Yale Journal of Law and the Humanities, 2012 (24)：397-399.

第三节　国际商事协商和调解制度的新发展

中国作为世界上历史最悠久的国家之一，传统文化源远流长、博大精深，也是协商和调解的最早发源地。然而，由于中国在历史上长期闭关自守，对外开放较晚，国际商事交易不如西方国家繁荣，国际商事协商和调解也迟于西方国家，至今仍处于初级阶段。随着近年来经济和法治全球化的快速发展，西方国家主导的协商和调解也出现了诸多新的发展趋势。这些 ADR 方式作为一种以利益为基础的纠纷解决方式，促进了纠纷解决理念的变化，即从对抗走向对话，从价值单一化走向价值多元化，从胜负决斗走向谋求"双赢"，从而有利于社会的和谐与发展。①毫无疑问，这些新发展对构建合理的中日韩自贸区非诉讼争端解决机制，提供了重要的启示和借鉴。

一、国际商事协商和调解的和谐与效率价值

如前所述，与仲裁和诉讼相比，最能彰显协商和调解优势的是和谐、效率和保密等价值取向。其中，和谐是协商和调解的核心价值，效率和保密是重要的价值。随着当前建设和谐世界的发展，各国人民越来越意识到和谐的重要性。在国际商事调解方面，已经有许多国际知名的调解规则对"和谐"调解作出了相应规定。例如，《ICC 调解规则》第 7 条第 4 款规定："在确定和进行调解过程中，调解人应尊重当事人的意愿，并给予当事人公平和公正的对待；每一方当事人均应在调解过程中善意行事。"被誉为调解领域《纽约公约》的《新加坡调解公约》，代表了国际社会对和解协议的执行。该公约的达成能消除社会公众对调解持有的一些怀疑态度，有利于调解在更广范围得以适用。②这与许多国家正在进行的民事司法改革的进程和走向也是一致的，它能配合各国在调解领域提出改革措施，加快和谐社会的构建。③

效率作为调解的重要传统价值取向之一，也得到了加强。这主要表现在，

---

① 齐树洁. 民事诉讼法（第 10 版）[M]. 厦门：厦门大学出版社，2016：8.
② CHANG FA LO. Desirability of a New International Legal Framework for Cross-Border Enforcement of Certain Mediated Settlement Agreements [J]. Contemporary Asia Arbitration Journal, 2014（7）：119-135.
③ 赵云. 新加坡调解公约：新版纽约公约下国际商事调解的未来发展 [J]. 地方立法研究，2020，3：85.

调解当事人对程序的控制度更为提高，调解程序更灵活、更多元化，以及调解结果更容易得到执行等。

二、国际商事协商和调解的新形态

协商的基本含义是争端双方在没有第三人参与的情况下，自愿进行信息交流，在友好的氛围中相互妥协，取得共识并达成协议。当事人自行协商所达成的协议，性质相当于契约或对原有契约的变更，对当事人具有契约的约束力。实际上，在国际商事争端解决中，协商在当代纠纷解决过程中使用最多，是最基本的纠纷解决方式之一。[1]传统的协商方式主要是当事人面对面进行信息交流，近年来，随着科技的发展，国际商事争端解决中的协商也可以通过电话、网络等媒介进行，既便捷又能大幅度节省时间和费用，有利于促进协商更广泛地用于国际商事争端解决。

随着经济及科技的发展，调解作为争端解决方式，出现了诸多新形态，如微型审理（mini-trial）、有部分约束力的调解（semi-binding mediation）、影子调解（shadow mediation/team mediation/co-mediation）、调解—仲裁（med-arb）等等。

微型审理是一种先期程序，其基本特点是双方当事人的代表向一个由高级主管组成的专门小组简要阐述案件的有关问题，专门小组举行秘密讨论并寻求和解方案，这个过程中可能有，也可能没有中立顾问的帮助。微型审理主要适用于当事人争端涉及重要政策问题及争端涉及技术性较强的问题等。

有部分约束力的调解是指当事人在调解协议中赋予调解员的建议以某些"强制性因素"，据此调解员的意见可以被援用于随后发生的诉讼或仲裁程序，或规定经济方面的惩罚措施。[2]

影子调解指一种以仲裁为主、调解为辅的结合性争端解决方式，常用于投资者—国家争端解决中。顾名思义，这种方式中的调解就像影子一样随时伴随于仲裁，即当事人首先启动仲裁程序，如过程中出现难以解决的问题，当事人对保密等问题难以达成共识，或者实体方面的争论使双方情绪激烈，等等，就启动调解程序。由于调解程序具有促进双方相互理解和提高争论的

---

[1] 范愉.非诉讼程序（ADR）教程（第4版）[M].北京：中国人民大学出版社，2020：105.

[2] 齐树洁主编.外国ADR制度新发展（第2版）[M].厦门：厦门大学出版社，2017：11.

质量等优点,因而有助于争端解决。如果争端得以解决,则了结争端;如果调解不成,则争端由仲裁解决。影子调解和中国创新的调解与仲裁相结合方式的主要区别在于,后者以调解为主、仲裁为辅,第三方中立者只有仲裁员;前者则以仲裁为主,通常既有仲裁员,也有调解员。[1]可见,影子调解作为争端解决方式,既能发挥仲裁的强制作用,又能借用调解的"价值增加潜力",适用于解决错综复杂的商事争端。[2]

调解—仲裁指当事人在解决争端过程中,先启动调解程序,如果调解不能解决争端或调解成功后,再进入仲裁程序。如前所述,仲裁与调解相结合的做法起源于中国,是中国传统文化的重要体现。早在西周时期,中国就有了关于调解的正式记载,形成了深厚的社会文化积淀。中国自对外开放以来,随着国际贸易快速发展,中国国际经济贸易仲裁委员会首创的仲裁与调解相结合的做法,可以说是传统文化和现实需要碰撞的结晶,被誉为"东方经验"。[3]在国外,由于过于强调正当程序和司法性,仲裁与调解相结合的方式产生的较晚。18世纪后期,西方商人厌烦了过于注重程序的仲裁和诉讼,开始了仲裁和调解相结合的尝试,不少国家开始制定相关的法律法规。同样,调解—仲裁方式在国际商事争端解决中也得到了较快发展。在国外,1997年一个关于ADR实践的调查表明,在接受调查的600多家公司中,大约40%的公司曾经尝试过"仲裁—调解"程序。[4]

国内有学者指出,仲裁与调解相结合的方式在价值取向方面,具有自己的特点,即除寻求仲裁的公正、效益外,还具有"安定"的价值。所谓"安定",是指生活或形势平静、正常、稳定。[5]也就是说,仲裁和调解相结合的方式既能友好、公正地解决当事方的争端,还能超出纯粹的法律和经济范畴,延伸到单纯的仲裁难以触及的人际关系和社会关系领域,保障了当事人的长

---

[1] J COE J. Concurrent Co-Mediation Toward a More Collaborative Centre of Gravity in Investor-State Dispute Resolution, in Mediation in International Commercial and Investment Disputes Edited by CATHARINE TITI AND KATIA FACH GOMEZ [M]. London: Oxford University Press, 2019: 64.

[2] KOVACH K. Mediation Principles and Practice 3rd edn [M]. New York: Thompson West Publishing Company, 2004: 196-198.

[3] THIRGOOD R. A critique of Foreign Arbitration in China [J]. Journal of International Arbitration, 2000, 17 (3): 96.

[4] J BRGWER T, R. MILIS L. Combining Mediation & Arbitration [J]. Dispute Resolution Journal, 2016, 11. (3): 31-34.

[5] 陈桂明. 程序理念与程序规则 [M]. 北京: 中国法制出版社, 1999: 2.

期利益，在当事人之间以至社会上形成更为广阔的安定局面。因此，仲裁与调解相结合，实现了"当事人意思自治与国家法律的统一，眼前利益与长远利益的统一，合乎法律与合乎情理的统一"①。特别是，随着当前全球多元化的形成和快速发展，各国人民都认识到各国之间建立友好及双赢的合作关系是唯一正确的趋向，建设人类命运共同体是人类发展的唯一选择。这自然表明，仲裁和调解相结合所寻求的"安定"价值，较好避免了仲裁及诉讼的不足，契合了人类命运共同体建设的需要，具有十分美好的发展前景。②

三、国际商事协商和调解的领域

传统的国际商事协商和调解一般仅限于国际货物销售。近年来，国际商事协商和调解的领域更加宽泛，不仅包括国际投资，还包括能源、电信、建设、金融、主权债务、保险及运输等领域。③一般地说，传统的金融争端解决方式是仲裁和诉讼，但是近年来，协商和调解也开始成为争端解决方式，其中的调解发展更快。主要理由是，首先，调解性质上属于私密程序，更适合解决契约性质的金融争端。也就是说，调解的保密特征特别适合于对相关金融信息的保密，而这些金融信息在诉讼过程中是至关重要的。④其次，调解的程序十分灵活，既可以用于双方签约阶段，也可以用于争端解决过程。

当今世界，各国的经济发展突飞猛进，自然需要大量进出口能源，如风力、太阳能、矿山、石油、煤炭及核能等。与国际货物销售合同相比，多数能源合同是长期合同。双方在履行合同期间，经常遇到因经济发展，石油价格大波动甚至崩盘问题，涉及标的额往往是天文数字。尤其是，在能源交易中，经常涉及国家政府、国家机关和国有企业的参与。为了解决这种错综复

---

① 王生长．仲裁与调解相结合的理论与实务［M］．北京：法律出版社，2001：94.
② 王丽．"一带一路"国际商事调解［M］．北京：北京大学出版社，2020：519.
③ LEOVEANU A, ERAC A. ICC Mediation Paving the Way Forward, in Mediation in International Commercial and Investment Disputes Edited by CATHARINE TITI AND KATIA FACH GOMEZ [M]. London: Oxford University Press, 2019: 89.
④ 根据国际商会的统计，对相关金融信息的保密是金融机构选择调解的根本性因素。(FORESTIERI I, PAECH P. Mediation of Financial Disputes, in Mediation in International Commercial and Investment Disputes Edited by CATHARINE TITI AND KATIA FACH GOMEZ [M]. London: Oxford University Press, 2019: 208.)

杂的争端，双方都希望运用友好协商和调解的方式，以求取得双赢的结果。①因此，在国际能源争端解决中，许多重大的案件是运用调解来解决的。②

此外，近年来知识产权领域中越来越多的争端运用调解来解决。随着经济全球化的发展，越来越多的商事交易涉及知识产权问题，这方面的争端涉及极高的专业技术、复杂的法律和敏感的信息。这样一来，当事人经常寻求具有较高灵活性的争端解决程序，以便控制程序的时间和成本。据世界知识产权组织2013年对技术贸易的调查，当事人限制程序的时间和成本的能力是选择争端解决方式时考虑的最重要因素。③

需要强调的是，在调解适用方面，《新加坡调解协议》第1条第1款仅规定公约不适用于与家庭法、继承法或者就业法有关的协议，以及为解决消费者为个人、家庭或者家居目的进行交易所产生的争议而订立的协议。可见，公约在范围的规定方面持开放的态度，并没有作出特别多的限制，显然旨在尽可能在更大的范围内推广调解的使用。④

四、国际商事协商和调解立法进程

随着世界多元化和国际商事的发展，相关的争端也相应大幅度增加，协商的作用日益显现，协商成为国际商事争端解决的重要方式，成功和解了不少重大的国家商事争端。例如，战后日美经贸摩擦曾经历了20世纪50年代的纺织品贸易摩擦、60年代的钢铁摩擦、70年代的机床摩擦、80年代的汽车摩擦、90年代的半导体摩擦。为了和解这些争端，促进两国的经济合作和发

---

① D CAMERON P, KOLO A. Mediating International Energy Disputes, in Mediation in International Commercial and Investment Disputes Edited by CATHARINE TITI AND KATIA FACH GOMEZ [M]. London: Oxford University Press, 2019: 240.

② 其中，1985年解决的Tesoro（一美国石油公司）-Trinidad and Tobago Government（特立尼达和多巴哥政府）案，2003年解决的Vattenfall（一瑞典能源公司）-Polskie Sieci Elektroenergetyczne（一波兰能源公司）案等，产生了较大影响。（D. CAMERON P, KOLO A. Mediating International Energy Disputes, in Mediation in International Commercial and Investment Disputes Edited by CATHARINE TITI AND KATIA FACH GOMEZ [M]. London: Oxford University Press, 2019: 253.）

③ WOLLGAST H, DE CASTRO I. Resolving International Property and Technology Disputes Outside the Courts, in Mediation in International Commercial and Investment Disputes Edited by CATHARINE TITI AND KATIA FACH GOMEZ [M]. London: Oxford University Press, 2019: 253.

④ 赵云. 新加坡调解公约：新版纽约公约下国际商事调解的未来发展 [J]. 地方立法研究，2020, 3: 80.

展，日美两国从 1989 年开始，签署了三大协议：1989 年《日美结构问题协议》、1993 年《日美综合经济协议》及 1997 年《日美规制缓和协议》。三大协议超越纺织品、汽车、半导体等针对个别商品的货物贸易，进入金融、法律、流通等服务贸易领域，涉及竞争政策、宏观经济政策等国内经济政策，对化解双边经贸摩擦发挥了重要作用。同样，中国近年来通过对话与磋商也和解了不少重大的商事争端，如中国成功解决了中欧光伏贸易摩擦，通过与奥巴马政府定期开展战略与经济对话，开展广泛的国际经济技术合作，有效消除与化解了经贸摩擦，也堪称成功解决大国经贸摩擦的典范。[①]

随着国际商事争端的日趋复杂，特别是投资者—国家争端的急剧增长，协商作为争端解决方式也越来越得到重视。不少国家加快了对协商的立法进程，国际组织和知名的国际商事争端解决机构也出台了不少规则，其中最重要的是 WTO 争端解决机制中对磋商的立法，中韩自由贸易协定（FTA）和中国—东盟全面经济合作框架协议中对协商的规定。例如，中韩 FTA 协定第 20.4 条规定："缔约双方应当尽一切努力根据本条款或本协定其他磋商条款就任何争端达成双方满意的解决方案。""磋商应当在收到磋商请求后 30 日内、以达成双方满意的解决方案为目的善意地进行。""如被请求方未在自收到磋商请求之日起 10 日内答复或未在自收到磋商请求之日起 30 日内进行磋商，请求方可以根据第 20.6 条直接请求设立专家组。"《中国—东盟全面经济合作框架协议争端解决机制协议》中也做了类似的规定。

五、国际商事协商和调解的保密价值

近年来，受西方国家青睐的法治化的影响，仲裁的诉讼化发展加快，致使仲裁的价值和程序越来越接近司法诉讼，保密作为仲裁的传统特征之一也自然受到侵蚀，仲裁的优势正在失去。相比之下，国际商事协商和调解的保密特征不仅得以传承，还越来越受重视，这成为近年来当事人越来越多地运用调解来解决国际商事争端（特别是投资者—国家争端）的主要原因之一。[②]其中，不少国家、国际组织及知名国际商事争端解决机构对磋商作出了具体

[①] 赵瑾. 国际贸易争端解决的中国方案：开放、协商、平等、合作、共赢 [J]. 国际贸易，2019（6）：41-45.

[②] BROWN C, WINCH P. The Confidentiality and Transparency Debate in Commercial and Investment Mediation, in Mediation in International Commercial and Investment Disputes Edited by CATHARINE TITI AND KATIA FACH GOMEZ [M]. London: Oxford University Press, 2019: 323.

规定，推动了磋商作为争端解决方式的更广泛应用。例如，中韩自贸协定（FTA）第20条强调了磋商在解决中韩商事争端中的重要性，还规定："磋商应当保密，且不得损害任一缔约方在本章项下任何进一步程序中的权利。"CAFTA《争端解决机制协议》第4条详细规定了磋商的程序和当事人的义务，如第4-5条规定双方应尽力通过磋商解决争端，有义务向对方提供相关信息；同时，对方应承担保密的义务。

需要指出，国际商事调解中的保密同样更加受到重视。保密作为传统的协商和调解的重要价值取向之一，自然也是当事人之所以选择和解解决争端方式的重要原因。因此，严格的保密制度是调解程序中对立的当事人之间及他们与调解员进行交流与合作的前提和关键。[1]而在调解实践中，要求调解员对当事人的相关信息保密是非常必要的。[2]然而，随着法治全球化的发展，非诉讼解决争端方式的诉讼化也日益显现，协商和调解的保密是否仍是其价值取向，正成为争论的热点之一。西方关于保密与透明度的争论源于投资者—国家仲裁及国际商事仲裁。保密作为国际商事仲裁的特征，已经得到了国际上广泛的认可。由于近年来投资者—国家争端逐年增多，相关的立法也开始把保密纳入其中。这样一来，投资者—国家语境中的透明度思潮与上述保密规则产生了不可避免的冲突。[3]众所周知，投资者—国家争端解决仲裁员不得不涉及国家利益、公共政策等政治问题，民众和媒体自然对此极为关注，必然要求较高的透明度。[4]然而，国际商事仲裁争端解决并不涉及国家利益、公共政策等政治问题，自然不要求高的透明度，因此，联合国国际贸易法委员会认为，"保密一直是国际商事仲裁的根本性特征。"[5]这样一来，投资者—国家及国际商事仲裁中的保密与透明度争论，就不可避免了。

上述争论对国际商事和投资者—国家争端解决中的调解产生了一定影响，

---

[1] DEASON ELLEN E. The Quest for Uniformity in Mediation Confidentiality: Foolish Consistency or Crucial Predictability [J]. Marquette Law Review, 2001 (85): 86.
[2] 王钢. 国际商事调解技巧研究 [M]. 北京：中国民主法制出版社，2014：194.
[3] MCLACHLAN C. Investment Treaty Arbitration: The Legal Framework, in Albert Jan Van Den Berg (ed.), 50 Years of the New York Convention: ICCA International Arbitration Conference [M]. The Hague: Kluwer Law International, 2009: 98-100.
[4] SALACUSE J. Is There a Better Way? Alternative Methods of Treaty-Based, Investor-State Dispute Resolution [J]. Fordham International Law Journal, 2007, 31 (1): 138-177.
[5] UNCITRAL. Report of the Working Group on Arbitration and Conciliation on the work of its forty eighth session. [C.] UN Doc A/CN. 9/646. New York, 4-8 February 2008, 41st Session, para. 69.

是否应该提高调解程序中的透明度,这成为学者争论的热点。赞成调解程序应继续维持保密的人认为,国际商事调解像仲裁一样,不会涉及国家利益、公共政策等政治问题,提高调解程序的透明度会破坏调解环境,导致调解失灵。[1]持不同观点的人认为,应该适当维持调解的保密特征,但应考量特殊的语境:国际商事调解和投资调解都具有相同的根基,但是,存在的区别也应该予以认可。当今世界,国际商事调解正在增长,成为与国际商事仲裁并驾齐驱的争端解决方式。由于国际投资调解也涉及国家利益、公正政策等政治问题,因而适当提高透明度也是必要的。[2]

总之,国外多数学者在关于国际商事和投资调解的保密问题的争论中,肯定了国际商事调解保密的必要性及调解正在快速发展的趋势。"保密是调解有效进行的基础之一。"[3] "严格的保密制度是调解程序中对立的当事人之间及他们与调解人进行交流与合作的前提和关键。"[4]同时,国外多数学者也认为国际投资调解由于涉及一些政治问题,因而应该适当提高透明度。

笔者认为,当今世界多元化的发展决定了必须发挥多元争端解决方式的作用,协商和调解的保密理应予以维持。这也得到了诸多国际国内协商和调解规则的支持。例如,《ICC 调解规则》第 9 条对保密做了明确、具体的规定:"①如果当事人未做出任何相反约定,且除非适用法律予以禁止:A. 程序,除其正在发生、已经发生或将要发生的事实外,均具有非公开性和保密性;B. 当事人之间达成的任何和解协议应予以保密,但是,如果适用法律要求当事人披露该协议,或为实施或执行该协议之目的而有必要做出披露,则当事人有权予以披露。②除非适用法律要求且当事人未做出任何相反约定,一方当事人不得以任何方式,在任何司法、仲裁或类似程序中,出示以下各项作为证据:A. 另一方当事人或调解人在程序中或为程序之目的提交的任何

---

[1] H CARTER J. Part Ⅱ: Issues Involving Confidentiality, in Albert Jan van den Berg (ed.), New Horizons in International Commercial Arbitration and Beyond [M]. Deventer: Kluwer Law International, 2005: 485.

[2] BROWN C, WINCH P. The Confidentiality and Transparency Debate in Commercial and Investment Mediation, in Mediation in International Commercial and Investment Disputes Edited by CATHARINE TITI AND KATIA FACH GOMEZ [M]. London: Oxford University Press, 2019: 323.

[3] P MCCRORY J. Environmental Mediation: Another Piece for the Puzzle [J]. Vermont Law Review, 1981 6 (1): 49-59.

[4] E. DEASON E. The Quest for Uniformity in Mediation Confidentiality: Foolish Consistency or Crucial Predictability? [J]. Marquette Law Review, 2001 (85): 79-86.

文件、声明或通信，除非该试图在司法、仲裁或类似程序中出示证据的当事人能够独立地获取该文件、声明或通信；B. 任何当事人在程序中关于争议或争议可能的和解发表的任何意见或提出的任何建议；C. 另一方当事人在程序中做出的任何承认；D. 调解人在程序中提出的任何意见或建议；E. 任何当事人在程序中表示其可以接受和解建议这一事实。"联合国国际贸易法委员会《国际商事调解示范法》《UNCITRAL 调解示范法》第 9 条也规定："除非当事人另有约定，与调解程序有关的一切信息均应保密，但按照法律要求或者为了履行或执行和解协议而披露信息的除外。"

承担调解中保密义务的主体是调解人和当事人。其中调解人的保密义务更加重要。"调解人能否帮助当事人拟定双方都满意的和解方案，一切的基础都在很大程度上依赖于如何打消当事人在调解中坦诚交流的后顾之忧。"[1] "调解人应该严格保守在调解过程中获得的双方当事人的商业秘密、个人隐私，不得向外界透露任何有关案件实体和程序方面的情况。"[2] 同时，一方面调解人还应承诺不将一方当事人只愿意透露给调解人的信息透露给另一方当事人。如果调解人违反了此项义务，也要承担相应的法律后果。[3] 另一方面，当事人也应承担保密义务，不得将在调解过程中获得的对方当事人的相关信息向外界透露。否则，该当事人也应承担相应的法律责任。[4]

六、国际商事协商和调解职业化

传统的协商和调解主要是当事人自愿自觉的行为，对协商和调解的职业化要求不高。古代社会人们的交往有限，传统调解中的调解人一般是那些当事人熟悉并为村落或部族中德高望重的人。自 13 世纪起，西方的社会团体逐渐增多，商事争端更加复杂，对调解人的专业技能和调解技巧要求越来越高，社会团体中享有崇高社会地位的人也经常担任调解人。调解则优先考虑第三

---

[1] BIRKE R, TEITZ L. E. U. S. Mediation in 2001: The Path that Brought America to Uniform Laws and Mediation in Cyberspace [J]. American Journal of Comparative Law Supplement, 2002 (50): 181–185.

[2] P MCCRORY J. Confidentiality in Mediation of Matrimonial Disputes [J]. Modern Law Review, 1988 (51): 442–452.

[3] 王钢. 国际商事调解技巧研究 [D]. 武汉：武汉大学, 2010: 170.

[4] BROWN C, WINCH P. The Confidentiality and Transparency Debate in Commercial and Investment Mediation, in Mediation in International Commercial and Investment Disputes Edited by Catharine Titi and Katia Fach Gómez [M]. London: Oxford University Press, 2019: 64.

人在解决争端方面所拥有的技巧。①近年来，由于调解案件急剧增多，不少国家和政府对调解制度的资源分配也明显增多，如通过立法鼓励、促进与保障协商和调解的运行，同时，加快成立调解机构和人员的培训，使调解员的数量增多，素质明显提高。②例如，美国法律诊所教育中日益重视对学生的调解技能的培训，南非对法科学生进行集中职业培训，其调解员的专业性得到了国际认可。③

总之，上述国际商事协商和调解制度的新发展，大大促进了国际商事争端的和解，有助于当事人维持和加深友好合作和长远利益，这代表了当今世界非诉讼争端解决制度的新趋势，为中日韩自贸区构建合理的非诉讼争端解决机制提供了重要的启示和借鉴。

小　结

协商与调解是非诉讼制度中历史最悠久的争端解决方式，最典型的彰显了非诉讼制度的本质属性及价值取向，即和谐、自治、效益及公平等。中国作为人类历史发展中唯一历史连绵不断的文明古国，自然是协商和调解的发源地，协商与调解是民众最重要的纠纷解决方式。受地源环境、历史条件等影响，中国文明以重农轻商为特点，国际商事协商与调解则发源于西方国家。近年来，西方国家主导的非诉讼制度开始向诉讼化发展，给协商与调解的正常发展带来了威胁，大大削弱了协商和调解固有的、解决纠纷的本质属性。可喜的是，随着"人类命运共同体"与和谐世界建设的快速推进，各国人民逐渐认识到了维持世界和平的重要性，协商与调解也迎来了回归本质及正常发展的春天。调解作为一种覆盖领域广、便于联络、规则透明、程序简单、高效快捷、省钱省力并且尊重当事人自治、公平、公正的纠纷解决机制，必

---

① BUHRING – UHLE C. Arbitration and Mediation in International Business: Designing Procedures for Effective Management [M]. The Hague: Kluwer Law International, 1996: 280-282.
② 齐树洁主编. 外国 ADR 制度新发展（第2版）[M]. 厦门：厦门大学出版社，2017：28.
③ 齐树洁主编. 外国 ADR 制度新发展（第2版）[M]. 厦门：厦门大学出版社，2017：29.

然发挥更大的作用。①调解可以被称为"促进纠纷解决的一种高级艺术"。②鉴于中日韩三国对中国传统文化的共同认同，协商与调解必然成为中日韩自贸区非诉讼制度中最重要的纠纷解决方式。

---

① 王丽."一带一路"国际商事调解［M］．北京：北京大学出版社，2020：12．
② 王钢．国际商事调解规则研究［M］．北京：中国社会科学出版社，2019：260．

第二章

国际商事仲裁制度概述

第一节 国际商事仲裁制度历史沿革

仲裁作为一种古老的争端解决方式,是随着商品经济的产生而产生的,有着悠久的历史。比较来说,仲裁的产生要远远早于诉讼,它是原始社会人们商事交易实践的结果,并非法学家的创造。早在公元前18世纪的古巴比伦时期,人们在简单商品交易中就产生了争端,由于当时的法律制度并不完善,人们通常请双方熟悉的德高望重、办事公道、熟悉情况的长者来作出裁决。公元前6世纪,随着古希腊商品经济的发展,城邦国家之间就已采用仲裁的方式解决他们之间的争议。随后的古罗马商品经济的发展推进了仲裁制度的发展,使仲裁成为与诉讼并行的争端解决方式。古罗马共和时期的《十二铜表法》中就有多处关于仲裁的记载,如第七表中规定:土地疆界发生争执时,由长官委任仲裁员三人解决之;在罗马法《查士丁尼民法大全》"论告示"第二编中,记载了当时五大法学家之一的古罗马法学家保罗的论述,他说:"为解决争议,正如可以进行诉讼一样,也可以进行仲裁。"在古罗马的仲裁中,仲裁者根据当事人的协议进行裁断,根据"善良和公平"的标准判定当事人进行清偿;罗马成为强国以后,各城邦纷纷将争议提交元老院仲裁。

随着古罗马的对外征服,领土扩大,各国商人往来增多,地中海沿岸威尼斯等地区逐渐成为交通发达的国际商事交易中心,来自不同国家的商人为了促进商事的发展,逐渐形成了专门用来调整他们之间商事关系的商人习惯法,仲裁就是其中的重要内容,逐渐成为国际商事争端解决的主要方式。[1]莎士比亚的名著《威尼斯商人》在某种程度上就反映了当时威尼斯商业在整个

---

[1] DAVID R. Arbitration in Commercial Trade [M]. The Hague: Kluwer Law International, 1985:29.

欧洲经济中的核心作用，以及仲裁在解决商人之间商事争端的重要性。

国际商事仲裁发展中的一个重要转折点，是一些国家在其国内法律中认可了仲裁的重要性，并作出了较详细的法律规定。例如，英国1347年的一部年鉴中就有关于仲裁的记载。其中，比较有代表性的当数瑞典的一些法院开始承认以仲裁方式解决商事争端的合理性，瑞典编纂的地方法典中也作出了相应的成文规定。

国际商事仲裁发展中的另一个转折点，是西方国家开始承认仲裁制度。例如，公元16世纪到17世纪，随着英国进入工业革命时期，对外贸易发展加快，英国一些从事对外贸易的公司如英国东印度公司，在公司章程中做了以仲裁方式解决公司成员之间纠纷的规定。英国国会于1697年通过了一个仲裁法案，正式承认了仲裁制度。①法国仲裁制度的成立晚于英国，但发展较快。法国国民议会于1790年将仲裁定性为"解决国民之间的争议的最为合理的方法"；1800年《法院组织法》第3条规定："公民有权选择将其争议交由仲裁员判断，对此项权利不得加以限制。除另有明确规定外，仲裁员所作的决定不受任何审查。"②

19世纪中期，国际商事仲裁制度进入普遍确立的时期，西方各国纷纷开始仲裁立法。西方国家正式认可仲裁制度的合法性，将其纳入国家程序法律制度的范畴，同时，通过国家立法对仲裁作为国际商事争端解决方式进行严格的规制。例如，美国最高法院1854年认可了仲裁员可以作出有拘束力的裁决；法国1877年修订了民事诉讼法，对仲裁做了比较明确的规定；德国1877年制定民事诉讼法时，专章规定了仲裁制度；瑞典1887年制定了第一部专门的仲裁法令；英国1889年制定了第一部专门的仲裁法；日本1890年民事诉讼法典中，设专章规定了仲裁程序；等等。③

---

① 虽然英国较早建立了国际商事仲裁制度，但是在随后的发展中经历了一波三折。例如，到了18世纪，英国的司法制度逐渐完善，一些偏激的人开始漠视仲裁解决商事争端的重要性，认为仲裁协议"剥夺了法院的管辖权"，因而被认定为违反公共政策。他们主张根据法院管辖权不容剥夺的原则，一般法院不允许当事人通过订立协议排除法院的管辖权，仲裁庭不能管辖仲裁中涉及的法律问题。截至目前，随着经济全球化的飞速发展，各国人民逐渐认识到仲裁在解决国际商事争端中的独特优势，不少国家的法院放松了对仲裁的制约，但是，英国不少法院仍然固守上述观点，在承认和执行外国仲裁裁决中实施严格的审查。

② DAVID R. Arbitration in Commercial Trade [M]. The Hague: Kluwer Law International, 1985: 31.

③ L MOSES M. The Principles and Practice of International Commercial Arbitration [M]. Cambridge: Cambridge University Press, 2008: 11.

进入 20 世纪以来，国际商事仲裁制度进入了成熟期。一方面，西方国家纷纷对其仲裁法进行修订，不少近年来发展较快的发展中国家也开始制定自己的仲裁法，并进行修订和完善。另一方面，各国在制定和完善各自仲裁法的同时，开始组建专门从事国际经济贸易仲裁的常设仲裁机构。如英国于 1892 年成立了伦敦仲裁会 [1903 年改为伦敦国际仲裁院（LCIA）]，瑞士于 1911 年成立了苏黎世商会仲裁院，（巴黎）国际商会于 1923 年成立了国际商会仲裁院，美国于 1926 年成立了美国仲裁协会。为了确保仲裁裁决的执行，1923 年《日内瓦议定书》规定："不同缔约国之契约当事人，就商务契约或者其他得以仲裁方式解决之事项，关于现在或者将来所发生的争议，交付仲裁时，各缔约国应该承认该双方当事人协议条款之效力。"依据该协议，1927 年 43 个国家又签订了《日内瓦外国仲裁裁决执行公约》。

国际商事仲裁制度发展中另一个重要的标志是，一些国际组织（特别是联合国）开始制定相应的国际公约，统一各国制定的国际商事仲裁规则，以适应经济全球化的需要。例如，1958 年由联合国主持，在美国纽约订立了《承认及执行外国仲裁裁决的公约》《纽约公约》，目前已有 145 个国家和地区加入该公约（我国于 1986 年加入，1987 年该公约对我国生效），缔约国有义务承认和执行在其他缔约国内作出的仲裁裁决。此外，一些区域性的国际商事仲裁公约也开始出现，如 1961 年一些欧洲国家签署的《欧洲国际商事仲裁公约》，1975 年美洲国家组织成员国签订的《美洲国家国际商事仲裁公约》。为了推动各国仲裁立法的统一，1985 年联合国国际贸易法委员会主持制定了《国际商事仲裁示范法》《UNCITRAL 仲裁示范法》，该示范法已被澳大利亚、加拿大等 40 多个国家或中国香港、中国澳门和美国的一些州等地区采纳为本国或本地区的法律。20 世纪 50 年代以来，随着经济全球化的加快和《纽约公约》及《UNCITRAL 仲裁示范法》的推广，以"民间性"为本质特征的商事仲裁制度在国际上普遍实行，并且成为国际经济贸易中解决争议的主要方式。此外，建立于海牙的常设仲裁院（PCA）和华盛顿特区的国际投资争端解决中心，正在解决国际商事争端中发挥着越来越重要的作用。后者是世界上第一个专门解决国际投资争议的仲裁机构，是一个通过调解和仲裁方式，专为解决政府与外国私人投资者之间争端提供便利而设立的机构。该机构的宗旨是在国家和投资者之间建立一种相互信任的氛围，从而促进国外投资不断增加。[①]

---

① L MOSES M. The Principles and Practice of International Commercial Arbitration [M]. Cambridge：Cambridge University Press，2008：14.

第二节 国际商事仲裁的价值取向

"价值"一词的含义所涉及的范围十分宽泛,难以准确定义。马克思对价值概念的论述对法的价值的研究具有十分重要的意义,即"价值"是"人们所利用的并表现了对人的需要的关系的物的属性"。[①]可见,法的价值是以法与人的关系为基础的,法对于人所具有的意义,是法对于人需要的满足,是人关于法的绝对的超越指向。[②]法的价值体系包括法的各种价值目标,如和谐、秩序、安全、效益、公平、自由、正义等,它指导着法的具体功能和作用的实现。也可以说,"价值"是个表征意义的范畴,是用以表示事物所具有的对主体有意义的、可以满足主体需要的功能和属性的概念。当我们说某种事物具有价值时,其实指的是这种事物对人有积极的意义,能帮助目标的实现,或愉悦人的心灵,比如正义、秩序、美德等等,它们都是人类所向往和追求的美好事物,是被人所认可和推崇的,因而是有价值的存在。因此,在经济全球化蓬勃发展的当今世界,之所以国际商事仲裁制度在解决各国商事争端方面的作用日趋重要,成为人们在进行商事交易时须臾不可分离的重要保障,是因为国际商事争端解决机制的价值取向给人们带来了益处,是人们追求幸福生活的不可分割的一部分。

从国际商事仲裁制度的发展过程看,其价值取向属于社会历史范畴,并不存在永恒不变的价值标准和社会体系。一般地说,一定时代的人们的价值标准,总是植根于当时人们的物质生活条件,必然受到当时社会历史条件的制约,总要打上相应时代的历史印记。人们的物质生活条件变化了、发展了,人们的价值标准和所追求的价值及其构成也或早或晚要发生相应的变化。[③]作为一种社会历史的产物和存在,国际商事仲裁的产生和发展无不体现和反映了人们对它的价值欲求,其所具有的价值及其构成亦随着国际商事交往活动的发展和商人们对它的价值追求的变化而发展变化。国内法院在对国际商事仲裁的监督方面所走过的"放任不管—严格监督(程序实体双重监督)—放

[①] 中共中央马克思恩格斯列宁斯大林著作编译局. 马克思恩格斯全集(第26卷)[M]. 北京:人民出版社,1974:139.

[②] 卓泽渊. 法的价值总论[D]. 北京:中国社会科学院,2000:20.

[③] 中国大百科全书总编辑委员会《哲学》编辑委员会,中国大百科全书出版社编辑部. 中国大百科全书(哲学Ⅰ)[M]. 北京:中国大百科全书出版社,1987:345.

松监督（仅限于程序监督）"之历程，即是有力的证明。任何把当事人对国际商事仲裁的价值追求和国际商事仲裁的价值及价值取向固定化和模式化的理论和观点，都是不可取的。①

国际商事仲裁制度的发展经历了一个漫长的过程，其价值取向也必然在不断变化。对国际商事仲裁制度的价值取向及其相互之间的冲突进行研究，对于人们深入了解和准确把握国际商事仲裁制度的本质、内容和特点，无疑具有重要意义。

一、国际商事仲裁制度的价值取向

如前所述，国际商事仲裁最早产生于公元前18世纪时期的古巴比伦。由于当时人们生活环境艰苦，生产力低下，物质商品短缺，政治和法律制度缺失，不同国籍人们之间简单商品交易产生争议时，只能通过争议双方协商请求就近的德高望重、信誉较好的长者来解决。这个时期的国际商事仲裁制度的价值取向包括自治、和谐、公平、效率和灵活等。

20世纪中后期国际贸易进一步发展，国际商事仲裁开始盛行，并慢慢独立于国内商事仲裁的崭新课题。特别是进入20世纪70年代，市场经济体制普遍建立，国际、国内贸易空前繁荣，贸易纠纷应接不暇，仲裁相比于诉讼的优势再度被人们审视和思考。仲裁不再被认为是对司法权的剥夺，而被认为是以当事人授权和法律授权作为其实现的基础。以此为共识，各国纷纷制定和完善仲裁法，对仲裁予以支持和尊重。现代仲裁法表现出了对国际商事仲裁的极大宽容和谨慎的态度，大多数国家及国际公约都将国家司法对国际商事仲裁的干预限制在最低限度。这样一来，国家对仲裁的有限干预，也成为现代国际商事仲裁最基本的价值取向之一。

（一）自治

国际商事仲裁制度中的自治是指当事方自己决定通过仲裁解决商事争端。当事人可以选择以仲裁方式解决争议，可以选择仲裁庭的组成、仲裁规则、仲裁地点、适用的法律。从本质上说，自治是仲裁最根本的属性。没有自治这一属性，国际商事仲裁将不可能存在。自治推动国际商事仲裁形成了一套哈耶克所言的"自生自发的秩序"，这种秩序主要依赖于商人社会中实践经验的沉

---

① 石现明. 国际商事仲裁价值取向之检讨——以当事人的价值追求为视角 [J]. 学术论坛, 2007, 30 (9): 133-139.

淀，是国家依靠权力所无法代替的。①也就是说，仲裁远在国家水平之上，是仲裁的至高无上的本性。②自治作为仲裁的根本性属性，在仲裁产生的初期更加重要：原始社会时期生产能力低下，又缺乏国家和法律制度，人们对商事交易产生的小额争议一般都顺其自然，较大额的争议才通过仲裁解决。换言之，仲裁是人们解决争议最重要的方式。

从社会资源的配置方面看，当事人意思自治与纠纷处理过程的关系，反映了当事人在法院内外的主体地位，反映了个人在法律实施中的能动作用。当事人能动地调动社会中的各种资源，在当事人自己的时间、精力、资金和国家权力这些资源间，合理地计算成本与收益，以较小成本获取较大收益，避免资源的不必要浪费，既符合当事人利益的需要，也符合公共利益的需要，避免了国家权力在无当事人授权情况下进入自治领域所引起的个体价值追求目标落空和社会效益丧失的尴尬处境。③

（二）和谐

和谐一词在哲学上指事物发展的协调、有序、平衡与完整。这一目标所追求的社会理想体现了人们之间的友好交流和相互合作，是为人的全面发展创造条件的终极价值，代表了美好而稳定的人际关系与社会整体状态，贯穿着可持续发展的理念，蕴含着人类追求平等、自由、和平、秩序的愿望，成为加强团结与友谊的纽带。④从仲裁的历史发展、仲裁的性质、仲裁的优势及仲裁法治建设历程来看，仲裁具有先天的和谐性，以和谐本位作为自己的价值取向。仲裁方式能够从内心深处化解当事人的矛盾，使当事人在一个自主而缓和的气氛中解决矛盾，能真正达到息事宁人之效果，确保社会生活秩序井然，使当事人既解决了交易中出现的纠纷，又不伤和气，不丧失日后的合作机缘。⑤

国际商事仲裁制度价值取向中的和谐，主要指诸多价值之间的互动，成为一种相互平衡及和谐的关系。例如，就和谐与公正的关系看，没有和谐的秩序，就没有权利，也不可能有公正，和谐的状态必然是无限接近公正的。就和

---

① 王宝闽. 国际商事仲裁价值取向新论 [J]. 鸡西大学学报, 2010, 10 (2): 65-67.
② YU H L. A Theoretical Overview of the Foundations of International Commercial Arbitrations [J]. Contemporary Asia Arbitration Journal, 2008 (1): 255-278.
③ 彭云业, 沈国琴. 论仲裁制度中当事人意思自治的扩与限 [J]. 法学评论, 2001 (4): 58.
④ 林义全, 施润. 论"和谐"在仲裁调解中的价值作用 [J]. 西南民族大学学报（人文社会科学版）, 2004, 25 (1): 111-118.
⑤ 马永双. 论和谐本位的仲裁法制理论基础 [J]. 学术交流, 2005 (11): 50-53.

谐与效益的关系看，市场经济崇拜效益，效益是效率与利益的结合体，但高效率并不必然会有高效益，而可能导致杀鸡取卵的后果。仲裁调解更加注重在和谐中实现效益，无限地逐利只会扼杀其他个体追求效益，最终牺牲社会整体效益。和谐在市场经济条件下，也是一种稀缺的社会资源。精明的民商事主体会始终遵循互惠性规则，因为他们认为和谐是一种更大的效益。因此，利己行为必须被控制在社会和他人容许的范围内对自身行为作出冷静分析、判断并加以指导。仲裁调解制度之所以能形成效益机制，是因为这一制度本身更注重纠纷解决效益与商业利益的和谐统一。实现和谐，特别是效益作保障的和谐，是各方主体最为乐意的：即使不能达成利益最大化的协议，当事人双方也能维护实现和谐关系，为预期更大利益的生成创造条件。[①]

必须指出，二战以来，随着国际法的发展和各国法治水平的提高，世界进入了和平发展时期，和谐正在成为诸多制度的重要价值。特别是随着"人类命运共同体"与和谐世界建设的快速发展，各国遵循和谐理念进行相互交往，共享繁荣，和谐必然成为当今世界发展的根本性价值趋向。[②]

（三）公正

公正一词具有正义、正当、公平等含义，外延十分宽泛，每个人都有自己心证的"公正"理念。古希腊哲学家柏拉图认为，人们按自己的等级做应当做的事就是正义。亚里士多德提出了分配的公正和矫正的公正等概念。分配的公正在于采取适度的比例；矫正的公正则在于维护适度的比例。[③]罗马法学家乌尔比安说："法是善良和公正的艺术，而正义是给予每个人他应得的部分的这种坚定而恒久的愿望。"威廉·葛德文将正义界定为公平对待："在同每一个人的幸福有关的事情上，公平地对待他，衡量这种对待的唯一标准是考虑受者的特性和施者的能力。所以，正义的原则，引用一句名言来说，就是

---

① 林义全，施润.论"和谐"在仲裁调解中的价值作用 [J].西南民族大学学报（人文社会科学版），2004，25（1）：114.
② 遗憾的是，由于西方国家崇尚竞争及程序公平等理念，缺少系统的和谐文化，他们主导的非诉讼制度漠视和谐的重要性，始终未把和谐设定为核心价值取向，这有悖于"人类命运共同体"及和谐世界建设倡导的价值取向。更重要的是，我国自对外开放以来，大量引进西方文化，深受西方司法化的影响，不注重传统文化中的和谐智慧，也没有将作为核心价值取向的和谐纳入非诉讼制度中。可见，借鉴中国传统文化的智慧，在非诉讼制度中遵守和谐价值取向，已经成为当务之急。
③ 亚里士多德.尼各马可伦理学 [M].廖申白，译注.北京：商务印书馆，2003：134-140.

'一视同仁'。"①埃德加·博登海默则认为:"如果用最为广泛和最为一般的术语来谈论正义,人们就可能会说,正义所关注的是如何使一个群体的秩序或者社会的制度适合于实现其基本目的的任务……满足于个人的合理需要和要求,并与此同时促进生产进步和社会内聚性的程度——这是维持文明社会生活方式所必需的——就是正义的目标。"②约翰·罗尔斯在论述正义的含义时强调分配正义的重要性,强调应关注维护社会中处于最不利境遇的人的利益。③尽管上述关于正义的观念纷繁复杂,但大都不能脱离两个层面的正义观,其一是结果公正,其二是过程或者说程序公正。第一个正义要求与相关当事人的实体利益相关联,被称作实质公正;第二个正义要求与相关当事人的程序利益相关联,被称作程序正义。因此,国际商事仲裁的公正价值是指仲裁过程的程序公正和仲裁结果的实体公正,是程序公正和实体公正的有机统一体。④

可见,国际商事仲裁制度中的公正一词的含义是,程序方面应该是所有争端当事方一律平等,实体方面保证各方都得到其应该得到的利益,不能偏袒任何一方,弱势一方的利益应该得到适当关注。

(四) 效率

原始社会时期缺少完善的政治和法律制度,仲裁就成为重要的争议解决方式。由于当时的经济水平较低,效率虽然也是仲裁的价值之一,但是其重要性并不明显。随着国家的建立及法律制度的逐渐完善、生产力的增强,诉讼就成为彰显国家主权的争端解决方式。然而,相比之下,诉讼存在程序烦琐、效率低下的缺点。与国家正统诉讼相比,仲裁制度只能以比诉讼更低的成本才能在社会冲突救助机制中获取一席之地,维系其生存和发展,由此决定了效率必须成为仲裁的重要价值取向。

仲裁的效率价值主要涉及两个方面的评估体系:一是经济评估体系,即仲裁过程中的经济成本支出和经济收益;二是社会评估体系,即通过仲裁所产生的社会效应和影响。它既适用于对单个仲裁案件审理过程的评价,也适用于对国家整个仲裁制度的评价。对于前者,仲裁效率价值要求仲裁案件中

---

① 威廉·葛德文. 政治正义论(第一卷)[M]. 何慕李,译. 北京:商务印书馆,1982:84-85.
② 博登海默. 法理学——法哲学及其方法[M]. 邓正来,姬敬武,译. 北京:华夏出版社,1987:238.
③ RAWS J. A Theory of Justice [M]. Cambridge:the Belknap Press of Harvard University Press, 1971:266.
④ 张春良. 论国际商事仲裁价值[J]. 河北法学, 2006, 24 (6):103-108.

理过程的经济耗费要降低到最低的程度；对于后者，仲裁效率价值则要求国家合理地配置社会资源（包括司法资源），使仲裁制度的运作从整体上同时符合资源节约和产出最大化的要求，其基本要求是仲裁制度应当有利于消除导致社会资源被重新运作于诉讼的各种因素，减少在执行过程中的争议，避免"二次争讼"（原当事人之间的再次争讼）和"次生争讼"（原当事人之一与利害关系人的争讼）的可能性，形成良好的解决社会冲突的预期，使国家在解决社会冲突方面的机制不至于因为仲裁的低效率而降低其作用。①

在市场经济体制下，一切以市场为中心，市场经济是高速发展的经济，这正如一个规模恢宏、格局复杂、角逐激烈的竞技赛场，各市场主体相互之间发生矛盾纠纷寻求裁判解决时，是不能容忍纠纷解决机制的低效的。②可以预计，随着我国市场经济和法治化逐渐成熟，国际商事仲裁制度中的效率价值必然发挥更大的作用。

二、国际商事仲裁制度的价值协调

如前所述，国际商事仲裁制度具有诸多价值取向，如自治、和谐、公正及效率等，这些价值在国际社会的发展中必然产生相互冲突。由于国际商事仲裁制度发展的动态性，国家法律一般并不对诸多价值之间的关系予以规定。这样，国际商事仲裁制度的价值之间的关系及如何予以合理协调，就成为多年来学界争论的焦点之一。随着经济全球化和法治化的快速发展，国际商事仲裁制度的价值之间的冲突日趋显现，已经成为国际商事仲裁制度发展中刻不容缓的问题。

（一）自治与国家干预

如前所述，国际商事仲裁制度的价值取向具有明显的动态性，诸多价值之间的关系也会随着社会的发展而发生相应的变化。仲裁产生于缺少国家和法律制度的原始社会时期，人们之间的民事争议主要靠当事方协商和寻求他人仲裁来解决。这样，自治就成为仲裁制度最根本的属性。公元14世纪后，随着国家法律制度的逐渐完善，国家加强了对仲裁的干预。这样，当事方自治与国家干预之间的冲突便产生了。20世纪以来，随着经济全球化的迅猛发展，自由经济

---

① 汪祖兴. 效率本位与本位回归——论我国仲裁法的效率之维 [J]. 中国法学，2005（4）：113-122.

② 汪祖兴. 效率本位与本位回归——论我国仲裁法的效率之维 [J]. 中国法学，2005（4）：122.

得到了普遍的重视，国家开始在一定程度上放松了对仲裁制度的干预。

有论者从私人自治的视角出发，认为市民社会的一种独立于国家的"私人自治领域"，是国家无法替代的。因此，国际商事仲裁制度更强调的是自身的自治性，排斥国家的过分干预。即使在经济全球化蓬勃发展的今天，完全的当事人自治必须予以维持。这样一来，当事方可以在决定仲裁程序、调整仲裁程序和实体事宜的适用法及仲裁地点和时间上享有自治权。①有论者则从程序公正的角度切入，认为国际商事仲裁制度应注重程序公正，法院应加强对仲裁制度的干预；②也有论者认为自治与国家干预之间应依据现代法治理念来进行合理协调。法治一方面应当保障商事主体的自治权，另一方面应当限制国家的干预权。国家权力的行使应当建立在保障商事主体权利行使的基础之上，只有这样，商事主体的积极性才能保持，整个经济运行才是有活力的。国家干预与国际商事仲裁自治虽然是一对矛盾的价值，但是这两种价值在当今国际商事仲裁制度的构建和发展中都是不可或缺的。自治代表了仲裁最本质的要求，国家干预则能够保障各种价值的协调及普遍的公共利益。在二者的关系中，依然要强调自治的优越性、国家干预的附属性。当今国际商事仲裁发展的趋势是尽可能减少司法干预（国家干预最突出之体现），以保证当事方的自治。③

（二）自治与公正

众所周知，自治是仲裁的根本属性。然而，以自治为根基的仲裁所作出的裁决能保证公平吗？有论者认为，当事方依据自治选择的仲裁机构、仲裁员、仲裁规则及调整仲裁程序和实体的法律，缺少国家的参与，很难保证所做的裁决是公正的。仲裁的价值追求是公正而不是其他，因为法律是公正的化身，是公正的代名词，而仲裁机构又被认为是"准司法"机构，仲裁裁决要受到法院的监督和审查。仲裁追求的首先是公平，其次才是效率，当二者发生冲突时应当公平优先。仲裁制度的价值取向应该以公平为先而非以效益为先。④

有论者则强调当事方自治价值的重要性，主张当事人意思自治贯穿于国际商事仲裁的始终，从国际商事交易当事人选择用仲裁方式解决彼此之争议、

---

① YU H L. A Theoretical Overview of the Foundations of International Commercial Arbitrations [J]. Contemporary Asia Arbitration Journal, 2008（1）：255-278.

② 石现明. 国际商事仲裁价值取向之检讨——以当事人的价值追求为视角 [J]. 学术论坛, 2007, 30（9）：133-138.

③ 王宝闽. 国际商事仲裁价值取向新论 [J]. 鸡西大学学报, 2010（2）：67.

④ 陈安. 英、美、德、法等国涉外仲裁监督机制辨析——与肖永平先生商榷 [J]. 法学评论, 1998（5）：25-39.

国际商事仲裁庭的组建和仲裁程序、国际商事仲裁的法律适用,到国际商事仲裁裁决的履行和法院审查救济,无不体现和尊重当事人的意思自治。因此,意思自治在国际商事仲裁制度中一直处于核心地位,是国际商事仲裁的灵魂。因此,建议通过自治来协调和解决国际商事仲裁中一些价值之间(如效率和公平之间)的矛盾和冲突。例如,国际商事仲裁立法者可以而且应当按照当事人的意思自治来设计和架构不同的制度模块,以满足不同当事人对国际商事仲裁的不同价值追求:在当事人视效率为关键时就选择相应的以效率为价值取向的制度设计,如允许当事人协议排除司法审查或缩小司法审查的范围;如果他们选择国际商事仲裁主要是为了争议解决结果的公平,那就让其选择以公平为价值取向的制度设计,如允许其协议同意法院审查裁决的实体问题。①

(三)和谐与公正

总的来说,争端当事方在仲裁中达成和谐基于下列原因:一是双方的经济实力相差不大,案件比较清晰,难以从裁决中获得全胜;二是双方经过长期合作后互相熟悉,看好继续合作的前景,都不希望斤斤计较,以防影响将来的合作;三是裁决比较公正,与双方各自的期望相差不大;四是争端的数额巨大,案情比较复杂,当事人更注重的是裁决结果对利益的分配和损失的分担。当然,与当事方对价值追求的多元化也有关系,有些当事人选择国际商事仲裁是为了追求效率,有些当事人则是为了追求公正,还有些当事人既是为了效率又是为了公正。

可见,和谐和公正都是国际商事仲裁制度追求的重要价值。表面上,公正是国际商事仲裁的生命,似乎比和谐更重要。实际上,任何法律制度的终极目标都是促进人们的和谐生活,提高人们的幸福度。从构建"人类命运共同体"与和谐世界的高度来审视,和谐应该被定位为国际商事仲裁的核心价值,即公正必须在和谐的前提下取得,而不是相反。②

(四)公正与效率

公正和效率两种价值追求,对于仲裁来说都十分重要,不可偏废。因为没有公正也就没有效率而言,而没有了效率,迟来的公正也不是公正,正所

---

① 石现明. 国际商事仲裁价值取向之检讨——以当事人的价值追求为视角[J]. 学术论坛,2007(9):137.
② 由于西方国家崇尚竞争及程序公正等价值理念,缺少博大精深的和谐文化根基,他们主导的国际商事仲裁制度一直固守其原来的价值体系,漠视和谐的重要性。本研究在国际国内首次提出国际商事仲裁制度应该将和谐设定为核心价值取向,这是构建"人类命运共同体"与和谐世界的必然要求,彰显了人类社会的基本发展走向。

谓"延误公正无异于抹杀公正"。①有论者认为，一般情况下，这两种价值可以取得一个平衡点，无须区分谁是第一位、谁是第二位。但是，在特殊情况下，当两者冲突时，应当优先考虑效率。也就是说，为了追求效率，仲裁一定程度上牺牲了对于公平的价值追求。仲裁的一裁终局就是明证。由于诉讼中当事人拥有任意的上诉权，导致法院的效率低下，仲裁正是在一定程度上补足了法院的这一缺点，但当事人之间的争议一裁终局就具有执行力，也可能造成不公正的风险。不过，这种牺牲是必要而适当的。因为当事人可以自行衡量，如果认为对于公正的追求重于对争议解决效率的追求，当事人自然就会约定以诉讼方式解决争议，如果当事人认为解决争议的效率比较重要，自然就会考虑仲裁。另外，如果仲裁也以公正作为第一位的价值追求的话，明显不能适应越来越发达的商业交易。②特别是，商人进行商事交易的根本目的是获取经济效益，当前经济全球化中经济实力弱小的发展中国家参与国际商事交易更是如此。因此，效率应该是现行国际商事仲裁制度中重要的价值。

第三节　国际商事仲裁调解制度

一、国际商事仲裁调解制度概述

国际商事仲裁中调解制度，③顾名思义就是国际商事仲裁和调解两种程序相结合的一种制度。国际商事仲裁就是争议双方将争议交给第三方，即仲裁员裁决的做法。④而所谓调解，是指争议双方通过合意自愿将他们之间的争议交给他们信任的中立第三者，由中立第三者以适当方式促进双方当事人协商和解的一种争议解决方式。⑤换言之，调解是指纠纷发生后，由第三者主持，

---

① 邓杰.商事仲裁法[M].北京：清华大学出版社，2008：27.
② 胡秋林.国际商事仲裁中当事人意思自治与效率的衡量[J].文化学刊，2019（4）：191-195.
③ 英文中调解一词是 mediation 和 conciliation，我国也有学者把 conciliation 译成"调停"，以示区别。实际上，虽然这两个词的含义略有不同，如 conciliation 下的调停人的权利大一些，但是多数国外学者认为两者之间的差别可以忽略不计，习惯上经常使用 mediation.（GAILLARE E，SAVAGE J. International Commercial Arbitration [M]. The Hague Kluwer Law International，1999：12.）为了研究方便，本研究采纳多数国外学者的习惯。
④ 杨良宜.国际商务仲裁[M].北京：中国政法大学出版社，1997：10.
⑤ 王生长.仲裁与调解相结合的理论与实务[J].北京：法律出版社，2001：78-79.

依据社会共识和一定的规范,进行劝解,促使发生纠纷的人协商解决争端。一般认为,这种仲裁与调解相结合的争议解决方式最早源于中国国际经济贸易仲裁委员会(China International Economic and Trade Arbitration Commission, CIETAC)的早期实践。仲裁中调解是指当事人为解决争议,先启动仲裁程序,在仲裁程序进行的过程中,由仲裁员对案件进行调解,调解不成后再恢复进行仲裁程序。

作为一项独特的争端解决机制,仲裁中调解具有以下特征:(1)仲裁中调解是一种复合式的纠纷解决方式(2)仲裁庭的仲裁员就是主持调解的调解员;(3)仲裁程序中的调解是仲裁方式与调解方式的有机结合;(4)仲裁中调解是一种糅合了仲裁和调解的方式。[①]

从人类发展过程看,无论是中国还是西方,是统治者还是平民百姓,和谐应该是人类社会共同的追求。每个国家、每个社会都有为解决争端、纠纷而建立的各项制度,其性质、结构和运作都是对该社会文化、哲学、世界观以及社会模式和经济政治组织的一种反映。[②]因为向往和谐,历来的战争发动者都会遭到人们的谴责。调解制度崇尚的和谐理念反映了人类社会的普遍追求。用简单快捷、效率高而成本低的方式解决纠纷,并不仅仅是中国古人,而且是人类社会的普遍需求。西方社会对国际争端、劳资纠纷采用调解的方法加以解决也有着悠久的历史。[③]不容置疑的是,中国源远流长的历史和博大精深的传统文化,决定了中国的调解制度在普遍性和多途径方面,远远优于西方。

(一)中国传统调解制度的普遍现实意义

调解作为一种解决纠纷的手段,在原始社会即已出现,以父家长为中心的宗法家族制度为调解制度提供了社会基础。据记载,中国早在尧舜时期就已经出现了调解制度的萌芽。古人在耕种中遇到的一些如耕田田界、河滨打鱼等方面的争议,就请中立的第三者本着仁义、诚信和自我的理念进行化解。随着社会的发展,中国传统调解制度的适用范围也有了较大发展,包括婚姻、家财、负债等,几乎可以化解人们所有的民事纠纷。儒家文化占据统治地位后,儒家思想以重义轻利为价值导向,认为"君子喻于义,小人喻于利",应当做到"存天理,灭人欲"。儒家以维护周礼及社会深层秩序和普遍道德为宗

[①] 岳力. 论仲裁中调解的功能[J]. 北京仲裁, 2008(2): 60-70.
[②] 陈弘毅. 调解、诉讼与公正——对现代自由社会和儒家传统的反思[J]. 现代法学, 2001(3): 3-14.
[③] 曾宪义. 关于中国传统调解制度的若干问题研究[J]. 中国法学, 2009(4): 34-46.

旨，以血缘为基础，强调社会"和谐"，其大同和谐的表现之一就是没有纷争。因此，人们在权利义务关系上发生争执时，当事人应当放弃自己的权利，不计较个人之利益得失，这就必然要求当事人通过和解互谅互让，大事化小，小事化了，平息纠纷。儒家以中庸为人的最高美德，要求人们凡事不可过分，旨在维护和谐的局面。由此，人们更多地选择调解来解决纠纷，从而形成了颇具特色的解纷机制和解纷文化。①

儒家文化中的这种和谐理念逐渐成为中国调解制度的主流思想。也就是说，儒家的大同理想、墨家的"尚同"主张、道家的"道法自然"、法家的"以刑去刑"等思想，都体现了对社会稳定、和谐的追求。孔子总结历史的经验，教诲世人"听讼，吾犹人也。必也使无讼乎"。从观念层面来看，调解即"和解"，它的基石乃古代中国独特的"和"观念，包括传统社会对于"和"的独特理解，以及由此产生的以"和"为美的审美观念与"和为贵"的社会意识。这里要注意，"和"者，并非没有矛盾，但是强调对立面之间的渗透与协调，而不是对立面的排斥与冲突：它排斥非理性的迷狂或超世间的信念，要求情理结合、情感中潜藏着智慧以得到现实人生的和谐与满足。这一教诲在汉代以后几乎成为为官者的座右铭。中国的传统文化深受儒家思想的影响，"和为贵"等和文化是中国调解制度产生的土壤。这造就了中国古代发达的民间调解制度，在司法机关内部的审判制度中也贯穿着推行民事和解，甚至将调解息讼作为官员的考核政绩。②"无讼"是古代社会治理的最高境界。

因此，以调解的方式解决纠纷是中国传统社会的一大特色，更为重要的是，这一传统在近现代的法律变革中，几度兴衰，学界对其评价也莫衷一是，随其兴衰而聚讼不已。③当然，也有论者对中国传统调解制度存有质疑，认为中国之所以形成调解传统，是因为中国古代"政府提供的公共服务太差"，如"官员法律素质差，诉讼成本太高"等。调解虽然有利于修补、恢复社会人际关系，避免矛盾的激化，但"不利于权利意识的形成"，"不利于树立社会的是非观"，对目前中国尚在形成中的法治显然也害大于利。④笔者认为，从现代法治的视角看，中国传统调解制度的确存在一些不足，但从人类发展的总体走向来审视，中国传统调解制度崇尚的"和谐"理念正好彰显了各国人们追

---

① 王小莉. 论调解制度在仲裁中的发展 [J]. 仲裁研究，2004 (2): 16-20.
② 张璐. "仲裁与调解相结合"制度的法律问题研究初探 [J]. 兰州学刊，2004 (3): 166-167.
③ 曾宪义. 关于中国传统调解制度的若干问题研究 [J]. 中国法学，2009 (4): 34-36.
④ 曾宪义. 关于中国传统调解制度的若干问题研究 [J]. 中国法学，2009 (4): 34-37.

求和平与幸福生活的普遍诉求，特别是和谐理念集中代表了中国传统文化中的精髓，与习近平总书记提出的构建"人类命运共同体"与和谐世界倡议高度契合，其重大现实意义不容置疑。

从国际商事仲裁的实践方面看，无论现代的中国还是西方国际商事仲裁调解制度正处在日益昌盛的时期，调解受到了越来越多人的认可和欢迎。[1]例如，CIETAC正是这种新的纠纷解决模式的最早实践者，它开仲裁与调解相结合之先河，并把其广泛运用于各种仲裁，得到了西方社会的认同，被国际社会誉为"东方经验"。[2]有不少国外学者指出，中国传统调解制度已经纳入现代中国的法律制度，不仅中国的国际商事仲裁机构经常运用调解来解决国际商事争端，中国的法院在作出判决前，也鼓励当事方采用调解来和解，以便使争端得以友好解决，为将来的合作打下基础。可以预计，中国特色的调解制度必然会在世界上产生大的影响。[3]调解作为解决争端的一种方法，必定会在国际商事争端解决中发挥大的作用，促进国际商事的发展。[4]这显然表明中国传统调解制度所倡导的理论价值对当代国际商事仲裁制度具有重要的普遍的现实意义。

（二）西方调解制度概述

西方国家的生活环境决定了其历史发展经历了一个与中国不同的轨迹，调解制度自然也具有特点。早在公元前18世纪的古巴比伦时期，仲裁与调解作为解决古人纠纷的方式就已萌芽。但是，由于生活环境等因素的影响，当时并没有产生如中国儒家学说一般的思想文化，缺少作为调解制度坚实理论基础的和谐理念，而是逐渐进入法治试验阶段，致使调解没有成为当时主要的解决纠纷的方式。古希腊时期，先人们提出了民主法治的理念，把法治作为维护人们民事权利的主要手段，调解制度几乎无人问津。古罗马时期，罗

---

[1] C ERMMERMAN H. The Ever-increasing Influence of Mediation as A Means of Resolving Complex Commercial Disputes [J]. DePaul Law Review, 2001 (50): 1085-1086.
STEPHANIE CHI. The Roe of Mediation in Trademark Disputes [J]. American Journal of Mediation, 2008 (2): 105-112.
PETSCHE M. Mediation as the Preferred Method to Solve International Business Disputes: A Look into the Future [J]. International Business Law Journal, 2013 (2013): 251-253.

[2] 范愉. ADR原理与实务 [M]. 厦门：厦门大学出版社，2001：443.

[3] C REIF L. Conciliation as a Mechanism for the Resolution of International Economic and Business Disputes [J]. Fordham International Law Journal, 1990 (14): 578-633.

[4] I STRONG S. Beyond International Commercial Arbitration – The Promise of International Commercial Mediation [J]. Washington University Journal of Law & Policy, 2014 (45): 10-38.

马人开始了法治试验并取得了巨大成功，为西方社会治理提供了主导性走向，调解依然没有得到足够的重视。中世纪，随着人们主观能动性的逐渐崛起和经济的发展，人们更加注重运用法律来调整民事关系，其间漠视了调解作为一种解决纠纷手段的重要性。

随着18世纪以来的社会发展，西方国家经济发展加快，人们之间的民事关系日趋紧密，相互依赖性增强，法治的固有缺陷日渐显现，如诉讼程序复杂、时间拖沓、费用高昂、不利于维护人们之间相互依赖的关系等。西方国家逐渐发现调解能够克服上述诉讼的缺陷，调解制度随之在西方国家得以建立。

一般地说，西方英美法国家和大陆法国家在传承和完善调解制度方面，各具特点。例如，美国的调解始于19世纪住在美国北达科他州的北欧人后裔的实践，但开始并未取得成功，后来俄亥俄州的克里普兰市的都市法院设立调解分部，对部分民事案件进行调解，结果证明非常成功，调解制度在美国逐步盛行起来。目前，调解作为替代争议解决方法，在几乎所有的争议解决中得到广泛运用，并且与其他争议解决方法相互融合，形成了一些全新的调解形式。[①]

一般地说，美国的调解制度主要具有以下特点：第一，美国调解制度的产生远远晚于中国。众所周知，美国的历史较短，所传承的英国文化中也缺少较完善的调解制度。美国作为一个移民国家，多元文化的融合与冲突构成了美国的文化特征，由于没有历史上形成的共同价值观、习惯和社会权威可以依托，个人主义和自由主义成为社会的基本价值观，社会主体之间在发生权益争端时，很自然地把纠纷的解决提交司法，这也就是美国人"好讼"，乃至出现所谓"诉讼爆炸"的社会原因。因此，在美国人们缺乏对调解的重要作用的认识。作为判例法国家，美国的司法裁判的功能更多地在于通过判例发现和确认规则，为社会提供行为规范。因此，法院承担了越来越多的社会功能。[②]

第二，美国的诉讼和调解是同审判相独立与分离的。我国法院调解采取的是"调审合一"的原则，将调解程序与审判程序融合在一起，在审判中调解、在调解中审判，于审判和调解间任意切换。除离婚案件必须调解外，其

[①] 沈松，郭明磊. 论美国替代性争议解决方式中的调解[J]. 武汉大学学报（哲学社会科学版），2004，57（6）：849-852.

[②] 范愉. 浅谈当代"非诉讼纠纷解决"的发展及其趋势[J]. 比较法研究，2003（4）：29-43.

他民事案件应当根据"当事人自愿的原则,在事实清楚的基础上,分清是非,进行调解"。在美国的民事诉讼中,和解有当事人自行和解与法院主持的和解两种。对于前者,双方当事人达成和解后要想终结正在进行中的诉讼程序,须根据联邦民诉规则来进行。对于后者,和解会议是一项重要的程序。作为一个初步事项,所有的民事案件都将进入某些和解讨论,即在熟悉案件并且具有和解谈判权力以结束待决的或将来可能的诉讼的当事人代理人之间进行的会面和交谈。和解谈话也许不会涉及一个中立的第三方。事实上,在联邦法院所呈现的趋势是鼓励和解讨论。①

第三,美国民事诉讼中的和解被视为新契约。在我国的法院调解中,当事人经法官调解达成协议后,可以由法院制作调解书。调解书与生效的法院判决具有相同的法律效力。美国民事诉讼中的和解,不论是在当事人之间达成的还是在法院主持下达成的,都被视为以双方当事人之间订立的新契约代替发生纠纷的旧契约,即在性质上被视为当事人私下达成的协议,只是私法行为。故和解契约如有瑕疵,可援用契约无效或可撤销的法理予以救济。

与美国相比,英国有着悠久的法治传统,长期以来不仅对其法律制度引以为荣,而且曾经将其诉讼文化作为一种先进的现代文明向全球推广,司法和审判自然而然地成为其极力推崇的纠纷解决方式。但是,当面临日益严峻的司法危机时,决策者并未固守传统,而是顺势而为,积极变通。从最初的固守"司法权不容剥夺"原则到支持引导调解等 ADR 的发展,英国政府推动 ADR 的决心和力度令人敬佩。英国在民事司法改革中拓宽了调解的适用范围,为民众接近正义(access to justice)提供了更多选择。英国法院建议当事人通过诉前议定书选择调解,并通过案件管理制度提醒当事人选用调解。不仅如此,英国政府还通过购买调解服务、创设调解热线的方式,便利当事人了解调解、使用调解。英国的调解市场体现出完全的市场化模式,调解收费标准市场化,政府并未设定相关指导价。②

一般地说,大陆法国家的历史不同于英美国家,其调解制度自然有其特点。大陆法国家的法治传统悠久,民事法律制度完整,民事法律关系主要靠民事诉讼来解决。另外,随着西方国家经济的快速发展,民事诉讼制度的缺陷也日渐显现。欧洲国家也开始关注调解解决民事争端的重要性。2008 年 5

---

① 郭玉军,孙敏洁. 美国诉讼和解与中国法院调解之比较研究 [J]. 法学评论,2006,24(2):19-28.
② 齐树洁. 英国调解制度 [J]. 人民调解,2018(12):54-56.

月21日，欧洲议会及欧盟理事会发布《调解指令》，要求诸成员国（除丹麦外）于2011年5月21日前根据该指令进行民商事调解制度的立法，以推进调解在跨境民商事争议中的适用。

德国作为欧洲大陆最富理性的国家，其司法制度、诉讼程序乃至整个纠纷解决机制都是经过精心设计建构而成的。随着司法实践的发展和社会需求的变化，德国人总是按照《调解指令》及时通过修改法律，特别是民事程序法来对其制度体系进行调整。同时，德国法官在诉讼的任何阶段都有促成和解的义务（相当于法院调解），调解与判决相互协调，当事人在诉讼中既不会因调解延迟诉讼，也不会失去和解的机会。德国传统的民间调解主要应用于家事、人事和社区纠纷的解决，重点则是发展面向大企业和消费者的产品质量、医疗纠纷等行业的民间性纠纷解决机构。[1]西班牙、意大利等国家也及时建立和完善了各自的民事调解制度，为国际商事仲裁制度的发展作出了贡献。

（三）国际商事仲裁调解制度发展的特点

国际商事仲裁调解指当事方的国际商事仲裁启动后，在恰当的时候启动平行的调解程序，由调解人对当事人的争端进行调解。如果调解成功，则当事人的争端得以解决；如果调解不成功，平行进行的仲裁程序可以保障争端的最终解决。[2]二战以来，西方发达国家经济发展速度加快，其主导着世界经济的发展。随着经济发展的深入和拓展，各国商人之间的商务竞争异常激烈，利润大幅降低，关系日趋复杂，国家的民事诉讼和仲裁制度的缺陷日渐凸显，难以适应国际商事交易的发展。这样一来，美、欧等国开始注重调解在快捷、低价及友好解决争端等方面的作用，将调解融入国际商事争端的仲裁之中。

在东方，CIETAC正是这种新的纠纷解决模式的最早实践者，它开仲裁与调解相结合之先河。例如，CIETAC仲裁规则第45—50条规定，如果双方当事人有调解愿望，或一方当事人有调解愿望并经仲裁庭征得另一方当事人同意的，仲裁庭可以在仲裁程序进行过程中对其审理的案件进行调解。随后，日

---

[1] 范愉.浅谈当代"非诉讼纠纷解决"的发展及其趋势［J］.比较法研究，2003，4：31.
[2] 国际商事调解有广义和狭义之分。狭义上包括调解机构依据专门的调解规则所进行的独立调解，广义上则指调解与其他纠纷解决方式相结合的调解，如国际民商事诉讼、仲裁中的调解等。联合国国际贸易法委员会于2002年制定的《国际商事调解示范法》第1条第（9）款a项规定，"本法不适用于：法官或仲裁员在司法程序或仲裁程序中试图促成和解的案件。"可见，联合国倡导的国际商事调解是狭义的调解。考虑到"人类命运共同体"下各国商事发展必然日趋密切及调解在国际商事争端中应用广泛的客观事实，本书从国际商事调解的广义上展开研究。

本、韩国及印度等也开始了制定相关法律。①美国在西方国家中首先于20世纪70年代在 ADR 背景下，开始了国际商事仲裁中调解的尝试，以便使当事方化解纠纷，促进进一步合作。美国的试验取得了较大的成功，其他西方国家如英国、加拿大、德国、法国及一些拉丁美洲国家也纷纷效仿，开始制定相关规则。②

许多国际组织也开始制定相关的规则以统一各国的国际商事仲裁中的调解制度。例如，国际商会自1923年以来，就开始关注国际商事调解问题。《ICC 调解规则》于1975年生效，最新版本于2014年8月生效。

UNCITRAL 自1980年以来就开始制定相关规则。依据 UNCITRAL 仲裁示范法及其仲裁规则和调解规则的规定，仲裁与调解相结合似乎是不可能的。然而，目前 UNCITRAL 正在研究考虑其"在国际商事仲裁方面的未来工作计划"（UNCITRAL 文件 LYCN. 9/460 号），其中优先考虑的一项工作就是调解。在这项工作中，将考虑和讨论仲裁与调解相结合的可能性。另外，许多国际组织和国家的仲裁规则和法律均允许当事人通过仲裁员或非仲裁员调解而达成的和解以仲裁裁决的形式记录（即大家知道的依照协议条件作出的裁决或协议裁决）。实际上，这是仲裁与调解相结合的另一个方式。③

比较来说，中国国际商事仲裁调解制度与西方国际商事仲裁调解制度各有千秋，互补性较强。中国的国际商事仲裁调解制度具有更悠久的历史，和谐价值源远流长。完全可以预计，随着"人类命运共同体"与和谐社会建设的快速发展，这些优点对促进国际商事仲裁调解制度的发展必然产生重要的影响。然而，我们过度重视通过诉讼来解决国际商事争端的重要性，忽略了调解的重要作用，愧对我们曾创造的"东方经验"，落后于西方国家在国际商事仲裁调解制度方面的发展。④西方国家的国际商事仲裁调解制度发展较快，

---

① A HERBERT W, GIUSEPPE DE PALO, AVA A. Baker & Apostolos Anthimos, International Commercial Mediations [J]. International Law, 2011 (45): 111-112.

② 唐厚志. 正在扩展着的文化：仲裁与调解相结合或与解决争议替代办法（ADR）相结合 [J]. 中国对外贸易, 2002 (2): 50-52,

A HERBERT W, GIUSEPPE DE PALO, AVA A. Baker & Apostolos Anthimos, International Commercial Mediations [J]. International Law, 2011 (45): 111-114.

③ 唐厚志. 正在扩展着的文化：仲裁与调解相结合或与解决争议替代办法（ADR）相结合 [J]. 中国对外贸易, 2002 (2): 50-53.

④ 张璐. "仲裁与调解相结合"制度的法律问题研究初探 [J]. 兰州学刊, 2004 (3): 166-167.

法治水平较高,其中最重要的是独立性、专业性、有偿性和领域广等。①这些特点对中国的国际商事仲裁调解制度的发展具有重要的启示。

独立性是指国际商事调解独立于国际民商事诉讼与仲裁而单独存在。从对国际规则条文的分析中可以发现,国际商事调解具有独立于诉讼、仲裁的特点。例如,《UNCITRAL 调解规则》第 16 条规定:"当事人允诺,在调解期间,不将作为调解主题的争议提交仲裁,也不就之提起诉讼。"对于调解员在其他程序中的作用,第 19 条规定:"当事人和调解员均允诺:在作为调解的主题的争议提交仲裁或就之提起诉讼时,调解员不得在仲裁或诉讼的程序中充当仲裁员,或充当一方当事人的代理人或顾问。双方当事人允诺:他们在这些程序中也不提出调解员为证人。"国际商事调解的独立性特点能够保证当事人在纠纷发生后,通过调解机构迅捷的调解程序解决纠纷,而不必启动程序相对复杂的诉讼或仲裁。同时,西方许多学者认为,若调解员在调解失败后担任仲裁员,其在调解中形成的观念可能会影响其在仲裁中的公正裁决。国际商事调解的独立性一定程度上也保证了纠纷的公正解决。难怪国际贸易法学者施米托夫(Clive M. Schmitthoff)教授认为,"仲裁优于诉讼,调解(和解)优于仲裁。"②这一特点要求国家附设法院、仲裁庭调解制度。目前已有日本、美国及中国台湾地区的法院附设调解制度。中国的法院和仲裁机构也可吸收国际商事调解制度中独立调解的优点,考虑在法院和仲裁机构内部成立专门的调解庭,与立案庭相互配合,经当事人申请,在案件进入审判、仲裁阶段之前,由调解庭专业人员进行调解。当然调解并非审判的前置程序,在案件进入审判或仲裁阶段之后,也可以在当事人自愿的情况下随时启动调解程序,由专门的调解员介入调解,从而保证法官、仲裁员裁决的公正性。

专业性是指国际商事调解的组织机构具备专业化解国际商事纠纷的能力,调解人员专家化。目前,许多国家和国际组织都建立了不少国际商事调解组织。英国设在境内的仲裁机构下设调解机构,如伦敦国际仲裁院下设的国际争议解决中心,国际商会在世界各地设立了多家国际商会调解中心。这些国际商事调解组织的调解员都是相关领域的专家,有助于作出公正裁决。目前中国已经设立种类繁多的调解组织,其中仲裁机构成立的调解中心、行业调

---

① R FEINBERT K. Mediation – A Preferred Method of Dispute Resolution [J]. Pepperdine Law Review, 1989 (16): 1-7.
② 安文婧. 国际商事调解的特点及对中国的启示 [J]. 经济研究导刊, 2010 (12): 85-86.

解组织等已经开始注重对专家型调解员的聘用，然而中国特有的人民调解中对专家型调解员的要求规定还欠缺一定的合理性。

有偿性是指调解员从事的国际商事调解均为有偿服务，在当事人支付的调解费用中有专门的调解员报酬。如《伦敦国际仲裁院调解程序》中规定，伦敦国际仲裁院指定的"调解员是按小时付费"。《UNCITRAL 调解规则》也有类似的规定。显然，国际商事调解的有偿性可以调动调解员的积极性，使其更加尽心尽力地在公平合理的基础上调解纠纷，这一制度安排促使调解员向着更加专业化、职业化的方向发展。在我国，仲裁机构成立的调解中心、行业协会的调解组织目前已经开始出现专职的调解员，调解为有偿调解。但传统的人民调解依据相关规定，仍属于无偿调解。其无偿性的特点，造成了调解员劳动与所得比例不合理的尴尬，也打击了调解员调处纠纷的积极性。[①]

领域广指国际商事仲裁中调解适用的领域越来越广泛，几乎无所不包。国际商事仲裁中的调解传统上主要用于和解国际货物销售领域，其适用范围现已扩展至知识产权、人权、公共建设、文化产品、音乐、船舶纠纷、电影产品等。特别是，越来越多的重大疑难争端也采用调解来解决。[②]

二、国际商事仲裁调解制度理论之争

人类法律发展史表明，任何法律制度的建立和正常发展都必须根植于坚

---

① 安文婧. 国际商事调解的特点及对中国的启示 [J]. 经济研究导刊, 2010 (12): 85-86.

② LLOYD D, PATRONI J. Co-Mediation for Intellectual Property Rights Disputes [J]. International Trade & Business Law Review, 2009 (12): 266-267.
H ORMSBEE M. Music to Everyone's Ears: Binding Mediation in Music Rights Disputes [J]. Cardozo Journal of Conflict Resolution, 2011 (13): 225-226.
MEALY N. Mediation's Potential Role in International Cultural Property Disputes [J]. Ohio State Journal on Dispute Resolution, 2011 (26): 169-171.
BRYDEN P, BLACK W. Mediation as a Tool for Resolving Human Rights Disputes: An Evaluation of the B. C. Human Rights Commission's Early Mediation Project [J]. University of British Columbia Law Review, 2004 (37): 73-77.
L MEASTER C, SKOUFALOS P. The Increasing Role of Mediation in Resolving Shipping Disputes [J]. Tulane Maritime Law Journal, 2002 (26): 515-518.
C EMMERMAN H. The Ever-Increasing Influence of Mediation as a Means of Resolving Complex Commercial Disputes - Why CRENET/SPIDR Publications Have Replaced the Rules of Civil Procedure on My Bookshelf [J]. DePaul Law Review, 2001 (50): 1085-1086.
LINDSLEY L. The Beagle Channel Settlement: Vatican Mediation Resolves a Century-Old Dispute [J]. Journal of Church & State, 1987 (29): 435-437.

实理论基础之上，而制度的构建和理论的形成都是社会发展的必然需求。随着经济全球化的迅猛发展，复杂多元的"人类命运共同体"正在形成，西方刻板的法治的固有缺陷迅即暴露，人们不得不诉诸其他路径来促进社会的发展。在国际商事仲裁方面，调解能够快速、低价和友好解决争端的特点得到发挥，有效弥补了仲裁的固有缺陷。

虽然国际商事仲裁调解制度的发展如火如荼，但是，学界对国际商事仲裁调解制度的理论基础一直争论不休。赞成仲裁和调解相结合的中国学者和西方学者从不同的视角提出了不尽相同的理论，如中国学者提出了和谐和自治是仲裁和调解相结合的和谐理论。著名学者唐厚志教授认为，仲裁和调解都是私人的事情，其基础是当事人的协议，其精髓是当事人的意思自治。至于是否允许同一个人担任仲裁员和调解员，是私人的事情，当事人选择同一个人调解和仲裁他们争议的自由应当被尊重。[①]西方学者则依据他们一直固守的市场经济和传统法治的理念，提出了财富论、效益论、职责论及渐进论等理论。反对仲裁和调解相结合的多位西方学者主要从他们崇尚的传统法治方面，提出了诸如侵害论、混淆论、失控论及危险论等理论，不支持仲裁和调解相结合的制度。[②]

至于仲裁和调解相结合制度的发展前景，多数学者认为反对者的意见虽然值得考虑，但当代纠纷解决的实践表明完全可以有效地克服上述弊端。越来越多的国内外调查统计表明，无论是在大陆法系国家还是在英美法系国家，仲裁和调解相结合已被许多国家以法律的形式予以确认。因此，"阻碍仲裁与调解相结合的坚冰正在消融，这是国际商事仲裁发展的一个新动向。"[③]

小　结

仲裁是继协商和调解之后的非诉讼纠纷解决方式，崇尚的是自治、公正、效益等价值取向。国际商事仲裁制度主要是西方的民事及法律文化的产物，

---

① TANG H I. Is there an Expanding Culture that Favors Combining Arbitration with Conciliation or Other ADR Procedures? ICCA Congress Series no 8 International Dispute Resolution：Towards an International Arbitration Culture [M]. The Hague：Kluwer Law International, 1998：107-113.
② 王生长. 仲裁与调解相结合制度研究 [D]. 北京：对外经济贸易大学, 2001：110.
③ 王生长. 仲裁与调解相结合的理论与实务 [M]. 北京：法律出版社, 2001：140.

一直是西方最重要的解决国际商事纠纷方式。随着西方非诉讼制度的司法化及诉讼化的发展，仲裁正变得越来越规范化和程序化，导致国际商事仲裁的本质属性被弱化，致使仲裁程序复杂、耗时耗力、费用高昂。由于国际商事仲裁的诉讼化背离了和谐思想，不利于当事人快速、价廉地解决纠纷，CIETAC率先将仲裁与调解有机结合在一起，取得了很大成功，促使许多国家和国际商事仲裁机构建立了相应的程序。毫无疑问，由于国际商事仲裁调解制度与中日韩三国信奉的和谐理念高度契合，这一制度必然会成为中日韩自贸区非诉讼制度中的重要部分。

第三章

国际商事仲裁制度司法化及新发展

众所周知,"人类命运共同体"与和谐世界的建设至少需要三个基本条件：和平的国际环境和各国相互信任的平等关系、各国经济水平不宜过分悬殊,以及完整的法律制度。当今世界各国的文明程度逐渐提高,国际法日趋完善,世界进入了较稳定的和平发展时期；席卷全球的经济全球化正以史无前例的势头向前发展,越来越多的发展中国家快速崛起,经济水平大大提高,各国参与国际事务的能力和积极性有所提高；少数西方发达国家主导世界政治、经济及法律的格局正在消失,为众多发展中国家参与国际事务提供了千载难逢的机会。这一切为各国之间和谐合作、实现平等互利,创造了条件。换言之,"人类命运共同体"与和谐世界建设的核心价值是和谐,这为当今世界各国的发展大势指明了方向。

另外,尽管西方国家主导的国际商事仲裁制度存在诸多不足,但是,由于西方国家的经济水平高、法治经验丰富、相关法律齐全,不少创新对建立中日韩自贸区非诉讼制度,特别是国际商事仲裁制度有着重要的借鉴意义。因此,我们从"人类命运共同体"与和谐世界建设的高度,对现行国际商事仲裁制度的新发展做些简要评析。

第一节 国际商事仲裁制度司法化之理论交锋

一、国际商事仲裁制度司法化概述

仲裁是人类历史进程中最传统、最重要及影响最广泛的纠纷解决方式,在国际商事纠纷解决中处于领先地位。[1]人类社会自进入村落开始,相互交往随之增多,必然产生形形色色的纠纷,需要采用相应的方式予以解决,以免

---

[1] NOUSSIA K. Confidentiality in International Commercial Arbitration [M]. London：Springer London, 2010：8.

人们之间相互争斗乃至残杀，给全体人类带来伤害。仲裁作为一种由第三方来解决当事人之间纠纷的手段，应运而生。换言之，仲裁作为一种纠纷解决方式，其产生是与人类文明同步而行的。古苏美尔人、波斯人、埃及人、希腊人及罗马人都有仲裁解决纠纷的传统。①到中世纪末，英国不少商人开始寻求皇家法院之外的方式来解决国际商事纠纷。1697年英国制定了世界上第一个仲裁法案，仲裁在法律的层面上得到承认，随后世界各国纷纷开始进行仲裁立法。②进入18世纪，英国的法院对仲裁的审查逐渐加强，使诉讼和仲裁这两种不同的纠纷解决方式进入此消彼长的时期。自19世纪开始，法院和仲裁机构都可以解决国际商事纠纷，当事方通常根据行业惯例和纠纷的性质来进行选择，这样一来，法院和仲裁机构成为合作伙伴，而不再是竞争对手。英国1996年仲裁法案仍然强调了当事方自治的重要性，同时也保留了法院的司法介入权，一定程度上更加接近了《UNCITRAL仲裁示范法》。仲裁在美国、法国及德国等的发展也经历了类似的过程，是解决人们经济纠纷，特别是国际商事纠纷的重要方式。③

从另一视角来看，自以国家为后盾的法院产生后，法院对仲裁的态度也经历了一个从支持到怀疑直至有敌意的过程。④到17世纪末，仲裁所具有的私密、灵活、高效及独立的特点，使其逐渐赢得了商人们和社会的认可，成为解决商事纠纷的主要方式。同时，仲裁也对司法构成了威胁，特别是法院法官的就业和收入。17世纪时，英国法院主张仲裁并不是有拘束力的程序，主要是因为英国法官的收入是依据他们审理案件的数量决定的。因此，他们对仲裁抱有敌意并非因为法律，而是仲裁侵害了他们的生计。这样一来，法院对仲裁协议和裁决的态度也各有不同，迫使仲裁从一个独立的纠纷解决制度转变为法院的附属品，即当事方不能放弃司法法院的管辖。法院在"纽约家庭保险公司诉瑁尔斯"（Home Insurance Co. of New York v. Morse）一案中指出，一个人同意选择仲裁并不能放弃诉诸法院的权利。最高院在本案中也申明，任何公民都有权诉诸国家的任何法院，来适用所有法律或法院赋予他的

---

① DURANT W. The Story of Civilization: Our Common Heritage [M]. New York: Simon & Schuster, 1963: 361.
② 赵秀文. 国际商事仲裁法（第3版）[M]. 北京：中国人民大学出版社，2012: 67.
③ NOUSSIA K. Confidentiality in International Commercial Arbitration [M]. London: Springer London, 2010: 13.
④ I ZEKOS G. International Commercial and Marine Arbitration [M]. New York: Routledge-Cavendish, 2008: 12.

保护。一个人不能出卖自己的生命、自由或自己的实体权利。因此，仲裁绝不是一种与法院平等的争端解决机制。有学者将上述当事方通过选择仲裁来排除法院管辖的做法上升为"驱逐法院理论"（ouster theory），并视其为法院对仲裁抱有敌意的主要原因。美国著名法官本杰明·卡多佐（Benjamin N. Cardozo）在评析相关案件中指出，如果当事方通过合同来驱逐司法管辖，我们得承认这是正义的失败。的确，有些法官认为当事方在这方面应该享有自由选择的权利，然而，这个国家的法律一直与此相反。①在大陆法国家，法院对仲裁的态度也经历了一个类似的过程。例如，在法国大革命时期，仲裁被认为是解决纠纷和保障正义的自然方式，而国家法院则被视为一种辅助制度。法国大革命后，法院开始对仲裁产生不信任甚至敌意。由于商人们需要高效、灵活的纠纷解决方式，法国的法院对仲裁的态度也趋向缓和。②

由于各国政治、经济及法律差异较大，难以通过国内诉讼方式解决错综复杂的纠纷，因而越来越多的国际贸易纠纷通过国际商事仲裁得以解决。克劳斯·博杰（Klaus Peter Berger）教授于1999年指出，90%以上的重大跨国商事合同中都有仲裁条款。③根据西方最权威的跨国律所2015年的调研，超过90%的受访者选择国际商事仲裁作为最喜欢的争端解决方式，只有2%的受访者选择国内法院。④与此同时，随着经济全球化迅速发展，不同国家的公民、法人在国际贸易纠纷解决中，发现国际商事仲裁存在诸多缺陷，如过分强调当事方的自治而漠视国家的力量、正当性理念缺失、仲裁程序简易、各国在承认与执行外国仲裁机构作出的裁决时面临诸多挑战等等，因而开始呼吁国际商事仲裁的司法化。⑤

从一国法院与国际商事仲裁的关系出发，国际商事仲裁司法化可以理解为司法介入、司法监督、司法支持、司法审查及司法介入仲裁运作对仲裁活

---

① I ZEKOS G. International Commercial and Marine Arbitration [M]. New York: Routledge-Cavendish, 2008: 14.
② DELVOLVE J G, Pointon R. French Arbitration Law and Practice [M]. The Hague: Kluwer Law International, 2003: 3.
③ BERGER K. The Creeping Codification of the Lex Mercatoria [M]. The Hague: Kluwer the Hague, 1999: 111.
④ White & Case and Queen Mary, University of London, "2015 International Arbitration Survey: Improvements and Innovations in International Arbitration" [C]. http://www.whitease.com/publications/insight/2015-international-arbitration=survey-improvements-and-innovations, visited on 27 June 2020.
⑤ SWEET A S, GRISEL F. The Evolution of International Arbitration: Judicialization, Governance, Legitimacy [M]. London: Oxford University Press, 2017: 12.

动产生积极或消极的影响和仲裁的司法性特征等。①具体而言，国际商事仲裁司法化包含以下四个方面：第一，法院对国际商事仲裁协议的审查；第二，法院对国际商事仲裁的管辖权异议、合并仲裁、仲裁庭组成等程序问题的干预；第三，法院对仲裁调查取证和其他方面的司法协助；第四，法院对国际商事仲裁裁决的监督和协助，可以撤销、承认、执行国家商事仲裁裁决。国际商事仲裁是基于当事人之间的契约产生的，具有鲜明的契约性。仲裁协议的法律效力、仲裁程序的进行、仲裁裁决的承认执行等，都需要以国际强行法和国内法有关规则为法律依据，商事仲裁活动本身是国家司法权的分流，司法性的特征非常明显。随着国际商事仲裁事业的发展，这种司法性大有强化的趋势。②以 2010 年新加坡国际仲裁中心仲裁规则为例，该规则规定：仲裁庭有权作出更正任何合同的命令；有权允许一位或数位第三人加入仲裁；有权命令当事人向仲裁庭和其他当事人出示与案件有实质关联的文件，接受检验，并提供文件副本；决定仲裁程序适用的法律；决定有关律师豁免权或者任何其他适用于豁免权的情形；等等。在该规则中，仲裁庭被赋予了更大的准司法权，在仲裁程序中开始拥有更多积极主动权，加强了对仲裁活动的整体驾驭能力，这是仲裁司法化的最明显体现。当今世界对国际商事仲裁司法化的进程产生重大影响的当数 2010 年修订的《UNCITRAL 仲裁规则》，该规则对仲裁程序规定进行了调整：在仲裁员的替换程序方面，规定根据一方当事人申请，仲裁庭可以取消对方当事人指定的仲裁员，仲裁庭可以直接指定，同时仲裁员替换后，仲裁程序原则上继续进行，不像原来那样进行重新审理；在仲裁的其他程序方面，也制定了许多新规则，如在合并仲裁方面正式建立第三人制度。"仲裁庭可根据任何一方当事人的请求，允许将一个或多个第三人作为一方当事人并入仲裁程序，前提是此种人是仲裁协议的一方当事人……"（《UNCITRAL 仲裁规则》第 17 条第 5 款）第三人制度本来是诉讼机制的审理制度，用于国际商事仲裁的情形并不多见。《UNCITRAL 仲裁规则》的规定显然表明联合国正在致力于推动国际商事仲裁司法化，彰显了国际商事仲裁制度的基本走向。

---

① 刘晓红. 国际商事仲裁协议的法理与实证 [M]. 北京：商务印书馆，2005：64.
② 张启，洪祥星. 国际商事仲裁司法化的正当性研究 [J]. 湖北工业职业技术学院学报，2015 (5)：68-72.

二、支持国际商事仲裁制度司法化之理论

国际商事仲裁制度司法化可分为两个层面,一是将传统的诉讼程序纳入仲裁制度,二是以对仲裁程序进行控制、监督和干预的方式提高其司法干涉。[1]随着经济和法治全球化的快速发展,国际商事仲裁制度司法化问题日趋凸出,学者对此的争论也如影随形、愈演愈烈。主张和反对国际商事仲裁制度司法化的争论自然各不相让,此消彼长。主张国际商事仲裁制度司法化的主要理论是国家授权理论、正当性理论等。

(一)国家授权理论

国家授权理论认为仲裁是一种审判权,而审判权只能由国家司法机关行使或授予并且被国家法律所认可。[2]换言之,只有这样的仲裁裁决才具有法律上的权威和强制执行力。虽然该理论承认仲裁源于当事人之间的协议,但认为仲裁的具体运作都要受到国家法律的控制和调整。因此,如果法院不允许当事人提交仲裁,法律不承认仲裁协议的效力,或者依法行使国家司法权的法院不承认或不执行仲裁裁决,则裁决不过是一纸空文。[3]因此,仲裁的权威完全依赖于执行地(国)的法律,国家具有控制和管理发生在其管辖领域内的所有仲裁的权力。除非国内法承认当事人有权提交仲裁,授权仲裁员审理和裁决争议,并使仲裁员的裁决具有强制性,否则仲裁是无意义的,也是无效的。仲裁的权限和效力是裁决执行地国家法的一种让与。[4]

国家授权理论根植于国家的形成和司法权的发展,经历了一个漫长的过程。在仲裁产生的初期,契约理论居于主导地位。国家产生后,具有国家授予司法权的法院作用日益扩大,但是在中世纪时期,随着各国商事交易的增多,商人们通过自治达成的契约依然成为核心因素。[5]近年来,国家授权理论

---

[1] SATAGOPAN A. Conceptualizing a Framework of Institutionalized Appellate Arbitration in International Commercial Arbitration [J]. Pepperdine Dispute Resolution Law Journal, 2018, 18 (3): 325-392.

[2] 薛德明. 论仲裁的法律性质 [M] //黄进. 国际私法与国际商事仲裁. 武汉:武汉大学出版社, 1994: 142.

[3] 陶春明, 王牛长. 中国国际经济贸易仲裁——程序理论与实务 [M]. 北京:人民中国出版社, 1992: 104.

[4] 韩健. 现代国际商事仲裁法的理论与实践(修订本)2版 [M]. 北京:法律出版社, 2000: 35.

[5] SWEET A S, GRISEL F. The Evolution of International Arbitration: Judicialization, Governance, Legitimacy [M]. London: Oxford University Press, 2017: 16.

已经抛弃了这种"契约模式"（contractual model），催生了"司法模式"（judicial model），成为当今国际商事仲裁制度司法化的主导理论。一般地说，国家授权包括授权仲裁员处理纠纷，作出裁决和产生造法效果。①今天，仲裁庭不仅对当事人，还要对仲裁中心和国家制度负有基本忠诚的义务，这些义务在主要的国际仲裁中心的规则中都有详细规定。②

可见，国家授权理论使仲裁员的自主权受到较大限制。该理论实质上是强调法律的确定性，并要求裁决遵从裁决作出地（国）的法律。其结果是仲裁必须适用仲裁地（国）的程序法和冲突规则。③近年来，各国法律对国际商事仲裁的规制正呈越来越严格的态势。

（二）正当性理论

一般地说，正当性是以规律、道德或法律为标准，对事物、行为、制度作出的肯定性事实或价值判断。法律的正当性主要指法律规则是否符合实在法。由于实在法是由众多法律按一定的效力位阶形成的体系，所以有可能从上位法中寻找下位法的根据，最终归于最高位阶的宪法。一种观点，即把合宪性视为法律正当性的标准，也就是说宪法以外的其他法律是否具有正当性，要以宪法为依据判断。合乎宪法，或者体现宪法的精神，就是正当的。违宪的法律则不具备正当性。④

从法的正当性视角看，国际商事仲裁制度司法化经历过当事人与仲裁员、当事人与仲裁庭、仲裁秩序与国家法律的三个阶段：在当事人与仲裁员阶段，涉及的主要问题是仲裁协议的自治性和仲裁庭的职能。根据可分割性理论（separability），仲裁协议与主合同是相互独立的，两者的成立、生效或可执行性适用各自的法律予以判定，主合同的适用法律并不当然是仲裁协议的适用法律。例如，《UNCITRAL 仲裁示范法》第 16 条第 1 款规定："构成合同一部分的仲裁条款应当视为独立于合同其他条款的一项协议。仲裁庭做出关于合同无效的决定，在法律上不导致仲裁条款无效。"⑤自裁管辖权理论（compe-

---

① SWEET A S, GRISEL F. The Evolution of International Arbitration：Judicialization, Governance, Legitimacy [M]. London：Oxford University Press, 2017：219.
② SWEET A S. The Structure of Constitutional Pluralism [J]. International Journal of Constitutional Law, 2013, 11 (2)：491.
③ 韩健. 现代国际商事仲裁法的理论与实践（修订本）2 版 [M]. 北京：法律出版社, 2000：36.
④ 胡波. "法的正当性"语义考辨 [J]. 甘肃政法学院学报, 2009 (4)：22-27.
⑤ http：//www.uncitral.org/uncitral/en/uncitral_texts/arbitration/1985Model_arbitration.html. 2022 年 5 月 12 日访问.

tence-competence）认为，仲裁在涉及属于有效仲裁协议范围之内的纠纷方面，有权确定它们自己的性质和范围。可见，该理论的副作用在于排除了法院对相关纠纷的管辖权。①在当事人与仲裁庭阶段，1958年的《纽约公约》与1985年的《UNCITRAL 仲裁示范法》被认可为国内法院承认与执行外国仲裁裁决的准宪法框架。今天，多数国际贸易大国法院将上述理论视为"硬法"，并予以遵守。②在仲裁秩序与国家法律阶段，强化了国家法律与仲裁秩序的关系，同时也受到了一些国家，特别是发展中国家的质疑。③

当今世界被各主权国家分割，少数发达国家主导国际事务，缺少世界政府和国际立法机关。虽然各国宪法不能调整别国国内事务，但是，各国宪法都对国际条约的批准和效力作出相应规定。因此，当今世界的国际条约就成为判断国际法正当性的主要标准。在国际商事领域，当事人的仲裁协议作为神圣意思自治的占位符（placeholder），是法官正当性的权威性来源。仲裁协议当事人需要强制执行，仲裁协议需要解释，解释者需要造法。这些司法职能适用于法院，也适用于仲裁庭。④显而易见，1958年的《纽约公约》和1985年的《UNCITRAL 仲裁示范法》作为"准宪法框架"（quasi-constitutional framework）自然成为国际商事仲裁正当性的重要标准，仲裁也自然成为与国家法院平行的争端解决形式。⑤

笔者认为，上述两大理论貌似合理，实际上过分强调国家的权威性，漠视了人们的自然权利。特别是，不同国家的商人深受本国政治、经济、法律及文化的影响，难以心服口服地服从另一国法院的管束，这势必成为国际商事发展的障碍。另外，在国际商事领域，由于当今世界尚无至高无上的世界法院，也没有遍及全球的司法警察，因而上述理论难以适应国际商事交易的发展。

---

① ROBER J. La clause compromissoire et l'organisation de l'arbitrage [M]. Paris: Recueil Sirey, 1929: 26.
② SWEET A S, GRISEL F. The Evolution of International Arbitration: Judicialization, Governance, Legitimacy [M]. London: Oxford University Press, 2017: 57.
③ 例如，亚洲、非洲及拉丁美洲的一些国家对 UNCITRAL 的相关法律有抵触，坚持本土的维护公共利益的观念，削弱了强制执行外国裁决的力度。（SWEET A S, GRISEL F. The Evolution of International Arbitration: Judicialization, Governance, Legitimacy [M]. London: Oxford University Press, 2017: 65.）
④ SWEET A S, GRISEL F. The Evolution of International Arbitration: Judicialization, Governance, Legitimacy [M]. London: Oxford University Press, 2017: 221.
⑤ SWEET A S, GRISEL F. The Evolution of International Arbitration: Judicialization, Governance, Legitimacy [M]. London: Oxford University Press, 2017: 57.

三、反对国际商事仲裁制度司法化之理论

随着国际商事仲裁制度司法化的快速发展，反对的声音也日渐高涨。总的来说，反对国际商事仲裁制度司法化的主要理论是实体法契约理论和仲裁自治理论。

（一）实体法契约理论

实体法契约理论认为，仲裁是基于双方当事人之间的协议而设定的，如果当事人之间没有仲裁协议，根本就没有仲裁。也就是说，任何一方当事人不得强迫另一方当事人参与仲裁来解决争端。同时，双方当事人的协议排除了法院的管辖权，即以国家为后盾的法院也不可以随意干涉仲裁庭的仲裁事务。另外，仲裁的大多数程序是双方当事人通过协议确定的，如仲裁的组成形式、仲裁员的选择、仲裁的地点，乃至仲裁所依据的法律和适用的程序等。

此外，根据有约必守的原则，双方当事人必须自动履行仲裁员作出的裁决，否则胜诉方可将仲裁裁决作为一种合同之债向法院申请强制执行。因此，仲裁协议更多地受制于民商事实体法，而非诉讼法。仲裁协议之主体资格、协议之一般原则、形式及法律效力都要适用民商事法律中关于民商法律行为、契约制度的一般规定，诉讼法或仲裁法中的规定一般仅涉及仲裁协议的局部问题或特别问题。因此，实体性契约性是仲裁的本质属性，而司法性只是仲裁的辅助属性。司法化过分强调了仲裁的司法性质，却忽略了仲裁实体法契约性的本质属性。[1]

（二）仲裁自治理论

仲裁自治理论是反对国际商事仲裁制度司法化的另一重要理论。该理论特别注重仲裁制度创设的目的，主张仲裁的设计是私法纷争自主解决制度，是商人们注重实效实践的结果，确定仲裁实体法和程序法的当事人意思自治原则，不是基于仲裁的契约性或司法性，而是由于仲裁制度的实际需要，不应受过多的限制。也就是说，仲裁是一般的私法行为，而非公法（诉讼法）行为，主权国家应尽可能减少对仲裁活动的干预，让仲裁人及当事人按一定的规则自行活动。[2]

总之，仲裁作为一种非诉讼的争端解决方式，具有高效、便捷及低成本的特点，是当事人自治选择的结果。过分的国际商事仲裁制度司法化有悖于

---

[1] 张烨. 论防止仲裁的诉讼化 [D]. 北京：对外经济贸易大学，2007：108.
[2] 谭兵. 中国仲裁制度研究 [M]. 北京：法律出版社，1995：180.

仲裁的本质和精神，不符合经济发展的要求，必然危及国际商事仲裁制度的存亡。更重要的是，诉讼可能激化社会矛盾，容易衍生一系列社会问题，无法与当今社会从对抗走向对话、从单一价值走向多元化、从胜负之争走向双赢的时代精神相协调，偏离人们的理想。

笔者认为，上述两大理论尊重国际商事仲裁的自治本质，有利于制造和谐友好的商事氛围，促进国际商事交易的正常发展。尤其是，这两大理论契合了中国传统文化和"人类命运共同体"及和谐世界建设的和谐理念，必然成为国际商事仲裁制度发展的主流。

第二节　国际商事仲裁制度的理论创新

如前所述，国际商事仲裁制度的理论基础包括和谐、自治、公正及效益等，这些价值取向之间必然产生一定程度的冲突。由于这些价值取向都是国际商事仲裁制度理论不可分割的部分，自然须臾不可分离。然而，随着国际社会的发展，这些价值之间的关系必然会产生变化，不同价值的重要性也各有不同。由于国际社会发展加快，从各国和国际上有关于国际商事仲裁规则及案例的方面看，上述诸多理论出现了下列创新发展趋势。

一、和谐理论的新发展

"和谐"一直是众多法学家所追寻的最美好的法律状态，自然是国际商事仲裁制度的最根本性价值，不管是自治、公正还是效益，都必须在和谐的前提下才能获得。[①]

众所周知，和谐是中国传统文化的核心，现代中国的国际商事仲裁制度很注重和谐理念的作用，如上海《自贸区仲裁规则》规定了友好仲裁：经双方当事人同意，仲裁庭可以进行友好仲裁，即"可仅依据公允善良的原则做出裁决"，而不是依据法律规范。当然，违反法律的强制性规定和社会公共利益是不被允许的。友好仲裁要求仲裁员具备更高的专业素质和仲裁水平，从

---

① 林义全，施润. 论"和谐"在仲裁调解中的价值作用 [J]. 西南民族大学学报（人文社会科学版），2004：114.

而可以在法律允许的范围内，作出公正、公平的裁决，真正地解决争端。①这显然为促进和谐理念、维持当事方之间继续合作创造了条件。其中，东亚国家（特别是日本和韩国）受和谐理念的影响较大，其立法及仲裁规则都推崇和谐理念。例如，他们在立法中特别注重不同文化之间的和谐，强调合作共赢。②

遗憾的是，由于西方文化中缺少博大精深的和谐理念，西方国家在国际商事仲裁制度理论基础方面，仍然固守其传统的法治理念，片面强调公正及效益的重要性，在加强和谐理论方面止步不前。西方国家的做法显然不利于国际商事仲裁制度的正常发展，也是阻碍"人类命运共同体"与和谐世界建设的主要障碍之一。

二、自治理论适用的范围

西方国家一贯崇尚自治理念，近年来，在国际商事仲裁制度方面取得了不少新发展，大大扩展了自治适用的范围，值得我们借鉴。当事方自治主要表现在当事方的选择范围，如仲裁院、争端的实体法、仲裁规则、仲裁员、仲裁程序、仲裁员的责任等。近年来的主要创新是当事方对争端实体法的选择。例如，仲裁界的通说认为，当事人并非仅能选择国家法律，而是也可以选择所谓的"软法"，比如国际统一私法协会的《2010年国际商事合同通则》（*Principles of International Commercial Contracts*，*UNIDROIT PICC*），或者当事人可以仅选择"商人法"（lex mercatoria）。上述理解至少对于那些已经通过了《UNCITRAL 仲裁示范法》的国家来说是可能的。即使是那些通常来说怀疑上述权利的研究者，也能够接受在国际商事仲裁中当事人可以授权仲裁庭按照公平合理的原则（ex aequo et bono）或者作为友好调停者（amiable compositeur）裁决案件。此外，仲裁庭的权限基于且受制于双方当事人之间的仲裁协议。当事方自治范围的扩大，自然意味着仲裁庭的权限得以扩大。仲裁庭在裁决跨国案件时应当享有最大限度的自由：这种自由既包括仲裁程序的问题，也包括就纠纷的实体问题选择适当法律的自由。通常而言，各国仅要求仲裁庭遵循最低限度的程序标准。就此而言，仲裁庭所享有的自由大于国家法院。《UNCITRAL 仲裁示

---

① 贾平，陈颖洁. 上海自贸区仲裁制度的创新与发展路径 [J]. 法制与社会，2015 (20)：43-45, 55.
② FAN K. Salient Features of International Commercial Arbitration in East Asia: A Comparative Study of China and Japan [J]. American University Business Law Review, 2016 (5)：447-448.

范法》第 16（3）2 条规定："仲裁庭有权就其管辖权以及任何涉及仲裁协议是否存在或者有效的异议作出裁判……仲裁庭就合同无效的裁决，并不当然决定仲裁条款的无效性。"一旦仲裁庭和国家法院就仲裁协议的有效性作出不同认定，仲裁庭管辖权自治就可能导致平行诉讼。即使国家法院认定仲裁协议无效，仲裁庭也可以继续仲裁程序，并且最终作出仲裁裁决。[1]

此外，西方国家国际商事仲裁中出现了当事方可以确定可仲裁性事项的权利。国际商事争议可仲裁事项因其与一国的社会公共利益有着极为密切的联系，故而使得目前存在的国际公约和示范法尚未就此作出统一规定，而是主要由各国有关仲裁的立法与司法实践分别加以确定。根据各国有关仲裁立法和司法实践，国际商事争议的仲裁范围仅限于一定特性的争议，而诸如证券交易、反托拉斯、知识产权等均属于传统的不可仲裁事项，被排除在可仲裁范围之外。但是，随着世界经济一体化进程的加快，各国经济相互依赖的程度加大，国际商事争议愈益增多，为了迅速解决争议，促进国际经济的良性发展，各国对仲裁所实施的政策逐渐放宽，对仲裁支持的力度亦在加大。例如，晚近的发展趋势之一是可仲裁性问题与公共政策概念相脱离，因而国际商事争议的可仲裁范围呈现出不断扩展的趋势，原先许多属传统的不可仲裁的事项已经可以通过仲裁方式解决或者正在向可仲裁的方向演进。[2]中国《仲裁法》对可仲裁事项做了较为宽松的规定，这方面应该尽快予以完善。

中国的自贸区在国际商事仲裁中也做了不少尝试，当事方的自治范围也得到了些许扩展。自贸区仲裁制度在选任仲裁员、证据制度、友好仲裁等程序中充分尊重了当事人的自主权和选择权。[3]但是，这些创新尚未成为完善的制度，对当事方的选择权也没有放开。随着我国对外开放的进一步加快，我们应该继续加以完善。

三、公平理论的进一步完善

一般地说，由于历史发展和生活环境的不同，西方国家经历了一个漫长的追求公平的过程，积累了较为丰富的经验。也就是说，公平是西方国家一

---

[1] 哥特瓦尔德. 论国际商事仲裁的最新发展 [J]. 曹志勋, 译. 法治现代化研究, 2018 (5): 187-196.

[2] 黄进, 马德才. 国际商事争议可仲裁范围的扩展趋势之探析——兼评我国有关规定 [J]. 法学评论, 2007, 25 (3): 54-58.

[3] 黄炎. "一带一路"战略背景下中国自贸区仲裁纠纷解决机制创新研究 [J]. 河北科技大学学报（社会科学版）, 2016 (2): 56-61, 78.

直尊崇的理念，自然成为西方国家国际商事仲裁制度中的根本性价值取向。

总的来说，西方国家在完善国际商事仲裁制度的公平方面取得了不少创新：一是丰富了仲裁当事人民事责任、权利义务及救济等方面的理论，也增加了不少相应的法律规定。①二是更加注重透明度问题，一定程度上提高了仲裁裁决的合理性。传统的仲裁理念一般认为，保密是仲裁区别于诉讼的重要优点和特征之一。然而随着国际社会法治化的快速发展，越来越多的西方学者开始从正当性的角度提出诸多质疑，主张提高国际商事仲裁的透明度，以提高仲裁裁决的正当性和降低仲裁成本。也有西方学者针对现行国际商事仲裁的现状提出了不少具体建议，如改革 UNCITRAL 的规则等。②三是针对仲裁员的责任及豁免等问题完善了相关理论和相应的法律规则。四是扩大了仲裁中可仲裁事项的范围，创新了一系列新的方式，如临时仲裁、合并仲裁、友好仲裁及上诉仲裁等，有效地提高了国际商事仲裁制度的公平性。

随着越来越多自贸区的建立，我国也先后建立了相应的国际商事仲裁制度，其中借鉴了不少西方国家的一些创新，如临时仲裁、合并仲裁、友好仲裁及第三人制度等，有效促进了自贸区的正常发展。然而，随着我国自贸区的发展，业务量迅速增大，涉外事务增多，也出现了不少问题，其主要原因是，我们吸纳了国外的诸多创新制度，但是相应的法律制度尚未进行有效配

---

① 石现明. 国际商事仲裁当事人权利救济制度研究［D］. 重庆：西南政法大学，2007：56-62.

② M FISS O. Against Settlement ［J］. Yale Law Journal, 1984（93）：1067-1073.

T EDWARDS H. Alternative Dispute Resolution：Panacea or Anathema?［J］. Harvard Law Review，1986（99）：668-676.

NADER L. The ADR Explosion—The Implications of Rhetoric in Legal Reform［J］. Windsor Yearbook of Access to Justice，1988（8）：269-281.

KANOWITZ L. Alternative Dispute Resolution and the Public Interest：The Arbitration Experience［J］Hastings Law Journal，1986（38）：239-249.

E ALVAREZ J. International Organizations as Law-makers：Transparency in International Law［M］. Andrea Bianchi & Anne Peters eds. Oxford：Oxford University Press，2013：236.

PETROS C. MAVROIDIS, Free Lunches? WTO as Public Good, and the WTO's View of Public Goods［J］. European Journal of International Law，2012（23）：703-731.

HARRISON J. Recent Developments to Promote Transparency and Public Participation in Investment Treaty Arbitration［J］. L'O bservateur des Nations Unies，2010（29）：119-120.

VANDUZER J A. Enhancing the Procedural Legitimacy of Investor-State Arbitration Through Transparency and Amicus Curiae Participation［J］. McGill Law Journal，2007（52）：681-684.

套。例如，自贸区内仲裁的案件，其裁决难以在区外得到承认和执行。[1]上海自贸区作为我国最有影响的自贸区，在国际商事仲裁方面取得了诸多创新，但是也存在制度不健全、规则不全面、漏洞多等缺陷。例如，上海《自贸区仲裁规则》确立了调解与仲裁相结合制度，创设了仲裁员调解程序，不仅满足了当事人庭前调解需要，为其提供了全面解决纠纷的机制，也体现了当事人选择多层次争议解决方式的意思自治和人本化，然而，没有厘清调解员与仲裁员之间的身份关系，导致两者身份混同，不利于当事人双方达成一致。此外，调解员和当事人间坦诚交流是成功调解的关键，若当事人知道本案的调解员可能会担任案件的仲裁员，将担心在调解中出示对自己不利的证据而对案件事实有所隐瞒，不能充分发挥调解的优势。身份混同还会影响仲裁员的独立性，使仲裁员在仲裁时根据所了解的案件材料，先入为主，导致裁决时观念不公或结果不公。[2]

四、效率理论的新发展

效率一直是传统仲裁的重要价值。随着经济全球化的迅猛发展，各国更加注重经济效率，西方国家自然也特别注重仲裁的效率。仲裁的效率价值主要涉及两个方面的评估体系：一是经济评估体系，即仲裁过程中的经济成本支出和经济收益；二是社会评估体系，即通过仲裁所产生的社会效应和影响。它既适用于对单个仲裁案件审理过程的评价，也适用于对国家整个仲裁制度的评价。对于前者，仲裁效率价值要求仲裁案件审理过程的经济耗费要降到最低的程度；而对于后者，仲裁效率价值则要求国家合理地配置社会资源（包括司法资源），使仲裁制度的运作从整体上同时符合资源节约和产出最大化的要求。[3]

显然，尽量简化仲裁的程序，就必然成为提高仲裁效率价值的最重要的内容之一。例如，西方国家在国际商事仲裁程序中增加了一系列新模式，如临时仲裁、合并仲裁和案外人加入仲裁及小额争端程序等。我国近年来自贸区发展很快，许多国际商事仲裁制度也借鉴了国外的做法，设立了相关简易程序。例如，上海自贸区作为目前中国开放度最高的自由贸易园区，承载着

---

[1] 贾平，陈颖沿.上海自贸区仲裁制度的创新与发展路径[J].法制与社会，2015（7）：46.

[2] 王丽.我国商事仲裁制度的省思——以上海自贸区商事仲裁机制为视角[J].华中师范大学研究生学报，2016（1）：67-73.

[3] 汪祖兴.效率本位与本位回归[J].中国法学，2005（4）：113-114.

率先建设与国际通行规则相衔接的任务。上海国际仲裁中心颁布的《中国上海自由贸易试验区仲裁规则》作为我国第一部自贸区仲裁规则，大大提高了区内纠纷解决的国际化程度，并开启了上海自贸区新一轮的制度创新期。该规则第9章第71至78条增设了"小额争议程序"，专门适用于争议金额不超过人民币10万元的国内争议。当事人可以约定小额争议仲裁庭的组成方式，如果当事人没有约定，则由仲裁委员会指定一名仲裁员组成独任仲裁庭。该《规则》对小额争议的审理程序规定得较为宽松，赋予仲裁庭相当的自由裁量权，可以仅根据书面材料和证据进行书面审理。同时，小额争议程序还能大大缩短仲裁裁决作出的时间。

当然，由于中国自贸区在设立和管理国际商事仲裁制度方面经验不足，这些规定仍存在一些问题，如国际商事仲裁制度独立性不强、行政性浓厚、制度不够完善等，需要在今后的管理中予以完善。

第三节　国际商事仲裁制度的程序创新

二战以来，整个世界进入相对和平时期。少数发达国家主导的经济及法律全球化得到了史无前例的发展，法治化水平也得以较快提升。其中最重要的表现之一，莫过于国际商事仲裁制度司法化。虽然这种席卷全球的司法化有悖于国际商事仲裁制度的本质和精神，给国际商事仲裁制度的发展带来了障碍，但是也创新了一系列新的仲裁程序，一定程度上有助于促进经济全球化的发展，也可以为中日韩自贸区非诉讼制度提供有益的借鉴。

一、国际商事仲裁制度的透明度

保密性与透明度一直是国际商事仲裁的重要价值，二者一直在此消彼长的关系中发展。近年来，随着国际商事仲裁制度司法化的推进，国际商事仲裁的透明度价值也得到了空前的重视和发展，相应的程序也成为当今国际商事仲裁制度发展的热点之一。[①]

[①] POUDRET J F, BESSON S. Comparative Law of International Arbitration [M]. London: Sweet & Maxwell, 2007: 315.
GILLES CUNIBERTI, Rethinking International Commercial Arbitration [M]. New York: Edward Elgar Publishing, 2017: 156.

（一）国际商事仲裁的保密性

保密性是否为国际商事仲裁的本质属性，学者历来对此争论不休。①有学者认为保密性是国际仲裁的本质属性，根据仲裁保密性，除仲裁双方当事人外，其他利害关系人不能通过出席庭审来获取信息。②国际商会前秘书长认为："在我任职于国际商会后，很快我就意识到，国际商事仲裁的用户，即此类案件中的公司、政府和个人，高度重视保密性，认为其是国际商事仲裁的基本特点。在就吸引当事人采用国际商事仲裁而不是诉讼的特点进行调查时，程序的保密性以及此类程序和做出的裁决不会进入公共领域的质疑与回应：国际商事仲裁的保密性事实，几乎总是不可避免地会被提及。"③著名学者赛杰·赖泽莱夫（Serge Lazareff）指出，"保密性产生于作为一种纠纷解决方式的仲裁的最早源头，它根植于自然法理论和多个世纪的仲裁实践。"④另外，澳大利亚最高法院于 1995 年对 Esso/BHP etc. v. Plowman 案的判决给多数学者和实务人士产生了震惊性影响：该法院认为仲裁程序中的私密听证和保密之间的区别应予以澄清，除非当事人对保密性作出了特别且具体的约定，并不存在对仲裁过程中的信息予以保密的义务，这样的信息可以披露给第三方。今天，没有人质疑私密听证并不自动默认为仲裁程序中的保密，当前的争论远未结束，主要集中于在没有明示的协议规定或法律依据的情况下，保密是否成为一种默示的义务。⑤

1. 主要英美法国家的法律规定及司法实践

澳大利亚最高法院的意见并非无懈可击，著名学者盖瑞·伯恩（Gary B. Born）就提出过质疑，他认为许多司法辖区的国际商事仲裁将保密义务作为法律予以默认，也有仲裁协议或仲裁机构的规则将保密义务明示予以规定。

---

① CUNIBERTI G. Beyond Contract-the Case for Default Arbitration in International Commercial Disputes [J]. Fordham International Law Journal, 2008, 32（2）：417-483.
② 高扬. 论商事仲裁的保密性 [J]. 河北法学，2009, 27（7）：37-40.
NOUSSIA K. Confidentiality in International Commercial Arbitration [M]. London：Springer London，2010：27.
③ 雷德芬，亨特，布莱克比，等. 国际商事仲裁法律与实践 [M]. 林一飞，宋连斌，译. 北京：北京大学出版社，2005：28.
④ LAZAREFF S. Confidentiality and Arbitration：Theoretical and Philosophical Reflection. In：Confidentiality in Arbitration/commentaries on rules, statutes, case law and practice/A special supplement to the ICC international court of arbitration bulletin [G]. ICC Publication No. 700：81.
⑤ REYMOND-ENIAEVA E. Towards a Uniform Approach to Confidentiality of International Commercial Arbitration [M]. Geneva：Springer Nature Switzerland AG，2019：2.

一般来说，大多数国际商事当事人喜欢和积极寻求仲裁程序提供的私密性和保密性。知名学者布林·尤乐（Bühring-Uhle）通过大量的调研指出，保密性在当事人选择仲裁的 11 个理由中占第 3 位。保密性减小了当事人纠纷恶化的风险，限制了纠纷的附带损害，使当事人集中于通过友好、商务性的方式解决他们的纠纷。①

显而易见，仲裁当事人的保密义务可分为两个方面：一是通过仲裁法或规则予以规定，这样，当事人可以通过在仲裁协议中选择具体的仲裁法或仲裁地来承担保密义务；二是当事人的仲裁协议中包括了明示的保密义务。实际上，大多数仲裁规则包含了当事人的保密义务。ICC 仲裁规则在 2012 年最新修订版中不仅规定了仲裁庭和仲裁员的保密义务，还规定了相关信息及文件的保密，但对于其他仲裁参与者（如当事人、证人等）的保密义务并没有作出规定。《UNCITRAL 仲裁规则》2010 年版中涉及仲裁程序的不公开和仲裁裁决的保密性，但未涉及保密主体、对象、具体程序。斯德哥尔摩国际商事仲裁院仲裁规则总则中规定，仲裁院和仲裁庭应当保守仲裁和裁决秘密，在附件中规定，仲裁院应当保守仲裁及裁决的秘密，但未包含保密性问题的具体规定。其他的还有瑞士仲裁规则第 44（1）条、伦敦仲裁院仲裁规则第 30（1）条、世界知识产权组织仲裁规则第 75（a）条、米兰仲裁院仲裁规则第 8（1）条、新加坡仲裁规则第 39（1）条、迪拜仲裁规则第 41（1）条、日本商事仲裁协会仲裁规则第 38（2）条等等。然而，国家仲裁法中对保密作出明示规定的并不多。②

现在的问题是，如果当事人选择的仲裁法和仲裁协议中均未对保密义务作出明示规定，是否存在默示的保密法律义务？自澳大利亚最高法院对 Esso/BHP etc. v. Plowman 案判决以来，存在互不相同的两种意见：一是仲裁协议中存在默示的保密义务；二是如果保密没有法律或协议依据，就不存在保密义务。针对仲裁当事人的默认保密义务问题，各国学者的观点、立法及司法判例不尽相同。

在英美法国家，英国的仲裁法及相关判例早已确定了当事人针对仲裁程序中披露的信息和文件负有默认的保密义务，即使仲裁协议中没有作出明示

---

① B. BORN G. International Arbitration：Law and Practice［M］. The Hague：Kluwer Law International BV. 2016：13.
② REYMOND-ENIAEVA E. Towards a Uniform Approach to Confidentiality of International Commercial Arbitration［M］. Geneva：Springer Nature Switzerland AG，2019：31.

约定。同时，当事人的保密义务中也存在一定限制，主要由个案来确定。①英国上诉法院早在 1990 年的 Dolling-Baker v. Merrett 案中就指出，仲裁当事人应受默示的保密义务约束，不能披露仲裁中准备和适用的文献。该上诉法院还强调称，这种保密义务源于仲裁的性质。②该上诉法院在判决 Emmott 案中再次确认了仲裁当事人负有默认的保密义务，但是，声明该义务源于实体法而非当事人的仲裁协议。③新加坡作为英美法国家，自然采纳了英国法的规定。新加坡高级法院在 2009 年审理的 AAY and others v. AAZ AS 案中解释称，在新加坡裁决的仲裁中，保密义务应予以适用，除非当事人在仲裁协议中作出相反的约定。④澳大利亚是第一个宣称在没有具体法律规定和明示的仲裁协议约定情况下，并不存在默认的保密义务的英美法国家。然而，澳大利亚国际仲裁法案（AIAA）于 2010 年纳入了国际仲裁中保密义务应以当事人选择为基础的规定，即当事人可以通过协议来约定保密义务。澳大利亚的立法者于 2015 年进一步重视国际商事仲裁中的保密义务，对 AIAA 中的相关规定进行了修订：除非当事人决定排除，否则 AIAA 中规定的保密义务适用于 2015 年 10 月 14 日以来的所有仲裁协议。⑤也就是说，虽然澳大利亚的英美法否认默认保密义务的存在，但是，仲裁当事人受 AIAA 中关于保密义务的约束。⑥在美国，联邦仲裁法案并未对保密义务作出规定。虽然法院在判决相关案例中有所涉及，但学者一般认为美国法律中没有默认的保密义务。⑦不过，2009 年

---

① REYMOND-ENIAEVA E. Towards a Uniform Approach to Confidentiality of International Commercial Arbitration [M]. Geneva：Springer Nature Switzerland AG, 2019：32.
② Dolling-Baker v. Merrett [C]．[1990] 1 WLR 1205.
③ Emmott v. Wilson & Partners Limited [C]．[2008] EWCA Civ 184.
④ AAY and others v. AAZ AS, High Court, Suit [Y], case No. [C]. [2009] SGHC 142, 15 June 2009.
⑤ NOTTAGE L, MORRISON J. Accessing and Assessing Australian's International Arbitration Act [J]．Journal of International Arbitration, 2017, 34 (6)：963-1006.
⑥ REYMOND-ENIAEVA E. Towards a Uniform Approach to Confidentiality of International Commercial Arbitration [M]. Geneva：Springer Nature Switzerland AG, 2019：40.
⑦ B. BORN G. International Commercial Arbitration [M]. London：Wolters Kluwer, 2014：2800.
ALEXIS C. BROWN, Presumption Meets Reality：an Exploration of the Confidentiality Obligation in International Commercial Arbitration [J]．American University International Law Review, 2001 (16)：969-976.
H RAYMOND A. Confidentiality in a Forum of Last Resort：Is the Use of Confidential Arbitration A Good Idea for Business and Society？[J]. American Revview of International Arbitration, 2005 (16)：479.

《美国仲裁协会国际仲裁规则》规定,仲裁机构可以出版或者以其他方式向公众提供经过编辑的裁决、裁定或者决定。①

2. 主要大陆法国家的法律规定及司法实践

大陆法国家对仲裁当事人的默认保密义务的态度有所不同。在瑞典,斯德哥尔摩城市法院、斯威亚上诉法院和最高法院 2000 年在审理 Bulbank 案中对仲裁当事人的默认保密义务的意见不同,一审法院主张存在默认保密义务,上诉法院推翻了一审法院的判决,最后,最高法院维持了上诉法院的意见。②瑞典学者认为,既然瑞典仲裁法案没有对此作出规定,当事人不受保密义务的约束,除非当事人对该义务作出了具体的约定。③但是,瑞典斯德哥尔摩国际商事仲裁院(Arbitration Institute of The Stockholm Chamber of Commerce, SCC)仲裁规则,代表了相当一部分仲裁机构的仲裁规则,在其总则中明确规定,对于仲裁和裁决,仲裁院以及仲裁庭应当保守秘密。在该规则的附件中又再一次强调,仲裁院应当保守仲裁及裁决的秘密。④法国的法律没有对仲裁当事人的默认保密义务作出明确规定,各法院的判决也不同。一些法国学者认为,法国法没有对国际仲裁当事人的保密义务作出规定,主要原因是立法者故意把保密问题留给当事人来决定。可见,在法国,如果当事人没有在仲裁协议中作出明确约定,国际仲裁程序不具有保密性。⑤瑞士法并未对仲裁当事人的保密义务作出明确规定,法院在司法判决中也未涉及保密义务问题。然而,学者对仲裁当事人的保密义务一直争论不休,多数学者认为保密是仲裁的根本性质和特征。著名学者安德烈·布切(Andreas Bucher)的观点具有代表性:"保密是仲裁的一个根本性的部分。当事人总是关心保密问题,因为仲裁程序的公开可能造成道义和财产损失。遵守保密原则是仲裁协议的内在义务。所以,必须承认仲裁庭有权阻止一方当事人将仲裁予以公开,特别是如果一方当事人将信息披露于仲裁程序之外。"⑥当然,也有少数学者持有相反

---

① 2009 年《AAA 国际仲裁规则》第 27 条第 4 款和第 8 款。
② Judgment of the Supreme Court of Sweden rendered in 2000 in Case N T 1881-99: The Bulbank Case, in: Stockholm Arbitration Report [G]. Volume 2, 2000, p. 147.
③ BROCKER S, LOF K. International Arbitration in Sweden: a Practitioner's Guide [M]. London: Kluwer Law International, 2013: 153-236.
④ 辛柏春. 国际商事仲裁保密性问题探析 [J]. 当代法学, 2016, 30 (2): 119-125.
⑤ GAILLARD E, P LAPASSE D. Le Nouveau Droit Francais de l'arbitrage Interne et International [M]. Paris: Recueil Dalloz, 2011: 175-192.
⑥ BUCHER A, TSCHANZ P Y. International Arbitration in Switzerland [M]. Lausanue: Basle Helbing & Lichtenhahn, 1988: 205.

意见。因此，瑞士的学者对仲裁当事人的保密义务的意见分歧较大，难以弥合。[①]挪威的法律对仲裁的保密性做了限制性规定，如《2004年挪威仲裁法》规定："除非双方当事人达成相反协议，否则仲裁的程序与仲裁庭做出的仲裁裁决均不适用保密性原则。"我国2014年之前的仲裁法没有对仲裁的保密义务作出具体规定，但是，2014年修订的《中国国际经济贸易仲裁委员会仲裁规则》（《CIETAC仲裁规则》）第38条明确规定了"保密"问题："（一）仲裁庭审理案件不公开进行。双方当事人要求公开审理的，由仲裁庭决定是否公开审理。（二）不公开审理的案件，双方当事人及其仲裁代理人、仲裁员、证人、翻译、仲裁庭咨询的专家和指定的鉴定人，以及其他有关人员，均不得对外界透露案件实体和程序的有关情况。"《CIETAC仲裁规则》在确认仲裁的不公开审理原则的基础上，又增添了仲裁中的参与方的保密义务规定，即对有关仲裁的实体事项、仲裁的程序事项，均承担保密义务。[②]

　　总的来说，各国法律及司法实践针对国际仲裁的保密问题互有不同，尚未统一。不过，各国在这方面的发展趋势是显而易见的：各国普遍承认保密性是国际商事仲裁的根本属性，是区别于司法诉讼的一点，虽然有些国家的法律并未作出明确、具体的规定，但是都承认仲裁当事人可以依据意思自治原则，在仲裁协议中对保密问题作出具体约定。也就是说，仲裁当事人应当承担保密义务，这种义务会日趋重要。[③]当然，这种保密义务在某些例外情况下也应受到必要的限制，如当保密义务与国家公共政策发生冲突，应当由法官自由裁量保密义务是否要让位于公共政策。况且，为了仲裁程序能够顺利地进行，"将相关文件披露给专家或者协助仲裁进行的人，也被视为仲裁保密义务的一种例外"。[④]遗憾的是，由于各国的政治、经济、法律及文化传统相差较大，很难对"例外"的范围达成共识。这无疑会加大法律的不确定性。因此，国际社会针对"例外"的范围尽快制定统一的规则，无疑成为重要的举

---

① REYMOND-ENIAEVA E. Towards a Uniform Approach to Confidentiality of International Commercial Arbitration [M]. Geneva: Springer Nature Switzerland AG, 2019: 48.
② 辛柏春. 国际商事仲裁保密性问题探析 [J]. 当代法学, 2016, 2: 125.
③ REYMOND-ENIAEVA E. Towards a Uniform Approach to Confidentiality of International Commercial Arbitration [M]. Geneva: Springer Nature Switzerland AG, 2019: 58.
④ HWANG M, CHUNG K, Defining the Indefinable: Practical Problems of Confidentiality in Arbitration [J]. Jounral of International Arbitration, 2009 (26): 609-627.

措之一。①

另外，不能否认的是，国际商事仲裁发展到今天，虽然其本质属性仍得以维持，但是，风靡全球的法治化的冲击日益明显，国际商事仲裁的司法化乃至诉讼化趋势日趋显现，国际商事仲裁正面临着历史性的挑战。

(二) 国际商事仲裁程序的透明度

1. 提高国际商事仲裁程序透明度的优点

随着国际商事仲裁程序保密性得以加强，越来越多的当事人和学者开始追求国际商事仲裁程序的透明度，使国际商事仲裁中传统的保密程序向透明度发展。②国际商事仲裁的保密性及透明度两大价值之间的冲突此消彼长，越演越烈。毫无疑问，两大价值的冲突在短期内，难见分晓。③各国的相关规定也各有不同，例如在国际商事仲裁保密义务的限制与例外方面，虽然各国和各仲裁机构对国际商事仲裁中保密义务的态度各不相同，甚至有些是截然相反的，但保密义务存在例外是被普遍认可的，其中主要包括当事人间的约定、诉诸法院或执行、公共政策及合理的必要等。然而，可以肯定的是，国际商事仲裁透明度价值在程序方面带来了不少创新，有助于促进国际商事仲裁制度公平价值的进一步发展。④

长期以来，随着国际投资的快速发展，相关的纠纷日益增多。国际投资仲裁固守传统的保密性原则，无法得到国际社会公众监督，使得仲裁裁决结果的合理性受到质疑，国际投资仲裁的正当性日益受到人们的质疑。为了化

---

① NOUSSIA K. Confidentiality in International Commercial Arbitration [M]. London: Springer London, 2010: 158.
REYMOND-ENIAEVA E. Towards a Uniform Approach to Confidentiality of International Commercial Arbitration [M]. Geneva: Springer Nature Switzerland AG, 2019: 55.

② POOROOYE A, FEEHILY R. Confidentiality and Transparency in International Commercial Arbitration: Finding the Right Balance [J]. Harvard Negotiation Law Review, 2017 (22): 275-276.
A ROGERS C. Transparency in International Commercial Arbitration [J]. Uiversity of Kansas Law Review, 2006 (54): 1301-1302.

③ HSIE-LIEN G S, LIN B. More Transparency in International Commercial Arbitration: To Have or Not to Have [J]. Contemporary Asia Arbitration Journal, 2018 (11): 21-23.
POOROOYE A, FEEHILY R. Confidentiality and Transparency in International Commercial Arbitration: Finding the Right Balance [J]. Harvard Negotiation Law Review, 2017 (22): 275-302.

④ CARMODY M. Overturning the Presumption of Confidentiality: Should the UNCITRAL Rules on Transparency Be Applied to International Commercial Arbitration [J]. International Trade & Bussiness Law Review, 2016 (19): 96-98.

解这种危机,平衡投资者与国家间的利益,实现投资仲裁程序法的统一化,国际投资领域开始了一系列的规则改革,旨在有效促进投资仲裁向更高效、专业、公正的方向发展。①北美自由贸易协议(NAFTA)最早将透明度规则纳入其体系,2006年国际投资争端解决中心(International Centre for Settlement of Investment Disputes, ICSID)修改其仲裁规则时也加入了透明度条款,并经过了多次修订。特别重要的是,UNCITRAL分别于2013年和2017年通过了《透明度规则》和《透明度公约》(UNCITRAL《透明度规则》)。UNCITRAL这两个法律文件较好地吸收了各国法律及国际组织的相关规则,标志着UNCITRAL机制下透明度规则体系的基本形成,②对国际社会产生了极其重要的影响。③

提高国际商事仲裁程序透明度的优点很明显:首先,有助于维护国家的公共利益。UNCITRAL《透明度规则》能够更有效地维护东道国的公共利益,在解决国际商事争端方面,也能间接地维护国家的公共利益,例如维护东道国的电力、水利和基础设施、疾病防御、人身健康、环境保护及市场竞争,因为私人投资者在这方面往往起到至关重要的作用。④其次,影响着仲裁程序的可预见性和统一性。仲裁裁决的公开,毫无疑问有助于提高仲裁的可预见性和仲裁的正当性,使当事人了解仲裁的内部程序的运转,针对胜诉的可能性作出理性的判断,从而避免不必要的纠纷。⑤最后,有利于提高裁决的质量。

---

① LEVANDER S. Resolving "Dynamic Interpretation": An Empirical Analysis of the UNCITRAL Rules on Transparency [J]. Columbia Journal of Transnational Law, 2014 (52): 506-512.

② POOROOYE A, FEEHILY R. Confidentiality and Transparency in International Commercial Arbitration: Finding the Right Balance [J]. Harvard Negotiation Law Review, 2017 (22): 275-309.

③ UNCITRAL透明度规则的宗旨是促进国际投资仲裁制度的发展,特别是解决国家与投资者之间的争端。然而,由于该透明度规则的制定主要依据传统的国际商事仲裁规则,如果国际商事仲裁当事人在仲裁协议中约定适用该透明度规则,自然不存在问题。(CARMODY M. Overturning the Presumption of Confidentiality: Should the UNCITRAL Rules on Transparency Be Applied to International Commercial Arbitration [J]. International Trade & Bussiness Law Reiew, 2016 (19): 96-98.
HSIE-LIEN G S, LIN B. More Transparency in International Commercial Arbitration: To Have or Not to Have [J]. Contemporary Asia Arbitration Journal, 2018 (11): 21-29.)

④ CARMODY M. Overturning the Presumption of Confidentiality: Should the UNCITRAL Rules on Transparency Be Applied to International Commercial Arbitration [J]. International Trade & Bussiness Law Reiew, 2016 (19): 96, 169.

⑤ G BUYS C. the Tensions between Confidentiality and Transparency in International Arbitration [J]. American Review of International Arbitration, 2003 (14): 121-136.

仲裁员在作出裁决之前就会意识到裁决会受到专家、学者的剖析和社会公众的监督，他们无疑会尽力提高裁决的科学性和合法性，尽力提高裁决的质量。①

可见，对国际商事仲裁程序进行必要的改革，提高其透明度，是促进国际商事仲裁制度发展的重要举措。在这方面，UNCITRAL《透明度规则》为我们提供了一个建设更透明制度的平台。当然，过高的透明度会延迟仲裁程序，降低效率。因此，寻求国际商事仲裁程序保密和透明度之间的合理平衡，无疑是至关重要的。②

2. UNCITRAL《透明度规则》的基本内容

国际社会一直都在关注国际商事仲裁的合法性和公正性，增加透明度除增加仲裁程序和结果的合法性外，还必然有助于国际商事仲裁制度的完善。如果因为国际商事仲裁不透明带来效率低下、不准确以及潜在的不公正现象，那么必然会减损国际商事仲裁的价值。

透明度改革正是致力于解决这些问题。③ UNCITRAL《透明度规则》作为当今世界提高国际商事仲裁程序透明度最重要的平台，无疑在改革国际商事仲裁程序方面具有重要的引领作用。UNCITRAL《透明度规则》的基本内容包括仲裁文件公开和仲裁程序公开两个方面。

依据 UNCITRAL《透明度规则》第 3 条的规定，仲裁庭需要披露自己接受或发布的文件，包括强制且自动披露的文件、经一方请求而仲裁庭必须强制披露的文件及仲裁庭自主决定是否披露的文件。④ 此外，UNCITRAL《透明度规则》具有特有的公开方式，包括争端方公开、仲裁庭公开和存储处公开。UNCITRAL《透明度规则》还规定了投资仲裁对审理程序的公开，不仅包括投资仲裁程序向公众开放，还包括第三方参与仲裁程序。UNCITRAL《透明度规则》成立的第三方向投资仲裁庭提交文献资料被视为构建更加综合性透明度体制的先驱，认定了投资仲裁庭有权接受法庭之友意见。允许接受法庭之友

---

① G BUYS C. The Tensions between Confidentiality and Transparency in International Arbitration [J]. American Review of International Arbitration, 2003 (14): 121-137.
② POOROOYE A, FEEHILY R. Confidentiality and Transparency in International Commercial Arbitration: Finding the Right Balance [J]. Harvard Negotiation Law Review, 2017 (22): 275, 315.
③ 林其敏. 国际商事仲裁的透明度问题研究 [J]. 河北法学, 2015, 33 (6): 112-123.
④ CARMODY M. Overturning the Presumption of Confidentiality: Should the UNCITRAL Rules on Transparency Be Applied to International Commercial Arbitration [J]. International Trade & Bussiness Law Reiew, 2016 (19): 96-124.

是提高投资者—国家投资仲裁程序透明度的关键举措，可以为决策者提供原来不可能考虑的专家之外的信息。UNCITRAL《透明度规则》第 4（1）条规定，仲裁庭在确定是否接受法庭之友信息时，必须考虑仲裁中第三方的利益，还应考虑法庭之友信息在多大程度上能帮助仲裁庭对某问题作出裁决。[1]近年来，国际社会一直在追求且已经被赋予了某些有限参与投资仲裁程序的权利。更多透明度义务意味着更多的第三方参与，才能强化投资仲裁程序的合理性。[2]

UNCITRAL《透明度规则》促进了国际投资仲裁程序透明度发展，为透明度规则确立了一个过程和制度框架。首先，该《规则》明确了国际投资仲裁程序透明的基本原则，界定了国际投资仲裁庭的权利范围，使得仲裁庭有法可依。其次，该《规则》规定了国际投资仲裁程序文件公开的对象、种类和方式，涵盖了整个投资仲裁程序。最后，该《规则》赋予了投资仲裁庭自由裁量权，达成程序透明与信息保密间的平衡，使得投资仲裁庭能够结合现代科学技术，特别是互联网技术的发展，利用视频工具进行审理程序的公开。[3]

二、国际商事仲裁制度的临时仲裁

国际商事仲裁可分为机构仲裁（Institutional Arbitration）和临时仲裁（Ad Hoc Arbitration）。临时仲裁是由争议双方当事人共同选定的或是由仲裁庭自行设计的仲裁规则所引导的仲裁程序，是不受特定机构管理的仲裁。[4]近代的商事仲裁起源于欧洲，而临时仲裁是商事仲裁起源的初始形态。早在公元前 1500 年，临时仲裁就被运用于古埃及，甚至在 19 世纪中叶机构仲裁出现之前，临时仲裁还是唯一的国际商事仲裁形式。[5]在古希腊和古罗马时期，临时仲裁更像是现在的调解。商人们为了节省时间和金钱，也为了避免繁杂的司

---

[1] CARMODY M. Overturning the Presumption of Confidentiality: Should the UNCITRAL Rules on Transparency Be Applied to International Commercial Arbitration [J]. International Trade & Bussiness Law Reiew, 2016 (19): 124.

[2] 朱明新. 联合国国际贸易法委员会《投资仲裁透明度规则》评析 [J]. 武大国际法评论，2017（1）：119-137.
HSIE-LIEN G S, LIN B. More Transparency in International Commercial Arbitration: To Have or Not to Have [J]. Contemporary Asia Arbitration Journal, 2018 (11): 21-41.

[3] 朱明新. 联合国国际贸易法委员会投资仲裁透明度规则评析 [J]. 武大国际法评论，2017（1）：119-130.

[4] B. BORN G. International Arbitration: Law and Practice [M]. London: Wolters Kluwer Walters Kluwer, 2016: 26.

[5] 李双元. 国际私法（新编本）[M]. 北京：北京大学出版社，2000：385.

法程序，就在同行业中推选他们共同信任且有威信的人居中调和或裁断。随着社会的发展变化，临时仲裁也同样经历着不断的演化。临时仲裁发展到今天，除保留其公平、高效和经济的特点之外，当事人在仲裁程序制定方面享有越来越多的自主权。①也就是说，与机构仲裁相比，临时仲裁更具灵活性和私密性。②目前，除我国外，大多数的国家（包括我国的香港地区）都用立法的形式明确了临时仲裁作为争议解决形式的合法性。在少数国家中，临时仲裁甚至成了主要的仲裁形式，例如希腊、葡萄牙。特别是希腊，该国曾一度取消机构仲裁，从而普遍地推行临时仲裁。③当今世界知名度较高的国际商事仲裁机构几乎都构建了临时仲裁制度，大大推动了国际商事仲裁的临时仲裁的发展。在某些仲裁领域，如海事仲裁，临时仲裁甚至成为纠纷解决的主要方式。据统计，在瑞士国内的仲裁案件中，临时仲裁占40%；而在瑞典的全部仲裁案件中，临时仲裁约占50%。④

如今，临时仲裁已经被许多国际条约和协议所接受。《纽约公约》《UNCITRAL仲裁示范法》《欧洲国际商事仲裁公约》《美洲国家国际商事仲裁公约》等国际公约均明确了临时仲裁的地位。1976年颁布的《UNCITRAL仲裁规则》在实践中极大地便利了临时仲裁。当事人无须在争议产生之前或之后制定详细的仲裁程序，而只需将该规则所提供的全面且充分的仲裁规则放入他们的仲裁协议即可。如此，当事人既可在争议产生之后如其所愿选择临时仲裁定分止争，亦可避免因缺乏制定详尽的仲裁程序的能力或由于无法预料到其中的陷阱而使商事纠纷的解决陷入困境。⑤

显而易见，临时仲裁的上述特点充分体现了仲裁价值，是整个仲裁制度不可分割的组成部分。遗憾的是，我国在是否引入临时仲裁方面，一直存在争议。虽然大多数学者及律师等经过研究国外临时仲裁的理论和实践，主张

---

① 张贤达. 我国自贸区临时仲裁制度的构建 [J]. 国家检察官学院学报，2017 25 (3)：160-170.
② B BORN G. International Arbitration: Law and Practice [M]. London: Wolters Kluwer, 2016: 27.
　L MOSES M. International Commercial Arbitration [M]. Cambridge: Cambridge University Press, 2008: 9.
③ 谭兵. 中国仲裁制度研究 [M]. 北京：法律出版社，1995：68.
④ 张心泉，张圣翠. 论我国临时仲裁制度的构建 [J]. 华东政法大学学报，2010 (4)：149-156.
⑤ 张贤达. 我国自贸区临时仲裁制度的构建 [J]. 国家检察官学院学报，2017，25 (3)：160-161.

尽早设立临时仲裁程序，但是不少立法者持质疑态度，主张暂缓设立临时仲裁程序。①可喜的是，2016年12月30日，最高人民法院印发了《关于为自由贸易试验区建设提供司法保障的意见》，允许在自贸区内注册的企业相互之间约定以临时仲裁的方式解决商事纠纷，并通过法院审查监督的形式予以规范。这是司法机关对我国自贸区实践中对于临时仲裁这种更为灵活高效的纠纷解决机制需求的积极回应，有望在自贸区这一改革开放的前沿阵地上种下临时仲裁的种子，待条件成熟之时在全国范围内形成生根发芽之势。②

2017年3月，广东珠海仲裁委员会据前述《意见》制定了《横琴规则》，该规则作为中国首部临时仲裁规则，从订立临时仲裁协议直至裁决的执行和监督均进行了翔实的规定，具有很强的可操作性。③相信随着我国自由贸易试验区的逐渐成熟和发展，越来越多的自由贸易试验区会引入临时仲裁程序，为我国仲裁制度设立临时仲裁程序提供经验，进一步完善我国的仲裁制度。

三、国际商事仲裁制度的紧急仲裁员程序

国际商事仲裁制度近年来创立了紧急仲裁员程序。该制度的初衷在于使当事人能够在紧急状态下尽早地获得临时救济。可见，这可以满足当事人在仲裁庭组成前寻求临时保全措施的需求；在相关时限要求下，可以充分发挥其效率优势。该制度的一大优势在于对不同主体的不同效力：对当事人立即产生效力；紧急仲裁员可以修改或者终止该决定；对于仲裁员则没有约束力。这种设计很好地保证了既能对当事人产生拘束，又不会丧失灵活性，同时不会干扰仲裁庭对争议问题的实质审理。④显然，国际商事仲裁制度的紧急仲裁员程序是完善公平、效率等价值的重要体现，标志着国际商事仲裁制度又向法治化迈进了一步。

早在1990年，国际商会就引入了"选择性仲裁前裁决程序"（Opt-in Pre-Arbitral Referee Procedure），但该程序没有得到足够重视。国际争端解决中心

---

① 张心泉，张圣翠. 论我国临时仲裁制度的构建［J］. 华东政法大学学报，2010，25(4)：149-149.
② 张贤达. 我国自贸区临时仲裁制度的构建［J］. 国家检察官学院学报，2017，25(3)：160-168.
③ 夏佳凤. 论我国自由贸易试验区临时仲裁制度的构建［J］. 经济研究导刊，2020(1)：192-194.
④ 王欣. 国际商事仲裁中的紧急仲裁员制度之探究［J］. 法制博览，2015(18)：200-201.

(ICDR) 于 2006 年创设了与紧急仲裁员制度类似的"紧急保护措施"制度（Emergency Measures of Protection），但该措施也没有得到人们的关注。斯德哥尔摩商会（SCC）仲裁院于 2010 年 1 月 1 日正式创设了紧急仲裁员制度，引起了较大反响。新加坡国际仲裁中心（SIAC）（6 个月后）、国际商会（2012 年）、瑞士商会仲裁院（SCAI）（2012 年）、香港国际仲裁中心（HKIAC）（2013 年）、世界知识产权组织（WIPO）（2014 年）及伦敦国际仲裁院（LCIA）（2014 年）等知名的国际仲裁机构，纷纷引入了紧急仲裁员制度。今天，紧急仲裁员制度已经遍及全球。[1]

鉴于斯德哥尔摩商会（SCC）仲裁院在全球仲裁机构中的重要地位，近年来受理的涉及紧急仲裁员案件增加较快，[2]现对其紧急仲裁员制度做一番分析与思考。

SCC 成立于 1971 年，其 2010 年仲裁规则对紧急仲裁员制度做了规定：第 1 条规定案件的任何当事人有权在案件提交到该仲裁员之前提出任命一名紧急仲裁员的要求，仲裁院收到秘书处的要求后，会向另一当事人发出通知，董事会会在 24 小时内选择一名紧急仲裁员。任命提交到紧急法庭之后，紧急仲裁员即可拥有相应的权力，作出他认为适当的临时措施。紧急仲裁员须在不超过 5 天时间内审查相关文件，并发出快速裁决。紧急仲裁员制度填补了仲裁员接受案件与仲裁庭开始审理案件之间的空白。根据 SCC 提供的数据，仲裁庭通常在接受案件后 3—4 个月内开始审理，在这期间，如果没有紧急仲裁员制度，当事人只能诉诸法院的暂时程序和紧急保全措施。紧急仲裁员作出的裁决在自该裁决作出后 30 天内仲裁尚未开始时，或 90 天后案件尚未提交到该仲裁院时失去效力。应该注意的是，仲裁庭自成立后，并不受紧急仲裁员作出的裁决的约束。

我国 2012 年修正的《民事诉讼法》突破性地赋予了当事人在仲裁前寻求临时救济措施的机会，并有几点创新：不仅适用于财产保全，还适用于行为保全、证据保全；必须在 48 小时内作出裁定；允许当事人直接向有管辖权的

---

[1] SHAUGHNESSY P. Emergency Arbitration Justice on the Run [J]. Scandinavian Stud. 2017 (63)：19-322.
KAJ HOBER, Emergency Arbitration in Stockholm [J]. Scandinavian Studies in Law, 2017 (69)：72.
[2] SCC 2015 年仅受理了 1 件紧急仲裁员案件，2016 年受理了 9 件，2019 年 8 件。SHAUGHNESSY P. Emergency Arbitration Justice on the Run [J]. Scandinavian Studies in Law, 2017 (63)：319-324.

法院提交申请，不需通过仲裁机构转交的烦琐程序。①CIETAC 于 2014 年 11 月 4 日颁布了新的仲裁规则，于 2015 年 1 月生效，开始适用紧急仲裁程序。依据其修订说明，增加紧急仲裁程序既符合国际仲裁发展趋势，有利于保障当事人合法权利，也是适应 CIETAC 香港仲裁中心的需要。《中国（上海）自由贸易试验区仲裁规则》规定了紧急仲裁员制度，在适用该制度时已经取得了不可多得的经验。然而，与国际知名仲裁机构相比，我国在关于紧急仲裁员制度的相关规则、法理及实践方面都有待于完善和提高，建议我国的立法者紧急行动起来，借鉴国外的相关立法和实践经验，加快完善我国仲裁法的步伐。②

四、国际商事仲裁制度的先例程序

英国作为老牌工业化和国际商事国家，其法律传统对国际商事仲裁制度无疑具有重大影响。法院对先例的适用，在英美法系国家是其法律体制的固有特质的要求。③正如有的学者指出，在英美法中，先例是特定的法律存在的证据，且有权威性，因为它是"对法律的正确陈述"。④在英国，虽然制定了不少的制定法，但制定法的主要目的在于修改或补充判例法，在制定法没有涉及的诸多法律领域，判例法仍然占据统治地位并具有活力。⑤特别重要的是，英国法院在审理国际商事案件时，经常参照外国的判例法。⑥

美国作为英美法国家，自然继承了英国的判例法传统。美国的法院在判

---

① 江必新. 新民事诉讼法理解适用与实务指南 [M]. 北京：法律出版社，2012：392.
② 傅攀峰. 论 ICC 仲裁规则中的紧急仲裁员制度 [J]. 北京仲裁，2015 (1)：47-62.
  王欣. 国际商事仲裁中的紧急仲裁员制度之探究 [J]. 法制博览，2015 (6)：202.
③ FELEMEGAS J. The United Nations Convention on Contract for the International Sale of Goods, Article 7, and Uniform Interpretation [M]. The Hague：Kluwer Law International, 2001：111.
  李金泽. 国际商事仲裁中的先例适用 [J]. 国际商务（对外经济贸易大学学报），1997 (4)：11-17.
④ C. K. Allen, Law in the Making [M]. 1951, 273.
⑤ 高鸿钧. 英国法的主要特征（上）——与大陆法相比较 [J]. 比较法研究，2012 (3)：1-24.
⑥ 英国法院在审理国际商事案件时曾并不情愿参照外国判例法，但是，一些英国学者和法官主张参考外国判例法。例如，英国著名的上议院大法官丹宁勋爵意识到了国际公约统一解释中考虑外国判例的重要性，曾在评论 Corocraft v. Pan Am 案中指出，"这些法院的判例有权得到最高的尊重。我个人完全同意这些判决。即使我不同意，我也会在涉及国际商务事宜方面遵循他们。因此，所有国家的法院都应该统一解释该公约（华沙公约）。"（GEBAUER M. Uniform Law, General Principles and Autonomous Interpretation [J]. Uniform Law Review, 2000 (5)：683-692.）

决国际商事案件时，也开始积极适用外国判例法。①相比而言，大陆法虽然一向以成文法而著称于世，但面对已经问世数百年的民法典所存在的诸多法律空隙和表述笼统的条文及频繁修改法典会损害法律的稳定性和权威性的现实，法官也不得不通过司法判例及时弥补制定法的空隙。换言之，欧洲大陆法国家已经改变了对判例法的敌视态度，开始承认判例法的某些独特功能和效用。因此，在经济全球化快速发展的当今世界，占主导地位的大陆法系和英美法系中的判例法的补缺填漏作用，并未随着制定法的增加而衰萎，判例法反而正在发挥着越来越重要的作用。②例如在法国，法院的判例法是在特定问题上有一致意见的先例经重复使用而确定化时发展成为法律的渊源。③尽管遵循判例并不是大陆法系国家的一个法定原则，但法院往往处于压力之下，甚至会把遵守上级法院的先例视为法定的义务。④

国际商事仲裁中的先例包括仲裁裁决和法院判决两类。一般地说，国际商事仲裁裁决并不公开，除非某裁决受到了质疑而被抨击，或被要求予以承认和执行。然而，ICC的裁决是个例外，经常在国际法期刊（Journal du Droit International）上予以公开。⑤针对国际商事仲裁裁决是否具有拘束力问题，一直存在争论。部分学者、律师认为，仲裁裁决仅具有劝诫价值，并无强制性。

---

① 美国法院2004年后的《联合国国际货物销售合同公约》（CISG）司法实践表明，美国法院对CISG案件的审理的确更认真了。在参照判例方面，他们通常首先考虑美国法院的CISG判例法，如果没有类似的案例，就会考虑外国CISG的判例法。例如，美国法院2004年判决的Amco Ukrservice v. Am. Meter Co., 312 F. Supp. 2d 681, 686 (E.D. Pa. 2004) 中，参照了2个德国的判例；2006年判决的Multi-Juice, S. A. v. Snapple Beverage Corp., 02 Civ. 4635 (RPP), 2006 U.S. Dist. LEXIS 35928, at 21-22 (S.D.N.Y.) June 1. 2006中，考虑了UNCITRAL汇编中的判例和建议。此后美国法院考虑外国判例法的也不少，如2010年判决的Bodum USA, Inc., Plaintiff-Appellant, v. La Cafetiere, Inc., Defendant-Appellee案（http：//cisgw3. law. pace. edu/cases/ 100902u1. html）和Forestal Guarani S. A., Plaintiff-Appellant, v. Daros International, Inc., Defendant-Appellee案（http：//cisgw3. law. pace. edu/cases/ 100721 u1. html），2011年判决的ECEM European Chemical Marketing B. V., Appellant v. The Purolite Company (http：//cisgw3. law. pace. edu/cases/ 111109 u1. html），等等。
② 高鸿钧. 英国法的主要特征（上）——与大陆法相比较[J]. 比较法研究，2012，3：17.
③ LAWBERT E, WASSERMAN M J. Case Method in Canada and the Possibilities of its Adaptation of Civil Law [J] Yale Law Journal, 1930 (39)：1-14.
④ 李金泽. 国际商事仲裁中的先例适用[J]. 国际商务（对外经济贸易大学学报），1997（4）：44-47.
⑤ SAMMARTANO M R. International Arbitration Law and Practice [M]. New York：Citic Publishing House, 2003：78.

ICC 仲裁员在 1986 年裁决的一个案件中公开指出，其裁决得到了仲裁先例的承认。有学者在对该裁决评论中指出，"如果认为一个 ICC 仲裁不受另一个 ICC 仲裁对相同的当事人就同样的事宜所做的裁决的拘束，那自然是诡异荒谬的。"①可见，ICC 仲裁员的裁决是依据国际仲裁先例来作出的。②根据 ICC 多年的仲裁实践，ICC 仲裁法庭把依据出版公开的仲裁裁决视为"仲裁员的优先适用的法源"，构成了统一的判例法（case law）和先例，是卓越非凡和具有权威性的。③

从国际商事纠纷的特点及当今世界法治化方面看，在国际商事纠纷仲裁中适用先例是大势所趋。另外，适用仲裁先例也存在这样或那样的问题，如由于各国在政治、经济及法律方面难以统一，不同国家仲裁机构的裁决会互有差异，这增强了仲裁适用先例效果的不可预见性；④先例是针对过去的情境作出的，难以找到与所处理的争议完全相同的先例，这会损害仲裁裁决的公正性；先例的公开性难以得到保障，也妨碍了当事人及其代理人对适用先例结果的可预见性。⑤尽管如此，适当适用国际商事仲裁裁决和法院判决，有利于提高裁决的质量，做到同案同判。考虑到各国法院的当地性和法官可能对国际商事交易不甚了解，经验不足，仲裁机构在适用法院判决先例时，要做好甄选工作。著名的 CISG 学者海瑞 M. 弗莱特尼（Harry M. Flechtner）教授提出的方法，可以作为参考：法院应该将 CISG 判例分成强制性和劝诫性两类。具体地说，法院在 CISG 判例分类中，应该考虑多项因素，从而确定相关判例的重要性，切实解决个案中的相关问题。他进一步指出，法院应该考虑的因素很多，其中最重要的，一是作出判决的外国法院的权威性，即该法院的权威性越高，所做的判例越重要。二是其他法院和仲裁院对相关问题的认同度。如果大多数法院对同一 CISG 问题采用相同的方法进行解释，外国法院应该将其视为国际贸易法中的惯例，予以采用。三是该法院所在辖区从事国

---

① SAMMARTANO M R. International Arbitration Law and Practice [M]. New York: Citic Publishing House, 2003: 79.

② SAMMARTANO M R. International Arbitration Law and Practice [M]. New York: Citic Publishing House, 2003: 80.

③ SONTE SWEET A, GRISEL F. The Evolution of International Arbitration: Judicialization, Governance, Legitimacy [M]. London: Oxford University Press, 2017: 127.

④ KILIAN M. CISG and the Problem with Common Law Jurisdictions [J]. Journal of Transnational Law & Policy, 2001 (10): 217-227.

⑤ 李金泽. 国际商事仲裁中的先例适用 [J]. 国际商务（对外经济贸易大学学报），1997 (4): 47.

际贸易的数量。一般地说,国际贸易量较大地区的法院会审理更多的案件,积累更丰富的经验。①这样,可以尽量减小适用外国法院判例带来的副作用。

五、国际商事仲裁制度的上诉程序

传统观点认为一裁终局是国际商事仲裁这一替代争议解决方式相对于法院诉讼的主要优点,②然而近年来,越来越多的学者、律师开始对仲裁的一裁终局性提出质疑,一些国内和国际仲裁机构开始引入上诉程序来促进仲裁制度的公平性。可以说,国际商事仲裁制度司法化的重要表现之一,是将国内司法制度中作为程序正义重要标志的上诉程序吸纳进来。

早在20世纪30年代,国外学者和律师就开始关注国际商事仲裁一裁终局的问题。一般来说,ICC是最早探索该问题的国际商事仲裁机构。早在1930年裁决的一个案子中,败诉方就正式地要求ICC仲裁院作为"上诉法院"再审此案,并撤销对其不利的裁决。ICC拒绝了败诉方的要求,理由是ICC执行委员会经过审核后的裁决是有拘束力的。③ICC受不满意企业的压力,于1931年建立了一个拥有明示授权的"特别上诉委员会"(Specialized Committee of Cassation)来就撤销仲裁裁决的建议展开讨论,但无疾而终。ICC执行委员会的罗伯特·马克斯(Robert Marx)支持这个主意,认为这能够把

---

① M FLECHNER H. Recovering Attorneys' Fees as Damages under the U N Sales Convention: A Case of Study on the New International Commercial Practice and The Role of Case Law in CISG Jurisprudence, with Comments on Zapata Hermanos Sucesores, S. A. v. Hearthside Baking Co. [J]. Northwestern Journal of International Law & Bussiness, 2002 (22): 146.

EDITA UBARTAITE, Application of the CISG in the United States [J]. European Journal Law & Reform, 2005 (7): 294.

笔者基本赞同弗莱特尼教授提出的三项标准。虽然外国判例法并无普遍的先例拘束力,但是,如果某外国判例是由世界知名的法院作出的,并得到了大多数法院较高的认同度,就可能超越一般判例的劝诫性,构成了国际贸易惯例和权威的CISG解释,在其他国家的司法界产生较大的影响力,进而成为他们愿意使用的外国判例法。当然,弗莱特尼教授提出的三项标准并非无懈可击:第一条和第二条忽视了层级较低的法院也可能作出质量高的判决的可能性,第三条漠视了国际贸易量较小的发展中国家法院在审理CISG案件中的重要性,不利于鼓励他们开展审理工作。可见,各国法院在参考上述标准时,应该充分发挥自己的理性思维,尽力避免该标准可能导致的副作用。

② 韩德培,朱克鹏,等. 国际私法 [M]. 北京:高等教育出版社,2003:484.

陈治东. 国际商事仲裁法 [M]. 北京:法律出版社,1998:1.

③ ICC International Court of Arbitration [G]. "Ordre du jour de la soixante-et-unième session du Comité Exécutif de la Court d' Arbitrage du 26 mars 1930' (61ᵗ session, 26 March 1930) 12-15."

不满意的当事人留下来，而不是把他们推进国内法院。①虽然上述讨论没有取得进展，但是其影响不可小觑：随后不久，ICC 仲裁院开始接受审核仲裁庭的裁决理念，并对一些裁决进行了修改。②随后几十年里，ICC 关于引入上诉程序的讨论几度峰回路转，但是至今尚无定论。不过，这些讨论迫使 ICC 对相关规则几度进行了修订，虽然今天的 ICC 规则尚未建立上诉复审程序，但是 ICC 对其裁决的实体问题进行的内部复审，随时间的进行，一直在扩大和深入。③新加坡国际仲裁中心自 2013 年以来，也设定了在将裁决通知给当事人之前进行强制审核的程序。

美国学者和律师对国际商事仲裁制度中的上诉程序问题关注较晚，但在制度设立方面取得了较大进展。较早研究仲裁制度中引入上诉程序的学者大卫·利波斯卡（David Lipsky）与多纳德·斯博（Donald Seeber）于 1998 年对 606 名美国最大公司的律师展开调查，结果显示，54.3%的企业不选择仲裁的主要原因是仲裁裁决难以上诉。这表明仲裁裁决上诉难是企业不选择仲裁的第二大障碍。④这一调查结果与汤姆森·J. 斯蒂帕尼维切（Thomas J. Stipanowich）和利奥·J. 兰马莱（Ryan J. Lamare）两位学者于 2011 年的调查结果类似：美国《财富》杂志对 1000 家企业进行了调查，52.4%的企业不选择仲裁的原因是仲裁裁决上诉困难。⑤尽管上述调查可能不够准确，但是所揭示的仲裁一裁终局存在一定弊端，是毫无疑问的。美国仲裁协会—国际争端解决中心（AAA-ICDR）于 2013 年颁布了《选择性上诉仲裁规则》，成为世界上第一个引入上诉程序的仲裁中心，美国仲裁协会主席兼首席执行官印第安·约翰逊（India Johnson）指出，考虑到法院没有足够的理由撤销裁决，这项新的体制

---

① ICC International Court of Arbitration [G]. "Procès-verbal de la soixante-huitième sessiondu Comité Exécutif de la Cour d'Arbitrage du 26 février 1931' (68th session, 25 February 1931) 5-6."
② The Evolution of International Arbitration [M]. London: Oxford University Press, 2017: 128.
③ SWEET A S, GRISEL F. The Evolution of International Arbitration [M]. London: Oxford University Press, 2017: 128.
④ SATAGOPAN A. Conceptualizing a Framework of Institutionalized Appellate Arbitration in International Commercial Arbitration [J]. Pepperdine Dispute Resolution Law Journal, 2018 (18): 325-338.
⑤ J STIPANOWICH T, LAMARE J R. Living with ADR: Evolving Perceptions and Use of Mediation, Arbitration, and Conflict Management in Fortune 1000 Corporations [J]. Harvard Negotiation Law Review, 2015 (19): 17-20.

是为针对那些重大且复杂案件当事人协议同意上诉等特别重要的情形而设立的。①美国仲裁协会—国际争端解决中心认为，根据这一规定，任何当事人不得单方提起该程序，当事人应该在仲裁协议中约定上诉事宜。上诉法官应以下列理由展开审核：法律错误且构成重大误解和偏见的，或相关事实明显错误的。法官应作出终局判决以替代原来的裁决。美国仲裁协会—国际争端解决中心的这一创新至关重要，可能促使其他世界知名仲裁中心也提供类似的服务。②

学者和律师对国际商事仲裁中引入上诉程序的必要性一直争论不休。著名国际贸易法专家施米托夫（Clive M. Schmitthoff）曾经指出，"对于仲裁员所处理的日趋复杂的争议，凡涉及难以解决的法律问题或具有普遍意义的问题的仲裁，原则上（应）采用两审程序是符合需要的，实行上诉庭的制度也是可能的。"③赞成上诉程序的主要观点是：首先，争端解决方式绝不是一个完美无缺的程序，都存在出现错误的可能性。④仲裁不是常出错误的司法判决的例外，仲裁员也不是生来就比民事法院法官出错少，⑤但是国际商事仲裁的终局性和快捷经济性是以牺牲仲裁裁决的准确性和公正性为代价换来的。只有在仲裁员永远不犯错误，或者仲裁标的很小以致裁决错误是可以承受的当事人对效率和终局性的渴求胜过错误裁决的风险成本这两个假设前提中的任何一个得以满足时，终局性才可能是国际商事仲裁的普遍肯定性优点。⑥事实上，由于国际商事纠纷比国内民事纠纷复杂得多，仲裁员出错的可能性会大于法

---

① <https：//www.adr.org/aaa/ShowPDF? dpc = ADRSTAGE2016220>，2020 年 4 月 5 日访问.
② SWEET A S, GRISEL F. The Evolution of International Arbitration [M]. London：Oxford University Press, 2017：130.
③ ［英］施米托夫. 国际贸易法文选［M］. 赵秀文，选译. 北京：中国大百科全书出版社，1993：635-636.
④ LIPPKE R. Adjudication Error, Finality, and Asymmetry in the Criminal Law [J]. Canadian Journal of Law & Jursprudence, 2013 (26)：377.
GRAY C. The Line between Legal Error and Judicial Misconduct：Balancing Judicial Independence and accountability [J]. HOFSTRA Law Review, 2004 (32)：1245-1246.
⑤ SATAGOPAN A. Conceptualizing a Framework of Institutionalized Appellate Arbitration in International Commercial Arbitration [J]. Pepperdine Dispute Resolution Law Journal, 2018 (18)：325-342.
⑥ 石现明. 效率与公正之平衡：国际商事仲裁内部上诉机制［J］. 仲裁研究，2007 (2)：12-18.

院法官。①其次,依据《纽约公约》的规定,现今国际商事仲裁的审查仅限于仲裁裁决的执行阶段,显然,这样的审查标准是不适当的。②由于《纽约公约》规定得不够明确、具体,不少《纽约公约》成员国的法院审查标准各不相同。③最后,《纽约公约》的规定多为程序方面的,较少涉及实体问题,如仲裁庭的法律解释和适用、仲裁庭对案件事实的裁决等等。④《纽约公约》规定的法院审查标准的另一不适当之处是,一旦法院撤销了仲裁庭裁决,纠纷不能得以解决。这时候,当事人可能为了解决纠纷已经花费了大量的金钱和时间。⑤

对上诉程序持反对态度的观点是:首先,一裁终局一直是仲裁的根本性特征,从而使仲裁成为国际商事交易当事人最喜欢及最基本的纠纷解决方式。仲裁的这一特征排除了法院对仲裁裁决的事实和法律错误予以审查,防止司法审查破坏仲裁程序和当事人选择仲裁的目的。⑥还有学者指出,当事人同意选择仲裁,就意味着放弃将实体问题上诉的权利,他们不能被允许仅仅因为对仲裁裁决不满,就随后改变立场。⑦其次,《纽约公约》规定的审查标准是

---

① DRAHOZAL C. Why Arbitrate? Substantive versus Procedural Theories of Private Judging [J]. American Review of International Arbitration, 2011 (22): 163-174.

② SMIT H. Contractual Modifications of the Arbitral Process [J]. Pennsylvania State Law Review, 2009 (113): 995-99.
SATAGOPAN A. Conceptualizing a Framework of Institutionalized Appellate Arbitration in International Commercial Arbitration [J]. Pepperdine Dispute Resolution Law Journal, 2018 (18): 325-344.

③ CRAIG L. Some Trends and Developments in the Laws and Practice of International Commercial Arbitration [J]. Texas International Law Journal, 1995 (30): 57-58.
D WASCO M. When Less is More: The International Split over Expanded Judicial Review in Arbitration [J]. Rutgers Law Review, 2010 (62): 599-606.

④ MOURRE A, LUCA G, BROZOLO R D. Towards Finality of Arbitral Awards: Two Steps Forward and One Step Back [J]. Journal of International Arbitration, 2006, 23 (2): 171-171.
SCOTT R A. The Culture of American Arbitration and the Lessons of ADR [J]. Texas International Law Journal, 2005 (40): 449.

⑤ SATAGOPAN A. Conceptualizing a Framework of Institutionalized Appellate Arbitration in International Commercial Arbitration [J]. Pepperdine Dispute Resolution Law Journal, 2018 (18): 325-342.

⑥ NAJAR J C. Inside Out: A User's Perspective on Challenges in International Arbitration [J]. Arbitration International, 2009, 25 (4): 516.
MOURRE A, LUCA G, BROZOLO R D. Towards Finality of Arbitral Awards: Two Steps Forward and One Step Back [J]. Journal of International Arbitration, 2006, 23 (2): 171-172.

⑦ SMIT H. Contractual Modification of the Scope of Judicial Review of Arbitral Awards [J]. American Review of International Arbitration, 1997 (8): 147.

适当的，因为该标准较好地平衡了当事人之间的利益，保证了仲裁机制的正常运行。因此，对上述标准予以修改，会破坏这种来之不易的平衡。①最后，有学者从公正价值的视角切入，认为与诉讼相比，仲裁通过当事人对严格的程序的相互妥协来提高效率。虽然《纽约公约》规定的审查标准存在不对等之处，但是不能因此就断言仲裁不会产生公正的结果。②因此，相对于数量不多的对仲裁裁决的挑战，越来越多的企业选择仲裁来解决纠纷的事实就表明，仲裁已经被广泛认可为一种固有的公正程序。③

　　总之，国际商事仲裁制度中引入上诉程序作为当今世界法治化的重要体现之一，一直在热烈争论中艰难前行。尽管学者和律师对该问题至今难以达成共识，但是经济全球化的发展必然促进法治化的相应发展，这是不可逆转的历史潮流。国内著名大律师杨良宜先生曾预测，随着国际商务的发展，仲裁裁决上诉至法院的案件必然越来越多。④笔者同意杨大律师的展望，但是这并不意味着国际商务当事人的自治会遭蔑视，仲裁会逐渐消亡，法院从此会大行其道。笔者认为诉讼与仲裁作为两种不同的纠纷解决方式，两者之间绝不是一种"有你无我"的关系，相反，应该是一种争奇斗艳、相互弥补的关系。也就是说，两种方式各有优点，与人类社会关系的多样性特征相契合，不能否定任何一种。因此，寻求两者之间合理的平衡才是唯一合理的路径。当然，虽然仲裁制度中的上诉程序可以在一定程度上提高裁决的公正性，但可能削弱仲裁的效益价值，也会破坏当事人之间的和谐关系，有悖于"人类命运共同体"与和谐世界建设的宗旨。

---

① MAYER P, SHEPPARD A. Final Report on Public Policy as a Bar to Enforcement of International Arbitral Awards [J]. Arbitration International 2003 (19): 249-253.
ROGERS C. The Vocation of the International Arbitrator [J]. American University International Law Review, 2005 (20): 957-1020.
② DESIERTO D A. Rawlsian Fairness and International Arbitration [J]. University of Pennsylvania Journal of International Law, 2015 (36): 939-949.
SATAGOPAN A. Conceptualizing a Framework of Institutionalized Appellate Arbitration in International Commercial Arbitration [J]. Pepperdine Dispute Resolution Law Journal, 2018 (18): 325-351.
③ PIETROWSKI R. Evidence in International Arbitration [J]. Arbitration International, 2006 (22): 373-379.
④ 杨大律师于2004年应邀参加伦敦的"国际海事仲裁员大会"时，同诸多英国知名的法官和律师交谈过，他们都崇尚"一裁终局是好事，但公正更好"的理念，主张修改英国《1996年仲裁法》，增强英国法院对仲裁的插手。（杨良宜，莫世杰，杨大明. 仲裁法：从1996年英国仲裁法到国际商务仲裁 [M]. 北京：法律出版社，2006：354.）

六、国际商事仲裁制度的当事人权利救济程序

(一) 国际商事仲裁制度的当事人权利救济简介

国际商事仲裁当事人的权利救济是指当事人的程序性和实体性权利受到侵害或不能正常实现时，权利人自行设法实现或者请求司法机关或其他组织和个人帮助其实现实体权利的权利。虽然不同的当事人可能对权利的方方面面有不同的理解，但是，国际商事仲裁当事人的权利主要包括以下三个方面：第一，在整个仲裁程序中有要求仲裁机构、仲裁庭和仲裁员给予公平对待的权利。第二，当事人有按照约定、法律或仲裁规则的规定获得及时、公正且能有效执行的仲裁裁决的权利。这包括在仲裁机构或其他机关代为指定仲裁员的情况下获得指定合格仲裁员的权利，要求仲裁员勤勉行事、高效推进仲裁程序并按期作出裁决的权利，获得公正的、可以得到普遍承认和执行的仲裁裁决的权利等。第三，当事人有按照其意愿要求仲裁机构、仲裁庭和仲裁员保守争议及仲裁秘密、不得向外界公布其秘密的权利。仲裁当事人的这些权利是其在与仲裁机构和仲裁员的契约关系中所享有的实体权利，其中有些也是当事人在仲裁中应当享有的基本程序权利。[1]

任何权利都有可能受到伤害。国际商事仲裁当事人的上述权利也不例外。当事人诉诸仲裁，其目的就是希望借助于仲裁员的智慧和专业技能解决彼此间业已存在的冲突和纠纷，以使受到另一方当事人侵害的权利得以恢复和实现。一般来说，与国内仲裁相比，国际商事仲裁常常具有事实复杂、疑难法律问题多、纠纷额庞大及更加耗时费力等特征。一旦由于某种原因，国际商事仲裁当事人的权利受到损害，损失往往是天文数字。总的来说，当事人的权利可能受到伤害的主要原因是：首先，世界上根本就没有不犯错误的仲裁员和法官。[2]仲裁员和法官一样容易犯错误，即使是最激进的仲裁支持者们也不可能断言仲裁员会永不出错。[3]其次，国际商事仲裁纠纷难度大，错综复杂，

---

[1] 石现明. 国际商事仲裁当事人权利救济制度研究 [D]. 重庆：西南政法大学，2007：12.

[2] SATAGOPAN A. Conceptualizing a Framework of Institutionalized Appellate Arbitration in International Commercial Arbitration [J]. Pepperdine Dispute Resolution Law Journal, 2018 (18)：325, 342.

石现明. 效率与公正之平衡：国际商事仲裁内部上诉机制 [J]. 仲裁研究, 2007, 12：12-14.

[3] KNULL W H III, RUBBINS N D. Betting the Farm on International Arbitration: Is It Time to Offer an Appeal Option? [J]. American Review of International Arbitration, 2000 (9)：532.

人们不能期盼仲裁员不出错。最后，现有的各仲裁机构的选任制度不能保证所选定的仲裁员都是合格的仲裁员，因此指望不合格的仲裁员作出公正、正确的仲裁裁决无疑是不现实的。①

在国际商事仲裁实践中，仲裁员居于裁判者的地位，对仲裁程序的进行和裁决结果都起着决定性的作用。为了保证仲裁员在裁决中持中立立场，公正作出裁决，各国和国际仲裁机构都在仲裁员聘任、仲裁员回避、仲裁员承诺、裁决书草案审查制度和仲裁员责任追究方面，设定了不尽相同的制度。实际上，保证仲裁员严格履行其义务，是一件很难的事情。②各国采用的方法也各不相同，难以统一。③虽然不少国家针对仲裁员的责任引入了形形色色的豁免制度，但是，笔者认为仲裁员对其不履行或不适当履行契约义务之作为或不作为都应当承担民事责任，而对其履行或试图履行司法职能之作为或不作为则应当享有民事责任豁免，除非其存在故意或重大过失。④

（二）国际商事仲裁制度仲裁员的主要民事责任

众所周知，违约责任是以合同义务的存在为基础的。尽管仲裁员与当事人之间的合同形式可能有所不同，但只要仲裁员接受了指定和任命，仲裁员与当事人之间就建立了合同关系，仲裁员就明示或默示地承担诸如公平地对待双方当事人、勤勉谨慎地进行仲裁程序、按时作出仲裁裁决、保守当事人秘密等合同义务。根据基本的契约理论，只要仲裁员不履行或不适当履行，就应当对当事人承担违约责任。⑤

仲裁员除承担违约责任之外，还应承担侵权责任，如仲裁员在仲裁程序中的故意不公平行为和枉法裁决行为实际上伤害了一方当事人的法定权利。仲裁员的侵权责任包括诸多内容，如仲裁员虚假陈述、误导当事人、与一方当事人共谋串通或收受贿赂、徇私舞弊及枉法裁决等等。⑥

---

① 石现明. 国际商事仲裁当事人权利救济制度研究 [D]. 重庆：西南政法大学，2007：16.
② GAILLARD E, SAVAGE J. International Commercial Arbitration [M]. The Hague: Kluwer Law International, 1999: 613.
③ OKEKEIFERE A I. The Parites' Rights against a Dilatory or Unskilled Arbitrator-Possible New Approaches [J]. Journal International Arbitration, 1998 (15): 129.
④ GAILLARD E, SAVAGE J. International Commercial Arbitration [M]. The Hague: Kluwer Law International, 1999: 617.
⑤ GAILLARD E, SAVAGE J. International Commercial Arbitration [M]. The Hague: Kluwer Law International, 1999: 619.
⑥ GAILLARD E, SAVAGE J. International Commercial Arbitration [M]. The Hague: Kluwer Law International, 1999: 619.

仲裁员对自己的违约或侵权行为并不负绝对责任，在出现法定或约定的免责事由时，仲裁员并不承担民事责任，否则，仲裁员应当对自己的过错承担民事责任。在仲裁实践中，仲裁员承担责任的方式主要有解除合同和赔偿损失两种形式。在解除合同方面，有学者指出，"世界各国普遍认为如果仲裁员在裁决中出现过失或不当行为，仲裁员与当事人之间的合同及当事人与仲裁机构的合同应予以解除。"[1]这些合同的解除与撤销仲裁员不同，后者一般指一方当事人对仲裁员的法律能力或专业知识不满意，而前者通常指所有当事人取得了合意来终止所有仲裁员的职能，这一般由仲裁机构或法院来决定。一般地说，国内仲裁法和仲裁机构的仲裁规则会针对终止所有仲裁员的职能作出具体规定。[2]

如前所述，世界各国都认可如果仲裁员在裁决案件中出现错误，一般应当承担民事赔偿责任，这对仲裁当事人来说是有特殊意义的。然而，各国对仲裁员的赔偿损失问题并未作出统一的规定。大陆法国家的法律通常只对仲裁员的赔偿损失义务做一般性规定，如奥地利《民事程序法典》第584条第2段规定，如果仲裁员没有在适当时间内完成已经接受的义务，应该赔偿其缺席或延迟行为给当事人造成的损失。[3]意大利《民事程序法典》第813（2）条做了进一步的规定，如果仲裁员无正当理由辞职或裁决在法律规定或协议约定的期限内没有作出，应当赔偿当事人的损失。与大陆法国家相比，英美法国家起初主张仲裁员民事豁免权，但近来的法院判决中出现了变化。例如，英国的法院判决强调如果仲裁员接受了当事人的选任和酬金，就有为当事人勤勉工作的义务。1996年英国仲裁法案授予仲裁员豁免权，但是仲裁员辞职或有证据表明存在不诚实时除外。该法案强调"当事人可以就仲裁员辞职和应承担的任何义务的后果自由与仲裁员做出约定"[4]。如果没有这样的协议，

---

[1] REINER A. Le Règlement d'arbitrage de la CCI [J]. Review of Arbitration, 2014 (6): 25.

[2] 例如1996年英国仲裁法案第23-24条、荷兰民事程序法第1031条、意大利民法典第813（3）条、UNCITRAL示范法第14（1）条、ICC规则第12（2）条及1998年LCIA规则第10.2条、意大利仲裁协会规则第15（2）条、1999斯德哥尔摩商会仲裁院仲裁规则第19条及1998年印度仲裁协会仲裁规则第26（a）条等。（GAILLARD E, SAVAGE J. International Commercial Arbitration [M]. The Hague: Kluwer Law International, 1999: 617.）

[3] HAUSMANINGER C. Civil Liability of Arbitrators-Comparative Analysis and Proposals for Reform [J]. Journal of International Arbitration, 1990 (7): 7.

[4] GAILLARD E, SAVAGE J. International Commercial Arbitration [M]. The Hague: Kluwer Law International, 1999: 621.

辞职的仲裁员可以要求法院给予他免责救济。

在国际商事仲裁实践中,仲裁员的义务通常分为"尽最大努力义务"(best efforts obligations)和"取得约定结果义务"(obligations to achieve a given result):后者一般指仲裁员的辞职没有正当理由,或没有遵守适当的最终期限,或没有对期限进行适当延长等情形。在此情况下,仲裁员应该承担赔偿损失的义务。在"尽最大努力义务"方面,只要没有与其应承担的一般义务构成清楚的违反,一般要求仲裁员按照有经验的专业人员标准尽到勤勉和谨慎义务,并不要求取得一个特别的结果。[①]

法治化促进了当事人对国际商事仲裁裁决的更高要求,当事人对仲裁员的违约责任要求自然也日趋增强。因此,仲裁员开始惧怕成为当事人采取法律行动的目标,开始在与当事人的合同中加进排除或限制自己责任的条款。这样的条款在机构性仲裁和临时仲裁中居多。一些知名仲裁机构的仲裁规则通常原则上排除仲裁员的仲裁责任,只是把实施了严重不当行为(serious misconduct)作为例外。例如,1998年LCIA规则第31(1)条规定,仲裁员只要依据本规则进行仲裁,就对任何行为或疏忽不承担任何责任,但是,他们可以对"有意识的和故意的行为"(conscious and deliberate wrongdoing)的后果负责。再如,德国仲裁院的仲裁规则第44.2部分也规定免除仲裁员与仲裁程序有关的责任,只要这样的行为没有故意或严重违反自己义务。[②]

需要注意的是,世界上对仲裁员的赔偿范围作出明确规定的国内仲裁机构和国际商事仲裁机构并不多。总的来说,仲裁员损失赔偿的范围限定在当事人支付的仲裁费用及利息内。例如,英国1996年仲裁法规定仲裁员承担的损害赔偿责任限定于返还当事人已经支付的仲裁费用及其利息,或者仲裁员丧失获得报酬的权利。法国法律并未对此作出明确规定,但是,法院在审理机构案件中,会依照合同法原理和具体案情,判处仲裁员返还部分或全部费用。各国仲裁规则对此规定得不多,如意大利仲裁协会的国际仲裁规则第15(3)条规定,如果仲裁员没有正当理由辞职或没有适当实施自己的职能,法院可能判定当事人不必支付仲裁费用。[③]

---

① GAILLARD E, SAVAGE J. International Commercial Arbitration [M]. The Hague: Kluwer Law International, 1999: 621.
② GAILLARD E, SAVAGE J. International Commercial Arbitration [M]. The Hague: Kluwer Law International, 1999: 622.
③ 米兰国内及国际仲裁协会规则中第7(5)条也做了类似规定。

七、国际商事仲裁制度的快速程序

随着全球法治化的发展，国际商事仲裁制度的司法化发展也势不可挡，国际商事仲裁程序越来越复杂，效率每况愈下。根据伦敦皇后玛丽大学2013年的一个调查，"司法化是国际商事仲裁发展中唯一关注的事宜，已经成为破坏性障碍之一。"[1]托马斯·斯蒂帕诺维奇（Thomas Stipanovich）督促仲裁员们不要遵守律师们设置的庞杂的程序。[2]此外，美国加州法院法官范德利格·莫勒诺（Federico Moreno）指出，"仲裁本是一个高效、公正及费用低廉的解决复杂纠纷的方式，但是我最近发现一个趋势：仲裁正在'司法化'，法院越来越多地干涉仲裁。"[3]国际商事仲裁实践表明，司法化现象的确随处可见：仲裁程序越来越司法诉讼化，错综复杂，大企业只能高薪聘请资深律师予以应对，使用的是诉讼技巧，仲裁费用自然是天文数字。通常情况下，仲裁费用中高达85%的是律师费用。[4]

为了提高仲裁程序的效率和降低仲裁费用，越来越多国际商事仲裁机构引入了快速程序（Expedited Proceedings）。[5]例如，日内瓦工商会（1992年）、世界知识产权组织（1994年）、斯德哥尔摩商会（1995年）、日本商事仲裁协会（1997年）、德国仲裁机构（1998年）等引入了快速程序。[6]世界知名的国际商事仲裁机构在仲裁实践中也频繁使用快速程序。例如，2016年斯德哥尔摩商会199个案件中有55个适用快速程序，2017年在200个案件中有72个适用快速程序；2017年3月至2018年8月，国际商会共收到84起快速程序申

---

[1] ZELLER B, ANDERSEN C. Discerning the Seat of Arbitration – An Example of Judicialisation of Arbitration [J]. Vindobona Journal of International Commercial law and Arbitration, 2015 (26): 192, 195.

[2] STIPANOWICH T. Arbitration: The "New Litigation" [J]. University of Illinois Law Review, 2010 (1): 1-60.

[3] LEGAL NEWSLINE, Justice Moreno: Arbitration Becoming "Judicialized", (Web Page, 2010-02-18) <http: legalnewsline. com/Stories/510522428-justice-moreno-arbitration-becoming-judicialized#sthash. OaAe34AH. dpuf>, 2021-07-02 访问.

[4] FLANNERY L, GAREL B. Arbitration Costs Compared: The Sequel [J]. Global Arbitration Review, 2013 (8): 1-4.

[5] 国外多称之为快速程序、快车道仲裁（Fast Track Arbitration）或加速仲裁（Accelerated Arbitration），我国通常称为简易程序（Simplified Proceedings）。考虑到这些称谓的含义相近，这里使用"快速程序"。

[6] 转引自桑远棵. 国际商事仲裁快速程序：问题与完善 [J]. 国际商务（对外经济贸易大学学报），2019（5）：131-144.

请，共有 25 起适用快速程序。①实践证明，这些程序颇受当事人欢迎，特别适用于小额诉讼案件。

虽然各仲裁机构的快速程序规则不尽相同，但是都包括快速程序适用的争议金额的标准、快速程序的仲裁庭组成方式、快速程序的具体程序步骤等方面。也就是说，通过缩短或简化程序中各程序步骤的时限或内容，可以保证在较短期限内作出仲裁裁决，有效降低仲裁费用。例如，为了简化程序和降低费用，多数仲裁机构都鼓励选任一名仲裁员，如德国仲裁院仲裁规则第 3 条规定，仲裁庭应由三名仲裁员组成，除非当事人已经合意指任一名仲裁员。ICC 1998 年仲裁规则第 8.2 条规定，在当事人就仲裁员数目没有达成合意情况下，本院应任命一名仲裁员。欧洲仲裁院的规定更具体明确：如果当事人没有约定具体的仲裁员数目，本院根据纠纷的性质、具体的问题及纠纷的特征来确定仲裁员的数目。一般情况下，本院赞同选任独任仲裁员以加快纠纷解决的速度和减少程序费用。②

1994 年的《CIETAC 仲裁规则》中就引入了快速程序，随后越来越多的仲裁机构也先后在其仲裁规则中加入快速程序规则。与国外知名的国际商事仲裁机构相比，我国仲裁规则还存在规定不明确或不全面之处，应该加强与国外仲裁机构的合作，相互取长补短，共同进步。

八、国际商事仲裁制度的缺席仲裁

依据多数国家仲裁法和仲裁机构的仲裁规定，国际商事仲裁制度中的缺席仲裁指一方当事人由于某种原因没有参加或拒绝参加仲裁情况下，仲裁继续进行，并作出裁决的情形。③缺席裁决即指一方当事人未能按通知参与仲裁程序时仲裁庭作出的裁决。如果一方当事人经过适当通知而未参加仲裁程序，仲裁庭可以作出缺席裁决。④国外著名学者威廉姆·M. 兰德斯（William M. Landes）和理查·A. 波斯纳（Richard A. Posner）早在 1979 年就指出，任何当事人都有权诉诸仲裁。不管是原告还是被告作出诉诸仲裁的决定，另一方都应该遵守这一决定。如果另一方不参与仲裁程序，愿意参与仲裁的一方可

---

① 转引自桑远棵. 国际商事仲裁快速程序：问题与完善 [J]. 国际商务（对外经济贸易大学学报），2019 (5)：131.
② SAMMARTANO M R. International Arbitration Law and Practice [M]. New York: Citic Publishing House, 2003: 555-556.
③ 韩德培. 国际私法新论 [M]. 武汉：武汉大学出版社, 2004: 559.
④ 林一飞. 国际商事仲裁法律与实务 [M]. 北京：中信出版社, 2005: 262-263.

以要求法院执行其仲裁的权利。①也就是说，如果被告决定对该仲裁置之不理，原告可以向法院提出发出强制仲裁的指令。②

显而易见，缺席仲裁程序是国际商事仲裁走向司法诉讼化的重要表现之一，其基础是国家民事诉讼中的缺席判决。根据民事诉讼法的缺席判决主义和一方辩论主义理论，如果被告缺席，法院就推定其接受原告主张的事实和诉求，依据现有事实和证据作出缺席判决。在仲裁实践中，一些国家的法律和国际商事仲裁机构依此作出了类似的规定，如《1988年保加利亚国际商事仲裁法》第35条规定，"即使当事人一方或双方不出席开庭，仲裁庭仍应继续进行程序并根据现有证据做出裁决。"《UNCITRAL仲裁规则》第28条规定："①如果原告在没有足够理由的情况下，没有在仲裁庭规定的时间内提交诉求，仲裁庭应发出指令终结仲裁程序。如果一方当事人在没有足够的理由的情况下，没有在仲裁庭规定的时间内提交答辩书，仲裁庭可以决定继续进行仲裁程序；②如果一方当事人接到通知后，在没有足够的理由的情况下缺席听证，仲裁庭可以决定仲裁程序继续进行；③如果一方当事人被适当要求提供证据或在程序中做出进一步行为时，并没有在仲裁庭规定的时间内这样做，仲裁庭可以决定依当前的证据做出裁决。"③美国仲裁协会的1997年国际仲裁规则第23条的规定与上述规定相近，只是没有针对原告没有及时提交诉求的情况作出规定。《CIETAC仲裁规则》第39条规定："（一）申请人无正当理由开庭时不到庭的，或在开庭审理时未经仲裁庭许可中途退庭的，可以视为撤回仲裁申请；被申请人提出反请求的，不影响仲裁庭就反请求进行审理，并做出裁决。（二）被申请人无正当理由开庭时不到庭的，或在开庭审理时未经仲裁庭许可中途退庭的，仲裁庭可以进行缺席审理并做出裁决；被申请人提出反请求的，可以视为撤回反请求。"我国发布的《CIETAC证据指引》第3条规定："被申请人无正当理由在仲裁程序中缺席，并不免除申请人对其事实主张的举证责任，但仲裁庭可依申请人提交的证据以及《证据指引》的其他规则对事实做出认定，并可就被申请人无故缺席的事实得出自己的结论。"ICC仲裁规则和UNCITRAL仲裁示范法也作出了较详细的指导性规定。

---

① LANDES W M, POSNER R A. Adjudication as Private Good [J]. Jurnal of Legal Studies, 1979 (8): 235-246.

② CUNIBERTI G. Rethinking International Commercial Arbitration [M]. London: Edward Elgar Publishing., Inc., 2017: 142.

③ L NORTHCOTE W. Default, Ex Parte and Want of Prosecution Proceedings in International Commercial Arbitration [J]. Advocacates Quarterly, 1992 (14): 319-336.

例如，UNCITRAL 仲裁示范法规定了仲裁庭在当事方对诸多程序没有约定的情况下，享有较大的自由裁量权，如第1（2）条规定了仲裁庭管辖权的一些例外情形，限制了一些权利；第20（1）条规定了仲裁庭有权选择仲裁地点；等等。需要指出，这里的仲裁庭管辖权与传统的仲裁协议自治原则有不同之处：后者的适用范围更宽，如前者允许仲裁员审查自己的管辖，当发现主合同无效时，仲裁员只能拒绝管辖。然而，后者允许仲裁员发现主合同无效后，不必作出仲裁协议无效的结论。换言之，仲裁员维持管辖权但宣布争议的合同无效的权利只能以仲裁协议自治原则为依据。①

九、国际商事仲裁制度的集体仲裁程序

集体仲裁（Class Arbitration）是近年来全球法治化进一步发展的又一创新程序。随着经济的发展，一些经济纠纷越来越复杂，涉及的人员众多。因此，集体仲裁指一名或多名申请人代表其他具有相同利益的人向仲裁庭申请对同一被申请人索赔的请求。通常情况下，申请人会多达几十、数百，甚至上千人。②

一般认为，集体仲裁源于美国民事诉讼实践中的集体诉讼。在美国的集体诉讼中，原告律师只需要获得合格诉讼代表人的授权，就可向法院申请代表其他所有相似处境的原告起诉同一被告，不再需要逐一获得其他各原告的单独授权。一旦获得法院批准，则该诉讼会变成一场大规模的多数原告（原告数量可能从几百、上千到几万甚至上百万）对抗少数被告的诉讼，和解或败诉时被告需要赔偿给所有原告而不仅是诉讼代表人。美国法院在司法实践中，逐渐形成了相应的规制国内集体仲裁的法律框架。随后，越来越多的仲裁机构也开始引入并发展这一制度。

集体仲裁作为仲裁制度中的一项创新程序，是否应该纳入国际商事仲裁，学者和律师对该程序的优劣素有争论。赞成方认为，首先，由于集体仲裁可以将多起仲裁集中解决，其优点是效率高和成本低，很受当事人欢迎。其次，集体仲裁能保证各当事人被平等对待，避免不同仲裁庭对相同事实作出不同裁决的风险。最后，集体仲裁能够促进公正，因为该程序使那些索赔额达不

---

① GAILLARD E, SAVAGE J. International Commercial Arbitration [M]. The Hague：Kluwer Law International, 1999：214.
② BLAVI F, VIAL G. Class Action in International Commercial Arbitration [J]. Fordham International Law Journal, 2016 (39)：791-797.

到相应程序要求的申请人获得仲裁的机会。[1]持反对意见者认为，首先，集体仲裁程序不能保证传统仲裁的非正式、成本低、速度快及保密等优点。其次，集体仲裁程序需要法院更多地介入，改变了传统仲裁的性质。最后，该程序对商业发展不利，因为面临执行方面的不确定性，不能确保众多申请人的合意的有效性。[2]

笔者认为，否认国际商事仲裁制度纳入集体仲裁的观点仅凭感知，漠视客观事实：集体仲裁有利于促进传统仲裁所崇尚的效率、公正、灵活的价值，这是毋庸置疑的。笔者也不否认集体仲裁存在的诸如增加法院的介入及不确定性等方面的不足。但是，权衡利弊后不难发现，国际商事仲裁引入集体仲裁程序的优点远远大于其所带来的风险，因而该程序正在得到越来越多学者和律师的好评。[3]也就是说，只要国家和仲裁机构制定合理的程序规则，集体仲裁程序的风险完全是可控的。

自美国最高法院于 2003 年判决 Green Tree Financial Corp. v. Bazzle 案以来，不少仲裁机构制定了集体仲裁规则，其中的美国仲裁协会（American Arbitration Association，AAA）和美国司法仲裁调解服务股份有限公司（Judicial Arbitration and Mediation Services, Inc., JAMS）最具代表性。[4] AAA 于 2004 年制定了《集体仲裁补充规则》，其中第 4 条规定，如果仲裁员认为仲裁条款允许集体仲裁程序进行……或法院指令一位仲裁员决定是否维持集体仲裁，该仲裁员将决定是否按集体仲裁程序进行……。如此，该仲裁员将确定是一位或多位申请人可以在仲裁中作为代表来代表全体申请人进行仲裁。[5] JAMS 的《集体诉讼程序》也做了类似于 AAA 的规定。[6]一般认为，AAA 与 JAMS 关于

---

[1] NATER-BASS G. Class Action Arbitration: A New Challenge? [J]. ASA BULLETIN, 2009 (27): 671-672.

[2] WAINCYMER J. Procedure and Evidence in International Arbitration [M]. London: Wolters Kluwer, 2012: 583.

[3] STRONG S I. From Class to Collective: The De-Americanization of Class Actions [J]. Arbitration International, 2010 (26): 493-494.

[4] JAMS 是根据沃伦·奈特（Warren Knight）法官的提议，于 1979 年创设的纠纷解决公司。目前，JAMS 公司总部在美国，全球设有 26 个纠纷解决中心（办公室），在册的专业人士一半是退休法官，一半是专职律师，都是当地乃至全美业绩斐然的法律专业人士，并且绝大多数在 JAMS 公司全职从事纠纷解决工作。经过 40 多年的发展，JAMS 逐渐成为全球纠纷解决法律服务的领跑者。

[5] 美国仲裁委员会集体仲裁补充规划。

[6] 2009 年 5 月 1 日美国司法仲裁调解服务有限公司集体诉讼规则。

集体仲裁的规定，只能适用于国内集体仲裁，不能适用于国际仲裁程序。①

此后，越来越多的国家已经或正在制定集体诉讼和集体仲裁的规则，如英国、西班牙、加拿大及哥伦比亚等。多数世界知名的仲裁机构没有对集体仲裁作出明确规定。ICC 及 LCIA 仲裁规则不能作为国际商事仲裁中集体仲裁的有效法律框架，因为这些仲裁规则没有提供调整集体仲裁中主要问题的指导意见。②国际条约也对集体仲裁保持沉默。③

显然，国际商事仲裁制度中缺少相关调整集体仲裁的规则，这严重影响了集体仲裁程序的发展。然而，国际投资仲裁实践中已经认可了集体救济程序，其应用也逐渐广泛。④例如，ICSID 2011 年的一个仲裁案件中，允许超过 19 万名意大利申请人向阿根廷提出索赔。ICSID 裁决解释称："这里出现的集体救济是唯一合同和法律规定的保障申请人实体权利的方式。"⑤本案承认，同意诉诸 ICSID 仲裁的单个索赔人都可以得以认可，与美国集体仲裁中由代表以多人的名义提出索赔的程序不同。⑥

虽然国际商事仲裁制度中纳入集体仲裁程序会存在一定的不确定性，面临诸多挑战，但是随着世界经济的发展和法治化的加速，国际法律共同体（International Legal Community）必然纳入集体仲裁程序。既然人们赞赏国际商事仲裁是一个为解决跨国商事纠纷提供了可预见性和高效率的机制，那么国际法律共同体应该尽快创设具体的集体仲裁规则，以避免不确定性。⑦

十、国际商事仲裁制度的重新仲裁程序

在国际商事仲裁制度逐步趋向司法诉讼化的今天，重新仲裁作为较好彰

---

① NATER-BASS G. Class Action Arbitration: A New Challenge? [J]. ASA BULLETIN, 2009 (27): 671-672.
② NATER-BASS G. Class Action Arbitration: A New Challenge? [J]. ASA BULLETIN, 2009 (27): 671.
③ BLAVI F, VIAL G. Class Action in International Commercial Arbitration [J]. Fordham International Law Journal, 2016 (39): 791-808.
④ STRONG S I. From Class to Collective: The De-Americanization of Class Actions [J]. Arbitration International, 2010 (26): 493-494.
⑤ Abaclat and Others v. Argentine Republic, ICSID Case No. ARB/07/5, Decision on Jurisdiction and Admissibility ¶ 190 [C]. (2011-08-04).
⑥ Abaclat and Others v. Argentine Republic, ICSID Case No. ARB/07/5, Decision on Jurisdiction and Admissibility ¶ 191 [C]. (2011-08-04).
⑦ BLAVI F, VIAL G. Class Action in International Commercial Arbitration [J]. Fordham International Law Journal, 2016 (39): 791-827.

显意思自治原则及维护仲裁管辖权和尽量减少法院干预的一项程序,也得到了较快的发展。一般认为,重新仲裁指法院在受理了当事人提出的撤销仲裁裁决的申请后,认为裁决存在可以由仲裁庭重新仲裁的情形时,通知仲裁庭在一定期限内进行重新仲裁并中止撤销仲裁裁决程序的一种仲裁裁决救济制度。[1]因此,重新仲裁的目的在于对仲裁程序缺陷予以补救,而不是对实体问题进行重新审理。设立重新仲裁制度的宗旨在于赋予仲裁庭纠正裁决瑕疵和错误的机会,保证当事人以仲裁方式解决争议的意愿得以实现,减少时间、人力和财力等资源的浪费,减少仲裁裁决被撤销的可能,从而保证仲裁独立性和公正性地位不受影响。仲裁的独立性决定了仲裁裁决具有与法院判决同等的终局效力和权威性。如果法院在司法审查撤销程序中可以随意撤销仲裁裁决,就会损害仲裁的独立性和权威性,从而使发生争议的当事人不愿选择仲裁解决争议;而仲裁权的公正性又决定了仲裁裁决一旦出现瑕疵后,必须有相应程序对其加以纠正。重新仲裁是以仲裁权独立性为基础,既要尽量避免司法撤销程序随意撤销裁决,又要保证达到裁决公正目标的一种特殊程序。[2]

英国是最早创立重新仲裁制度的国家,早在英国1889年仲裁法中就有关于发回仲裁庭重审的法律规定。1985年的《UNCITRAL仲裁示范法》第16条对重新仲裁做了规定,大大推进了各国国内法及知名国际仲裁机构对重新仲裁的立法工作。英国1996年修改的《仲裁法》第68条和第69条分别规定了两种重新仲裁制度;瑞典1999年《仲裁法》第35条、俄罗斯《仲裁法》第34条、德国新《民事诉讼法》第1059条第4款和第5款、德国1998年《仲裁法》第7章和我国在1994年颁布的《仲裁法》第61条中也引入了重新仲裁制度。

笔者认为,重新仲裁程序既维持了仲裁的独立性,又适当地保留了法院的介入权,较好地取得了仲裁与法院之间的合理平衡。这样,在国际商事仲裁日益走向司法诉讼化的今天,重新仲裁有助于促进国际商事纠纷解决多元化的发展,对建设多元与和谐的世界无疑具有重要的意义。

---

[1] 乔欣. 和谐文化理念视角下的中国仲裁制度研究 [M]. 厦门:厦门大学出版社,2011:356.
[2] 甘翠平. 国际商事仲裁一裁终局性的困境与出路——以重新仲裁为视角 [J]. 兰州学刊,2013(1):188-192.

第四节 国际商事仲裁制度新发展的评析

经济和法律全球化催生了国际商事仲裁制度司法化的快速发展，这成为二战以来国际商事仲裁制度发展的最重要特征之一。仲裁的司法化可以从两个方面来定义：一是传统司法诉讼的体制性特征被引入仲裁；二是法院对仲裁程序的干预快速增多，如司法控制、监督和干涉等。[①]具体而言，国际商事仲裁司法化包含以下四个方面：第一，法院对国际商事仲裁协议的审查；第二，法院对国际商事仲裁的管辖权异议、合并仲裁、仲裁庭组成等程序问题的干预；第三，法院对仲裁调查取证和其他方面的司法协助；第四，法院对国际商事仲裁裁决的监督和协助，可以撤销、承认、执行国家商事仲裁裁决。[②]乍看上去，国际商事仲裁制度司法化作为当代全球法律化的重要标志之一，自然是国际社会发展的必然过程，似乎无可厚非；实际上，当代的国际商事仲裁制度司法化披着公正、自由及平等价值取向的外衣，极具诱惑性。当代国际商事仲裁制度这种司法化一直是西方强国主导和推动的，是西方强国实施全球霸权性治理中的重要组成部分。换言之，当代国际商事仲裁制度司法化是西方英美法和大陆法国家政治、经济制度、传统文化及法律传统的产物，[③]完全漠视其他国家的传统文化和法律传统。众所周知，上述两大法系国家的地理环境及历史发展过程与东方国家完全不同，前者的各国人民之间相互交流较频繁，形成的传统文化及法律传统相对单一，尤其是人们之间的纠纷主要通过对抗式、竞争式的法律或判例来解决，其主要的价值取向是程序公正和平等。这种纠纷解决方式虽然可以解决纠纷，但违反了人性的多样化和社会发展的多元化规律，必然导致诸多社会矛盾，妨碍国际商事合作和互利，不利于构建和谐社会和实质性提高人民的福祉。

特别是，我国对外开放以来，加快了法治现代化的发展进程，同时，法

[①] SATAGOPAN A. Conceptualizing a Framework of Institutionalized Appellate Arbitration in International Commercial Arbitration [J]. Pepperdine Dispute Resolution Law Journal, 2018 (18): 325, 364.

[②] 张启, 洪祥星. 国际商事仲裁司法化的正当性研究 [J]. 湖北工业职业技术学院学报, 2015 (5): 68-69.

[③] NOUSSIA K. Confidentiality in International Commercial Arbitration [M]. Heidelberg: Springer-Verlag, 2010: 217.

学界、媒体和社会的主流观念仍然充斥着司法至上和诉讼崇拜的思潮。[1]由于我国漫长的封建社会奉行闭关自守政策，失去了不少发展的机会，我国当前现代化建设过程中，不少人出于急于求成的心理，崇拜西方国家的法治社会，主张优先建立健全国家的法律体系，不重视我国传统的和谐文化传统，漠视通过多元化方式解决民事纠纷的方式，甚至把非诉讼方式当成法治的对立物，倡导法律至上，大力提倡通过法律和诉讼实现权利，计划以大量增加法院和律师的方式来解决日益增长的纠纷。[2]在社会中，国家正式法律的作用变得越来越重要，人们越来越依赖于法院解决他们之间的纠纷。[3]

可见，无论是从国际还是从国内看，任凭当代西方国家主导的国际商事仲裁制度司法化的发展，必然产生仲裁的过度诉讼化，使仲裁庭越来越像法院，[4]泯灭仲裁的意思自治性、独立性及效率性等诸多优势，使得越来越多的当事人放弃仲裁并转而选择诉讼或者其他替代诉讼和仲裁的争议解决方式，导致仲裁难逃灭亡的命运。[5]

笔者认为，一方面国际商事仲裁制度的司法化是经济及法律全球化的必然产物，[6]但是，任何国际制度的设定和发展必须依靠所有国家的参与，特别是要吸取中国传统文化的精华，不能仅由少数发达国家任意作为；另一方面，人性的多样性和社会发展的多元化，必然要求人们之间纠纷解决方式的多元化，诉讼与仲裁应该是一种相辅相成的良性互动关系，不能任由司法化泯灭国际商事仲裁的本质属性。

一、习近平构建"人类命运共同体"与和谐世界倡议和国际商事仲裁制度的司法化

随着经济全球化的发展，越来越多的发展中国家开始崛起，参与全球治理的意识日益增强，少数西方发达国家主导全球经济和法律的局面正在改变。一方面，他们出于私利，继续主张所谓的民主治理；另一方面，他们继续依

---

[1] 范愉，等. 多元化纠纷解决机制与和谐社会的构建［M］. 北京：经济科学出版社，2011：38.
[2] 张烨. 论防止仲裁的诉讼化［D］. 北京：对外经济贸易大学，2007：63.
[3] 范愉. 非诉讼纠纷解决机制研究［M］. 北京：中国人民大学出版社，2000：618.
[4] SWEET A S, GRISEL F. The Evolution of International Arbitration［M］. London：Oxford University Press，2017：128.
[5] 张烨. 论防止仲裁的诉讼化［D］. 北京：对外经济贸易大学，2007：109.
[6] NOUSSIA K. Confidentiality in International Commercial Arbitration［M］. Heidelberg：Springer-Verlag，2010：217.

仗其政治、经济及法律方面的强势，竭力阻挠发展中国家参与，企图恢复已经逝去的霸主地位。同时，广大发展中国家正在形成合力，在国际社会上的话语权日益增强，有利于促进全球多边主义的发展。这样一来，发达国家与发展中国家之间的相互博弈正进入历史上最激烈的时期，时而风平浪静却暗藏杀机，时而汹涌澎湃却光明隐现。当今世界两大阵营的相互争斗，催生了形形色色的疑难问题，如全球增长动力不足，贫富分化严重，恐怖主义问题、网络安全问题、传染性疾病问题等威胁蔓延，这些自然给各国人民的福祉带来了极大的挑战和威胁。在这样的情势下，如果各国人民继续固守冷战思维和以邻为壑观念，结果必然是人人自危，无人能够独善其身的。

习近平总书记在当今世界发展的紧要关头，准确把握了人类社会发展的历史规律，高瞻远瞩地提出了构建"人类命运共同体"与和谐世界的伟大思想，为促进世界和平与发展、解决人类社会共同面临的问题贡献了中国智慧和中国方案，为各国抓住机遇共同发展，为解决世界向何处去等问题提供了全新选择，符合世界各国人民的共同利益、整体利益和长远利益。构建"人类命运共同体"与和谐世界的伟大倡议，为各国人民的未来发展描绘了一幅美好图景，博得了各国及联合国等国际组织的高度赞赏。该倡议根植于中国博大精深的优秀传统文化中的"和谐"思想，源远流长，灿烂辉煌。其中最主要的思想：一是反对霸权思想、冷战思维及以邻为壑，倡导国家平等，相互合作共赢，共同推动建设持久和平的和谐世界；二是充分尊重世界文化的多样性，以"海纳百川、有容乃大、和而不同、兼容并蓄"的理念加强文明对话，促进文化和谐；三是坚持以对话解决争端、以协商化解分歧，统筹应对传统和非传统安全威胁，反对一切形式的恐怖主义。[①]显而易见，构建"人类命运共同体"与和谐世界是人类社会发展的必由之路，其核心必然是建设和谐社会，各国人民通过自己认为正确的方式在永久和平下发展经济，选择

---

① 冯颜利，唐庆．习近平人类命运共同体思想的深刻内涵与时代价值［EB/OL］．人民网，2017-12-12．

多元化的纠纷解决方法，公正分配权利、义务和利益。①

  法治的理想应是建立一个和谐的社会，同时，"和谐"本身又是对法治秩序的一种质的规定和描述。第一，和谐意味着公平与正义，法治秩序应该是以内部的和谐为基础，而不是建立在强权与压制之上的。第二，和谐意味着有序与高效，维系社会和谐主要应依赖于社会主体的共识与向心力，而不是单纯依靠成本极高的外力、强制力和技术手段。第三，和谐意味着共存与发展，法治社会的和谐应当是充满活力的，允许差异和多样性的存在，而不会扼杀发展的契机和个性的自由。尊重少数人及弱势群体的利益和特殊需求，提倡宽容和共荣。第四，和谐意味着协调的能力，法治社会应能有效解决其内部发生的纠纷、矛盾和冲突，使其不致演化成大规模的动乱、不致频繁激化，不会危及秩序本身。总之，社会能通过纠纷解决回归和谐。②

  人类是利益的动物。和谐社会的建设是一个漫长的动态过程，必然存在着各种各样的纠纷，需要采用适当的纠纷解决机制。并非一切纠纷都能通过诉讼来解决。法律是社会控制的产物，也是社会控制的重要力量，但绝非唯一力量。任何有组织的社会，如果仅仅依凭法律这一社会控制力量显然是不够的。③虽然诉讼是重要的纠纷解决方式，但这种方法的缺陷不言而喻：当事人不仅要耗费大量精力和金钱，冒很大风险，而且诉讼结果也是无法控制的，

---

① 一般地说，民主是法治产生的前提和源泉。然而，世界上并不存在绝对的事物，凡是发展都有一个适当的度，也就是说，事物之间应该是和谐相处的，民主与法治也应与其他价值取向相一致。西方强国主张多年的民主和法律制度经过多年的艰难前行，正在走向极端，进入了历史的衰退期。美国著名学者亨廷顿（P. HUNTINGTON S）教授曾一针见血地指出，"欧洲民主文化已结束，美国霸权正在衰落中……。中国儒家文化开始复兴。中国将恢复地区霸权地位。"（P. HUNTINGTON S. Clash of Civilizations and the Remaking of World Order [M]. New York：Simon & Schuster, 1997：85-106.）相关的实践更把西方民主的劣根性暴露无遗：一向自命为世界民主典范的美国政府，在抵抗新冠病毒疫情中，全然不顾数百万美国人民的患病和十几万人的死活，始终沉醉于党派无休止的钩心斗角之中，没有丝毫的责任担当，成为当今世界中对西方民主法治制度的最大讽刺。特别是，在俄乌军事冲突中，美国肆意挑拨北约国家对俄罗斯为自己国家的正当行为强加了数千条制裁，还肆无忌惮地输送了大量武器，其兜售的民主的虚伪性和侵略本性暴露无遗。

② 范愉，等. 多元化纠纷解决机制与和谐社会的构建 [M]. 北京：经济科学出版社，2011：55.

③ 博登海默. 法理学：法律哲学与法律方法 [M]. 邓正来，译. 北京：中国政法大学出版社，1998：357.

甚至与预期目标相距甚远。因此，诉讼绝不是唯一的、万能的纠纷解决方法。[①]范愉教授深刻地指出，"国家权力以法律为名的无限扩展和对社会生活的高度介入，有可能进一步摧毁社会共同体和自治，甚至损毁其他社会机制的正常功能……。和谐的真正难题在于如何协调国家'法律'、个人与社会共同体之间的关系，在法治的前提下给道德以生存空间，并促进社会自治的发展。"[②]

诉讼外纠纷解决方法也多种多样，其中国际商事仲裁制度的优势最为明显，尤其是其和谐价值本位一直颇受当事人欢迎。从仲裁的历史进程、仲裁法治建设历程、仲裁的性质、仲裁的理念以及仲裁优势功能等来看，仲裁法律制度具有与生俱来的和谐性。[③]

可见，基于上述优势，国际商事仲裁制度有效弥补了司法诉讼解决纠纷的缺陷，较好地适应了构建"人类命运共同体"与和谐世界的需要，自然会成为经济及法律全球化下各国建设和谐社会、促进福祉的主要纠纷解决方式，具有美好的发展前景。

二、国际商事仲裁与诉讼的合理互动关系

随着全球法治的发展，仲裁作为历史悠久的民事纠纷解决方式难免存在这样或那样的缺陷，法院对仲裁的程序进行适当干预，以促进仲裁的法治化，自然是理所应当的。[④]然而，由于仲裁远比诉讼更能适应当前经济与法律全球化的需要，能够在解决国际商事仲裁当事人纠纷中发挥特有的作用，自然具有比诉讼更广阔的前景。"无论审判能够怎样完美地实现正义，如果付出的代价过于高昂，则人们往往只能放弃通过审判实现正义的希望，或许也能说正义的实现是国家或社会的使命，所以无论如何花钱也必然在所不惜，但是作为实际问题，实在是花费高昂的审判，与其他有紧迫性和优先性的任务相比

---

① 乔欣. 和谐文化理念视角下的中国仲裁制度研究［M］. 厦门：厦门大学出版社，2011：20.
② 范愉，等. 多元化纠纷解决机制与和谐社会的构建［M］. 北京：经济科学出版社，2011：58.
③ 乔欣. 和谐文化理念视角下的中国仲裁制度研究［M］. 厦门：厦门大学出版社，2011：30.
④ SWEET A S, GRISEL F. The Evolution of International Arbitration［M］. London：Oxford University Press，2017：251.

较，结果仍然是不能允许的。"①可见，这就不意味着诉讼可以替代仲裁，相反，仲裁应该在法治化中得到再生和新的发展，在全球事务治理中发挥越来越大的作用。换言之，仲裁和诉讼必须在全球多样化下和谐社会建设中合理、适当地互动发展，共同为构建"人类命运共同体"与和谐世界作出各自的贡献。在仲裁与诉讼中寻求适当、合理的平衡点，才是唯一正确的路径。②在国际商事仲裁未来的发展中，文化与法律传统需要共存融合，和谐相处，不能像以前那样相互冲突和缺乏信任。③

遗憾的是，国际国内学者、律师等至今尚未对以什么样的标准或如何寻求仲裁与诉讼之间适当、合理的平衡问题取得共识。多数学者、律师主张仲裁的优势和地位必须予以维护，同时，仲裁存在的固有不足也应在法治化中予以克服和完善。④笔者认为，国际商事仲裁与诉讼的根本性差异是两者在诸多价值位阶上的不同：前者注重和谐和效益，后者则更偏重公正和程序。可见，两者合理互动关系的焦点是正确把握住两者在价值取向方面的平衡点，即"人类命运共同体"与和谐世界建设下的和谐、效益、公正及平等和诉讼下的公正、平等及效益等的平衡。

这样一来，笔者主张现代国际商事仲裁中的价值取向应引入和谐价值，并将其置于首要的地位，随后是效益、公正等，其中最重要的莫过于合理、平衡、和谐与公正以及效益与公正之间的关系。笔者主张和谐进入国际商事仲裁并居首位的主要理由是：和谐是当今世界正常发展的前提和关键。和谐生活既是人与人之间、人与自然之间、人与社会之间的全面和谐，也是社会理想、治国方略，还是一种社会运行机制、社会治理系统。⑤众所周知，当今世界虽然进入了和平发展时期，但是各国之间利益关系错综复杂，暗流涌动，

---

① 棚濑孝雄. 纠纷的解决与审判制度 [M]. 王亚新, 译. 北京：中国政法大学出版社, 1994：266.
② NOUSSIA K. Confidentiality in International Commercial Arbitration [M]. Heidelberg, Springer-Verlag, 2010：182.
MANCE L. Lecture on Confidentiality of Arbitration in: Proceedings of the 2nd Conference on Dispute Resolution [G]. New Delhi: Springer 2003：76.
③ NARIMAN F. East Meets West: Tradition, Globalization and the Future of Arbitration [J]. Arbitration International, 2004, 20 (2)：123-138.
④ MANCE L. Lecture on Confidentiality of Arbitration in: Proceedings of the 2nd Conference on Dispute Resolution [G]. New Delhi: Springer 2003, 71.
⑤ 乔欣. 和谐文化理念视角下的中国仲裁制度研究 [M]. 厦门：厦门大学出版社, 2011：6.

风险与威胁无处不在，一旦失控，必然冲突再起，各国人民势必陷入水深火热之中。可见，与国内相比，当今世界比任何时候都更加需要和谐。国际商事仲裁制度作为世界经济纠纷的主要解决方式，必须把建设和谐世界作为首要的任务。也就是说，国际和国内各仲裁机构在处理和谐与其他价值取向的关系时，必须把和谐置于首位。

　　国际商事仲裁中效益价值居于公正之前的主要理由是：马克思曾深刻揭示了法与经济的内在联系，指出法的性质、内容和发展归根到底都是由它赖以存在的经济基础决定的，同时法又对其经济基础有积极的反作用。从国际商事仲裁制度的发展历史看，该制度的诞生和发展主要是国际商事交易商务发展的结果，尽管国际商事仲裁当事人诉诸仲裁来解决商事纠纷的目的可能因人而异，甚至相差迥异，但是总的来说，多数当事人的主要目的是经济利益的分配和平衡问题，沉湎于"不蒸馒头蒸（争）口气的"程序正义次之。这也是国际商事仲裁制度在价值取向方面，区别于诉讼最重要的一点。也就是说，只要国际商事仲裁的当事人之间的纠纷解决取得了基本的公正，就应该把经济效益置于比公正更重要的地位。例如，国际国内各仲裁机构在处理公正框架下的透明度与保密、临时仲裁、重新仲裁及上诉等问题时，应充分借鉴国际商事仲裁中的调解等方法的优势，公正分配经济利益，尽力促使当事人之间和谐解决纠纷，为未来的进一步合作打下基础。

　　总之，国际商事仲裁制度的最新发展表明，国际国内学者、律师等已经取得了共识：仲裁与诉讼作为两种不同的纠纷解决方式，由于各自的价值取向不同，在适用的领域、理念及程序诸方面各有所长，两者之间必然是相互弥补的良性互动关系。遗憾的是，国际国内学者、律师等在以什么标准及如何合理平衡两者的互动关系方面争论不休，始终未能取得共识，主要是因为各自的研究仅仅是就事论事，没有从人类社会发展的战略视角展开研究。笔者首次将人类社会发展的走向作为研究的背景，站在习近平总书记构建"人类命运共同体"与和谐世界的高度来俯瞰国际商事仲裁的纠纷解决问题，提出了这样的观点：国际商事仲裁与诉讼的互动关系必须与构建和谐世界理念融成一体，进而结合各国商事交易及纠纷的实际情景，即两者合理互动关系的焦点是正确把握住两者在价值取向方面的平衡点，将和谐、效益置于最重要的位置，兼顾公正、平等等价值，旨在为构建人类和谐社会、切实提高各国人民的福祉作出应有的贡献。

小　结

　　当今世界国际商事仲裁制度作为西方法律制度及文化传统的产物,其司法化正愈演愈烈,致使国际商事仲裁的价值取向之间的关系混乱,也催生了诸多一定程度上能够促进国际商事仲裁制度的公正价值的新程序。在国际商事仲裁的价值取向方面,笔者首次从构建"人类命运共同体"与和谐世界的高度,提出了应将和谐设定为仲裁的核心价值的观点。也就是说,应准确把握仲裁制度中和谐与其他价值取向之间的主次关系,促使国际商事仲裁制度为和谐世界建设作出应有的贡献。这是当今世界发展大势的必然要求。在国际商事仲裁的创新程序方面,考虑到中日韩三国共同信仰中国传统文化中的和谐理念,应该坚持兼收并蓄的原则：对于那些能够促进公正等价值,同时也有助于维持和谐价值取向的程序,如仲裁保密制度、临时仲裁、友好仲裁、快速仲裁及集体仲裁等,应纳入中日韩自贸区仲裁制度之中。同时,对于那些完全搬抄民事诉讼程序,旨在提高判决的公正性,不利于促进国际商事仲裁制度的和谐价值取向的程序,如上诉程序、重新仲裁等,中日韩自贸区仲裁制度则不宜采纳。

第二篇 02
当今世界上主要自由贸易区非诉讼制度

第四章

WTO 争端解决机制

WTO 作为当今世界最重要的多边贸易及法律组织，其争端解决机制对区域经济一体化组织必然产生重要的影响。WTO 理论框架三大奠基者之一的厄尼斯特-乌莱切·皮特斯曼（Ernst-Ulrich Petersmann）教授指出，"尽管人们对多哈回合涉及的诸多问题难以达成共识，但 WTO 体制是人类历史上最成功的多边贸易制度，调整着世界贸易交易量中的 90%以上。"[1]由于当今世界多数国家是 WTO 成员，成员之间建立的双边和多边自由贸易区自然基于 WTO 的相关规则来签订和运行，设定的争端解决机制也参照 WTO 争端解决机制来设计和运作。WTO 前任总干事雷纳托·鲁杰罗（Renato Ruggiero）认为，如果不提及争端解决机制，任何对 WTO 成就的评价都是不完整的。从许多方面讲，争端解决机制是多边贸易体制的主要支柱，是 WTO 对全球经济稳定作出的最独特的贡献。[2]

第一节 WTO 争端解决机制的主要价值取向

与其他国际组织的价值相比，WTO 争端解决机制也追求着自由、公平、效率等价值。同时，相比而言，WTO 争端解决机制在平衡诸多价值之间关系时，更注重效率和公平价值。

一、WTO 争端解决机制的效率价值

WTO 成员众多，各成员之间在政治、经济及法律等方面差异较大，制定一个高效率的争端解决机制，必然成为 WTO 作为当今世界最重要的国际经济

---

[1] PETERSMANN E U, CETA, TTIP, TiSA. New Trends in International Economic Law in Mega-Regional Trade Agreements: CETA, TTIP, and TiSA [G]. Edited by Stefan Griller, Walter Obwexer and Erich Vranes, Oxford: Oxford University Press, 2017: 20.
[2] 范愉. 自贸区建设与纠纷解决机制的创新 [J]. 法治研究, 2017, 109 (1): 82-88.

法律组织成败的关键之一。因此，WTO 争端解决机制的效率价值具有特别重要的意义。

WTO 争端解决机制的效率价值主要体现在：第一，WTO《谅解书》第 3 条第 3 款和第 7 款明示规定争端的解决要"迅速"和"有效"。为此，《谅解书》规定了详细的具体程序和规则。第二，《谅解书》规定了一套严格的时间表：协商、调解等的最大期限是 60 天；如果协商不成，投诉方可以要求成立专家组，而成立专家组并任命其成员的期限是 45 天；如果没有上诉程序的话，争端解决机构通过报告的期限是 60 天；如果上诉的话，一般的期限是 60 天，特殊情况下可以延长，但是最长不超过 90 天。第三，WTO 争端解决机构（DSB）采用的"反向一致"决策方式"是对过去关贸总协定争端解决活动中因协商一致决策常常出现败诉方阻挠而无决而终的制度性痼疾的一种治疗"。[①] 该决策方式是 WTO 争端解决机制的创新程序，自然会大大提高 WTO 争端解决机制的效率。第四，为了适当简化 WTO 错综复杂的争端，让专家组成员集中精力审理最重要的问题，既能节约司法资源，又能保证 WTO 争端解决的高效率，WTO 争端解决机制创立了"司法经济原则"，这对提高 WTO 争端解决效率具有重要的意义。[②]

二、WTO 争端解决机制的公平价值

公平也是 WTO 争端解决机制着力追求的价值。首先，WTO 争端解决机制在程序公正方面，作出了最大努力。例如，WTO 争端解决机制包括磋商、调解、专家小组裁决、上诉、执行等环节，其以裁决为核心的程序显示出鲜明的准司法特征，标志着 WTO 处理国际贸易争端从"外交取向"向"规则取向"的转化。[③] 其次，WTO 争端解决机制在继承了国际商事仲裁的基本程序的基础之上，创新性地吸收了国内民事争端解决程序中的上诉程序，成为 WTO 争端解决机制的主要特色之一。最后，WTO 争端解决机制还设计了以贸易报复为特色的强制性的补救措施，增强 WTO 法的司法性。一般认为，WTO 的争端解决机制采取强制管辖权、禁止单边行动、专家组自动成立、依规则审

---

① 余敏友，左海聪，黄志雄. WTO 争端解决机制概论 [M]. 上海：上海人民出版社，2001：82.

② 吴蕾. WTO 争端解决机制之价值取向 [J]. 盐城工学院学报（社会科学版），2005，18（2）：23-25.

③ 李小年. WTO 法律规则与争端解决机制 [M]. 上海：上海财经大学出版社，2000：124.

案、不受任何政治势力干预、报告自动通过、对执行建议与裁决有较完善的监督和管理机制、贸易报复自动授权等，这些特点是确保这一机制行之有效的关键，进而能更好地维护多边贸易体制，是对国际公法的重要发展与贡献。换言之，拒不履行的成员方可能受到报复。在此意义上，WTO的成立从实质上改变了国际规范"无牙老虎"的弱势，成为全球化环境下国际规范的重要特征。①

需要特别强调的是，WTO争端解决机制在实质正义方面迈出了可喜的一步，专为发展中国家设置了特殊与差别待遇（SDT）制度，完善了国际商事争端解决机制的法理框架和程序。SDT制度较好地彰显了实质正义的本质，具有重要的法理基础。著名的美国诺贝尔经济学奖获得者约瑟夫·E. 斯得格利茨（Joseph E. Stiglitz）教授指出，"如果WTO体系维持思想上的自由贸易，漠视同发展中国家成员的平衡的需要，将会给发展中国家成员带来巨大伤害。"②美国波士顿大学法学教授弗兰克杰·加西亚（Frank J. Garcia）就尖锐地指出，"只要发达国家与发展中国家之间在能力上存在差异，不完全市场现象存在，自由贸易就永远不会公平。""平等只能适用于平等者之间。贸易自由必须关注发展中国家的利益和正当要求。"③

遗憾的是，WTO规则存在诸多漏洞和含义模糊之处，如专为发展中国家提供的SDT形同虚设，许多规则没有法律拘束力，不能为发达国家设定法律义务。④有西方学者曾一针见血地指出，"WTO体系的构建将发展中国家成员置于受人摆布的困境，因为无力参与WTO表决的发展中国家成员难以维持自己国家的地位，致使自己的国家成为WTO的局外人。"⑤ SDT制度具有足够的合理性，但并未发挥应有的、帮助发展中国家的作用。在自由主义赞歌无

---

① 王贵国. 经济全球化与全球法治化 [J]. 中国法学, 2008（1）: 12-23.
② STIGLITZ J E. Globalism's Discountents [J]. The American Prospect, 2002, 13（1）: 1-14.
③ GARCIA F J. Beyond Special and Differential Treatment [J]. Boston College International & Comparative Law Review, 2004（27）: 291-300.
④ 李广辉, 张晓明. 国际商事仲裁与WTO仲裁之比较 [J]. 汕头大学学报（人文社会科学版）, 2009, 25（2）: 60-64, 76.
⑤ GARICIA F J. Beyond Special and Differential Treatment [J]. Boston College International & Comparative Law Review, 2004（27）: 291-298.
  MCCANN D. Small States in Globalizing Markets: The End of National Economic Sovereignty? [J]. New York University Journal of International Law & Politics, 2001（34）: 281-290.

处不在的当今世界，WTO多边贸易体系中SDT的重要性正在被削弱。[1] WTO争端解决机制也存在发达国家主导、程序复杂等问题，如美国出于私利和霸权思维，利用"协商一致原则"致使WTO上诉机构长期停摆，以达到继续控制WTO运行的目的。WTO规则及其争端解决机制存在的这些缺陷，已经成为WTO多年来举步维艰的主要原因。

第二节 WTO争端解决机制的主要程序

相比而言，WTO争端解决机制是当今国际社会最完整的国际商事争端解决机制，主要由磋商、专家组、上诉、执行及报复等程序构成。

一、磋商

《谅解书》规定，当一成员认为另一成员违反或不符合WTO规则，从而使自己遭受损害时，可要求对方进行磋商，同时应通知DSB和有关理事会或委员会。被要求磋商的成员应在接到磋商请求之日后的10天内作出答复，并应在接到请求之日后不超过30天的时间内进行磋商。磋商应在被要求方接到磋商请求之日后60天内完成。《谅解书》规定60天的期限是希望争端各方在此期限内能够通过外交磋商的友好方式解决争端。如果该成员方在接到请求之日后10日内没有答复，或在接到请求之日后30天内没有进行磋商，或在接到磋商请求35天后双方均认为达不成磋商一致，或者在接到磋商请求之日后60天内未达成磋商一致，投诉方可以向DSB提出申请成立专家组。一般来说，《谅解书》下的正式磋商是WTO争端解决程序中的首要强制性程序。"其目的在于使争端当事方能够收集到相关的、准确的信息，以便他们达成双方同意的解决办法，或在不能达成此类解决办法的情况下帮助他们向其后的专家组提供可信信息。"[2]

显然，《谅解书》下的磋商并不同于传统国际法中的谈判或磋商，具有程

---

[1] JAYAGOVIND A. Special and Differential Treatment in International Trade: A Developing Country Perspective [J]. National Law School of India Review, 2008 (20): 95 - 106; KISHORE P. Special and Differential Treatment in the Multilateral Trading System [J]. Chinese Journal of International Law, 2014 (13): 363-391.

[2] Korea, Republic of —Taxes and Alcoholic Beverages [C]. WT/DS75/R, WT/DS84/R, 1998-09-17, para 10. 23.

序性和强制性的特征。WTO 争端解决机制中的磋商是争端发生后启动专家组程序的闸门，与 WTO 争端解决机制的自愿性斡旋、调解和调停方式相区别。同时，WTO 磋商还具有较成熟的程序规则并具有鲜明的双边性、保密性等特征。实践证明，这些特色也保证和促进了 WTO 成员使用 WTO 磋商机制解决争端的有效性。许多 WTO 争端在经过当事方磋商后达成了"双方同意的解决办法"解决了争端，还有一些争端经过当事方磋商后，通过申诉方最终撤回申诉的方式得到解决或终止。[①]

二、专家组

《谅解书》下的专家组类似于国内司法制度中的一审法院，是 WTO 争端解决法律程序的第一个阶段。依据《谅解书》的规定，在争端当事方通过磋商不能解决争端后，任何一方可以要求成立专家组。DSB 接到申请后，通常在第一次会议上决定是否成立专家组。专家组在第二次会议上成立后，确定专家组的人员构成、工作范围及时间表等。专家组应该在 6 个月内审理案件，作出裁决和报告，可以延长但不能超过 9 个月。专家组提出的报告的大纲会散发给争议各方，争议各方可以进一步提出自己的观点和论据。专家组的报告会在 DSB 会议上审议，通过方式采取"反向一致"原则。因此，一般情况下，所有的专家组报告都会得以通过。

三、上诉

争议一方正式向 DSB 递交了上诉的通知，争端解决进入上诉程序，上诉机构（AB）将对上诉案件进行审理。依据《谅解书》的规定，上诉机构仅仅对专家组报告所涉及的法律问题及专家组的法律解释进行复审。上诉机构应在 60 天内完成上诉事宜，并作出报告，由 DSB 通过。

四、执行

专家组或上诉机构的报告在 DSB 通过后，当事各方应予执行。如果当事方不能执行报告，可以要求在一段合理期限内执行。如果在合理期限内被诉方不能执行，申诉方可以与被诉方展开谈判，以取得双方都能接受的补偿办法。如果争议各方在 20 天内不能达成一致，申诉方可请求 DSB 授权对被诉方

[①] 任媛媛. WTO 争端解决机制中的仲裁制度研究 [D]. 上海：复旦大学，2012：8.

进行报复或交叉报复。

五、报复

依据《谅解书》的规定，报复指申诉方对被诉方中止依照所适用协议应承担的减让或其他义务，如取消最惠国待遇，恢复到原来的关税水平等。同时，申诉方的报复不是任意的，报复应限于被诉方违反相关协议行为使申诉方的利益丧失或损害的程度。交叉报复则指申诉方仅仅报复一个行业不能弥补已经遭受的损害时，可以在其他部门进行交叉报复。显然，《谅解书》下的救济措施不包括主权国家国内民事争端解决中的金钱赔偿，也就是说，报复的宗旨是迫使被诉方改正其违反相关协议的做法，而不是提供金钱赔偿，不具有处罚性。

第三节 WTO 争端解决机制中的仲裁制度

一、WTO 争端解决机制中仲裁制度的发展简介

国际仲裁作为一种传统解决国际争端的法律方法，具有悠久的历史。在 WTO 争端解决机制发展中，仲裁经历了一个短暂的过程。《关税及贸易总协定》（GATT）1947 第 22 条及第 23 条分别设置了"磋商"和"利益的丧失或减损"，是"缔约方全体程序"的争端解决方式，但其中并没有明文规定"仲裁"这种争端解决方法，更没有仲裁程序规则。直到 1986—1994 的乌拉圭回合中，美国、欧共体等才开始建议在 GATT 争端解决中纳入和增设仲裁，作为一种正式的 GATT 争端解决方式。1989 年 4 月 GATT 缔约方全体通过了对 GATT 争端解决规则的再次补充修订，即《关于改善 GATT 争端解决规则程序的决定》，其中的 E 节明确规定了相应的仲裁程序。随后，越来越多的缔约方开始通过仲裁来解决 WTO 争端。

《建立世界贸易组织协定》附件二在 1994 年 4 月的马拉喀什会议上获得通过，再次肯定和明确了仲裁是 WTO 争端解决的正式程序和争端解决方法。WTO 争端解决仲裁程序主要由三部分构成：《谅解书》第 25 条规定的作为争端解决一般途径的独立仲裁；《谅解书》第 21 条和第 22 条所确定的，处理争端解决机制的裁决和建议执行过程中出现的某些特定争端的辅助仲裁；《谅解书》附件2列明的各涵盖协定中规定的解决争端特殊或附加规则中蕴含的特殊仲裁,具体包括《补贴与反补贴措施协定》第4条、第7条和第8条,以及《服务贸易总协定》第22条中的相关内容。

由于WTO争端解决机制中的仲裁是WTO法的一部分,与国际商事仲裁相比,自然存在诸多不同:首先,两种仲裁的主体不同。国际商事仲裁的主体包括国家机关、自然人和法人,而WTO争端解决机制中仲裁的主体仅限于WTO成员,即国家和独立关税区。其次,两种仲裁的仲裁员和适用法律不同。国际商事仲裁的仲裁员可以是有法律行为能力的任何人,而WTO争端解决机制中的仲裁员只能是专家组成员。再次,国际商事仲裁的裁决指因任何自然人、法人和国家机关之间的争端而引起的仲裁裁决,法院有权对仲裁裁决进行程度不同的监督,而WTO争端解决机制中的裁决一经作出,其效力是不容置疑的,不存在司法监督问题。最后,《谅解书》第21条规定了发展中国家作为争端方有权享有某些特殊待遇,而国际商事仲裁奉行的是当事人平等原则,不存在为发展中国家提供特殊待遇问题。[①]

二、WTO争端解决机制中的仲裁制度的主要程序

依据《谅解书》第25条的规定,WTO争端解决机制中的仲裁制度主要包括:仲裁的性质、仲裁协议、可仲裁性、仲裁庭组成、管辖权及审理范围、裁决的效力和执行等。

(一) *WTO争端解决机制中仲裁的性质*

国际商事仲裁的实践表明,一般情况下,条约中的仲裁条款具有强制性。然而,依据《谅解书》第25条的规定,WTO争端解决机制中的仲裁只是一种可选择手段,并不具有强制性。此外,依据《谅解书》第25条第2款的规定,WTO中诉诸仲裁还必须经争端各方的共同同意,双方应议定将遵循的程序。总之,《谅解书》第25条规定的仲裁具有非强制性、临时性和当事国意思自治等特点,这种仲裁模式虽保持了充分的灵活性,但也为仲裁的实际运用留下了各种"逃逸"和"规避"的路径,特别是对于那些不愿意诉诸仲裁的WTO争端方而言。[②]

(二) *WTO争端解决机制中的仲裁协议*

依据《谅解书》第25条的规定,启动仲裁程序必须依赖于双方当事国的

---

① 李广辉,张晓明. 国际商事仲裁与WTO仲裁之比较 [J]. 汕头大学学报(人文社会科学版), 2009, 25 (2) 60-64, 76.

② 任媛媛. WTO争端解决机制中的仲裁制度研究 [D]. 上海:复旦大学,2012:35.

共同同意,即双方必须另行签订临时仲裁协议。该协议必须具有三大因素:表明双方已同意将争端提交仲裁的意愿,载明双方已明确了解仲裁事项,以及具有仲裁所遵循的程序规则。

(三) WTO 争端解决机制中的可仲裁性

国际商事仲裁的实践表明,由于国际商事争端往往涉及诸多问题,究竟什么类型的争端可以诉诸仲裁来解决,就成为国际商事仲裁的重要问题之一。在 WTO 语境之下,"可仲裁性"也是许多成员国激烈争论的问题之一。遗憾的是,《谅解书》第 25 条第 1 款只规定了"WTO 中的迅速仲裁作为争端解决的一个替代手段,能够便利解决涉及有关双方明确界定问题的争端",并没有作出明确、具体的规定。

(四) WTO 争端解决机制中的仲裁庭组成

按照国际商事仲裁的惯例,组成仲裁庭的仲裁人应由争端双方来选任,仲裁人的资格及民事责任则由法律或所选仲裁组织的规则来规定。遗憾的是,《谅解书》第 25 条也没有对仲裁人的选任作出明确、具体的规定。在 WTO 争端解决实践中,具体仲裁人的选任及仲裁庭组成由争端当事双方协商确定。

(五) WTO 争端解决机制中的仲裁庭的管辖权及审理范围

随着国际商事仲裁制度的快速发展,仲裁庭具有自身管辖权的权限已经成为很多国际公约和仲裁规则承认的原则。[①]换言之,仲裁庭有权调查和决定自身的管辖权。虽然《谅解书》第 25 条并未对此作出明确、具体的规定,但根据 WTO 审理的"'美国—版权法第 110(5)节'仲裁案"的肯定和论证,《谅解书》第 25 条下的 WTO 临时仲裁庭同样具有自裁管辖权。[②]

临时仲裁庭的审理范围一般指争端双方明确界定的、他们想要通过仲裁作出裁决的争议问题和事项。虽然《谅解书》第 25 条没有对此作出具体规定,但《谅解书》规定了申诉方要求设立专家组的请求是专家组基础性的管辖权文件,特别是第 6 条第 2 款规定了申诉方要求成立专家组的请求应当确认争议措施并提供一份足以明确陈述问题的起诉的法律根据概要。第 7 条第 1 款进一步详细规定了"专家组应处理争端各方引用的任何适用协定的有关规定"。可见,《谅解书》对仲裁庭的审理范围的规定,存在诸多漏洞。

---

① 陈安. 国际投资争端仲裁——"解决投资争端国际中心"机制研究 [M]. 上海:复旦大学出版社,2001:123.

② Award of Arbitrators , United States-Section 110 (5) of the US Copyright Act-Recourse to Arbitration under Article 25 of the DSU, WT/DS106/ARB25/1 [C]. 9 November 2001, para. 2.1.

(六) WTO 争端解决机制中的仲裁裁决的效力与执行

《谅解书》第 25 条并没有对仲裁裁决的效力作出直接的规定,虽然不少学者持有不同意见,但依据第 25 条第 3 款的规定,应该理解为默认了仲裁的裁决对争端当事方具有终局效力。[①]

在 WTO 临时仲裁裁决的执行方面,《谅解书》也没有作出明确、具体的规定,只是规定了借助第 21 条(对执行建议和裁决的监督)和第 22 条(补偿和中止减让)修改后的机制。遗憾的是,《谅解书》第 25 条第 4 款并没有进一步规定和解释针对仲裁裁决的执行应如何"在细节上做必要修改",这给 WTO 临时仲裁裁决的执行带来了诸多不确定性。

此外,《谅解书》对临时仲裁中适用的法律、法律解释、第三方问题、举证责任及证据规则等问题,也没有作出明确、具体的规定,WTO 审理的案例中也少有涉及,只能依照 WTO 协定涉及的相关协定及国际惯例来确定。

综上,仲裁作为一种重要的国际商事争端解决方式,在 WTO 争端解决实践中并没有发挥重要的作用。其中主要的原因是,第一,仲裁仅为 WTO 争端解决的一种替代手段,并无强制性,一定程度上阻碍了仲裁的正常运行;第二,诉诸仲裁必须取得争端各方的一致同意,并缔结有效的仲裁协议,这给不愿意诉诸仲裁的当事方提供了借口;第三,与具有准司法性的专家组及上诉程序相比,《谅解书》对仲裁的规定相当简单,存在诸多漏洞,缺乏明确具体的可操作性。也就是说,《谅解书》关于仲裁的相关规定,并没有彰显国际商事仲裁的诸多优势,因而导致仲裁很难成为一种可以替代专家组的争端解决方式。上述诸多缺陷导致 WTO 争端解决实践中,诉诸仲裁的案件并不多。因此,在当前 WTO 的改革中,在《谅解书》中增添有关仲裁庭组成、仲裁员名单的确定、第三方介入、DSB 对仲裁的监督、仲裁裁决的效力及执行等明确、具体的规定,已经成为当务之急。

第四节　WTO 争端解决机制对中日韩自贸区非诉讼制度的主要启示

在人类历史发展进程中,特别是主权国家诞生以来,国际争端自然不可

---

① 《谅解书》第 25 条第 3 款规定,"仲裁当事方应(shall)同意遵守仲裁裁决。仲裁庭应当通知任何有关适用协定的理事会或委员会。"

避免。一般来说，和平解决国际争端的方法包括政治方法和法律方法。政治方法指协商、斡旋、调停、咨询和调解等，也被总称为"外交方法"；法律方法包括仲裁和司法解决两种方式。当前的 WTO 争端解决机制创新性地综合了国际争端的政治和法律方法，为促进 WTO 的正常发展提供了保障。WTO 作为当今国际社会第一个"长着利牙老虎"的组织，虽然从法治视角看，其争端解决机制存在诸多缺陷和不足，但对全球法治化的发展仍起着极其重要的作用，也为中日韩自贸区非诉讼制度的构建提供了诸多教训与启示。

一、WTO 争端解决机制价值取向方面的新发展

如前所述，当今世界正面临着诸多问题，但随着越来越多发展中国家的崛起，发达国家正日薄西山，世界和平毫无疑问是全球发展的大势，各国相互合作、共享繁荣，正走向"人类命运共同体"与和谐世界。虽然 WTO 争端解决机制是发达国家政治、经济、法律及文化的产物，但在世界和平大势之下，也在一定程度上作出了适当的创新。例如，在价值取向方面，WTO 争端解决机制彰显了一些创新：一是开始注重和谐价值，如规定磋商是一个强制性的程序，还设置了不具有强制性的斡旋、调解和调停程序，这无疑有利于保证争端双方在和平、友好的氛围下作出适当让步，取得双方都满意的结果，从而保证双方的长远合作和利益最大化。二是争端解决的效率有所提高，如制定了多方面的时间表，防止当事人或 DSB 无故拖沓。三是更重视公平价值，如《谅解书》创新性设置了上诉程序，有助于提高专家组裁决的公正性。特别是，《谅解书》专为发展中国家成员规定了 SDT，在实质公平方面做了尝试。同时，在执行 DSB 裁决方面，《谅解书》规定了报复和交叉报复措施，一定程度上提高了发展中国家的报复能力。

二、WTO 争端解决机制的创新程序

WTO 争端解决机制作为当今世界第一个具有较强司法性的国际商事争端解决机制，在完善了其价值取向的前提下，也创新性地制定了一系列程序，既适当吸收了传统的争端解决的外交方法，又较好地使 WTO 争端解决机制向法治化和"规则向型"转变。特别是，由于 WTO 缺少主权国家所拥有的强制执行法院裁决的机构和能力，为了督促争端解决中的被诉方执行 WTO 争端解决机构的裁决，《谅解书》规定了申诉方实施报复的程序，旨在迫使被诉方的行为与适用的 WTO 协定保持一致。虽然该程序存在没有设置金钱赔偿和不具

有惩罚性等不足，但该程序较好地借鉴了主权国家国内民事法律程序，同时，也适当兼顾了当今国际社会发展中缺少完善的民事赔偿制度的特点，为将来完善WTO争端解决机制打下了基础。

小　结

WTO作为当今世界最重要的贸易与法律国际组织，其非诉讼制度应该对中日韩自贸区非诉讼制度有所裨益。例如，WTO争端解决机制把争端当事方的磋商设定为必经程序，一定程度上认识到当事方采用友好和解方式解决争端的重要性，体现了WTO争端解决机制中的和谐价值取向。同时，WTO争端解决机制中关于SDT的规定，有助于维护发展中国家的利益。遗憾的是，WTO作为西方主导的多边贸易及法律国际组织，呈现出了明显的司法化倾向，如不重视仲裁程序及建立了上诉机构等。因此，WTO争端解决机制为构建中日韩自贸区非诉讼制度提供了诸多教训，其借鉴作用是有限的。

第五章

美墨加自由贸易区非诉讼制度

20世纪80年代以来,世界上的区域经济一体化开始快速发展,如欧盟经济实力日益壮大,亚洲的日本经济也急剧膨胀。美国意识到已不可能再像以前那样单枪匹马地与对手进行竞争,开始谋求创建以自身为核心的、能与其他经济集团和经济强国相对抗的区域经济集团,以维持和巩固自己在世界上的霸权地位。加拿大经济一直严重依赖于美国,原有的《美加自由贸易协定》已不能适应形势的变化,同时,墨西哥虽然是经济相对落后的发展中国家,但是具有较大的发展空间和市场潜力,有利于销售大量的美国商品。这样一来,美国、加拿大和墨西哥三国经过艰苦的谈判,克服了重重阻力,最终签订了《北美自由贸易协定》(NAFTA)。从历史经验上看,北美自由贸易区是发达国家和发展中国家在区域内组成自由贸易区的第一次尝试,在促进发达国家和发展中国家之间的区域经济一体化方面,无疑具有重要的意义。

北美自由贸易区源于1965年美国和加拿大签署的《汽车自由贸易协定》。由于加拿大对美国的经济控制和影响有疑虑,及美国一直关注经济全球化,对区域一体化关注不够,美加汽车贸易发展并不尽如人意。20世纪80年代以来,由于《关税及贸易总协定》(GATT)下的多边贸易谈判进展艰难,美国开始转向区域经济一体化。[1]在1989—1994年间,美国先后签署了《美加自由贸易协定》(1989年)和《北美自由贸易协定》(1994),并将拥有巨大市场潜力的墨西哥纳入其中。[2]由于NAFTA的缔约国均为全球主要经济体且其规则在当时极具综合性与先进性,因此被视为早期的"超级区域自由贸易协定"。自签署后的20多年来,NAFTA对促进北美地区的自由贸易和经济发展起到了重要的推动和保障作用。从区域经济一体化的争端解决机制方面看,NAFTA成功地探索出一套适合自身发展特色的、"多元调整"式的争端解决

---

[1] Statement of the United States by Ambassador Dennis Shea at the 14th WTO Trade Policy Review of the United States of America [EB/OL]. 2018, https://ustr.gov/about-us/policy-offices/press-office/press-releases/2018/december, 2022-03-09 访问.

[2] MELCHIOR A. Free Trade Agreements and Globalization [M]. Geneva:Springer Nature Switzerland AG, 2018:126.

机制，为其他区域经济合作组织，特别是发展中国家参与区域合作组织时选择争端解决模式提供了路径及方法的指引。①

第一节　NAFTA 非诉讼机制

随着当今世界区域经济一体化的蓬勃发展，区域经济一体化中的争端解决机制也发挥着越来越重要的作用。由于各区域经济面对的情况有所不同，采用的争端解决方式自然也不同，可以分为"单一诉讼"模式、"多元调整"模式与"协调中心"模式。"单一诉讼"模式指区域经济组织内部各主体之间的争端主要通过诉讼方式来解决，超国家机构的法院作出判决后，对各争端主体均有拘束力。采用这种模式的主要区域经济组织有欧盟，其他的还有西非国家经济共同体、安第斯条约组织等。"多元调整"模式主要指区域经济组织内部各主体之间的争端不是通过单一的争端解决机制来解决，而是通过多套争端解决机制分工解决的。最有代表性的是 NAFTA 争端解决模式，由 6 套争端解决机制构成，且各套争端解决机制均有分工，相互间既有联系，也有显著区别。采取类似争端解决模式的还有美国—智利自由贸易区、智利—墨西哥自由贸易区、中国—新西兰自由贸易区、中国—巴基斯坦自由贸易区、中国—秘鲁自由贸易区等。"协调中心"模式指区域经济组织虽然设定了多样性的争端解决方式，但在实践过程中，仍然以协商为主要方式来解决区域经济组织中主体之间的争端。"协调中心"模式主要体现在 CAFTA 成员国于 2004 年 11 月在老挝首都万象签订的《全面经济合作框架协议争端解决机制协议》中，是中国—东盟自由贸易区建立过程中的一件大事。该模式的最大特点是基于亚洲的传统文化特征，主要运用磋商、调解或调停的方式来解决成员国之间的争端。②可见，由于亚洲文化注重运用和解的方式来解决争端，不主张西方的对抗式的争端解决方法，这种"协调中心"模式主要被东盟自由贸易区、中国—东盟自由贸易区等区域经济组织采用，显然受到了中国仲裁制度中仲裁与调解相结合制度的影响。

NAFTA 争端解决方式作为"多元调整"模式的典范，在国际商事争端解

---

① 孙志煜. 区域经济组织争端解决模式 [D]. 重庆: 西南政法大学, 2011: 71.
② 沈四宝. 论"中国—东盟全面经济合理框架协议争端解决机制协议"[J]. 上海财经大学学报, 2006 (1): 31-36, 92.

决制度的发展中，具有特别重要的意义。NAFTA 第 101 条开宗明义地指出，该协定是依据 GATT 第 24 条签订的，遵循的是国民待遇、最惠国待遇及透明度等原则，旨在消除贸易障碍，改善自贸区内公平竞争的条件，增加三国领土内实质性的投资机会，为知识产权提供适当的保护及为了实施本协定和解决争端而设定有效程序。因此，NAFTA 中争端解决制度是依据 WTO 争端解决机制来设定的，两者之间存在不少相同点，如 WTO 与 NAFTA 争端解决机制都是在 GATT 争端解决机制基础上创设的，同时，两者都主要依赖涉事国家间的协调与谈判来解决贸易争端，即如果双方在参与相关的谈判活动中不作出让步，就尽力通过相互讨价还价来最终确定一个双方都能够接受的结果。同时，考虑到美、墨、加三国特殊的经济和法律情形，NAFTA 中争端解决制度作出了诸多创新，具有自己的特点。

一、NAFTA"多元调整"模式的争端解决机制

WTO 争端解决机制设定了较为单一的争端解决方式，大大提高了争端解决的效率，但是，由于缺乏足够的灵活性，也存在诸多问题。美国、加拿大和墨西哥三国经济和法治水平差距较大，NAFTA 争端解决机制吸取了 WTO 争端解决机制僵化的教训，采用了多元化争端解决机制，体现出很强的针对性与灵活性：针对投资、政府间争端、反倾销与反补贴、环境问题、劳工问题等不同争端，分别设置了相应的具有针对性的争端解决机制。NAFTA 共设置了 6 套争端解决机制，[1]分散在各章当中：（1）第 11 章中的投资争端解决机制；（2）第 14 章的金融案件争端解决机制；（3）第 19 章中的反倾销与反补贴税事项的审查与争端解决机制；（4）第 20 章的一般争端解决机制；（5）附属协定中环境案件争端解决机制；（6）附属协定中劳工案件争端解决机制。此外，NAFTA 还可选择使用 3 套国际仲裁程序规则，如 ICSID 仲裁规则、ICSID 附加便利规则和 UNCITRAL 仲裁规则，此外，还可适用 WTO 的争端解决机制。[2]同时，由于不同争端采取了不同的处理方式，这就导致不同争端解决机制在设置理念上存在差异。例如，在投资、反倾销与反补贴的争端解决程序中，特别注重司法性这一理念的运用，之所以在这些程序中会强调司法

---

[1] 孙志煜. CAFTA 争端解决机制条约化之路——NAFTA、CAFTA 争端解决机制的比较视角[J]. 武汉大学学报（哲学社会科学版），2010，63（3）：422-427.

[2] 杨丽艳. 区域经济一体化法律制度研究：兼评中国的区域经济一体化法律对策[M]. 北京：法律出版社，2004：320-321.

性原理，是与投资、倾销或补贴程序中强调专家组的裁决息息相关的。而政治方法主要运用在政府间争端及劳工、环境等问题上。这种分门别类、因地制宜地设置争端解决机制的模式，大大提高了解决争端的针对性与有效性，有利于问题的快速、及时解决。①显然，NAFTA争端解决机制针对不同的争端，设计了不同的争端解决机制，适应了当今世界多样化的要求，为构建未来的国际商事非诉讼制度提供了启示。

二、NAFTA争端解决制度的司法性

众所周知，WTO争端解决机制是一个集斡旋、调解、调停程序、专家组裁决和上诉审议为一体的准司法机制，而NAFTA争端解决机制中仲裁专家组5位成员的中立性不强，北美自由贸易委员会也没有司法性职能，这就大大弱化了NAFTA争端解决机制的司法性。

（一）NAFTA争端解决机制主要以磋商为基础解决争端

依据NAFTA第2007条的规定，在争端产生的情况下，首先，相关争端方进行相应的磋商，对问题通过明确的协商来解决。其次，如果在磋商期（30天或者40天内）不能够通过协商解决问题，则由美国、加拿大、墨西哥三国中的任何一个国家召集贸易委员会来对争端加以协调解决。最后，如果在贸易委员会的干预下仍然不能够解决争端，则可以根据相关当事国的申请设立仲裁专家小组（arbitral panel）来对争端进行处理。WTO争端解决机制主要是通过流程化的争端处理程序来对问题进行由易到难的弱化和处理，而NAFTA则是以贸易委员会的争端协调机制为基础来进行的政治性干预为主。之所以产生这样的差异，可能是争端处理涉事范围和国家数量的原因。NAFTA是在美国、加拿大和墨西哥三国贸易的基础上形成的，而WTO则是在更多国家开展的贸易的基础上所逐步提出和完善的。因此，在争端解决复杂性等方面存在差异。②

（二）NAFTA争端解决机制缺少常态化的争端解决机构

依据NAFTA第2008条的规定，成员之间的争端是基于北美自由贸易委员会和仲裁专家组来解决的，前者虽然是常设工作机构，但仅仅具有监督成

---

① 曹平，尹少成．北美自由贸易区经贸争端解决机制研究：兼论对中国—东盟自贸区经贸争端解决的启示［J］．广西警官高等专科学校学报，2013（6）：64-68．
② 夏伯琛．WTO与NAFTA争端解决机制的比较［J］．全国流通经济，2017（16）：81-82．

员方执行相关协定的职能,并没有司法性职能;后者只是临时组成的机构,虽具有一定司法职能,但远远逊于 WTO 争端解决机制中的常设专家组。

三、NAFTA 争端解决机制的争端解决主体和受案范围

众所周知,WTO 是国家和独立关税区组成的贸易组织,只有国家和独立关税区才能成为 WTO 争端解决机制的主体,将个人排除在 WTO 争端解决的主体范围之外。依据 NAFTA 的规定,争端解决机制的主体并不局限于主权国家和独立关税区,个人也可以是 NAFTA 争端解决机制中的适格主体,运用 NAFTA 争端解决机制程序来维护自己的正当权益。此外,为了保障自贸区内个人的利益,NAFTA 第 2021 和 2022 条创设了"个人商事争端解决机制":"任何争端方不可以依据其国内法向其他任何当事方以相关行为与该协定不一致为由,提出诉讼。""任何自贸区内的个人应该最大程度上,鼓励和运用仲裁和其他非诉讼争端解决方法(ADR)来解决之间的国际商事争端。"尤其是,第 2022 条第 4 款还规定:"北美自由贸易委员会将建立一个由具有丰富个人国际商事争端解决经验的专家组成的'个人商事争端咨询委员会'(An Advisory Committee on Private Commercial Disputes)。该委员会将向北美自由贸易委员会就涉及仲裁的使用、有效性及其他程序的相关问题提出报告。"可见,NAFTA 争端解决机制强调了个人维权的重要性,这是一个重要创新。

此外,受案范围广泛是北美自由贸易区经贸争端解决机制的又一大特点。其受案范围既包括传统的货物贸易,又包括一些非传统的争端,如金融服务、环境保护等争端。

四、NAFTA 争端解决机制仲裁专家小组递交报告前的再审程序

WTO 争端解决机制中设置了上诉程序,NAFTA 争端解决机制没有采纳这一方式,但创设了仲裁专家小组递交报告前的再审程序。NAFTA 第 2016 条规定,仲裁专家组应该依据争端当事方递交的材料和辩护作出裁定。同时,仲裁专家小组成员可以就那些没有一致同意的意见提供另外的意见。该条进一步规定,任何争端当事方可以在 14 天内,就初级报告的相关问题向仲裁专家小组提交书面评论。在此情况下,仲裁专家小组考虑完该书面评论后,可以自己认为有必要或在任何争端当事方的要求下,(1)向任何参与方征求相关意见;(2)再次考虑初级报告;(3)在认为必要时作出任何进一步审议。

显然,与 WTO 争端解决机制相比,NAFTA 争端解决机制取消了上诉机

构和程序,提高了争端解决的效率。

五、NAFTA 争端解决机制的新规则和程序

随着全球法治化进程的加快,国际商事争端解决制度在创设新程序方面有了较快的发展。在这方面,NAFTA 争端解决机制吸收了不少新的程序。

(一) NAFTA 争端解决机制允许公众参与争端解决程序

依据 NAFTA 第 2012 条的规定,公众可以以某种间接的方式参与争端解决程序,参与的方式将规定在缔约国第三方起草的程序规则范本中,如果缔约国同意这种机制,也可能出现在个案中。实践中,争议缔约国可以给予有利害关系的公众听审机会,由争议缔约国将收集的公众意见反映给专家仲裁小组。

(二) NAFTA 争端解决机制允许专家证言

随着各国经济的发展,涉及环境、健康、安全等方面的问题日趋凸显,给争端解决机制带来了挑战,不少国家的法律和知名国际商事仲裁机构的规则允许相关的专家提供证言。依据 NAFTA 第 2014 条的规定,仲裁专家小组可以向它认为适当的任何个人或组织获取信息。第 2015 条进一步规定,仲裁专家小组在争端方的要求下或自己认为适当时,就涉及环境、健康、安全或其他科学领域的问题,向技术专家咨询,并可以要求有关技术专家提供专家证言,或就争议缔约国在争端解决过程中对环境、健康、安全或其他科学实践提出的事实提供书面报告。为了保障专家证言的科学性,NAFTA 规定,仲裁专家小组应在与争端方协商后,从知名和独立的科学专家中选任专家。同时,本条还规定仲裁专家小组在准备报告中考虑专家的报告。

此外,NAFTA 第 21 章后面的 3 个附件还对建立其他委员会和工作组,争端当事方向仲裁小组成员、委员会成员及专家支付的费用,以及如何确定(利益) 丧失和减损做了具体规定。

第二节 USMCA 非诉讼制度新发展

2017 年特朗普就任美国总统后,新一届美国政府致力于推行强调"美国优先"的对外贸易政策,因而被认为是从规则导向的多边贸易体制向单边贸易保护主义的"逆行"。①特朗普在多个场合抱怨 NAFTA 对美国不公平，威胁退出 NAFTA。在美国的软硬兼施下，美国、墨西哥与加拿大自 2017 年起对 NAFTA 进行重谈，并于 2018 年签署了《美国、墨西哥及加拿大协定》。②2019 年 12 月 10 日，墨西哥、加拿大与美国签署《美墨加协定》，修订了 2018 年 11 月 30 日所签原版文本的主要内容。2020 年 7 月 1 日，旨在更新和替代《北美自由贸易协定》的《美国—墨西哥—加拿大协定》（USMCA）正式生效。

与 NAFTA 相比，USMCA 共 34 章，涵盖的内容更广泛，主要对包括国民待遇与市场准入、原产地原则、海关管理与贸易便利化、贸易救济、投资、跨境贸易服务、数字贸易、知识产权、劳工标准、环境标准、监管实践、争端解决等多个领域的标准与实施作出了细致的规定。除增加数字贸易等章节外，USMCA 还增加了诸多排他性条款，具有浓重的贸易保护主义色彩。

一、USMCA 非诉讼制度的价值取向

总的来说，USMCA 沿用了 GATT 争端解决机制的基本思路，同时，保留了 NAFTA 的大多数规定，但也进行了诸多创新。WTO 作为超国家主权的实体机构，拥有超越成员国主权的立法权、司法权和行政权，建立独立司法机构来监督成员国履行义务。然而，USMCA 不涉及主权让渡，不建立超主权国家机构来行使行政权、立法权和司法权，缔约方保留 USMCA 项下所有权利；坚持契约自治，协议项下缔约方义务的履行完全建立在自愿的基础上，不寻求第三方提供争端解决方案。③在基本价值取向方面，USMCA 除仍然坚持契约自治、效率、公平竞争及多元机制外，更加注重"美国优先"原则，因而使美国的霸权思想暴露无遗。

（一）USMCA 争端解决机制比 WTO 和 NAFTA 更注重高效

USMCA 的规定远比 WTO 争端解决机制更高效，在程序方面进行了大幅度的简化。例如，在设置仲裁程序方面，USMCA 第 7 条和附件 14-D 明确要求仲裁庭和争议双方应努力以迅速和有效的方式推进仲裁程序。它将指定仲裁员需要等待的期限由 NAFTA 规定的 90 天缩短至 75 天。如果被申请人提出

---

① STIGLITZ J E. Trump and Globalization [J]. Journal of Policy Modeling, 2018 (40)：511-515.

② CARRANZA M E. Neighbors or Partners? NAFTA and the Politics of Regional Economic Integration in North America [J]. Latin American Politics and Society, 2002, 44 (3)：141-157.

③ 欧阳俊，邱琼. 美墨加协定的目标、原则和治理机制分析 [J]. 拉丁美洲研究，2019，41 (1)：23-42.

异议，认为依法不能得出有利于申请人的裁决或申请人的请求明显没有法律依据，USMCA 规定仲裁庭可以将其作为先决问题进行审理；如果被申请人在仲裁庭组成后 45 天内提出此类请求，仲裁庭应当以快速方式审理此类异议。在争议提交仲裁以后，如果争议双方在诉讼程序中未按要求采取措施的时间超过 150 天，或者超过当事人约定且经仲裁庭同意的期限，仲裁庭可以通知争议方；若在接到通知 30 天内当事人仍未采取任何措施，那么仲裁庭可将其视作当事人停止仲裁程序，并将此类情形写入最终的决定。倘若发生此类事项时仲裁庭尚未组成，ICSID 秘书长应当承担此类职责。[①]

（二）USMCA 争端解决机制暴露了"美国优先"思想

随着 WTO 争端解决机制的正常运行，美国连续多起案件在 WTO 中败诉，使美国在 WTO 中的霸权恶习连连受挫，美国开始以 WTO 争端解决机制不公平为由，企图依仗其强势改变 WTO 争端解决机制的价值取向和程序规则。"全球化是不可逆转的趋势，美国并非反对全球化，只是反对不符合美国利益的全球化；美国并非反对多边规则，而是对现行的多边规则不满，其单边主义行为是按照自己意志来重塑全球规则体系。"[②] NAFTA 中美国在政治、经济及法律方面的势力远强于加拿大和墨西哥，给美国控制 USMCA 的规制权提供了机会和可能。这样一来，美国在 USMCA 谈判中使出浑身解数，毫不掩饰地实施美式单边主义，企图使美国利益最大化。例如，美国与墨西哥之间投资争端仍可通过投资者与东道国争端解决机制（ISDS）进行国际仲裁解决，在 USMCA 中虽然保留了投资仲裁方式，但进行了相当大程度的限制：一是限缩了可诉诸仲裁的投资争端范围，明确将投资设立与取得、间接征收排除在可仲裁范围之外；二是规定了仲裁的前置程序，分别从当地救济与时限要求两个维度对仲裁程序的启动进行了限制。当地救济要求指的是投资者在依 ISDS 机制提起仲裁前首先应在东道国国内法院起诉，即用尽当地救济；时限要求指的是在国内法院程序终结后或起诉后之日起 30 个月后方可提起仲裁程序。可仲裁投资争端范围的限缩及仲裁程序前置程序的存在，使得仲裁程序的提起呈现高难度的特征，考虑到时间成本及提起仲裁的难度，投资者会放弃仲裁救济，转向国内救济，这也是在国际投资仲裁领域出现的新动向，即投资

---

① 张生. 从北美自由贸易区协定到美墨加协定：国际投资法制的新发展与中国的因应 [J]. 中南大学学报（社会科学版），2019（4）：51-61.

② 车丕照. 是"逆全球化"还是在重塑全球规则？[J]. 政法论丛，2019（1）：15-23.

仲裁解决机制回归国家化，扩展东道国对该投资争端的治理。①显然，一方面由于美国国内的相关法律制度更完善，这些限制会大大保护美国的利益。另一方面，从表面上看，由于墨西哥的法律不完善，很难有效维护美国在墨西哥投资的利益，而实质上，这会阻碍美国投资者去墨西哥投资，遂将美国投资回流，有助于美国制造业的回归。可见，当美国投资者在法治化水平低的国家得不到有效救济，将会考虑将投资回流，制造业回迁，以确保自身利益的实现。②

再如，USMCA 争端解决机制剥夺了非市场经济国家投资者适用投资者—国家争端解决机制的权利。USMCA 附件 14-D 对美国与墨西哥之间投资者—国家争端解决机制当事方进行了界定，明确了如果美墨一方认为争端另一方的投资者被美墨以外的第三方实际拥有或者控制，而该第三方被美墨一方认为是非市场经济国家，那么这一投资者就不能作为申诉方向美墨一方提起投资仲裁。具言之，非市场经济国家企业在墨西哥拥有或控制的企业在美国投资，当与美国政府发生争端时，该企业可能不能作为投资者，根据 USMCA 的投资者—国家争端解决机制对美国提起投资仲裁。同时，非市场经济国家企业在美国拥有或控制的企业在墨西哥投资，当与墨西哥政府发生争端时，该企业亦可能不能作为投资者，根据 USMCA 的投资者—国家争端解决机制对墨西哥提起投资仲裁。③显然，美国强势之下设定的这样的规定，公然违反了国际法基本原则，如国民待遇及最惠国待遇等原则。

二、USMCA 非诉讼制度的新程序

USMCA 在基本保留了 NAFTA 争端解决程序的基础上，又创设了一些新程序。

（一）USMCA 争端解决机制创新性设定了"三国四制"，加拿大完全放弃了国际投资仲裁路径

USMCA 与 NAFTA 都纳入了专门的投资章节（NAFTA 第 11 章和 USMCA 第 14 章），且均包含投资者与东道国争端解决（投资争端解决）的规定。NAFTA

---

① 翁国民，宋丽．美墨加协定对国际经贸规则的影响及中国之因应——以 NAFTA 与 CPTPP 为比较视角[J]．浙江社会科学，2020（8）：20-25，29，44．
② 翁国民，宋丽．美墨加协定对国际经贸规则的影响及中国之因应——以 NAFTA 与 CPTPP 为比较视角[J]．浙江社会科学，2020，8：20-26．
③ 殷敏．美墨加协定投资者—国家争端解决机制及其启示与应对[J]．环球法律评论，2019，41（5）：160-174．

的投资争端解决规定见于第 11 章正文第 2 节（"一国与另一国投资者之间的争端解决"）及该章的四个附件（分别关于"将争端提交仲裁""仲裁文件的送达""仲裁裁决的公开""争端解决的排除"）。USMCA 第 14 章正文并没有包含投资争端解决的规定，这些规定被包含在该章的三个附件之中（分别关于"余留投资争端及正在进行的争端""墨西哥与美国的投资争端""墨西哥和美国与涵盖的政府合同相关的投资争端"）。①

在多元机制方面，USMCA 针对三国的不同情况和要求，创新性规定了"三国四制"：第一种机制（NAFTA 投资仲裁）适用于三国在一定情况下采用；第二种机制（一般投资仲裁）仅适用于美国和墨西哥及其投资者之间的纠纷解决；第三种机制（限缩投资仲裁）适用于美国和墨西哥及其投资者之间针对非特定经济部门的投资争端，可以继续采用仲裁解决；第四种机制（不得仲裁或其他方法）规定加拿大与美国、墨西哥投资者之间的投资争端及加拿大投资者与美国、墨西哥之间的投资争端，不得依据 USMCA 提交仲裁（但加拿大与墨西哥及其投资者之间的投资争端可以依据 CPTPP 提交仲裁）。②

换言之，加拿大完全放弃国际投资争端的仲裁路径，除非另有约定，美国与加拿大的投资争端、墨西哥与加拿大的投资争端，不得诉诸仲裁进行解决，只能诉诸国内法院、国家间的仲裁或其他救济方式解决，即加拿大完全放弃了国际仲裁。加拿大在 2014 年《加拿大与欧洲联盟综合经济与贸易协定》（CETA）中设置了投资法庭与上诉机构作为解决机制，表明加拿大支持以设立多边投资法院的方式来解决投资争端，不再诉诸国际投资机制解决。③

实际上，加拿大完全放弃国际投资争端的仲裁路径，其主要原因是，加拿大认为既有的 NAFTA 投资者—国家争端解决机制可能有损于加拿大东道国主权。根据加拿大政策选择中心公布的数据，自《北美自由贸易协定》的投资者—国家争端解决机制实施以来，加拿大与墨西哥、美国相比，更易遭到投资者索赔。加拿大主要关注的是，在既有投资者—国家争端解决机制下，外国投资者不仅可以挑战东道国主权，若胜诉更是可以改变东道国通过国内

---

① 池漫郊. 美墨加协定投资争端解决之"三国四制"：表象、成因及启示 [J]. 经贸法律评论，2019（4）：14-26.
② 池漫郊. 美墨加协定投资争端解决之"三国四制"：表象、成因及启示 [J]. 经贸法律评论，2019，4：25.
③ 池漫郊. 美墨加协定投资争端解决之"三国四制"：表象、成因及启示 [J]. 经贸法律评论，2019，4：17.

民主决策机制形成的法律法规，而东道国本国企业却无权提起这样的投资仲裁。换言之，加拿大反对外国投资者享有比本国投资者更高的待遇。由于USMCA下的投资者—国家争端解决机制仍然不如加拿大所愿，因此加拿大对该机制的适用作出保留，从而使其仅适用于美国和墨西哥之间。①

（二）USMCA争端解决机制对墨西哥、美国一方的投资者设置了仲裁前置程序

加拿大完全放弃了国际投资仲裁路径，因此，USMCA机制对墨西哥、美国一方的投资者在有用尽当地救济的要求时，设置了仲裁前置程序。例如，协定附件14-D第14-D5条要求附件一方的投资者必须在东道国主管法院或者行政法院以被申请人为被告提起投资索赔诉讼，只有在申请人或企业已从被申请人的终审法院获得最终判决或者自申请人或企业起诉之日起已过30个月的情况下，申请人方可启动USMCA的投资者—国家争端解决机制。同时，该索赔还受4年诉讼时效的限制，即投资者知道或者应当知道其损失或损害之日起4年。②

可见，USMCA争端解决机制对可仲裁投资争端范围进行了限缩，设置了仲裁程序前置程序，这使得仲裁程序的提起呈现高难度的特征，考虑到时间成本及提起仲裁的难度，投资者会放弃仲裁救济，转向国内救济，这也是在国际投资仲裁领域出现的新动向，即投资仲裁解决机制回归国家化，扩展东道国对该投资争端的治理。③显然，这些新程序是美国实施"美国优先"策略的结果，为美国拥有话语权和直接控制其他成员国的投资提供了机会。

第三节　USMCA非诉讼制度对中日韩自贸区的警示价值

虽然USMCA与中日韩自贸区存在不少差别，但是，两者也有诸多共同之处，其中最重要的是，墨西哥是发展中国家，其经济及法治水平与美国和加

---

① 殷敏. 美墨加协定投资者—国家争端解决机制及其启示与应对[J]. 环球法律评论，2019（5）：160-162.

② 殷敏. 美墨加协定投资者—国家争端解决机制及其启示与应对[J]. 环球法律评论，2019 5：160-169.

③ 翁国民，宋丽. 美墨加协定对国际经贸规则的影响及中国之因应——以NAFTA与CPTPP为比较视角[J]. 浙江社会科学，2020，8：20-25.

拿大相比存在较大差距。同样,中国也是发展中国家,虽然经济规模很大,但经济水平和法治水平落后于日本和韩国。因此,USMCA 对中日韩自贸区非诉讼制度有着不可多得的警示价值。

一、中日韩自贸区非诉讼制度的价值取向与"某国优先"思想

如前所述,美国特朗普政府依仗其势力奉行"美国优先"政策,有悖于基本的国际法准则。在构建 USMCA 非诉讼制度方面,美国漠视墨西哥较低司法水平的客观事实,依仗美国国内较完善的争端解决机制,设置了以诉诸国内法院及仲裁为主的争端解决制度,大大提高了美国法院的主导地位。美国在区域经济非诉讼制度方面的做法,给当今世界的国际商事争端解决机制带来严重威胁。虽然中日韩三国的政治、经济及法律制度不同,日韩两国的经济及法律水平较高,但是中国坚持适合中国特色国情的社会主义制度,经济及法治建设发展很快,在全世界的话语权日益提高。因此,中日韩三国在设置非诉讼制度方面,必须遵循和谐、自由、平等的价值取向,友好解决三国人民之间的争端。

二、中日韩自贸区非诉讼制度的前置程序

如前所述,USMCA 对投资者—国家争端解决机制的仲裁事项作了限制,要求投资者应当符合一定的条件方可提请仲裁,并将一般投资的申请人与政府合同当事方的申请人予以区别对待。在投资者—国家争端解决机制中设置前置程序,其意义在于防止投资者滥用该机制而给缔约方造成不必要的干扰。如果中日韩自贸区非诉讼制度中设置一定的前置程序,应当说是有必要的。①

小　结

NAFTA 或 USMCA 涉及当今世界重要的区域组织,这一区域组织由两个发达国家和一个发展中国家组成,类似于中日韩自贸区的构成。然而,由于美国一向的霸道行径,虽然 NAFTA 或 USMCA 的非诉讼制度具有多元性,但

---

① 殷敏. 美墨加协定投资者—国家争端解决机制及其启示与应对［J］. 环球法律评论,2019（5）：160-171.

实质上形同虚设，主要由美国主导设置了以诉诸国内法院及仲裁为主的争端解决制度。因此，NAFTA 或 USMCA 的非诉讼制度对中日韩自贸区非诉讼制度的构建有诸多警示价值，如中日韩三国必须坚持和谐、平等及共赢的原则，不允许任何国家倚仗自己的实力搞零和博弈。同时可以看出，NAFTA 或 USMCA 的非诉讼制度对构建中日韩自贸区非诉讼制度的借鉴作用是有限的。

第六章

中国—东盟自由贸易区非诉讼制度

进入21世纪，经济全球化和区域经济一体化已成为当今世界发展的两大潮流。中国为了积极参与经济全球化和区域经济一体化，实现中华崛起之梦，与东盟（ASEAN）十国基于2002年11月4日在柬埔寨金边签订的《中华人民共和国与东南亚国家联盟全面经济合作框架协议》，于2004年11月29日签署了《中华人民共和国与东南亚国家联盟全面经济合作框架协议及争端解决机制协议》（《框架协议》，CAFTA《争端解决机制协议》）。2010年1月1日，拥有19亿人口、GDP接近6万亿美元、发展中国家间最大的自由贸易区——中国—东盟自由贸易区正式建立。这标志着一个完全由发展中国家组成的经济自由贸易区的诞生，也是中国积极参与区域经济一体化建设的一项重要实践。CAFTA的启动，无论是对区域的经济合作还是对世界经济复苏、世界贸易的发展，都将发挥积极作用。

第一节 CAFTA非诉讼争端解决机制概述

当今世界区域经济一体化的争端解决机制呈多元化倾向，可以分为硬法、软硬混合及软法组织模式。欧洲国家一体化（欧盟EU）程度是世界上最高的，且以法制为基础，如包括一套具有内在独立性的完备的欧共体法律体系、一套完善而各司其职的"超国家因素"机构，以及一套保障欧共体法律实施的争端解决机制，显示出明确的"硬法"特征。软硬混合模式的代表是USMCA争端解决机制，体现在：首先通过友好的政治解决方式处理争端，如通过斡旋、调停和调解的和解方法解决争端；其次，设置多套争端解决机制供争端当事方选择。东盟（ASEAN）自由贸易区依据东盟成员国的经济、政治、文化传统，追求的价值取向，以协商不干涉内政为原则，决策机制贯彻"寻求一致"或称"协商一致"原则，其组织机构是松散的，各成员平等，争端解决主要采取协商的方式。

由于CAFTA多数成员国是WTO成员，CAFTA争端解决机制的设计主要以 WTO 争端解决机制为蓝本，二者在多个方面基本一致，例如，CAFTA 争端解决机制协议项下的争端解决基本原则与 WTO《谅解书》项下第 3 条规定的宗旨在于确保争端积极解决；在有关措施与任何适用之协议规定相左时撤销有关措施；只有在撤销相关措施不现实或作为相关措施被撤销前的一项临时措施时，方可援引有关赔偿的规定作为解决争端的方法，以及在 DSB 授权条件下，对另一成员在差别基础上中止适用协议下与有关减让或其他义务之规定相吻合，[①]同时也适当考虑了各成员的政治、经济、法律制度及传统文化的特色，从而具有了自己的特点。

第二节　CAFTA 非诉讼争端解决机制的主要特点

一、CAFTA 非诉讼争端解决机制与和谐价值取向

CAFTA 非诉讼争端解决机制在价值取向方面，基本遵循了国际商事争端机制中的自治、公平、效率及平等等价值，如 CAFTA 非诉讼争端解决机制尊重各国主权及各国平等原则。依据 CAFTA《争端解决机制协议》第 2 条的规定，各国主权应受到尊重，争端当事国有选择争端解决机制的自由。由于中国—东盟各国的经济规模、人口数量及竞争力差别较大，尊重各国平等并进行和平的合作，就成为各国取得的共识。

必须指出，相比而言，CAFTA 非诉讼争端解决机制较好传承了成员国追求和谐的传统，把和谐作为核心价值取向。例如，CAFTA 非诉讼争端解决机制采用综合运用磋商（第 4 条）、调解或调停（第 5 条）、仲裁（第 6 条到第 9 条）等多种方式、方法，形成功能互补、程序衔接的矛盾化解体系。由于 CAFTA《争端解决机制协议》解决的是中国和东盟国家政府与政府之间对条约的解释和履行方面的争议，商界、企业之间的商事不包括在内，协商谈判、调解等和解方法，就成为政府之间争端解决中常用的方法。由于中国及东盟各国受中国传统文化中"和为贵"理念的影响较深，通过和解的方式解决各国政府之间的争端，不失为一种具有良好发展前景的方法。换言之，CAFTA 非诉讼争端解决机制在价值取向、争端解决方式、时间限制等方面与 WTO 争

---

① 潘星容. CAFTA 争端解决机制与其他争端解决机制的比较研究［J］. 行政与法，2017（5）：114-120.

端解决制度设计十分相似,同样采用了磋商、调解、裁决的步骤。[①] 同时,仲裁是政府之间争端解决的重要方式,但是 CAFTA 内部争端解决机制中的仲裁正如 WTO 争端解决机制中的仲裁一样,不同于现行的国际商事仲裁。与 WTO 争端解决机制中的仲裁只是一种替代手段不同,CAFTA《争端解决机制协议》中的仲裁是各国争端解决的最重要的手段。依据 CAFTA《争端解决机制协议》第 12、13 条的规定,仲裁裁决采取自愿执行和外在强制相结合的方式进行。裁决生效后,被诉方立即执行仲裁庭裁决,如立即执行有困难,被诉方可以向原仲裁庭申请合理的执行期限。补偿作为最重要的补救措施之一,也实行自愿的原则,即双方应达成补偿协议,补偿应与《框架协议》一致。此外,与 WTO 争端解决机制类似,报复也是重要的补救措施之一,即中止减让或利益,是裁决能够得到切实履行的保障,是非诉讼争端解决机制中解决争端的最好手段。也就是说,自愿执行是目的,补偿和报复是不得已而为之,目的是迫使被诉方遵守原来的规则,所以补偿和报复是临时性措施,在价值取向上并不鼓励争端当事方采取,只要被诉方撤销了违规的措施,补偿和报复就应停止。[②]也就是说,CAFTA《争端解决机制协议》项下的争端不管采取什么样的方式解决,无论是仲裁庭提出调查结果报告,还是作出终局裁决,其本质乃至事实上都是各缔约成员国磋商解决争端。[③]

此外,从程序设计上而言,CAFTA 争端解决机制是根据中国及东盟国家的自身情况并以 WTO 争端解决机制为蓝本建立起来的,兼顾了公平和效率。[④]但是,相对来说,CAFTA 争端解决机制把和谐思想作为核心价值取向。

二、CAFTA 非诉讼争端解决机制的多元化程序

考虑到一些 CAFTA 成员国不是 WTO 成员,经济和法治水平参差不齐,CAFTA 争端解决机制设定了多元化的程序,以解决因错综复杂事宜引起的商事争端,这样才能迅速并妥善地解决争端与分歧,不断深化合作,实现共赢。首先,如果 CAFTA 争端双方也是 WTO 成员方,CAFTA 争端解决机制设置了排他性制度,即争端双方可在 CAFTA 和 WTO 争端解决机制之间通过协议进行选择。CAFTA《争端解决机制协议》第 2 条第 7 款规定,如果双方选择了

---

① 范愉. 自贸区建设与纠纷解决机制的创新 [J]. 法治研究, 2017, 109 (1): 82-88.
② 潘星容. 中国—东盟自贸区争端解决的机制研究 [D]. 广州:暨南大学, 2015: 37.
③ 潘星容. CAFTA 争端解决机制与其他争端解决机制的比较研究 [J]. 行政与法, 2017 (5): 114-118.
④ 潘星容. 中国—东盟自贸区争端解决的机制研究 [D]. 广州:暨南大学, 2015: 1.

其中一个机制，不得再将争端诉诸其他机制解决。本条第 8 款进一步规定，一旦起诉方依据本协议或争端当事方均是缔约方的其他条约，要求设立或将争端提交一争端解决专家组或者仲裁庭，将视为起诉方依据选择了争端解决场所。如果双方未能达成协议，CAFTA 争端解决机制将会获得优先适用。其次，除了设定的斡旋、磋商、调解或调停等和解程序，CAFTA 争端解决机制还特别注重仲裁制度。

三、CAFTA 非诉讼争端解决机制的仲裁制度

CAFTA 争端解决机制的特点是具有特色的仲裁制度。仲裁在 CAFTA 争端解决机制中是唯一具有司法性质的争端解决方式，它是该机制中最为重要的程序。[①]

（一）仲裁庭的设立及组成

依据 CAFTA《争端解决机制协议》第 6 条第 1 款的规定，如在收到磋商请求之日起 60 天内，或在包括涉及易腐货物在内的紧急情况下收到磋商请求之日起 20 天内，第 4 条所指的磋商未能解决争端，起诉方可书面通知被诉方请求设立仲裁庭。也就是说，仲裁庭的设立，是以通过磋商未能解决双方争端为前提的。这显然与 WTO 争端解决机制中专家组设立的条件类似。

CAFTA《争端解决机制协议》第 7 条第 1-2 款规定，除非本协议另有规定或者争端当事方另有约定，仲裁庭应包括 3 名成员。如果起诉方已经指定了 1 名仲裁员，但被诉方在收到设立仲裁庭请求的 30 日内没有为仲裁庭指定 1 名仲裁员，则起诉方指定的仲裁员应作为仲裁庭的独任仲裁员。

此外，本条第 6 款规定了仲裁庭成员应具备的条件，如应在法律、国际贸易、《框架协议》涵盖的其他事项或者国际贸易协议争端的解决方面具有专门知识或经验，并且在客观、可靠、公正和独立的基础上严格选任。本款还专门规定，仲裁庭的主席不应为任何争端方的国民，且不得在任何争端当事方的境内具有经常居住地或者为其所雇用。

（二）仲裁庭的职能和职权范围

CAFTA《争端解决机制协议》第 8 条第 1 款规定了仲裁庭的职能，即对审议的争端作出客观评价，包括对案件事实及《框架协议》的适用性和与《框架协议》的一致性的审查。本条第 2 款进一步规定了仲裁庭的职权范围：

[①] 杜江江. 中国—东盟自由贸易区争端解决机制法律问题研究 [J]. 前沿, 2014 (3): 86-87.

"按照《框架协议》有关规定,审查提交仲裁庭的事项,并提出调查结果和《框架协议》规定的决定和建议。"需要强调的是,本条第 3 款规定了仲裁庭"应定期与争端当事各方进行磋商,并为达成双方满意的解决方法提供充分的机会"。第 11 条第 3 款又进行了强调,规定"在仲裁庭做出裁决前,在程序的任何阶段,仲裁庭可建议争端当事方友好解决争端"。显然,这些规定适当借鉴了中国仲裁法中关于仲裁与调解相结合的规定。本条第 4 款规定,仲裁庭裁决为终局,对争端各当事方有约束力。显然,本款的规定充分彰显了 CAFTA《争端解决机制协议》对仲裁的重视,是对 WTO 争端解决机制的一大创新。

(三)仲裁庭裁决的执行

在仲裁庭裁决的执行方面,CAFTA《争端解决机制协议》基本上采纳了 WTO 争端解决机制中的规定。一般来说,仲裁庭作出的裁决只有执行才具有意义,CAFTA 在其《争端解决机制协议》中规定了较严格的执行程序,即采取自愿执行和外在强制相结合的方式进行。依据 CAFTA《争端解决机制协议》第 12 条的规定,被诉方应通知起诉方关于执行仲裁庭建议和裁决的意向。如立即执行有困难,被诉方可以向原仲裁庭申请合理的执行期限。如果争端方对申请的执行期限有分歧,此争端应提交原仲裁庭来决定。

CAFTA《争端解决机制协议》第 13 条规定了救济措施,包括补偿和中止减让或利益。首先,补偿是自愿的,由双方达成补偿协议,但补偿应与《框架协议》一致。其次,实施报复,即中止减让或利益。本条第 3 款规定,如果起诉方与被诉方在 20 天内没有通过谈判就补偿达成双方满意的协议,起诉方可请求实施中止减让或利益的适当水平。仲裁庭最晚不得在超过 45 天提交中止减让或利益的水平的报告。减让或利益不得在仲裁过程中予以中止。

CAFTA《争端解决机制协议》仅规定了中止减让或利益应限于《框架协议》项下,也对"交叉报复"做了规定:"如起诉方认为对相同部门中止减让或利益不可行或无效,则可寻求中止其他部门项下的减让或利益。"但并没有对胜诉方中止减让或利益等报复措施的具体程序作出明确规定。需要指出的是,CAFTA《争端解决机制协议》项下的中止减让或利益的目的也借鉴了 WTO 争端解决机制的方式,即补偿和报复是临时性措施,补偿和报复的目的是迫使被诉方遵守原来的规则,并不具有惩罚性。换言之,只要被诉方撤销了违规的措施,补偿和报复就应停止。CAFTA《争端解决机制协议》的仲裁与其他机制相比,程序规定得相对完备且更为详细和具体,其亦是 CAFTA

《争端解决机制协议》项下争端解决方式中的最后防线。[1]

（四）透明度与"法庭之友"

众所周知，保密是仲裁区别于诉讼的重要特点之一，也是争端当事方愿意选择仲裁来解决争端的原因之一。与 WTO 争端解决机制相比，CAFTA 非诉讼争端解决机制的另一创新，就是对透明度及"法庭之友"问题做了规定。随着法治全球化的快速发展，仲裁的诉讼化现象日趋明显，越来越多诉讼法中的程序被纳入仲裁制度。由于透明度与"法庭之友"问题比较敏感，争议较多，WTO 争端解决机制中没有对此作出规定。CAFTA《争端解决机制协议》第 9 条第 4 款规定了仲裁庭应对审议和提交仲裁庭的文件保密。同时，该款也规定了争端方应将另一争端方提交仲裁庭并由该提交方指定为机密的信息按机密信息对待。可见，CAFTA 非诉讼争端解决机制中的仲裁性得以维持。

此外，CAFTA《争端解决机制协议》附录中第 8 条规定，对于争端方所提科学或其他技术事项的事实问题，仲裁庭可请求一名或者多名专家提供书面咨询报告。应一个或多个争端方的请求，仲裁庭自行决定，或经过与争端当事方磋商，可选择科学或技术专家，在仲裁过程中协助仲裁庭。显而易见，"法庭之友"有助于仲裁庭提高其裁决的科学性和公平性。

四、CAFTA 非诉讼争端解决机制的主要缺陷

总的来说，CAFTA 非诉讼争端解决机制是基于中国—东盟各国的具体情况而构建的，为《框架协议》的实施提供了有力的法律保障，在推动中国—东盟的全方位合作发展方面功不可没。其中的重要贡献之一，是在 WTO 争端解决机制的基础上作出了诸多创新。然而，从现代法治及 CAFTA 非诉讼争端解决机制的运行实践来看，也不可避免地存在一些问题。

（一）对公正、效率等价值重视不够

CAFTA 非诉讼争端解决机制较好关注了采用和解的方法来解决政府之间的争端，但忽略了法治崇尚的公正、平等及效益等价值取向。例如，在争端当事人方面，只限于各国政府，并不适用于自然人或法人；在仲裁员的设置方面，没有作出如何甄选仲裁员的具体规定，导致人选范围太广，增加了时间成本；CAFTA《争端解决机制协议》第 10 条规定了少数服从多数的仲裁原

---

[1] 潘星容. CAFTA 争端解决机制与其他争端解决机制的比较研究 [J]. 行政与法，2017 (5)：114-119.

则,由于该规定并不明确、具体,可能出现三名仲裁员分别代表三方利益,形成难以作出裁决的多数意见,出现无法作出裁决的情形;①在仲裁裁定的复核和裁决执行的监督方面,缺少复核和监督机制,如第12条第2款规定了如果争端各方未能就合理执行裁决的期间达成一致,争端任何一方可以将事项提交原仲裁庭审查。显然,这种裁决和监督部分的规定,难以起到有效监督的作用;在报复制度方面,第13条第5款只规定了"只要申诉方认为在同一部门报复不可行或者无效果,就可以实施交叉报复措施",却没有设定监督程序,容易引起交叉报复措施的滥用。②此外,CAFTA《争端解决机制协议》并未规定上诉程序,增加了裁决的风险和救济的难度,也会导致当事方尽可能避免启动仲裁程序。③

(二) 争端主体范围没有包括企业和个人

依据 CAFTA《争端解决机制协议》的规定,争端当事方仅指中国和东盟成员国,也就是说,企业和个人是没有权利向该争端解决机制提起诉求的。然而,自贸区内的合作尤其是经贸领域的合作,企业和私人往往成为主要的主体。他们一旦在经济合作中出现纠纷,只能寻求 ICSID 或其他国际仲裁组织予以解决,但不同的机制在宗旨、模式等方面会存在较大差异,这样一来势必耗费大量时间和金钱,从而削弱了私人投资的积极性。④从当今世界主要自由贸易区发展的趋势看,企业和个人正成为主体,也受到了相关法律的保护。因此,CAFTA《争端解决机制协议》将企业和个人排除于主体之外,显然是不应该的,亟待在将来的修订中予以完善。可见,CAFTA《争端解决机制协议》对争端主体的规定,仅仅照搬了 WTO 争端解决机制的相关规定,而没有作出创新,严重滞后于成员国经济发展的需要。

(三) 救济措施不明确

虽然 CAFTA《争端解决机制协议》第13条对"补偿和中止减让或利益"做了规定,但并未进行细化,容易给经济实力强大的成员国滥用交叉报复提供借口。由于第13条没有对"适当"的报复水平、幅度及相应的监督程序作出明确规定,因而可能给实施"报复"的成员国造成障碍,削弱了可操作性。总之,这种"报复"显然不利于经济实力弱小的成员国维护自己的利益,有

---

① 丁丽柏. 论 CAFTA 争端解决机制的完善 [J]. 现代法学, 2009, 31 (3): 128-134.
② 潘星容. 中国—东盟自贸区争端解决的机制研究 [D]. 广州: 暨南大学, 2015: 107.
③ 范愉. 自贸区建设与纠纷解决机制的创新 [J]. 法治研究, 2017 (1): 84.
④ 杜江江. 中国—东盟自由贸易区争端解决机制法律问题研究 [J]. 前沿, 2014 (2): 86-87.

悖于实质公平、公正的要求。

总之，CAFTA 非诉讼争端解决机制与 WTO、NAFTA 和 EU 争端解决机制的最大区别是，基于中国—东盟各国传统文化中的"和为贵"理念，前者注重通过磋商、调解或调停等和解方式来解决争端，却弱化了司法性及裁决的决定性作用。随着各国法治化和中国—东盟经济合作的快速发展，CAFTA 非诉讼争端解决机制需要进一步完善，以便更好地发挥其为中国—东盟自由贸易区保驾护航的作用。

第三节 CAFTA 非诉讼争端解决机制对中日韩自贸区的启示

近年来，经济及法律全球化发展日益迅猛，以 WTO 为代表的多边经济贸易组织连连受挫，促使各国开始致力于区域经济一体化的建构，促进了世界经济的发展。区域经济一体化的发展首先是由发达国家发起和主导的，接着出现了发达国家与发展中国家组成的区域经济一体化（如 USMCA）。中国—东盟利用各成员国疆界相邻的地理特点、国家政治经济发展程度相当、历史文化民俗传统相似等先天优势，以条约为法律依据，充分发挥区域机构与区域办法在亚太地区国际组织中的正面作用而建立区域性国际组织，率先在世界上建立了第一个完全由发展中国家组成的经济自由贸易区。尤其是，CAFTA 争端解决机制将 WTO 争端解决机制与各成员国的实际情形相结合，构建了具有重要特点的争端解决机制，丰富和发展了区域经济一体化的争端解决机制和国际商事仲裁机制，对促进世界经济的发展作出了重要贡献。

CAFTA 作为人类历史上首个完全由发展中国家组成的自由贸易区，其争端解决机制自然是首次将 WTO 争端解决机制应用于各成员国的实际情形，不可避免地存在这样或那样的缺陷。因此，CAFTA 争端解决机制为中日韩自贸区非诉讼制度提供了重要的启示。

首先，CAFTA 作为历史上第一个完全由发展中国家组成的自由贸易区，在设定非诉讼争端解决机制方面，成功地在 WTO 争端解决机制的基础上进行了诸多创新，并适用于中国—东盟成员国中，保证了 CAFTA 非诉讼争端解决机制的正当性。其次，CAFTA 非诉讼争端解决机制适当吸收了三国的传统文化，如 CAFTA 非诉讼争端解决机制在价值取向的平衡中很注重东亚传统文化中的"和谐"价值，例如，采用综合运用磋商（第 4 条）、调解或调停（第 5 条）、仲裁（第 6 条到第 9 条）等多种方式、方法，形成功能互补、程序衔接的矛盾化解体系。中日韩都接受了中国儒家思想，崇尚"和为贵"的理念，注重"和谐"价值自然是至关重要的。这一切无疑为中日韩自贸区构建非诉讼争端解决机制指明了路径，即将磋商、调解或调停等方法作为重要方式来解决争端。

最后，CAFTA 非诉讼争端解决机制也存在一些不足，为构建中日韩自贸区争端解决机制提供了教训。例如，CAFTA 非诉讼争端解决机制对公正价值没有给予适当重视，在设定多元化争端解决程序中，确定了仲裁作为最重要的争端解决方法，但是在涉及公正的程序方面没有适当借鉴当代国际商事仲裁程序中的新发展举措，存在诸多漏洞，如争端主体没有包括企业和个人、没有设定监督程序、裁决的"准据法"规定模糊不清、救济措施不明确等等。

随着全球法治化的发展，国际商事仲裁的诉讼化日益明显，各国和国际仲裁机构纷纷制定了不少相应的程序来保证仲裁裁决的公正性。特别是，日本和韩国对外开放早于中国，其国际商事仲裁制度大量吸收了国际商事仲裁的新发展举措，如果在中日韩自贸区非诉讼制度中忽视了这一点，三国就难以达成共识，不利于中日韩自贸区的正常发展。

小　结

CAFTA 作为历史上第一个完全由发展中国家组成的自由贸易区，成员国在一定程度上受到了中国传统文化的影响，信仰"和为贵"思想。CAFTA 非诉讼制度设置了较完整的争端解决制度，如包括协商、调解、调停及仲裁等方式，彰显了非诉讼制度中的和谐价值取向。这显然为中日韩自贸区非诉讼制度提供了重要启示。当然，CAFTA 非诉讼制度中过分注重仲裁制度，对其他争端解决方式注重不够。相比而言，一方面，中日韩三国民众对中国传统文化的信仰远高于 CAFTA 成员国民众，更期望采用和解方式解决民事纠纷。因此，把协商与调解置于比仲裁更重要的地位，是中日韩三国民众的共同愿望。另一方面，日韩都是发达国家，较早接受了西方非诉讼制度及法律文化，中日韩自贸区非诉讼制度中应适当接受国际商事非诉讼制度中的创新程序。

03

第三篇

| 中日韩传统文化与非诉讼制度比较 |

第七章

文化与法律的关系

文化作为人类独有的产物,对法律的产生及发展具有强大的驱动力。文化通过其具有的强大渗透力影响支配人的心智,进而通过每个人的心智对立法、执法、守法、法律意识、法律价值等法治的各个环节形成深层的渗透力和影响力。"文化的力量无形而有质,历久而弥新,能在潜移默化中起到教育、熏陶、引导、规范、凝聚、激励人们社会行为的作用。"诚如十八大报告指出,"文化是民族的血脉,是人民的精神家园。"文化驱动是法律产生及发展的极为重要的源泉,法律与文化有着天然的共生和互动关系。[①]中日韩三国的文化具有较大的相通性,同时也存在诸多差异。因此,在设置中日韩自贸区非诉讼争端解决机制的过程中,必须抓住文化与法律关系这个主要矛盾,正确理清两者的关系,从根本上作出不懈的努力,从而制定出适合中日韩文化的自贸区非诉讼制度,并为其正常运行和发展提供保证。

第一节 文化对法律的驱动性

人类自诞生起,就开始了创造文化的漫长旅程。随着人类历史的发展,文化也经历同样的发展历程,涉及的事务日趋复杂多样。文化是人类的产物,一切文化都具有人类性,所以,文化问题实质上就是人类问题。[②]中国历史源远流长,文化博大精深,其含义自然包罗万象(如知识、信仰、艺术、道德、法律及风俗等),非语言所能完全概括。因此,文化是一个多义性概念,很难对文化下一个确切的定义。不同的学者对于"什么是文化?"有不同的解说。每个人从各自的立场和理解出发,给文化概念赋予不同的内涵。[③]刘作翔曾将文化归纳为三种文化观:广义文化观、中义文化观和狭义文化观。广义文化

[①] 蔡宝刚. 法律是从"土地"中长出来的规则——增进区域法治发展的文化证立[J]. 法制现代化研究, 2014 (1): 112-126.
[②] 张中秋. 中西法律文化比较研究(第5版)[M]. 北京: 法律出版社, 2019: 406.
[③] 刘作翔. 法律文化理论[M]. 北京: 商务印书馆, 1999: 12.

观指人类社会历史实践过程中所创造的物质财富和精神财富的总和；中义文化观指人类在长期的历史实践过程中所创造的精神财富的总和；狭义文化观指社会的意识形态或社会的观念形态。①

从法律发展的视角看，文化作为人类的产物，具有以下主要特征。

一、文化与法律之源

著名学者钱穆先生曾言："一切问题，由文化问题产生；一切问题，由文化问题解决。"法律也正是如此，由文化问题产生，也将由文化去解决。②查理-路易·孟德斯鸠（Charles-Louis Montesquieu）认为，"法律应该和居民的宗教、性癖、财富、人口、贸易、风俗、习惯相适应。"③弗里德里希·萨维尼（Friedrich Savigny）也主张法律是民族精神的自然言说，"随着民族的成长而成长，随着民族的壮大而壮大，最后随着民族对于民族性的丧失而消亡。""民族的共同意识乃是法律的特定居所。"④ 哈罗德·伯尔曼（Harold Berman）也曾说："法律渊源不仅包括立法者的意志，而且也包括公众的理性和良心，以及他们的习俗和惯例。"⑤ "一个民族的法律制度像艺术和音乐一样，都是他们的文化的自然的体现。"⑥伟大导师马克思总结性地指出，"立法者应该把自己做一个自然科学家。他不是在制造法律，不是在发明法律，而仅仅是在表述法律，他把精神关系的内在规律表现在有意识的现行法律之中。"⑦

因此，不同的文化产生了与自己相对应的法律制度。无论是高位阶的国家宪法，还是处于低层级的地方法规，都要反映当时当地的道德、风俗和传统。同样，不仅法律的生成摆脱不了特定文化的约束，法律的运作和实践也离不开文化的支撑。例如，在谈到守法问题的时候，法律人总认为，对法律

---

① 刘作翔. 法律文化理论 [M]. 北京：商务印书馆，1999：23.
② 蔡宝刚. 法律是从"土地"中长出来的规则——增进区域法治发展的文化证立 [J]. 法制现代化研究，2014（1）：112-126.
③ 孟德斯鸠. 论法的精神（上册）[M]. 张雁深，译. 北京：商务印书馆，1961：7.
④ 萨维尼. 论立法与法学的当代使命 [M]. 许章润，译. 北京：中国法制出版社，2001：9.
⑤ 伯尔曼. 法律与革命——西方法律传统的形成 [M]. 贺卫方，高鸿钧，张志铭，等译. 北京：中国大百科全书出版社，1993：13.
⑥ 法学教材编辑部《西方法律思想史》编写组. 西方法律思想史 [M]. 北京：北京大学出版社，1983：369.
⑦ 中共中央马克思恩格斯列宁斯大林著作编译局. 马克思恩格斯全集（第1卷）[M]. 北京：人民出版社，1956：183.

的遵从植根于文化传统与信念之中。①显然,文化具有十分重要的区域性,是法律作为地方性知识的重要理论依据。

如此看来,不同文化基础上的法律也自然会表现出不同特点。例如,儒家文化作为中国传统社会文化的核心,自然对中国传统的法律体系和制度产生了极其重要的影响。儒家文化崇尚"国君好仁,天下无敌焉"的思想,主张治理国家不要法治方式,而是"为政以德""克己复礼"来"齐之以礼"。如果不能实现,则运用刑法来进行惩治。也就是说,儒学文化以"礼"为核心,以"孝"为最高美德,古代中国的法律并不具有最高权威性,皇权和家长权凌驾于法律之上,彰显的是以德为主的德礼刑三位一体的治国理念。

相比之下,西方国家由于受地理位置、气候等诸多因素的影响,较早地产生了简单商品经济,人们之间的经济交往更频繁,利益冲突更多,自然产生了偏重理性的传统文化。由此产生的西方法律,处理人与人之间的私法自然更发达,民法规则被人们认可,在国家治理策略中处于绝对权威的地位。特别是,西方法律中的契约精神得以推广,强调通过形式正义和程序公正来实现实质的正义。立法上,注重民主立法、人人平等;司法上,重视具体、烦琐的程序,注重依据具体的法律规则来进行判决,解决纠纷。相比之下,中国传统法律规则和司法判决则注重"和为贵"和公认的伦理,纠纷双方通过相互妥协来达成和解。

显而易见,文化是法律之源,法律的产生和运行不能离开地方性的文化传统和人们的文化精神。换言之,脱离了人们文化精神的法律,必然导致法律的形式化,造成新的法律虚无主义。②所以提到中国固有法系便不能不谈到中国文化,由中国固有文化而为中国法系的观察,乃为探本追源之论。③我国自清朝末期开始引进西方法律以来,经历了风风雨雨,可谓喜忧参半。其中的教训之一,是我们很注重移植西方法律,却没有适当地关注中国的传统文化,以至于许多已经生效的法律,由于不能与中国传统文化相契合,难以得到良好执行。④法治建设如果忽略了民族文化内在因素的作用,采取简单的"拿来主义",它的一个直接后果,就会造成整个社会文化系统的紊乱,社会

---

① [美]伯尔曼.法律与宗教[M].梁治平,译.上海:上海三联书店,1991:43.
② 范进学.法的观念与现代化[M].济南:山东大学出版社,2002:15-16.
③ 陈顾远.中国固有法系与中国文化[M]//马小红,刘婷婷.法律文化研究第七辑.北京:社会科学文献出版社,2014:63.
④ 石泰峰.社会需求与立法发展——兼析有法不依的立法原因[J].中国法学,1991(1):15-22.

系统中各文化力作用的相互抵消。可喜的是，党中央近年来意识到了我国法治建设中的这种偏差，及时予以纠正，特别注重在法治建设中发扬光大中国的传统文化，强调从传统文化中寻求智慧，着重培养人们的文化和法律素质，为我国的法治建设提供了至关重要的政治保障。

二、文化的动态性

人类创造文化，无人类即无文化。人类对美好生活的期盼及愿为此自强不息的天性，自然决定了文化具有动态的本性。文化就是"人类从野蛮以至于文明，其努力所得的成绩，而表现为政治法律道德艺术学术及风俗习惯等之综合体"。倘若文化不能演变而衰落、静止，便成了死的文化，也就失去了人生的价值。虽然文化演变的情形不像自然方面而有一定不移的规范，有确定无二的路线，但其动而不能忘其本，变而能广收其效。①在这方面，法律作为文化的一部分，自然须依文化的演变而产生相应的变化。否则，如果文化发生了演变，而法律却静止不动，必然成为无源之水，滋养缺失，难逃衰亡的命运。我国近年来在经济发展和法治建设方面的成功，就是最好的说明。例如，我国自对外开放以来，经济出现了前所未有的快速发展，迅速成为世界第二大经济体。我国政府审时度势，针对变化了的情势，从中国传统文化中吸取诸多智慧，适时对旧的法律进行修改，也制定了大量的新法，短时间内使我国的法律制度趋向完善，大大促进了经济的更快发展，推动了和谐社会建设的步伐，提高了全国人民的福祉。

第二节 文化的冲突性和包容（宽容）性

人类受自然环境及社会环境等因素的影响，本性会呈现出明显的多面性，在一定情势下，会表现出看似相悖的各个方面：有时高傲自负，狭隘乖僻；有时则宽容大气，包容万千。因此，人性是善恶皆备、复杂多变的。文化作为人类独有的产物，自然会受到人性的重要影响。在文化多元化的环境中，人们自然会觉得自己的文化文明高雅，其他文化则卑劣低下。人类这种感受，即自己的文化优于其他文化的本性，必然造成不同文化之间的冲突和对抗，

---

① 陈顾远．中国固有法系与中国文化［M］//马小红，刘婷婷．法律文化研究第七辑．北京：社会科学文献出版社，2014：60-61．

甚至导致武力冲突,对所有文化带来难以弥补的伤害。

  文化的多样性是不以人们的意志为转移的。同时,人类自诞生以来,始终面对着持续变化的自然环境,必须随时对自身进行适当的调整,以适应变化了的生活环境。这样一来,文化的多样性就成为文化的重要特征。"这种多样性的价值不仅在于它们丰富了我们的社会生活,还在于为社会的更新和适应性变化提供了资源。"①联合国教科文组织的《世界文化报告》指出,"所有人类都有能力创造文化,就是说,他们都有创造的潜力。但这并不是说他们都有或将有同样的文化,其原因就在于他们有创造性。""我们应当把文化多样性看作是:它过去已经存在,现在呈现着更丰富的形式,在将来会成为汹涌的大河。""我们的结论是:了解、赞同和甚至欢呼文化多样性并不意味着相对主义,而是意味着多元共存。"②

  从人性和伦理的视角看,人性除高傲自负外,还有"善"的一面,这决定了个人具有宽厚、谦让与容忍的自然的道德取向。也就是说,人们在发现别的文化中具有对自己福祉有益的部分时,通常能够适当汲取别的文化中的相关精神或准则,故而呈现出了一定的包容性。联合国教科文组织曾指出,"宽容在本质上具有普遍适用性:它适用于全体人类,适用于各种思想观念,适用于所有形式的哲学与宗教,适用于发达国家与发展中国家。如果不普遍适用,也就是所谓宽容。之所以说一切人民的平等权利皆源于宽容,道理就在此。宽容是以一切人类根本平等为前提的。"③一般来说,如果一种文化由于有利于多数人的福祉而被多数人所接受和包容,该文化就会被传承下去。相反,如果一种文化被多数人认为落后愚昧而鄙弃,该文化就会慢慢消亡。换言之,判断一种文化能否被传承下去,往往与政治制度的演变没有直接关系,而主要看这种文化是否反映了多数人寻求的价值取向。例如,在欧洲文明发展进程中,古希腊的政治制度被古罗马人所替代,古希腊的文化彰显了多数人寻求的民主、公平、正义等价值取向,被古罗马人所继承,并为古罗马的繁荣和强大作出了贡献。同样,4500年前繁荣昌盛的印度河流域的哈拉帕文明、3000多年前的柬埔寨高棉文明等,虽然在生活方式及建筑等方面较为先进,但并未系统彰显人们寻求的主要价值取向,遂已经先后消亡。我国

---

① 博克.多元文化与社会进步[M].余兴安,彭振云,童奇志,译.沈阳:辽宁人民出版社,1988:149.
② 转引自张志伟.全球化、后现代与哲学的文化多元性——简论中国哲学面临的困境与机遇[J].现代哲学,2004(4):58-64.
③ 陈秀萍.论法律的伦理性[D].长春:吉林大学,2006:266.

文化发展历史中的例子更是数不胜数，如元朝和清朝都是少数民族政权，但我国传统文化却得以薪火相传，其主要原因是我国传统文化彰显着各民族追求的共同价值，具有强大的普遍适用能力。

人类社会已经步入了前所未有的多元文化时期，包容性已经上升为一种价值取向，是以一定的世界观和认识论作为前提的。从世界观方面看，世界的本质不是"独元"，而是"多元"。反对"独断"的真理、道德的"排他"和"个性"的抹杀。从认识论上看，人类的理想是有限的，没有绝对的真理，人类所有的思想理论和一切认识都具有"相对性"。①那种自认为真理、美德与价值在握的人会产生一种自诩正确的优越感，"这种偏见和优越感一旦加上怀疑与恐惧，会使最谦卑最温顺的人变成万物之中最残忍的催生宽容理想的不共戴天的敌人。"②现代意义上的宽容意味着对不同文化系统中各种思维方式、价值观念、生活方式、行为方式和宗教信仰有一种客观的公平的态度，没有民族沙文主义的态度，不以本文化系统中的价值标准而对其他文化系统中的文化因素妄加评论、轻下结论。③正是因为有了这种宽容，我们的生活才变得丰富多彩，我们才容易与陌生人和谐相处，我们才更有可能发现真理的不同侧面，我们才会懂得通向正义的道路不止一条。④

第三节 法律对文化的能动性

如前所述，在多种文化之间的交流尚不频繁的情况下，文化是法律之源，是法律诞生和运行的基础，即有什么样的文化，就会有什么样的法律。然而，人类文化历史的发展表明，文化的发展和演变往往是缓慢的，法律的诞生则要快于文化的变化。法律制度通过明确社会关系，规范人们的行为，设定权利、利益和意识形态和平共处的程序规则，统一人们的价值共识，引导社会的道德观念，进而承认、稳定、传递以及强化某种文化内容，并以建构主

---

① 陈秀萍. 论法律的伦理性 [D]. 长春：吉林大学，2006：267.
② 房龙. 宽容 [M]. 迮卫, 靳翠微, 译. 北京：生活·读书·新知三联书店，1985：402.
③ 黄云明. 论宽容在现代道德中的地位 [J]. 河北大学学报（哲学社会科学版），1996（3）：79-83, 113.
④ 陈勇，宁玉民. 伦理约束与道德宽容 [J]. 北京：北京青年政治学院学报，1999，1：23.

的方式促进文化的发展。① "任何法律制度都是其共同文化不可分割的一部分。它同样也对共同文化的历史产生着作用。"②也就是说，与法律发展相比，文化的发展往往存在一定的滞后性。特别是，在当今多元化世界快速发展时期，多种不同的文化相互融合，交相呼应，这个问题更为明显。一般来说，这包括两种情形：其一，文化的发展可能先于法律，此时法律便不能满足社会的立法、执法及司法的需要，还会阻碍社会的正常发展。在这样的情形下，应加快修改已经过时的法律，制定新的法律，以适应文化的发展。其二，现行的法律领先于文化和社会的发展。随着当今世界经济及法治全球化的迅猛发展，不少国家的经济取得了较快发展，自然会加快引进国外法律的步伐。在此情形下，会经常出现法律领先于文化的现象。通常情况下，先于文化的法律会促进经济和社会的发展，有助于改善人民的福祉。另外，由于文化落后于法律，人们对新的法律可能缺乏足够的信仰，法律在司法和执行方面，可能导致诸多问题，如人们的违法现象增多、执法意识差等。"十年来，我国法治建设实际上走的是一条以大规模立法为重点的道路。而其中出现的立法相对膨胀，超过社会需求的增长水平，使法律运行系统内立法与执法、司法、守法发生断裂和失衡，法律的可行性和效益下降，是有法不依的一个深层原因。从实际结果来看，立法相对膨胀（同时有些领域立法依然不完备或无法可依）已对法治建设产生了负效应，其突出的表现就是由于许多法律缺乏实效而导致法律权威性的丧失。这不能不说是一个深刻的教训。"③

显然，在此情形下，既需要我们对立法工作予以调整，同时还要加强对人们的普法教育，培育人们对法律的了解乃至信仰，增强人们守法和执法的自觉性。

第四节 文化与法律的关系对中日韩自由贸易区非诉讼制度的启示

如前所述，文化是法律之源，把握好文化与法律的关系，自然是中日韩

---

① 何锦前. 文化决定论抑或法律能动性——文化立法的前提性论争 [J]. 湖南科技大学学报（社会科学版），2013（6）：42-46.
② 魏德士. 法理学 [M]. 吴越，丁晓春，译. 北京：法律出版社，2005：204.
③ 石泰峰. 社会需求与立法发展——兼析有法不依的立法原因 [J]. 中国法学，1991（1）：15-22.

三国构建切实可行的自贸区非诉讼争端解决机制的重中之重,绝不可掉以轻心。虽然中日韩三国文化相通,但是,由于三国在政治、经济及法治化进程中存在诸多差异,因而必须探根寻源,从文化与法律的关系方面获得启示,以免出现失误。

一、中日韩文化与三国自由贸易区非诉讼制度

正如著名学者钱穆先生所言,一切问题,由文化问题产生;一切问题,由文化问题解决。中日韩自贸区非诉讼制度的构建,必须牢牢抓住问题的关键,即三国文化的共性问题。如前所述,中国是儒家文化的诞生地,虽然曾经历了许多坎坷之路,甚至激流险滩,但是中国传统文化始终薪火相传,日趋重要。中国在法治进程中,也曾急于求成地引进西方法律,忽视了文化的建设,致使人们法治观念淡漠,一些法律难以得到遵守和执行。近年来,党和政府充分意识到了文化的重要性,正在大力弘扬传统文化,促进法治的发展。相比之下,日本也经历一个相近的历程:日本接受了儒家文化,崇尚通过"和解"的方式解决争端,同时也较早引进西方的法律,日本政府漠视了培育人们的法治观念,致使多数日本人不愿运用仲裁的方法来解决国际商事争端。与中国政府不同的是,日本政府至今仍致力于经济和法治建设,没有适当关注、培育相应的法律文化,造成日本人在使用仲裁来解决民事争端方面,仍没有多大改观。韩国的情况较为特殊:虽然韩国比日本更早地接受了中国的儒家文化,但注重的是儒家文化中的"孝"和"家"文化,对儒家文化中的核心"和谐"思想关注不够。在民事争端解决方面,韩国人民接受了通过仲裁解决争端的方式,并不像中国人和日本人那样重视运用"和解"方式解决民事争端。

可见,虽然中日韩都传承了儒家文化,但在争端解决的方式方面,各国关注的重点并不相同,这给中日韩自贸区非诉讼制度的构建带来了困难。为了在三国自贸区谈判中尽快达成共识,必须从三国的文化入手,强调三国传统文化的共性,本着"和而不同"和求大同存小异的理念,进行友好协商,尽快达成协议。

二、文化的包容性与中日韩自由贸易区非诉讼制度

前文曾提及,人性中的"善"和文化的多样性,决定了文化具有较大的包容性。这无疑为中日韩尽快达成共识,顺利构建自贸区非诉讼制度奠定了

文化理论根基。一般地说，人类社会之所以能够在荆棘坎坷中砥砺前行、步步登高，主要原因是人类创造的文化虽然呈现多样性，不同文化中也存在冲突，但是，文化的包容性决定了人类能够从不同的文化中汲取智慧来丰富自己的文化，使不同的文化相互包容，和谐发展。自谈判以来，中日韩自贸区建设已经取得了重要进展。然而，近年来，日韩两国由于历史、政治等问题，两国关系受到了较大影响，没有适时从文化方面入手，及时化解两国的矛盾，使中日韩自贸区谈判一拖再拖。中日之间也存在类似问题：中国一直积极主动地从两国文化方面展开，试图促进两国的经济合作和发展，但日本始终抱着陈旧观念不放，不愿发扬文化的包容性，没有与中国相向而动，共同前进。①

总之，中日韩三国具有文化的共性，并不存在实质性分歧。只要三国致力于寻求三国文化的共性，相互包容，诚实合作，休戚与共，积极倡导"合作""共赢""普惠"等理念，三国距自贸区的构建达成共识就指日可待。

三、中日韩自由贸易区非诉讼制度与三国文化的能动性

虽然文化是法律之源，法律是文化的一部分，但是，法律也具有一定的独立性和能动性。换言之，在法律的发展进程中，法律并不总是随着文化的发展而产生相应的发展。在一定情况下，法律会领先于文化的发展，对文化的发展有着促进的作用。这主要是因为人们在创新和接受新文化时，往往呈现出迟疑和缓慢的现象，而社会发展中的政治及经济制度的变革经常是迅速的，迫使立法工作加快进行。

必须指出，法律的发展领先于文化的情形是经常的，且会促进文化的加快发展，但法律绝不可能完全脱离文化中的根本性价值取向。也就是说，法律可以千变万化，但万变不离其宗。例如，中国传统文化在数千年的发展进程中，相应的法律浩如烟海，也促进了中国传统文化的发展，但是，中国传统文化中的"和为贵""善""孝"等根本性的精神不但没有因法律的变化而产生变异，反而更得到了完善和巩固。这给我们提供了宝贵的启示：中日韩在构建自贸区非诉讼制度时，相关规则绝不可以脱离三国传统文化中的基本

---

① 美国为了在当前俄乌冲突中削弱俄罗斯的实力，维持自己的霸权，挖空心思地挑唆北约及日本等国对俄罗斯实施制裁，离间中日关系，给中日韩自贸区谈判投下了层层阴影。建议中国从中日传统文化的共性方面入手，突破美日之间的密谋，促进中日韩自贸区谈判的顺利进行。

精神，否则，不仅会对中日韩传统文化的精髓造成伤害，还可能出现人们漠视相关法律规则的现象，甚至拒不执行法律规则。

　　法律对文化的能动性还告诫我们，中日韩自贸区非诉讼制度建成后，必然纳入世界各国及国际组织的最新规则，甚至出现三国人民认为不契合各自的传统文化，在执行中缺乏法律信任、不知所措或者抵制的现象。人们对法律是否信任，密切关系着一个国家的历史和文化传统。法律信任不可能在短期内形成，它需要历史的浸润；法律信任也不可能在真空中产生，它需要文化的烘托。①实践中，日本快速引进西方仲裁制度及规则，却忽视了培育人们法治观念，致使许多日本人对仲裁规则的职能不信任，不愿运用仲裁来解决民事争端。因此，引进新的规则只是第一步，政府后期的长期宣传和教育更重要。唯有如此，人们才能把遵守新的规则变成自己自愿的行动，充分发挥法律的应有作用。

小　结

　　文化是法律之源。特定的文化形态，必然产生相应的法律。可见，文化的这一特性，决定了中日韩自贸区非诉讼制度必须根植于三国的传统文化中。也就是说，协商、调解及仲裁调解必然成为中日韩自贸区非诉讼制度中最重要的争端解决方式。同时，文化具有较强的包容性，法律对文化具有一定的能动性，这也决定了中日韩自贸区非诉讼制度必须适当接受当今世界非诉讼制度中的新程序。从中日韩三国构建各自的非诉讼制度实践来看，三国都经历了相同的波折，即过分注重非诉讼制度的诉讼化，忽略了传统文化的决定作用，导致三国民众的不满和质疑。因此，文化作为法律的重要源泉，必须被予以足够的重视，绝不能再现先前中日韩三国在法治过程中出现的问题。显然，本章的研究为构建适合中日韩三国人民文化的自贸区非诉讼制度奠定了坚实的文化根基，其重要性是不容置疑的。

---

① 黄金兰．我国法律信任缺失的原因——历史、文化视角的解释［J］．法律科学（西北政法大学学报），2016（2）：13-21.

第八章

中国传统文化中的"和谐"价值与非诉讼制度

人类社会的发展经历了一个从家庭逐渐进入村落、城邦、国家的漫长过程,人们梦寐以求的是过上一种幸福美满的生活。然而,由于人类与生俱来的多样化本性和稀缺的自然资源,人人都期盼幸福生活的欲望必然导致相互竞争乃至诉诸战争来占有比别人更多的资源,其结果自然是人人自危,无人能够独善其身。因此,构建一个和平共处、平等互利的和谐社会,无疑成为人类社会独一无二的最高理想。

人类社会在漫长的发展过程中,产生了多彩缤纷的文化。纵观当今世界各国的文化,可以大致分为西方文化和东方文化。虽然西方和东方人民所处的自然环境相差较大,对和谐概念的理解不尽相同,但是,不同国家人民的共性决定了和谐思想是人类共同的原始思维。例如,早在古希腊时期,毕达哥拉斯(Pythagoras)就认为:"自然界也是对立面的结合,即奇与偶、有限与无限的结合。"他还把这种"和谐"思想应用于音乐和天文学中,认为"诸天体的运动表征八音度,因此是和谐的;每个天体都能发出自己的音调,乃有天体的和谐"[1]。后来的尼古拉·哥白尼(Nikolai Kopemik)、约翰尼斯·开普勒(Johannes Kepler)等天文学家也都提出了与宇宙天体有关的和谐观念。然而,在西方虽然也有对宇宙、自然界存在着和谐现象的认识,但所涉及的领域和影响都较为有限,和谐并未成为西方文明中的主流话语。[2]笔者认为,西方国家的自然环境具有海洋河流众多、丘陵遍地、高山稀少、交通方便及土壤贫瘠等特点,这迫使人们利用自然环境相互征服以掠夺自然资源,维持自己的生活。换言之,欧洲作为世界上发生战争最多的区域,人们忙于相互征服,没有休养生息的时间来深度思考其他国家治理的方法。为了调动国民参与国家征服他国的积极性,他们采用制定法律的方法,保障人们的权利,同时用法律来解决人们之间的冲突,乃至走上了法治的轨道。[3]然而,西

---

[1] 冉新. 毕达哥拉斯"天体和谐说"及其现实意义 [J]. 南方论刊, 2011 (12): 62.
[2] 孙光妍. 中国传统法之和谐价值研究 [D]. 哈尔滨: 黑龙江大学, 2006: 6.
[3] 许倬云. 中西文明的对照 [M]. 杭州: 浙江人民出版社, 2016: 198.

方国家的对抗性文明漠视了人类对和谐生活的美好向往，已经导致越来越大的贫富差距，激化了社会矛盾，致使其民主制度、经济制度及法律制度正在走向衰落。①

比较而言，中国作为东方文化的代表，所处的地理环境具有三面环山、一面环水，气候宜人，与他国交通不便的特点，这为中国人过上安定的生活提供了优越的地理条件。这样，中国历代政权致力于治理国家，很少关注他国事务，安定环境下涌现出了数不尽的思想家，创造了光辉灿烂的传统文化，其中"和谐"思想无疑成为主流话语，自然成为中国传统法的根本特征。著名英国哲学家伯特兰·罗素（Bertrand Russell）洞悉西方文化的劣根性和中国文化对全世界的重要性，在其著作《中国问题》中曾这样写道："中华民族是全世界最富忍耐力的，当其他的民族只顾及数十年的近忧之时，中国则已想到几个世纪之后的远虑。……中国人能自由地追求符合人道的目标，而不是追求白种民族都迷恋的战争、掠夺和毁灭"，"中国人摸索出的生活方式已沿袭数千年，若能被全世界采纳，地球上肯定会比现在有更多的欢乐祥和。"②美国著名学者萨缪尔·亨廷顿（Samuel P. Huntington）教授也一针见血地指出，"欧洲民主文化已结束，美国霸权正在衰落中……。中国儒家文化开始复兴。中国将恢复地区霸权地位。"③

第一节　中国传统文化中的和谐思想

中国传统文化源远流长、博大精深，创造了比较成熟的和谐理念，和谐成为中国传统文化的核心理念和根本精神。和谐是中国文化的最高价值。④《易经》中就已经出现了和谐的思维。《尚书》《周礼》中也有许多关于"执中"的观念。西周末年的思想家史伯更是系统论述和谐思想的第一人，首次提出了"和同"辩证思维理念。孔子在此基础上提出了"君子和而不同，小

---

① 许倬云. 文明变局的关口 [M]. 杭州：浙江人民出版社，2016：4.
陈乐民. 欧洲文明十五讲 [M]. 北京：北京大学出版社，2004：250.
② 罗素. 中国问题 [M]. 秦悦，译. 上海：学林出版社，1996：6-7.
③ SAMUEL P. HUNTINGTON, Clash of Civilizations and the Remaking of World Order [M]. New York：Simon & Schuster, 1997：85-106.
④ 梁治平. 寻求自然秩序中的和谐——中国传统法律文化研究 [M]. 北京：商务印书馆，2013：346.
崔永东. 中国传统法律文化与和谐社会研究 [M]. 北京：人民出版社，2011：10.

人同而不和"的主张,区别了和与同的辩证关系。其他思想家如孟子、墨子等也著书立说,丰富了和谐思想的内涵。人类社会发展过程中曾诞生过繁如灿星的文化,然而时至今日,大多数文化要么早已消亡,要么残缺不全,唯有中国传统文化在跌宕起伏的历史进程中绵延不断、生生不息。其中最主要的原因是,中国传统文化中的和谐思想较好彰显了人类的天性,契合了人类构建幸福美满社会的最高理想。也就是说,中国传统文化中的和谐思想作为中国人的智慧,正在以构建和谐世界的形式代表当今世界发展的走向,成为普遍性价值,为各国人民的福祉作出历史性贡献。

中国传统文化中的和谐思想博大精深,主要包括天人和谐、社会(世界)和谐等内容。

一、天人和谐

早在中国古代时期,原始先民在与自然的依赖和斗争过程中,通过对自然的认知,发现了自然的运行规律(天道),逐渐形成了清晰的自然观,即天与人相交感,而不是相互冲突。李大钊先生曾指出,东方文明"为与自然和解、与同类和解之文明"。[①] 在中国传统文化中,无论哲学、文学、医学、道德学,还是各种艺术,都以"和"为核心。两个对立面的协调吻合,构成一个和谐的整体,凡是有利于对方的,便有利于整体的和谐统一,也就必然反过来有利于自身;反之,凡是有损于对方的,便有损于整体的和谐统一,也就必然反过来有损于自身。这种"和"的哲理,充分体现在易文化下衍生的道家的"无为"思想、儒家的"仁义"思想和佛家的"慈悲"精神之中。而这种精神,无论对于家庭、群体、民族、国家,还是对于个人之间、家庭之间、民族之间、国家之间乃至人类与自然之间,都是广泛适用、概莫能外的。[②]

《周易》强调以天之道证成人之道,即只有顺应天道规律的"圣人"才能具有交通天人的功能,与天地相交感。道家创始人老子认为:"人法地,地法天,天法道,道法自然"(《老子·二十五章》),强调人要以尊重自然规律为最高准则,以崇尚自然效法天地作为人生行为的基本依据,"道法自然"构成了道家人与自然和谐的生态伦理精神。儒家在探究天人关系问题时,把"天"与"人"纳入一个统一的系统进行思考,认为天人之间紧密相连、不可分割,是合二为一的。从孟子的"天人相通",到董仲舒的"天人相类",

---

[①] 中国李大钊研究会:李大钊全集(第2卷)[M]. 北京:人民出版社,2006:216.
[②] 王文建. 中国传统文化中的和谐思想[J]. 理论界,2007(12):160-161.

再到宋明理学家的"天人一体",无不表现出"天人合一"的致思取向,为人际和谐、社会和谐和世界和谐等思想提供了理论依据。①

中国传统文化"天人合一""道法自然"等思想为当今世界各国人民保护好生态提供了重要的启示价值:走人与自然和谐发展之路,保护和改善生态环境、提高资源利用效率,这是我们重新审视人与自然关系后作出的理性抉择。②正是建立在中国传统文化这种认识之上,习近平提出了"绿水青山,就是金山银山"的生态文明理念,把实现人与自然的和谐统一、促进社会的可持续发展作为社会发展的基本要义。习近平的生态文明理念受到了联合国及各国的高度赞赏,为构建和谐世界作出了重要的贡献。

二、社会(世界)和谐

中国传统文化中和谐思想的基本精神是人与人之间的"贵和",也是中华民族的民族精神。西周末年的太史史伯最早提出了"和"的思想,认为只有"和"才能产生新物,并使万物茁壮成长。后来的儒道两家确立了和的意识形态,并将其系统化、理论化。一般说来,儒家重视"仁和",强调"克己复礼"与"允持其中"。儒家主张"和也者,天下之达道也"(《礼记·中庸》),"和者,天地之所生成也。夫德莫大于和"(《春秋繁露·循天之道》)。儒家还提出了以"忠恕"为核心的处理人际关系的基本原则,即"己所不欲,勿施于人"(《论语·颜渊》),"己欲立而立人,己欲达而达人"(《论语·雍也》)。儒家正是以"忠恕"之道为途径来调整人与人之间的权利与义务关系,从而实现人际和谐的,而且,儒家所谓的"和",不是绝对同一、无差别的和,而是"和而不同""中和",有差序的和谐。墨家则提出了体现博大胸怀的"兼爱"思想,要求打破贵、贱、富、贫、强、弱的界限,不分远近、亲疏,倡导以"爱人若爱其身"(《墨子·兼爱上》)的精神来实现人际和谐。③道家则重视"天和",重在万物归统于道,而"道法自然",物我一体,无为而为,纯任自然。

人际和谐作为中国传统文化的基本精神,表现在诸多方面。就国际关系而言,它主张"协和万邦",就国家治理而言,它期望"政通人和";就传统

---

① 孙光妍. 中国传统法之和谐价值研究[D]. 哈尔滨:黑龙江大学. 2006:28.
② 杨昕. 中国传统文化的和谐思想及其当代价值审视[J]. 社科纵横, 2011, 26(3):117-120.
③ 杨昕. 中国传统文化的和谐思想及其当代价值审视[J]. 社科纵横, 2011, 26(3):117-118.

法律而言，它主张"天理、国法、人情"的统一；就人际关系而言，它要求人们彼此间和睦相亲、和衷共济，认为"和气致祥"；就家庭关系而言，它告诫人们"家和万事兴"；就经营之道而言，它告诫人们"和气生财"。孟子所说的"天时不如地利，地利不如人和"，更是人们耳熟能详的，影响深远。① 中国古人始终认为，因人际关系和谐而形成的祥和之气是最美好、最可贵的，因而是最值得珍视的。②

显然，人际和谐是中国传统文化中的核心，是中国人梦寐以求的最高理想。在处理中国与其他国家的关系方面，中国一直追求"协和万邦"的世界和谐思想。也就是说，在民族与民族、国家与国家的关系上，中国传统文化历来主张和谐共处、"协和万邦"，强调以文德感化外邦，反对轻率地诉诸武力。"百姓昭明，协和万邦"（《尚书·尧典》），"首出庶物，万国咸宁"（《周易·乾卦》），强调万邦团结、和睦共处。孔子提出"四海之内，皆兄弟"（《论语·颜渊》），又说："远人不服，则修文德以来之。既来之，则安之"《论语·季氏》。孟子强调"仁者无敌"（《孟子·梁惠王上》），主张国家间要"以德服人"（《孟子·公孙丑上》），提倡王道，反对霸道。墨家代表人物墨子提出了热爱和平、反对侵略战争的"非攻"思想和主张，反对国家间"大则攻小也，强则侮弱也，众则贼寡也"的不正义战争。③

新中国成立以来，中国政府借鉴中国传统文化中的"和谐"智慧，先后提出了"和平共处五项基本原则""建立国际政治经济新秩序""构建和谐世界"等处理国际关系的倡议，受到了世界各国的欢迎。习近平代表中国政府多次向全世界完美诠释了中国人民是爱好和平的民族，指出，中华文化崇尚和谐，中国"和"文化源远流长，蕴涵着天人合一的宇宙观、协和万邦的国际观、和而不同的社会观、人心和善的道德观。在5000多年的文明发展中，中华民族一直追求和传承着和平、和睦、和谐的坚定理念。以和为贵，与人为善，己所不欲、勿施于人等理念在中国代代相传，深深植根于中国人的精神中，深深体现在中国人的行为上。④习近平特别强调，中国的先人早就知道"国虽大，好战必亡"。自古以来，中华民族就积极开展对外交往通商，而不

---

① 孙光妍. 中国传统法之和谐价值研究 [D]. 哈尔滨黑龙江大学, 2006: 33.
② 张锡勤. 中国传统的贵和精神与和谐社会构建 [J]. 学习与探索, 2006 (1): 99-102.
③ 杨昕. 中国传统文化的和谐思想及其当代价值审视 [J]. 社科纵横, 2011, 26 (3): 120.
④ 习近平在中国国际友好大会暨中国人民对外友好协会成立60周年纪念活动上的讲话 [EB/OL]. 人民网, 2014-05-16.

是对外侵略扩张；执着于保家卫国的爱国主义，而不是开疆拓土的殖民主义。2100多年前，中国人就开通了丝绸之路，推动东西方平等开展文明交流，留下了互利合作的足迹，沿路各国人民均受益匪浅。600多年前，中国的郑和率领当时世界上最强大的船队7次远航太平洋和西印度洋，到访了30多个国家和地区，没有占领一寸土地，播撒了和平友谊的种子，留下的是同沿途人民友好交往和文明传播的佳话。中国近代史，是一部充满灾难、落后挨打的悲惨屈辱史，是一部中华民族抵抗外来侵略、实现民族独立的伟大斗争史。历经苦难的中国人民珍惜和平，绝不会将自己曾经遭受过的悲惨经历强加给其他民族。①习近平近年来基于中国传统文化中的"和谐"基因，全面系统地提出了构建"人类命运共同体"的倡议，必将为建设和谐世界、造福全人类发挥史无前例的引领和指导作用。

第二节 中国非诉讼制度

前已述及，中国传统文化中和谐思想源远流长、博大精深，是中国传统文化的核心理念和最高价值。人们耳熟能详的人类历史进程中的四大文明，唯有中国传统文化一家独秀、薪火相传、发扬光大。可见，中国文化中的和谐思想自然也是当今世界各国文化中的源头。既然非诉讼制度中最能彰显和谐理念的是调解，中国当之无愧是各国各种调解制度的发源地和调解制度与文化的摇篮。

一、中国调解制度的特征

（一）中国古代社会的调解

中国古代社会通过调处解决纠纷，旨在平息诉讼，维持双方的和谐关系。早在西周奴隶制时期，在官府中即设有"调人""胥吏"，其作用就是调解官府、民间的各种纠纷。②秦朝官府中的调解制度发展为乡官治事的调解机制，县以下的行政单位即乡、亭里设"夫"，承担"职听讼"，调解民间纠纷。汉代已经建立了较完整的司法调解制度，采用的方式也比较灵活。三国、两晋、

---

① 习近平在中国国际友好大会暨中国人民对外友好协会成立60周年纪念活动上的讲话[EB/OL]. 人民网，2014-05-16.
② 张晋藩. 中华法制文明的演进[M]. 北京：中国政法大学出版社，1999：12.

南北朝时期,官府大多尊崇儒学,根据"礼"的内容调解民事纠纷。《周易·讼卦》载:"讼,终凶""讼不可长也"。孔子的著名政治理想——"听讼,吾犹人也,必也使无讼乎"(《孔子·颜渊》),为历代统治者所推崇,被视为施政和社会秩序所能达到的最高境界,也是调解所追求的理念。唐、元时期调解解决纠纷的范围进一步扩展,民间调解结果对当事人有法律约束力,当事人一般不能再以同样的事实和理由提起诉讼。

调解至明清时期已臻于完善。[①]明代进一步将儒家"无讼"观念付诸实践,认为发生诉讼是"民风浇薄"的表现,理想社会应是"无讼":即使出现民事纠纷,也尽量以不烦官府,由民间自行调处和息讼为上策。[②]清代民事纠纷的调解分为诉讼外调解和诉讼内调解两大类,诉讼外调解又称民间调解,主要有宗族调解和乡邻调解,其中的宗族调解一般由族长来调解,是民事纠纷的必经程序;诉讼内调解是在州县官的主持下进行调解,对民事纠纷带有一定的强制性,也是县官的责任。

中国古代的调解是一种多元化机制,基本上包括民间调解和官府调解。民间调解可分为民间自行调解和乡治调解。前者指纠纷发生后,主要由德高望重的长辈、贤良人士或邻居、亲友等主持调解,解决纠纷;后者指统治者在基层社会设立的组织和小吏主持的调解。此外,明清时期宗族调解已经成为重要的调解方式,兼顾了民间调解和乡治调解的优点,得到了国家的重视和支持;民间调解所依据的主要是乡规民约和风俗习惯等社会规范,遵循情理和礼义等基本原则,主要功能是减少讼累和维护社会稳定,保持地方的安定和谐。

官府调解指州县地方官在诉讼中主持参与的调解。虽然官府调解并非法律规定的固定程序,但具有诸多特点:一是州、县官作为一方的"父母官",将调解置于民法审判中的优先地位,即先进行调解,调解不成才进行判决。二是"父母官"在依照法律的前提下,通常根据个案的具体情况,运用儒家的道德规范和人情,进行调解和审判。三是官府调解与教化有机结合。古代社会农民文化水平较低,国家的民事法律规则并不齐全,"父母官"则大多受过教育和儒家文化的熏陶,深知和谐的重要性,通常在调解中将道德规范纳入调解中,既能解决纠纷,又能维护地方社会秩序。

总之,中国古代调解制度具有息讼、平息纠纷的功能,有助于维护社会

[①] 范愉. 非诉讼程序(ADR)教程[M]. 北京:中国人民大学出版社,2020:57.
[②] 穆子砺. 论中国商事调解制度之构建[D]. 北京:对外经济贸易大学,2006:41.

稳定，是当时司法制度的一种补充。民间调解在中国古代社会是一种比较有效的纠纷解决方式。诉讼对当事人来说有诸多不愉快的经验和肉体上的、心理上的以至经济上的风险。[①]当然，这种调解也存在一定的局限性。首先，调解主要依据伦理道德、民间习俗及族长意志，没有注重对当事人的法律权利的保护。其次，中国古代调解的权力大多数被当地土豪劣绅把持，为这些人称王称霸披上了一层貌似合理的外衣。[②]

（二）中国现代调解制度

中国现代调解制度作为当今世界最为发达的调解制度，主要包括法院调解、仲裁调解、行政调解、人民调解和民间调解制度。

1. 法院调解制度

我国的法院调解制度是我国民事诉讼中的一项重要制度，是指在法官的主持和协调下，双方当事人通过自愿协商、达成协议，经人民法院认可，以终结诉讼活动的行为。我国的法院调解制度起源于革命战争时期的"马锡五审判方式"，把法院审判和调解结合起来。法院调解要遵循自愿、合法、查明事实、分清是非的原则。调解达成协议并形成和送达调解书后，对当事人有拘束力，当事人不能上诉。

2. 仲裁调解制度

仲裁调解制度指仲裁委员会在仲裁程序中，可以进行强制性的仲裁裁决，也可以进行引导性的调解。调解达成协议后，根据当事人的意愿，可以将调解协议制作成调解书，也可以将其制作成裁决书。

3. 行政调解制度

行政调解指行政机关在履行行政职能的过程中，对相关的民事争议进行调处。一般来说，行政机关可以依法直接进行这样的调解活动，不必事先获得当事人的同意。行政调解所达成的协议不具有拘束力，要靠当事人自觉履行。

4. 人民调解制度

人民调解是我国特有的一种调解制度。该调解制度是由作为群众自治组织的人民调解委员会所从事的调解，人民调解委员会是依法在基层政府组织的领导下建立的。人民调解制度的雏形孕育于第一次国内革命战争期间的中

---

① 强世功. 调解、法制与现代性：中国调解制度研究 [M]. 北京：中国法制出版社，2001：97-104.

② 张晋藩. 中华法制文明的演进 [M]. 北京：中国政法大学出版社，1999：19.

国共产党领导的农民运动大潮中,当时的农民组织都设有负责调解仲裁的机构。第二次国内革命战争期间,革命根据地的苏维埃政府实行村、乡、区逐级调解制度。抗日战争时期,共产党领导的解放区大规模推广了调解方式,并使其制度化、法律化。当时的调解制度成为解放区政府建立的治理机制的重要组成部分,较好地满足了当时的社会需求。①

新中国成立后,人民政府推广了解放区的调解经验,为减少当时计划经济体制下人们的讼累,提供了最经济和有效的纠纷解决途径。我国对外改革开放后,市场经济得以建立,纠纷数量和类型与日俱增,对当时的非诉讼制度提出了新的要求。1989年《人民调解委员会组织条例》确定了人民调解的三项原则:依法原则、自愿原则和不限制诉权原则。显然,依法调解原则的确立奠定了人民调解与法亲和的基础,使人民调解纳入了法治的轨道。特别是,2010年8月,全国人大常委会通过了《中华人民共和国人民调解法》(2011年1月1日起施行)。这部新法坚持人民调解的群众性、民间性和自治性,进一步完善了人民调解的组织形式,体现了人民调解的便利性和人民性,明确了人民调解协议的效力和司法确认制度,突出调解优先。②

5. 民间调解制度

民间调解有广义和狭义之分。广义的民间调解指法院调解之外解决民间纠纷的各种方式的调解,包括人民调解。③狭义的民间调解指"由民间组织或个人主持的以民间通行的各种社会规范为依据通过对纠纷当事人进行说服、劝解促使他们互相谅解并自动消除纷争的活动"④。民间调解具有自治性、社会性、非司法性,在解决纠纷方面有不同于仲裁和审判的优势,能够避免严格适用法律的尴尬,有利于当事人良好关系的长久维系。实践证明,民间调

---

① 范愉. 非诉讼程序(ADR)教程 [M]. 北京:中国人民大学出版社,2020:60.
② 齐树洁. 外国 ADR 制度新发展 [M]. 厦门:厦门大学出版社,2017:31.
③ 人民调解是在不断继承、吸纳和扬弃民间调解的基础上形成的富有中国特色的一种非诉讼纠纷解决机制。从广义的视角看,人民调解与民间调解之间存在诸多区别,其中主要的是:(1)人民调解的主体是依照《中华人民共和国宪法》和《中华人民共和国人民调解法》规定,经群众直接选举而产生的调解民间纠纷的专门组织;民间调解的主体是纠纷当事人认同和信服的第三方。(2)人民调解的依据是以法律为主,社会公德和风俗习惯为辅;民间调解主要是以不违背法律的民间法、风俗习规、社会公德为依据。(3)人民调解有法定的原则和程序,民间调解则有较大的随意性。(4)人民调解委员会是法律规定的司法辅助手段,民间调解则具有非官方性。(5)人民调解委员会的权力来源于法律授权,民间调解第三方权力来源于纠纷双方当事人的赋予。(https://wenku.so.com/d/aac957f4954 ba5e819e6da1061bdfd11,2021-09-22. 访问。)
④ 沈恒斌. 多元化纠纷解决机制原理与实务 [M]. 厦门:厦门大学出版社,2005:196.

解能更好地发挥民间调解解决纠纷的优势和社会功能。①

2006年中国共产党第十六届六中全会通过的《中共中央关于构建社会主义和谐社会若干重大问题的决定》,清晰地勾画出建立党和政府主导的维护群众权益机制,包括人民调解、行政调解、司法调解的多元化纠纷解决机制的蓝图。习近平总书记在2019年年初的中央政法工作会议上提出,要"把非诉讼纠纷解决机制挺在前面"。显然,我国非诉讼制度进入了一个新的发展时期,必然会促使民间调解制度进一步完善,为我国和谐社会的建设作出更大的贡献。

(三) 中国调解制度的主要特点

人类社会的发展表明,任何国家的法律制度的设立都经历过从无到有、臻于完善的过程。由于文化对法律制度的发展有着强大的驱动力,各国各具特点的文化必然产生互有不同的法律制度。换言之,各国在法律制度产生之前,都通过非诉讼的方式来解决人们与生俱来的纠纷,其中主要的方式就是调解。相比而言,中国文化中源远流长的和谐思想,必然产生与之相适应的调解制度,成为各个非诉讼制度中的特有风景。

1. 博大精深的和谐思想是中国调解制度的核心价值

如前所述,中国文化之所以成为人类社会发展过程的四大文明中唯一生生不息的文明,而且随着国际社会的发展,更加根深叶茂、历久弥坚,是因为她孕育的和谐文化契合了人类追求幸福生活的本性,不仅深植于中国人民心中,也得到了各国人民的赞许。中国调解制度根植于中国文化中的和谐思想,通过调解达成的纠纷解决方案自然会得到人们的欢迎和执行,既可以节约资源、减少讼累,也可以使安定和谐的社会秩序得以维持。

从国际的视角看,中国的调解制度基于中国文化中的和谐理念,对建设和谐世界具有特别重要的意义。著名美国学者塞缪尔·亨廷顿(Samuel D. Huntington)明智地指出,"在未来的岁月里,世界将不会出现一个单一的普世文化,而是不同的文化和文明相互并存,而如何维持这种和平共处的关系,就要靠各方的协调。"②

---

① 张艳丽. 中国民间"调解法"立法模式及制定[J]. 北京理工大学学报(社会科学版),2015 17(2):115-120.
② 亨廷顿. 文明的冲突与世界秩序的重建[M]. 周琪,刘绯,张立,等译. 北京:新华出版社,1998:2.

2. 国家和政府积极主导

自古以来中国就有国家和政府主导调解的传统。在中国古代社会，州、县"父母官"会行政及司法一肩挑，亲自教化人民通过调解解决纠纷，一旦调解失败，"父母官"会亲自坐堂审理，作出裁决。即使在民间自行调解、乡治调解及宗族调解中，调解人的权利或调解范围也需要国家的授权或认可。[①]近年来，国家积极致力于确立多元化纠纷解决机制的发展战略，建立健全非诉讼纠纷解决机制。

反观西方国家，政府和人民主要依靠法律来解决纠纷，政府较少参与调解，民间调解更是自治和独立进行。例如，西方国家的商人早在公元前18世纪的古巴比伦时期，就开始通过商人自己的磋商或调解来解决纠纷。然而，由于西方的地理环境呈现土地狭小、资源短缺、航海方便等特点，一些国家主要靠外侵来掠夺他国资源，致使具有不同文化的各国人们交往频繁，因缺少统一的和谐文化资源，只能依赖于法律来调整彼此之间的关系。这样，西方国家的磋商和调解并未成为民间纠纷解决的主要方式，和谐文化也未成为社会主流文化。

3. 人民调解和民间调解发展迅速

随着国家近年来对和谐社会建设的重视，各种社会组织和民间纠纷解决机制正在迅速发展，除人民调解外，各种新型多元化的民间调解、商事调解发展很快。可以预见，随着网络化、大数据及技术的发展，必然产生多元化的纠纷，自然需要相应的多元化纠纷解决机制。例如，具有高度专业性、行业性的纠纷越来越多，如劳动争议、交通事故、医疗纠纷、舆情监督及信息公开等，必然要求采用新的纠纷解决方式，如网上调解、网上协商、网上谈判、网上鉴定评估等。

二、中国国际商事仲裁制度的主要渊源和特征

（一）中国国际商事仲裁制度的主要渊源

随着经济、法律全球化的发展，我国的国际商事仲裁制度也有了较大发展。一般来说，中国国际商事仲裁制度主要有两大渊源：一是我国悠久的传统文化和仲裁历史；二是西方国际商事仲裁制度。在古代中国，仲裁这种解决方式是否运用于不同国家间的商贸纠纷鲜见记载，但在国家间的政治争议和国内民事争议中采取仲裁方式来解决争端确有记载。如《左传·成公四年》

---

① 范愉. 非诉讼程序（ADR）教程［M］. 北京：中国人民大学出版社，2020：58.

中记载：鲁成公四年，郑、许二国发生纠纷，"郑伯伐许，取鉏任泠敦之田"。郑、许二国同意将争端交给楚臣子反来仲裁。①但在民事争端解决中，古代中国并没有对仲裁与调解进行严格意义上的区分。据史料记载，中国古代调解最早可追溯到奴隶社会的周代，如《周礼·地官》所载官名中记有"调人"，"调人掌司万民之难而谐和之"。而周与众诸侯国的关系当不如中央政府与地方政府之间紧密，调人之"掌司万民之难而谐和之"可视为国际商事仲裁的雏形。②

西方国际商事仲裁制度是我国国际商事仲裁制度的另一个重要渊源。现代国际商事仲裁制度起源于古希腊和古罗马时期。公元前621年，希腊就有了成文的法律制度，其中包含有仲裁的内容，城邦之间发生争议，常常采用仲裁方式解决。公元前5世纪，古罗马共和国曾制定了举世闻名的《十二铜表法》，其中对仲裁多有记载。当时地中海沿岸一带，海上交通发达，各国人民交易方便，国际商事取得了较快发展。各城邦和港口之间的商事往来增多，由此商人之间的商事纠纷亦逐渐增多。为及时解决商人之间的各种商事纠纷，在纠纷当事人自愿的基础上，当事人共同委托人们信赖、德高望重、办事公道、熟悉情况的第三人对纠纷进行居中裁判。公元11世纪左右，随着商事活动在地中海沿岸、意大利各城邦之间的日益频繁，专门用来调整跨国商事关系的商人习惯法逐渐产生，其中内容已涉及商事仲裁。13、14世纪意大利商事仲裁比较活跃，出现了国际商事仲裁。③中国明清两代，随着资本主义的萌芽，具有工匠和商人协会性质的"行会"随之出现，其产生源于共同参与宗教庆典与共同救助的需要，随后行会又为共同的商业利益而在买卖过程中起着积极作用。行会的功能之一便是解决行会成员的内部纠纷。④

我国的近现代仲裁制度在民国时期已建立起来，新中国的仲裁制度是从1956年开始建立的，但是真正有了比较完备的仲裁制度是1994年《中华人民共和国仲裁法》的出台。⑤

(二) 中国国际商事仲裁制度的主要特征

与国际商事仲裁制度相比，中国国际商事仲裁制度具有诸多特征，其中

---

① 孙玉荣. 古代中国国际法研究 [M]. 北京：中国政法大学出版社，1999：172.
② 常怡. 中国调解制度 [M]. 重庆：重庆出版社，1990：3-4.
③ 陈忠谦. 仲裁的起源、发展及展望 [J]. 仲裁研究，2006 (3)：44-49.
④ 邓瑞平，孙志煜. 论国际商事仲裁的历史演进 [J]. 暨南学报（哲学社会科学版），2009，31 (6)：92-99.
⑤ 黄进. 建立中国现代仲裁制度的三点构想 [J]. 中国法律评论，2017 (3)：184-188.

最重要的是中国传统文化中的和谐思想的集中体现。

1. "和谐"成为中国国际商事仲裁制度的重要价值

中国国际商事仲裁制度视和谐为重要的价值，在价值取向方面这成为区别于国际商事仲裁制度的主要特征。西方国家传统文化中一直崇尚相互竞争理念，缺少博大精深的和谐文化，在他们主导的国际商事仲裁制度中始终把自治、公正及效率等设定为价值取向。实际上，这些价值的实现必须以和谐为基础，和谐也自然成为实现上述价值取向的根本宗旨。换言之，如果没有和谐的社会环境，上述价值必然无法实现。相比而言，我国的仲裁立法和实践根植于自己的传统文化，更注重构建双方当事人的和谐关系，这构成了我国仲裁立法和实践的重要特征。例如，上海《自贸区仲裁规则》规定了友好仲裁，从而为促进和谐理念、维持当事方之间的继续友好合作创造了条件。东亚国家（特别是日本和韩国）受中国传统文化的影响较大，其立法及仲裁规则都推崇和谐理念。例如，他们在立法中特别注重不同文化之间的和谐，强调合作共赢。[①] 他们在纠纷解决实践中十分偏爱调解方式，不愿意通过诉讼或仲裁解决纠纷。

2. 中国仲裁与调解相结合制度享誉全球

中国国际商事仲裁制度依据中国传统文化的和谐思想，妥当解决国际商事仲裁的理论和实践，创新性地建立了被誉为"东方经验"的仲裁与调解相结合制度。和谐思想是我国仲裁与调解相结合制度的指导思想。[②]中国传统文化中的和谐思想自诞生以来，逐渐成为中国传统文化中的核心，这使中国传统法具有了不同于西方的、德主刑辅的特征：从西周时期礼法混同，到春秋时期的礼法分离，再到战国至秦独任法治的过程，经过汉儒反思，确定了礼法结合、德主刑辅，最终在唐代完成了融礼法为一尊，将以德治国的观念定型化。德治思想始终是中国传统政治伦理思想中的核心和主流。德治是中国传统法中和谐价值之本。虽然作为中国传统文化核心的儒家文化所倡导的"德主刑辅，德表法里"的政治治理方略在一定意义上成为中国闭关锁国乃至近代被动挨打的重要原因，但是，儒家伦理政治符合中国的国情，长期保障着中国大一统的封建专制社会的长治久安，不仅是封建社会实现阶级统治的

[①] FAN K. Salient Features of International Commercial Arbitration in East Asia: A Comparative Study of China and Japan [J]. American University Business Law Review, 2016 (5): 447-448.

[②] 沈四宝，沈健. 中国商事仲裁制度的特征与自主创新 [J]. 法学, 2010 (12): 31-34.

需要，在客观上有时也能反映出整个社会的共同需要。①

因此，中国人自古以来崇尚的"礼之用，和为贵""天时不如地利，地利不如人和"的处世观念和哲学思想，决定了中国的调解历史也是源远流长的，中国成为调解的故乡。②中国调解制度的漫长发展历程再一次表明，中国人几千年来始终不渝地将"和谐"思想视为中国传统文化的核心，义无反顾地致力于和谐社会的建设。中国领导人李瑞环曾指出，"人类的历史，无论是中国历史，还是国际关系史，都清楚地表明，凡是和平时期、和平的环境，人类就发展、就繁荣，反之，就落后、就衰败……"③因此，和平是人类发展、提高人民福祉最重要的前提，中国传统文化中的和谐智慧将为全世界作出更大的贡献。

我国自对外开放以来，随着国际商事交易的快速发展，国际商事纠纷也相应地日趋增多。为了适当借鉴中国传统文化中的和谐智慧，同时发挥国际商事仲裁的优势，以便友好地解决中外商事争端，中国国际经济贸易仲裁委员会于20世纪50年代最早开始了仲裁与调解相结合的实践，经过40多年的仲裁实践，相关程序不断完善，发扬光大，取得了较好的成就，在世界上引起了广泛的关注，为国际商事仲裁制度的发展作出了中国人的贡献。

中国国际商事仲裁中仲裁与调解相结合有两种形式：（1）中国仲裁机构受理案件后，仲裁与调解相结合。也就是说，仲裁案件受理后，当事人可以在仲裁庭外自行达成和解，也可以在仲裁庭调解下达成和解。在仲裁庭之外达成和解的当事人可以请求仲裁庭根据其和解协议的内容作出裁决书结案，也可以申请撤销案件。在仲裁庭组成前撤销案件的，由仲裁委员会秘书长作出决定；在仲裁庭组成后撤销案件的，由仲裁庭作出决定。（2）仲裁委员会之外通过调解达成和解协议后与仲裁相结合。④依据中国国际经济贸易仲裁委员会《仲裁规则》第40条的规定，当事人在这种情况下，可以凭当事人的仲裁和解协议，请求仲裁委员会指定一名独任仲裁员，按照和解协议的内容作出仲裁裁决。

仲裁与调解相结合的方式较好地将调解和仲裁各自的优势融为一体，与仲裁相比，具有诸多好处：第一，它可以省掉一个单独进行调解的程序，大

---

① 孙光妍. 中国传统法之和谐价值研究 [D]. 哈尔滨：黑龙江大学，2006：67.
② 穆子砺. 论中国商事调解制度之构建 [D]. 北京：对外经济贸易大学，2006：39.
③ 李瑞环. 学哲学，用哲学（下册）[M]. 北京：中国人民大学出版社，2005：574.
④ 康明. 商事仲裁与调解相结合的若干问题 [J]. 北京仲裁，2007（1）：90-123.

大简化了程序,不必为争议进一步寻找证据、准备文件资料,而可以全身心地投入新的生产经营活动中去,促进自身事业的发展。①第二,调解的结果可以得到执行。如果调解成功,达成和解协议,它的自动执行的可能性非常大,如果把和解协议做成仲裁裁决,执行力有保证。因此,一般来说,仲裁和调解相结合的结果的执行性是有保证的。第三,维持双方当事人的感情,为以后更好合作打下坚实的基础。

由于调解符合和谐社会的发展方向,所以,即使传统的西方国家现在也开始注重调解的作用,比如英国,开始在诉讼中运用调解机制,成果显著。仲裁与调解相结合本来就是"东方经验",因此,无论是从法律规定方面还是实践操作领域,这一做法均得到肯定和大力发展。②美国、法国及意大利等国家也开始注重国际商事仲裁中调解的作用,出台了相应的法律。尤其是,联合国国际贸易法委员会于1980年12月4日出台了《UNCITRAL调解规则》,大大促进了各国调解立法和实践的发展。遗憾的是,我国进行法治建设以来,不少人过分迷信法治的作用,忽略了中国传统文化中的和谐思想在解决国际商事争端中的作用,致使中国仲裁制度诉讼化明显,中国仲裁与调解相结合的制度无论是在理论上还是在程序方面,都存在诸多问题有待完善。习近平总书记多次告诫我们要有文化自信,善于从中国传统文化中寻找智慧,为我们更加充分地发挥调解在国际商事纠纷解决中的作用,指明了发展方向。

小　结

习近平总书记多次提出,"中华优秀传统文化是中华民族的精神命脉,是涵养社会主义核心价值观的重要源泉,也是我们在世界文化激荡中站稳脚跟的坚实根基。"③ "要加强对中华优秀传统文化的挖掘和阐发,努力实现中华传统美德的创造性转化、创新性发展,把跨越时空、超越国度、富有永恒魅力、具有当代价值的文化精神弘扬起来,把继承优秀传统文化又弘扬时代精神、立足本国又面向世界的当代中国文化创新成果传播出去。"④中华传统文化

---

① 康明. 商事仲裁与调解相结合的若干问题 [J]. 北京仲裁,2007 (1): 90-96.
② 康明. 商事仲裁与调解相结合的若干问题 [J]. 北京仲裁,2007 (1): 90-101.
③ 习近平: 在文艺工作座谈会上的讲话 [EB/OL]. 新华网,2014-10-15.
④ 习近平在省部级主要领导干部学习贯彻十八届三中全会精神全面深化改革专题研讨班开班式上的讲话 [EB/OL]. 人民网,2014-02-18.

博大精深，数千年生生不息，其中的和谐理念无疑是核心精神。正因如此，中国传统文化在人类历史上首次孕育出了具有特色的调解制度，完全契合了当今世界"人类命运共同体"及和谐世界的建设，代表着人类社会发展的主流。因此，笔者建议基于中日韩三国都信仰中国传统文化的客观事实，调解及仲裁调解应该成为中日韩自贸区非诉讼制度中首要的争端解决方式，源于西方国际商事仲裁制度的仲裁作为辅助方式。这是各国人民追求世界和平的愿望，也是中日韩民众的期盼。

第九章

日本传统文化中的"和谐"价值与非诉讼制度

与中国相比,日本的历史较短。日本较好地利用了与中国毗邻的地理优势,大量接受了中国文化。进入现代社会后,日本开始引进西方的政治、经济及法律制度。因此,日本的非诉讼制度纳入了中国文化和西方文化的因素,具有自己的特点。日本是中日韩自贸区中的经济强国,其非诉讼制度对设计适合中日韩自贸区非诉讼制度,无疑有着重要意义。

第一节 日本对中国传统文化的接受

人类发展史上,不同的种族和国家在不同的自然环境和历史背景下,会创造出不同的文化,使世界变得精彩纷呈、光彩夺目。世界文明进程中,不同民族和国家之间,不同的文化会相互交流、相互碰撞、相互融合,世界因此而发展。季羡林教授曾言文化具有向外扩散的特征:"文化有一个突出的特点,就是,文化一旦产生,立即向外扩散,也就是我们常说的'文化交流'。文化决不独占山头,进行割据,从而称王称霸,自以为'老子天下第一',世袭珍藏,把自己孤立起来。文化是天下为公的。不管肤色,不择远近,传播扩散。人类到了今天,之所以能随时进步,重要原因之一就是文化交流。"[①]

日本位于亚洲大陆东部的太平洋中,由3000多个大大小小的岛屿组成。国土呈东北西南走向,自东北到西南,岛屿相连,绵延数千千米,东西两边是海洋,陆地面积狭窄,东边是辽阔的太平洋,西边是朝鲜半岛和中国。日本作为与中国隔海相望的国家,虽然拥有四面环海的优越地理位置,但原始社会时期航海业不够发达,导致日本列岛相对封闭,与外界交流困难,文化远比中国落后,后来,为了求得发展,日本开始大范围地接受中国文化,获益匪浅。

[①] 季羡林.东方文化集成(总序)[M]//沈仁安.日本起源考.北京:昆仑出版社,2004:5.

据学者研究，早在绳文时代后期（距今约3000年），中国列岛与日本列岛之间就有了文化交流。①由于当时中国文化刚刚萌芽，中日两国的交流主要限于民间交往，相互了解。有学者认为，日本首次接受中国文化应源于商朝时期的箕子东迁朝鲜半岛。因为当时的商纣王耽于女色，忠臣箕子力谏被拒，率众数千人移民到朝鲜半岛，带去了中国文化，后来，朝鲜半岛的中国文化又传到了日本列岛。②秦汉时期，中国两次大的移民活动加快了日本接受中国文化的进程，一次是徐福东渡日本，另一次是卫满东移朝鲜。

中国战国时期，文化发展中出现的"百家争鸣"局面，大大促进了中国传统文化的发展。儒、墨、道、法、名、阴阳等各学派纷纷聚徒讲学，著书立说，自由争辩。诸子百家们论古道今，相互争论，在思想、文学、史学、艺术和科技诸多领域大作频出，争奇斗艳。其中影响人们思想的主要学说是阴阳五行学说和老庄的道家思想。

在日本的弥生时代，即公元前3世纪前后，不少中国人移民去朝鲜定居，间接地把中国先进的农耕文明传到了日本，如水稻种植、纺织业以及铁器、铜器及陶器等，改善了日本人的生活条件。③

在大和时期，即公元300年左右到592年，日本进入古代时期，各部落国家开始主动积极地与中国交往，以便得到中国的政治支持，同时，开始系统接受中国的先进文化，增强各部落的实力。在接受中国的思想方面，最重要的是中国的儒家思想。在中国隋朝时期，儒学思想在日本已经得到了较广泛的传播，例如，603年，日本圣德太子依据儒家的君君、臣臣、父父、子子等级关系，制定了冠位十二阶，把德、仁、礼、信、义、智运用到了行政治理之中。同时，圣德太子还派出随使到隋朝学习儒家思想，并把大量相关典籍带回了日本，如在隋朝留学的高向玄理，在中国留学长达33年之久，广泛考察了中国人的生活，深入、系统地学习了中国的政治、经济、思想、文化，被任命为博士，回日本后负责教育工作，为在日本传播中国的传统文化作出了较大贡献。

儒学传入日本之前，日本人仍处于一种自然、单纯的状态，缺乏对于善恶邪正的道德标准，尤其是天皇缺乏治理国家的系统思想。因此，儒家思想

---

① 张世响. 日本对中国文化的接受——从绳文时代后期到平安时代前期 [D]. 济南：山东大学，2006：19.

② 张世响. 日本对中国文化的接受——从绳文时代后期到平安时代前期 [D]. 济南：山东大学，2006：26.

③ 郑彭年. 日本中国文化摄取史 [J]. 杭州：杭州大学出版社，1999：12.

对日本人的影响是全方位的。

到公元7世纪，中国经典"四书""五经"等都已经传播到了日本，儒学思想已经被统治者接受，并利用到统治政策中。因此，在日本明治维新之前，可以说中国的儒家思想统治着日本的政治、社会、经济生活等各个方面，维系着社会的发展。儒学思想在政治、道德、习俗等方面对日本产生了重大影响。[①]

第二节 日本非诉讼制度

日本较早接受了中国传统文化中的和谐思想，非诉讼制度自然也源远流长。早在德川时期，调解制度已萌芽。日本近代调解则产生于江户时代的《相对济令》、内济制度和明治时期的劝解制度。[②]凭借其自由灵活、高效便利的优势，调解在当时的社会情境下广受欢迎。[③]从非诉讼的运作主体看，日本非诉讼制度包括司法非诉讼制度（指民事调解与家事调解）、行政非诉讼制度及民间非诉讼制度。从非诉讼的运作方式看，日本的非诉讼制度采用多种方式，其中调解方式使用得最为广泛。

一、日本调解制度的特征

日本古代受中国法文化和法律制度的影响，自身又缺乏完整的法律制度，因而十分强调民事争议的非讼解决方式。《相对济令》作为江户幕府发布的临时法令规定，某些种类的金钱债权纠纷在特定时间不得作为债权参与诉讼。内济制度是与江户幕府的诉讼相互衔接的调停、和解性纠纷解决制度。内济制度通常是向法院起诉之前的必经程序，由大地主、名望家族或村吏先行调解，劝解成功则达成和解。[④]

日本的调解制度包括司法型调解制度（民事调解和家事调解）、行政型调解制度及民间型调解制度。民事调解由日本在1951年专门颁布《民事调解法》进行规制，将除家事纠纷和劳动纠纷外的各种调解制度加以统一。家事

---

① 张世响. 日本对中国文化的接受——从绳文时代后期到平安时代前期 [D]. 济南：山东大学，2006：117.
② 吕珏. 中日调解制度比较 [J]. 山西高等学校社会科学学报，2002，14（10）：69-71.
③ 齐树洁. 外国ADR制度新发展 [M]. 厦门：厦门大学出版社，2017：417.
④ 范愉. 非诉讼纠纷解决机制研究 [M]. 北京：中国人民大学出版社，2000：51-52.

调解则与家事审判一起被归入了日本《家事事件程序法》中。此后，该法于2003年进行了修订，增设律师兼职法官制度，赋予律师民事调解法官之职能。①

（一）日本司法型调解制度的特点

日本民事调解制度的发展经历过波折：在1875年，随着司法权的集中和法院体系的重组，内济制度被取消了，调解不再是必经程序。后来日本仓促引进的欧洲大陆的民法制度并不完全适合日本社会的发展需要，因而日本急需寻求一种过渡性的途径，缓解西化的法律体系和诉讼制度与日本本土社会现实矛盾。这样，日本民事调解制度得以恢复，开始颁布一系列的调停法，如《商事调停法》（1926年）、《劳动争议调停法》（1926年）、《人事调停法》（1939年）等。直到1951年的《民事调解法》，才将家事和劳动争议以外的各种调解制度加以统一。

日本司法非诉讼调解制度的主要特点，一是调解制度建立于现代性的法律体系之上，具有明显的司法性，如日本法院进行调停时坚持不公开原则，我国法院调解坚持公开审理的方式与步骤；②二是日本调解的运作主要依据相关法律规则，对民间习俗及道德准则等关注不够；三是重视并聘任有资质和有见识的专家为调解员。

（二）日本司法型家事调解制度的特点

前已述及，日本较早接受了中国传统文化，国民偏爱使用调解等和谐方式解决民事纠纷。同样，日本是亚洲较早引进欧洲大陆法制度的国家，二战后也受到了美国法律制度的影响。因此，日本家事调解制度具有一些特点。

1. 传统文化中"和"的理念

由于日本国民深受中国传统文化"和谐"思想的影响，日本人信奉"和"的理念。虽然社会实现了现代化，但诉讼增长缓慢，国民仍追求情、理、法的结合，依靠非诉讼争端解决方式解决民事纠纷。日本非诉讼制度的基本理念是圆满地解决纠纷，其基本方式倾向于通过说服（包括权威影响力与和缓的方式）使当事人心悦诚服地接受处理结果，并由此最大限度地维系良好的社会关系。③

---

① 齐树洁. 日本调解制度［J］. 人民调解，2020（6）：57.
② 张艳斐，高翔. 日本法院附设调停制度与我国法院调解制度的比较研究［J］. 法制与社会，2007（2）：378-379.
③ 范愉. 非诉讼程序（ADR）教程［M］. 北京：中国人民大学出版社，2020：88.

2. 程序设计

自 20 世纪开始，法治国家特别是福利国家，围绕着如何保障社会成员有机会获得实质正义，进行了持续不断的司法改革：一方面通过程序的简化和便利增加民众利用司法的机会；另一方面，将正义与司法（法院）区分开来，重新理解和解释正义的内涵，通过司法的社会化，公民有机会获得纠纷解决的权利。①日本家事调解制度受此影响，在程序设计上主要采用了强制性的前置性调解和灵活调解程序。

强制性的前置性调解既增加了当事人利用调解的机会，又减轻了法院办案压力，节约了司法资源。当然，这种程序也存在漠视当事人意愿和期望的不足。②此外，由于日本《家事事件程序法》并未对调解应采取何种形式作出具体规定，司法实务中形成了一些常态化的做法，如别席调解和同席调解。别席调解指调解委员会分别单独听取当事人的事实陈述，以避免另一方当事人当场反抗。别席调解的益处是，一方当事人可以自由表达内心想法，陈述对方的缺点。当然这种程序也存在明显缺点，如当事人可能无所顾忌地对对方进行人身攻击；当事人可能会对调解委员会的做法产生暗箱操作的质疑。为了纠正这些缺点，受"调解合意观"的影响，别席调解渐渐被同席调解所取代。后者的优点是有助于当事人进行相互交流、减少彼此感情上的纠葛、调解委员更容易获得当事人的信赖等等。③

（三）日本民间型调解制度的特点

日本作为亚洲较早接受西方法律制度及文化的国家，民间非诉讼制度也经历了一个兴盛、衰落、复兴的过程。近年来，现代日本的社会发展催生了新的社区、行业协会、民间团体等自治共同体形式，并形成了新的民间纠纷解决机制。④日本的民间非诉讼机构主要包括仲裁机构、地区律师协会、准律师协会，以及专门解决交通事故、产品质量、消费者信任等纠纷的行业机构。日本的《ADR 促进法》详细规定了上述机构的认证条件、产生的特殊法律效果以及调解员应履行的义务。⑤

---

① 范愉，等. 多元化纠纷解决机制与和谐社会的构建［M］. 北京：经济科学出版社，2011：358.
② 徐文海，陈俊. 日本家事调解制度新动向及启示［J］. 中国应用法学，2017（5）：63-73.
③ 徐文海，陈俊. 日本家事调解制度新动向及启示［J］. 中国应用法学，2017（5）：63-67.
④ 范愉. 纠纷解决的理论与实践［M］. 北京：清华大学出版社，2007：274.
⑤ 齐树洁主编. 外国 ADR 制度的新发展［M］. 厦门：厦门大学出版社，2017：424.

日本民间型调解制度具有明显特点：一是相关程序比较详细、完整；二是程序的设定适时跟进新领域的发展。例如，日本2009年通过了《金融ADR法》，2010年10月1日正式施行金融ADR制度，旨在以一种和解方式解决消费者与金融机构之间的争议。

总之，日本非诉讼调解制度在接受西方法律制度及适当尊重日本家族传统的基础上发展起来，弥补了司法解决争端方式的固有缺陷，促进了社会的稳定和经济的发展。例如，在采用美国法的先进理念和日本传统的家族观念的双重压力下，建立了柔软的调解和审判相结合的制度。当然，日本调解制度也存在诸多不足，如非诉讼机构分布不合理，非诉讼程序复杂、灵活性差，对日本国民传统观念注重不够，等等。

二、日本国际商事仲裁制度的特征

（一）日本国际商事仲裁制度的产生

中国作为历史悠久的国家，古人很早就使用仲裁来解决民事纠纷。不过，由于诸多原因，国际商事仲裁制度诞生晚于欧洲。日本虽然也是亚洲国家，却是亚洲最早接受西方国际商事仲裁制度的国家之一。[1]日本的国际商事仲裁制度起源于1878年，在东京商工会议所的发起书中，其主要业务项目中列有"纷争的仲裁"。日本1890年颁布了主要参照《德国民事诉讼法》的《日本民事诉讼法》，其第八篇对仲裁作出规定，成为日本的首个仲裁规则。日本人一直将其奉为圭臬，逾百年未做修改。[2]

日本在第二次世界大战中失败后，其政治、经济和社会随之发生了巨大的变化，民商事纠纷和索赔事件不断增加。为处理来自海外交易对象要求赔偿损失事件，1950年3月14日，在日本商工会议所的倡导下，东京商工会议所、经济团体联合会、日本贸易会、日本产业协议会、日本中小企业联盟、日本全国金融团体协议会群起响应，以这7个主要经济团体为发起人组成不具备法人资格的"国际商事仲裁委员会"，旨在解决国际商事纷争。该"国际商事仲裁委员会"成立以后，立即派遣相关人员分赴欧美各国访问考察，详细调查各国仲裁机构的实际运作情况，得出必须进一步加强和确立国际商事仲裁委员

---

[1] GOODRICH M. Japanese Arbitration Green Tea and Sympathy [J]. Turkish Commercial Law Review, 2016 (2): 167-167.

[2] GOODRICH M. Japanese Arbitration Green Tea and Sympathy [J]. Turkish Commercial Law Review, 2016 (2): 167-168.

会的组织与机构的结论。1953年8月,"国际商事仲裁委员会"正式改组为社团法人——日本商事仲裁协会(The Japan Commercial Arbitration Association, JCAA),处理有关国际商事纠纷。① JCAA依据日本民事诉讼法制定的《商事仲裁规则》(《JCAA商事仲裁规则》)受到了美国仲裁协会(AAA)的较大影响,许多规则极为相似。②

JCAA的宗旨是通过仲裁和调解的方式解决国内外商事争议并尽可能避免商事争议,促进国内和国际贸易的发展。依据2014年的《JCAA商事仲裁规则》的规定,该协会的工作包括仲裁、调解、提供避免商事争议的咨询意见、与国外仲裁机构交流和合作,管理仲裁员队伍,组织并参与国际仲裁研讨会,等等。现行《JCAA商事仲裁规则》大量借鉴了《UNCITRAL仲裁示范法》的相关规则,与其他知名的国际商事仲裁机构的规则保持一致。JCAA总部设在东京,目前在大阪、神户、名古屋和横滨设有分会。当事人可以向总会或分会的任何一个秘书处申请仲裁。

(二)日本国际商事仲裁制度的特征

日本是亚洲国家,深受中国传统文化影响,也是世界上的经济强国,是亚洲最早接受国际商事仲裁制度的亚洲国家之一。然而,日本国际商事仲裁制度所具有的诸多特征,一直是西方学者、律师争论和迷惑的焦点之一。

1. 日本国际商事仲裁制度是世界上最先进的制度之一

早在17世纪末,日本就对国家制度、经济制度及法律制度进行改革,旨在把日本建设成为现代发达国家。日本采取的主要举措是向西方国家学习,大量借鉴相应的制度。日本国土狭小、资源短缺,对外贸的依存度较高,日本一直主张加快对外贸易的发展,同时,把日本建设成为世界上最重要的国际商事仲裁中心。③为此,日本不仅依照自己的国情修订有关仲裁的旧法规,还集中力量研究和借鉴1985年12月11日联合国大会通过的《UNCITRAL仲裁示范法》。④同时,日本积极地参加有关条约和公约,与13个国家签订相互

---

① 蒋新苗.日本国际商事仲裁的模式与特点[J].国际贸易问题,1998(11):50-55.
② L D HANLON M. The Japan Commercial Arbitration Association: Arbitration with the Flavor of Conciliation [J]. Law & Policy of International Bussiness, 1991 (22): 603-603.
③ GOODRICH M. Japanese Arbitration Green Tea and Sympathy [J]. Turkish Commercial Law Review, 2016 (2): 167-168.
④ NAKANO S. International Commercial Arbitration under the New Arbitration Law of Japan [J]. Japanese Annals International Law, 2004 (47): 96-97.
NOMURA Y. Some Aspects of the Use of Commercial Arbitration by Japanese Corporations [J]. Osaka University Law Review, 1986 (33): 46-50.

承认仲裁裁决的双边条约《友好通商条约》。在此之前，日本于 1928 年加盟第一个真正的国际仲裁条约，即由国际商会发起，在国际联盟主持下，于 1923 年 9 月 24 日在日内瓦签订的《仲裁条款议定书》（简称《日内瓦议定书》）；1932 年加入 1927 年在日内瓦签署的《外国仲裁裁决执行公约》（简称《日内瓦公约》）；1961 年加入国际商事仲裁领域最重要的一个多边国际条约，即 1958 年 6 月 10 日在联合国经社理事会主持下通过的《纽约公约》。

总的来说，由于日本较早就积极接受西方的相关制度，日本国际商事仲裁制度在诸多方面是先进的。

（1）《JCAA 商事仲裁规则》将国际仲裁和国内仲裁融为一体，没有进行区分。日本国际商事仲裁法采纳了《UNCITRAL 仲裁示范法》第 1 条（1）款的规定，没有对国际仲裁和国内仲裁予以区分。虽然与国内仲裁相比，国际仲裁会涉及外国因素，如国际私法问题，但是，相关的涉外因素可以依其他规则来解决。[1]显而易见，日本国际商事仲裁法将国际仲裁和国内仲裁融为一体，旨在与国际商事仲裁规则接轨，使日本国际商事仲裁制度现代化。

（2）《JCAA 商事仲裁规则》规定的仲裁立案程序基本与国际上知名商事仲裁机构的规则一致。《JCAA 商事仲裁规则》第 2 章具体规定了仲裁立案程序：如要提起仲裁程序，申诉人应向仲裁协会的东京总部或神户、大阪、名古屋、横滨分部提交书面仲裁申请。申请的主要内容应包括：将争议提交仲裁的请示；所援引的仲裁协议；当事人个人或公司的全称及地址。如果申诉人是由代理人代理的，应包括代理人的姓名、地址、请示事项、争议要点、请求的依据及证明的方式或方法，以及仲裁条款或单独的仲裁协议副本、支持仲裁申请书中请求的证明文件的原件或副本。申诉人提起仲裁时，应按所附协会仲裁收费表，缴纳申请费和行政管理费，否则，视其为未提出仲裁申请。仲裁协会秘书处在接到申请后，依据有关规定认定提交仲裁的事宜是否具有"可仲裁性"和是否符合申请条件。只有在认定其符合有关规定后，才可以受理仲裁申请。被诉人应在自接受秘书处给其发出通知的基准日期 4 周内，向秘书处提交答辩的有关文件，包括一份书面答辩书、支持答辩书中理由的所有证明文件的原件或副本。秘书处接到上述答辩后，应审查是否符合要求，如果符合规定，则予以接受；如果有反诉请求，秘书处则应拒绝接受这样的答辩，而要求被诉人就有关部分单独提出反诉请求。反诉提出的日期，应是仲裁

---

[1] NAKANO S. International Commercial Arbitration under the New Arbitration Law of Japan [J]. Japanese Annals International Law, 2004 (47): 96-98.

庭组成前 30 天内。被诉人的反诉将与申诉人的仲裁申请合并审理。仲裁地点由当事人通过协议决定，没有协议选择的，则由仲裁协会决定是在协会总部还是在分会所在地进行仲裁。①

（3）《JCAA 商事仲裁规则》在仲裁庭组建方面采用了比较灵活的方式。该规则采用了国际惯例，即仲裁当事人协议选择仲裁员是主要的方式，同时，该规则也接受其他的方式。此外，该规则针对可能发生的情况，作出了详细的规定，例如，如果当事人准备指定 2 名或 2 名以上的仲裁员，但在自基准日期起 30 天内没有完成上述指定，协会应指定尚待指定的仲裁员，同时考虑有关当事人的意愿。需要指出的是，该规则在指定外国人作为仲裁员方面采取了保守的方法：原则上不允许当事人指定非居住在日本的人担任仲裁员，只是在特殊情况下，才允许指定一名外国人作为仲裁员。

（4）《JCAA 商事仲裁规则》在仲裁审理程序方面作出了较保守的规定。按照各国仲裁规则，意思自治是仲裁的根本原则，即仲裁当事方有权选择仲裁的审理程序。《JCAA 商事仲裁规则》一方面规定了允许当事人选择适用《UNCITRAL 仲裁规则》仲裁，但大多数情况下仍依《JCAA 商事仲裁规则》规定的"审理程序"。

（5）《JCAA 商事仲裁规则》对仲裁裁决的规定也基本与国际惯例一致。《JCAA 商事仲裁规则》第 4 章对裁决作出的时间、方式和送达作了具体规定，仲裁庭应在审理终结后 5 周内作出裁决，如果因案情复杂或其他原因，仲裁庭认为有必要时，可以适当延长，但不得超过 8 周。该规则规定了裁决书应包括的主要内容：1）当事人个人或公司的全称和地址；2）裁决的内容、理由和日期。仲裁程序中如果当事人达成和解，仲裁庭可以根据当事人和解协议的内容，作出裁决书。仲裁庭在认为必要时，也可以决定仲裁费用及仲裁员报酬的支付方式。裁决应使用日文。如果一方当事人提出，那么尽管有此规定，裁决也可写成日文和英文，两种文本具有同等效力，当仲裁员中有一非日本籍仲裁员时，这一条同样适用。若两个文本之间的解释存在异议，则应以日文文本为准。②

（6）日本 2004 年 3 月 1 日生效的新仲裁法对外国仲裁裁决在日本的执行做了具体规定。日本法院有支持仲裁裁决执行的传统。日本最高法院早在 1918 年就指出，仲裁裁决具有与法院判决同样的拘束力。日本大阪法院于

---

① 蒋新苗. 日本国际商事仲裁的模式与特点 [J]. 国际贸易问题, 1998 (11)：50-52.
② 蒋新苗. 日本国际商事仲裁的模式与特点 [J]. 国际贸易问题, 1998 (11)：50-54.

1987年也宣称，即使申诉人并没有清楚地意识到他同意仲裁就意味着放弃了诉讼的权利，仲裁协议也应该得以执行。①虽然日本签订诸多国际条约和双边条约后，对国内相关法律进行了修订，但是，日本法院对执行外国仲裁裁决仍持支持态度。例如，当前日本法院审核外国仲裁裁决时，依然只审核程序问题，并不涉及实体问题。曾有日本法院指出，如果外国仲裁裁决是依据仲裁协议适当作出的，只要该裁决依据仲裁地法律是终局的和可执行的，在日本的执行就不会违反公共政策。

2004年3月1日生效的新仲裁法第46条仿照《UNCITRAL仲裁示范法》规定，不予执行国内仲裁裁决的理由和不予执行国际仲裁裁决的理由相同。这也与《纽约公约》的规定一致。日本是《纽约公约》的互惠保留缔约国，它只承认和执行另一缔约国领土内所作出的外国仲裁裁决。因此，第46条适用在缔约国领土外作出的外国仲裁裁决。例如，如果下列任一理由存在，该外国仲裁裁决将在日本不予承认和执行：1）由于当事人的能力所限致使仲裁协议无效；2）如果依据当事人选择的法律的规定，仲裁协议无效；3）当事人在选择仲裁员或仲裁程序时，没有接受依据仲裁地法律规定发出的通知；4）当事人在仲裁程序中不能进行答辩；5）仲裁裁决包括的内容超出了仲裁协议或仲裁程序的范围；6）仲裁庭或仲裁程序违反了仲裁地的法律规则；7）依据日本法，仲裁程序审理的纠纷超出了仲裁协议的范围；8）依据仲裁地的法律，仲裁裁决已经被撤销；9）仲裁协议的内容违反了日本的公共政策。②

2. 日本偏爱协商和调解，受理仲裁案件数量少

如上所述，日本接受西方法律较早，国际商事仲裁制度先进，但是受理仲裁案件数量少，大多数国际商事纠纷通过协商和调解解决。这无疑是日本国际商事仲裁制度的最大特征，也是使西方学者、律师百思不得其解的主要问题。

日本作为亚洲国家，受理仲裁案件少于西方国家，自然不足为奇。令人难以置信的是，日本与韩国均为亚洲国家，都受中国传统文化影响较深，地理位置也大同小异，但是二者受理仲裁案件的数量却相差迥异：根据韩国商事仲裁院（Korean Commercial Arbitration Board, KCAB）和JCAA 2006—2015年的数据，韩国2006年受理的国际商事仲裁案件是47件（日本为11件），

---

① COLE T. Commercial Arbitration in Japan: Contributions to the Debate on Japanese Non-litigiousness [J]. New York University Journal of International Law & Policy, 2007 (40): 29-42.
② KIDANA. Recognition and Enforcement of Foreign Arbitral Awards in Japan [J]. Janpanese Arbitration Studies, 2003 (13): 91-97.

2007年是59件（日本是12件），2008年是47件（日本是12件），2009年是78件（日本是17件），2010年是52件（日本是21件），2011年是77件（日本是17件），2012年是85件（日本是18件），2013年是77件（日本是24件），2014年是87件（日本是11件），2015年是74件（日本是20件）。[1]西方和日本学者、律师对日本受理仲裁案件数量如此少的现象进行了全面、深入的研究，提出了诸多学说，其中主要的是文化理论、制度理论和社会文化理论。

（1）文化理论。文化理论认为，日本人受中国传统文化中"和为贵"思想的影响，注重人与人之间的和谐友好关系，并不接受诉讼或仲裁方式来解决纠纷。[2]日本有著名学者认为："被人诉至法院，即使是民事或私人事宜，也是一种耻辱"，"受诉讼所累的就不是好人。""日本人对诉讼和仲裁同样感到恐惧，因为仲裁裁决同诉讼判决一样，都是由第三方来强迫执行，对当事人来说，都是耻辱。"[3]日本人崇尚"和为贵"，自然厌恶破坏人们理想的诉讼或仲裁。如果第三方对当事人强制执行判决，和谐就不可能得以真正的回复。[4]换言之，只有当事人双方通过协商取得了双赢，安静与和谐才能得以重新获得。可以说，日本商人极不情愿通过对抗的方式来维护自己的利益，因为他们认为对抗完全有悖于日本人的"和谐""爱""仁爱"文化价值。[5]日本人对和谐的钟爱表明，日本是一个具有较强同源性的国家，即大多数人共享相同的传统和遗产，这与美国社会的多样性完全不同。[6]著名学者奇恩·吉姆和克

---

[1] GOODRICH M. Japanese Arbitration: Green Tea and Sympathy [J]. Turkish Commercial Law Review, 2016 (2): 167-170.

[2] FAN K. Salient Features of International Commercial Arbitration in East Asia: A Comparative Study of China and Japan [J]. American University Bussiness Law Review, 2016 (5): 447-473.

KIM C, LAWSON C M. The Law of the Subtle Mind. The Traditional Japanese Conception of Law [J]. International & Comparative Law Quaterly, 1979 (28): 501-502.

[3] NOMURA. Some Aspects of the Use of Commercial Arbitration by Japanese Corporations [J]. Osaka University Law Review, 1986 (33): 47.

[4] NOMURA. Some Aspects of the Use of Commercial Arbitration by Japanese Corporations [J]. Osaka University Law Review, 1986 (33): 50.

JOHN OWEN HALEY, The Myth of the Rluctant Litigant [J]. Journal of Japanese Studies, 1978 (4): 359-371.

[5] COLE T. Commercial Arbitration in Japan: Contributions to the Debate on Japanese Non-litigiousness [J]. New York University Journal of International Law & Policy, 2007 (40): 29-51.

[6] HANLON M L D. The Japan Commercial Arbitration Association: Arbitration with the Flavor of Conciliation [J]. Law & Policy of International Bussiness, 1991 (22): 603-606.

莱格·罗森（Chin Kim & Craig M. Lawson）曾指出，"（在日本）人们认为纠纷是对自然和谐生活的非正常骚扰，是人类事务中不可预见的。人类事务是由爱和仁爱来保障的。"①英国华威大学的托尼·克莱（Tony Cole）教授认为，不管是普通的日本人还是精明的日本商人，都会积极地寻求避免对抗。这样一来，即使日本人能够通过对抗性纠纷解决方式来使自己的利益最大化，他们也会努力寻求调解来解决纠纷，为了社会和谐而牺牲自己潜在的利益。②因此，日本人解决商事纠纷最常用的是协商和调解。为了维持双方长久的友好合作关系，即使合同条款规定得一清二楚，日本人也会不惜漫长的时间，通过协商和调解来解决纠纷。③日本著名学者棚濑孝雄认为："重视审判外的纠纷处理机关及其解决纠纷的过程，对它们发挥的功能进行研究，不只是因为它们构成一个社会纠纷解决体系的基础部分，因而具有量的重要性，而且还因为对它们的研究在提高社会解决纠纷的整体质量上也具有重大意义。"④

（2）制度理论。文化通常指一群人的集体意识，其中人们的生活方式、价值观念、思维方式等都是主要内容。相比而言，制度则指一个群组在一定历史条件下形成的法令、礼俗等规范。从社会科学的角度来看，制度泛指以规则或运作模式，规范个体行为的一种社会结构。制度理论认为，日本的法令、规则或运作模式等，是日本受理仲裁案件数量少的主要原因。首先，日本受中国传统文化影响较深，在几百年前就建立了比较完善的国家治理模式，人们更习惯依赖法院来解决纠纷，并不习惯于国际商事仲裁纠纷解决方式。同时，日本政府一向重视法官的培养，如人们成为法官之前，必须经过严格的考试，法官是政府官员，受到百姓的尊敬。此外，日本法院有接近民众的传统，经常深入民众之中接近民事纠纷。例如，早在日本江户时期（公元1600—1867），日本东京的品川区就专为打官司的原告和被告开设了旅馆，诉讼当事人有事可以直接向法官求助。⑤因此，法官在人们心中享有远高于仲裁

---

① KIM C, LAWSON C M. the Law of the Subtle Mind: The Traditional Japanese Conception of Law [J]. International & Comparative Law Quarterly, 1979 (28): 491-510.
② COLE T. Commercial Arbitration in Japan: Contributions to the Debate on Japanese Non-litigiousness [J]. New York University Journal of Internatial Law & Policy, 2007 (40): 29-35.
③ LIVDAHL D A. Cultural and Structural Aspects of International Commercial Arbitration in Japan [J]. Journal of International Arbitration, 2003 (8): 382-383.
④ [日] 棚濑孝雄. 纠纷的解决与审判制度 [M]. 王亚新，译. 北京：中国政法大学出版社，2004：79.
⑤ KASHIWAGI N. The International Commercial Arbitration in Japan [J]. Contemporary Asia Arbitration Journal, 2008 (1): 171-180.

员的名声。即使官司败诉，当事人也愿意接受和执行法院判决。比较而言，日本在那个时期，并未建立起鼓励人们依自己意思自治原则来解决民事纠纷的机制，国家也没有遴选仲裁员的相关规定，致使那些知名专家并不愿意任仲裁员。与此相反的是，欧洲早在中世纪就鼓励商人们自己解决商事纠纷，建立了许多商事仲裁机构，提供商事纠纷解决服务。其次，在日本，仲裁费一般高于诉讼费。日本法院的审理主要靠国家财政支持，当事人支付的费用较低。相反，仲裁机构的运行完全依赖当事人的仲裁费来支撑，同时，当事人支付的律师费也通常高于法院诉讼中的律师费。①最后，日本的国际商事仲裁机构缺乏能力强、经验丰富的仲裁员。一方面，日本政府对提高仲裁员的素质重视不够；另一方面，由于日本受理的国际商事仲裁案件太少，许多律师及法学教授不愿任仲裁员。依照日本律师法第 72 条规定，由于外国律师以及在日本从事外国法律事务的律师不能充当仲裁程序的代理人，因此，上述律师参与仲裁时，常因无权代理而被取消资格，而且，在日本的国际商事仲裁程序上，限制使用除日语以外的其他语言。②

(3) 社会文化理论。社会文化理论认为，社会发展历史、社会环境和文化都是影响人们行为的重要因素。日本于 1854 年开始"西化"时，日本的政治治理模式和经济发展还很落后。日本在考察了西方诸国后，决定接受法国和德国的民法制度，自此开始，德国法律制度成为日本的主流思想，对日本学者产生了重要的影响。③当时最知名的学者川岛（Kawashima）教授认为，法律是权力的象征，的确与传统日本人的交往有关，但是，日本人并不直接使用法律来调整他们之间的关系。也就是说，法律仅仅用来彰显某些原则，如何运用于人们的交际，还要依赖于人们的实际行动。因此，从根本上来说，法律只是权力的产物。显然，川岛教授认为法律是由政府和司法机关强制执行的，与社会习惯是互动的关系。官员们依赖他们的权力作出判决，然而，相关判决涉及的问题和思路还是由普通大众的社会关系控制的。川岛教授还指出，法律是由社会上受人尊敬的权威人士宣称的，只具有象征性权力，不可能解决纠纷涉及的问题。结果是，权威的法律带来的是规范性力量，但是，

---

① KASHIWAGI N. the International Commercial Arbitration in Japan [J]. Contemporary Asia Arbitration Journal, 2008 (1): 171-179.
② 蒋新苗. 日本国际商事仲裁的模式与特点 [J]. 国际贸易问题, 1998 (11): 50-54.
③ COLE T. Commercial Arbitration in Japan: Contributions to the Debate on Japanese Non-litigiousness [J]. New York University Journal of International Law & Policy, 2007 (40): 29-72.

它的执行机制只能发出判决，不能解决相关的纠纷。①

川岛教授在论及日本社会关系时，着重强调了其中的"和谐"。"和谐"不包括必须分清是非。如果好与坏之间的区别能分清，就不存在"和谐"。在川岛教授看来，日本社会关系的特征就是"内在模糊性"，其宗旨就在于维持友好或合作关系。②因此，"原则上，日本人的传统是期望社会义务由那些负有义务的人，以友好或仁爱的方式来自愿履行。"③

总之，从社会文化理论的视角来看，日本的法律与日本人之间的社会关系之间相互脱节。一方面，国家的法律日臻完善；另一方面，日本人通常运用传统的方式（如协商和调解等和解方式）来解决纠纷，这成为日本受理仲裁案件数量少的重要原因。

笔者认为，上述文化理论、制度理论及社会文化理论分别从不同的视角诠释了日本受理仲裁案件数量少的原因，可以说，三大理论各有千秋，自然也各有不足。实际上，所有的社会问题都是极为错综复杂的，不能把问题简单化，即不能期望运用一个理论就能予以全面解释。④例如，文化理论既忽略了法律与人们社会关系之间的真实关系，也漠视了日本自引进西方公司制度以来，许多公司职员已经融入公司事务，职员之间的社会关系已经淡漠的客观事实。⑤制度理论更为偏颇，因为该理论忽略了文化在社会关系中的重要性。即使制度方面的障碍完全取消，也不可能大大提高日本法院受理案件的数量。⑥同时，并不是所有的日本法院法官都是公正、中立的，仲裁当事人可以自由选择自己了解的仲裁员，这表明仲裁在这方面更有优势。⑦相比而言，由

---

① KAWASHIMA T. Dispute Resolution in Contemporary Japan, in Law in Japan: the Legal Order in A Changing Society [M]. Cambridge: Gambridge University press, 1963: 1-43.
② COLE T. Commercial Arbitration in Japan: Contributions to the Debate on Japanese Non-litigiousness [J]. New York University Journal of International Law & Policy, 2007 (40): 29-78.
③ KAWASHIMA T. the Status of the Individual in the Notion of Law, in the Japanese Mind: Essentials of Japanese Philiosophy and Culture [M]. Cambridge: Gambridge University press. 1967: 262-267.
④ FAN K. Salient Features of International Commercial Arbitration in East Asia: A Comparative Study of China and Japan [J]. American University Bussiness Law Review, 2016 (5): 447-473.
⑤ COLE T. Commercial Arbitration in Japan: Contributions to the Debate on Japanese Non-litigiousness [J]. New York University Journal of International Law & Policy, 2007 (40): 29-91.
⑥ COLE T. Commercial Arbitration in Japan: Contributions to the Debate on Japanese Non-litigiousness [J]. New York University Journal of International Law & Policy, 2007 (40): 29-97.
⑦ LIVDAHL D A. Cultural and Structural Aspects of International Commercial Arbitration in Japan [J]. Journal of International Arbitration, 2003 (8): 382-384.

于社会文化理论从社会和文化两个方面展开，能够较全面地揭示日本法院受理诉讼案件多和仲裁机构受理仲裁案件数量少的主要原因，得出的结论也相对合理。特别是，只有社会文化理论能够较全面地解释日本仲裁机构受理仲裁案件数量少的主要原因。①

显然，日本移植西方法律的确促进了日本政治、经济的发展，这是日本迅速成为世界上经济强国的重要原因。然而，日本在"西化"过程中只关注在短时间内全面照搬西方法律，却忽略了如何充分发挥日本传统文化的作用，致使日本的法律制度与传统文化脱节。在这方面，中国的做法虽然也出现过波折，但与日本相比，无疑是成功的：中国自对外开放以来，也引进了西方不少法律，曾出现过非诉讼制度建构方面的司法化及忽略中国传统文化的迹象。幸运的是，党和政府及时发现了问题并予以纠正，开始注重从中国传统文化中吸取智慧。例如，仲裁是中国古人解决民事纠纷的方式之一，历史悠久。中国在引进国际商事仲裁制度的同时，从中国传统非诉讼制度中吸取调解智慧，创立了国际商事仲裁与调解相结合的模式，各国、国际组织及知名国际商事仲裁机构对此予以认同，纷纷效仿中国模式，建立了相应的制度。

第三节 日本自由贸易区非诉讼制度

日本是岛国，领土狭窄，资源短缺，因而特别重视对外贸易。日本自19世纪开始"西化"以来，一直重视不断加大对外开放的力度和深度，从中获益匪浅。自2002年以来，日本制定了明确的区域经济一体化战略，特别注重与别的国家建立巨型自贸区（mega-FTA）来促进对外贸易，这成为日本发展成世界第二大经济体的重要原因。

一、日本自由贸易区战略及基本原则

早在19世纪中叶，出于加快经济发展的需要，德国建立了由18个邦国组成的德意志关税同盟，这成为世界经济史上第一个经济一体化组织。二战以后，整个世界进入和平发展时期，特别是20世纪80年代以来，随着欧盟、

---

① COLE T. Commercial Arbitration in Japan: Contributions to the Debate on Japanese Non-litigiousness [J]. New York University Journal of International Law & Policy, 2007 (40): 29-103.

北美自由贸易区的建成和发展，不仅发达国家积极参与，越来越多的发展中国家也加入进来，掀起了建立经济一体化的浪潮。

战后，日本适时抓住了以贸易自由主义为主要特点的国际环境，奉行"贸易立国"的战略，一直实施多边自由贸易政策，并不参与双边自由贸易协定和区域贸易组织。当时，日本认为其资源贫乏、消费能力差，只能依靠大量出口货物换回资源，无力消费来自诸多国家的商品。20世纪90年代后期，全世界的区域经济一体化迅速发展，日本也开始关注区域经济一体化问题。2000年日本政府经济产业省出版的《通商白皮书》改变了以往对区域经济一体化的看法，公开承认和充分肯定了在东亚地区建立自由贸易区对日本的重要意义。2001年11月，中国与东盟就10年内建立中国—东盟自由贸易区达成一致，对日本加快推动区域经济一体化进程起到了关键性作用。[1]

日本于2002年提出FTA战略，积极推进经济伙伴关系协定（EPA）谈判，加快与主要贸易伙伴建立mega-FTA，与新兴市场签署投资协定，着力构建高质量的经贸规则体系。2010年日本出台的《关于全面经济伙伴关系的基本政策》认为，随着新兴经济体地位上升和日本地位下降，日本要与世界主要贸易国建设高水平自贸区。为此，日本加入《跨太平洋伙伴关系协定》（TPP），同时参加《区域全面经济伙伴关系协定》（RCEP）、中日韩自贸区合作。2017年，日本在《通商白皮书》中提出未来将成为亚太区域乃至全球自由贸易旗手的目标。截至2017年12月，日本已经签署的EPA共有16个，涉及20个国家/地区。2017年，美国退出TPP后，日本与欧盟签署了EPA框架协议，并且推动达成《全面与进步跨太平洋伙伴关系协定》（CPTPP）。按照日本财务省的统计，如果完成所有在谈FTA，日本与自贸伙伴的贸易额占其对外贸易总额的比重将达到85%。[2]

从日本官方表白和实践可以看出，日本自贸区战略的主要特点是：第一，日本积极致力于FTA的发展，推进的速度很快，并努力充当自由贸易的旗手。近年来，随着新的经济体的快速发展，日本的经济地位在下降，日本始终感到焦虑不安，一直致力于做领头羊。日本从1999年与韩国首次开始探讨建立FTA，2002年1月与新加坡签署了《日本—新加坡经济伙伴关系协定》（JSEPA），2004年与墨西哥签署《日本—墨西哥经济伙伴关系协定》（JMEPA），

---

[1] 王凤玲. 日本的区域经济一体化战略研究［D］. 长春：吉林大学，2005：62.
[2] 乔乔，袁波，张雪妍. 中日自贸区战略特点、比较与合作思路［J］. 国际经济合作，2018（8）：36-39.

同时与东盟国家,以及韩国、加拿大、澳大利亚、智利、印度、约旦进行自由贸易谈判。同时,日本还在与菲律宾、泰国、马来西亚、印度尼西亚等国家谈判。在贸易保护主义沉渣泛起的当今世界,日本出于维护自己利益的需要,坚持多边自由贸易主义,自然有利于促进世界各国经济的发展。第二,日本不仅关注经济利益,更重视外交和政治战略。第三,致力于建立高水平的贸易规则体系。近年来,日本一直专注于建立高质量的贸易规则体系,如率先批准TPP协定,并且在美国退出后,仍然谋求保留TPP的规则框架体系。日本在CPTPP谈判中,不仅维持了高水平的自由化水平,国有企业、竞争政策、劳工、环境等领域的规则标准仍然保持不变。[1]

与西方国家相比,日本参与FTA较晚,但是,由于日本开放度较高,从双边和多边FTA中获益良多,因而促进了日本经济的发展。近年来,日本一直奉行下列双边和多边FTA基本原则:第一,坚持多边和区域FTA协定齐头并进发展,尽量实现利益最大化。由于以WTO为代表的多边贸易组织发展举步维艰,区域组织的重要性日益显现。日本在维持WTO多边贸易主义的同时,加快了参与区域FTA协定谈判的进程,取得了引人瞩目的成绩。第二,积极拓展FTA协定的范围,力争通过开展FTA取得全面的收获。当今世界,各国参与的FTA覆盖的经营范围已经大大扩展,不仅包含进出口业务,还拓展至投资自由化、知识产权保护、通信合作、资源开发、环境保护、海洋利用等合作领域。同时,还从传统的经济领域,扩展到政治、安全等领域。例如,日本在主导的CPTPP谈判中,竭力主张拓展经营范围,受到了其他成员国的欢迎。第三,在扩展FTA经营范围的同时,尽力保护国内可能受冲击的相关产业。例如,日本积极利用GATT第24条第8款的规定,将日本的一些农林水产品作为自由化的例外产品,予以保护。

二、日本自由贸易区非诉讼制度的主要特点

总的来说,与国内争端解决机制相比,多数国家的FTA争端解决机制具有注重协商调解及外交争端解决方式的特点。[2]日本FTA非诉讼制度最主要的特点就是采用协商与调解相结合的方式来解决国际商事争端。如前所述,在

---

[1] 乔乔,袁波,张雪妍.中日自贸区战略特点、比较与合作思路[J].国际经济合作,2018(8):36-39.
[2] 李垂孝.中韩自由贸易协定中的争端解决机制研究——以中韩经济关系史为基础的分析[D].长春:吉林大学,2014:72.

日本，由于受中国传统文化中"和为贵"思想的影响，虽然诉讼和仲裁都得到国家及法律的认可和支持，但多数日本商人并不认可诉讼和仲裁争端解决方式。表面上，约66%的日本商人的合同中都有仲裁条款（只有29%左右的合同中包含诉讼解决争端条款），但是实际上，约83%的国际商事争端都是通过协商解决的。更有意思的是，高达37%的争端提交到了仲裁庭，其目的是通过仲裁庭来采用协商方式解决争端。[1]也就是说，一般来说，日本公司的高管并不了解仲裁，争端都是由公司法务部职员来处理的。一般情况下，他们为了避免败诉的风险，主要通过在协商中让步的友好方式来解决争端。日本知名学者谷口安平（Taniguchi）认为："这是日本企业文化的一部分，一百年来没有发生实质性变化。日本企业争端解决文化与调解文化有姻亲关系，日本商界并未很好地接受仲裁文化。"[2] 日本企业不愿采用仲裁解决争端与日本传统中不喜欢诉讼，酷爱友好解决争端的文化有关。一种留面子的通过友好妥协取得争端解决的方式，远比对抗性争端解决的方法更受到日本人的欢迎。[3]

小 结

日本作为世界经济强国，较早接受了西方非诉讼制度及法律文化，其现行的非诉讼制度自然呈现出愈演愈烈的诉讼化。另外，日本凭借与中国毗邻的地理优势，在古代就接受了中国传统文化。经过多年消化和滋养，中国传统文化中"和为贵"理念已经深深扎根于日本民众心中。在非诉讼制度方面，大多数日本民众偏爱采用磋商和调解的方法来解决纠纷，使用仲裁的案例很少。近年来，日本当局积极引进西方非诉讼程序，致使调解规则被削弱，漠视了广大民众的需求，给我们留下了深刻的教训。因此，将调解设定为中日

---

[1] FAN K. Salient Features of International Commercial Arbitration in East Asia: A Comparative Study of China and Japan [J]. American University Bussines Law Review, 2016 (5): 447-475.

[2] TANIGUCHI Y. Arbitration Cultural Revisited 18 years later, Workshop on "Towards A Theory of Arbitration" [M]. Hong Kong: co-hosted by the Faculty of Law, Chinese University of Hong Kong and Harvard Yenching Institute, 2014: 27-28.

[3] THIRGOOD R. A Critique of Foreign Arbitration in Japan [J]. Journal of International Arbitration, 2001 (18): 177-178.

韩自贸区非诉讼制度中的首要争端解决方式，无疑满足了广大日本民众的文化需求，也与中日两国人民共同信仰的文化相契合，自然成为构建符合中日韩三国民众期盼的自贸区非诉讼制度的重要条件。

第十章

韩国传统文化中的"和谐"价值与非诉讼制度

韩国作为当今世界重要的经济体之一,文化上深受中国传统文化的影响,经济上与中国的合作日益紧密。中韩两国自1992年建交以来,虽经美欧等国家百般阻挠,中韩两国各方面关系仍然发展良好,交往频繁,中韩之间的贸易规模逐年扩大,实现了跨越性的增长。自2005年开始,中国成为韩国最大的出口国。同时,对韩国的进口商来说,中国上升为紧随日本之后的第二大进口国。特别是,《中韩自由贸易协定》于2015年12月20日生效,中韩自贸区是中国对外商谈覆盖领域最广、涉及国别贸易额最大的自贸区。协定范围十分广泛,涵盖货物贸易、服务贸易、投资和规则共17个领域,包含电子商务、竞争政策、政府采购、环境保护等。可见,中韩合作的前景十分广阔。

第一节 韩国对中国传统文化的接受

韩国作为中国一衣带水的邻国,较早就接受了中国的传统文化,特别是儒家文化。一般来说,中国儒家文化传到了亚洲诸国,遂形成"东亚儒学文化圈",韩国则是这个文化圈中最忠实地接受、丰富、发展儒教,至今将儒教的整体风貌保存得最完好,并且正以最积极的态度试图于今日重新振兴这一文化的国家。[①]

早在中国战国时期的燕国,汉字和文物就开始传入古朝鲜,儒家文化也随之正式传入。中国三国早期,儒家思想被朝鲜广泛接受。公元372年高丽时期设立的儒教经典的太学,在儒教史上有着重大的意义。三国时期的儒教文化,体现了当时年轻人对经典的研究和儒教思想的实践,使儒教成为社会基本体系的根底。这一时期韩国儒教的基本思想是"三纲五伦",并逐渐扩散于大众,使其认识到社会伦理,以传统社会的道德规范和价值观为依据,产

[①] 韩恩珠. 中韩两国儒文化意识比较研究——以反映在日常生活中的伦理道德与礼仪文化为主 [D]. 北京: 中央民族大学, 2006: 14.

生了重大的影响。朝鲜时期，佛教也开始传入，两大思想难免产生冲突。道学理念里把节义精神确认为儒教伦理的标准，崇尚节义，实现对于不义的强硬抵抗精神，清廉风俗和廉耻的道德成为社会的核心。朝鲜早期历代诸王出于战略考虑，全面整顿社会制度，体系化地构筑了儒教性教化体系，树立了儒教社会的基础，乡村儒林活动也开始了，深化了乡村秩序的儒教性教化。

19世纪末，西欧列强和日本的侵略势力逐渐强大，迫使朝鲜政府开放港口，许可信教的自由。1896年闵妃被杀事件以后，儒学者开展了全国性义兵运动，反抗日本帝国主义的侵略。1910年随着朝鲜王朝的灭亡，身为国家宗教的儒教体系随即没落了。[①]二战后，随着韩国实施对外开放政策，引进了西方的政治、经济及法律等制度，儒教思想也受到了一定的抑制。近年来，韩国先后恢复了相应的儒林组织，如成均馆、儒道会及财团法人等。成均馆有馆长、副馆长、典仪、典学、司仪等任职人员，成均馆总会是最高机构；特别机构有儒教文化研究委员会、专例研究委员会、教化研究委员会；出版的刊物是《儒教新报》。儒道会的下属机构有女性儒道会、青年儒道会、学生儒道会等；全国还有很多书院和书堂、宗亲会，它们是地方儒教的中心机构，是与成均馆—乡教没有直接联系的协力团体。[②]可见，韩国儒学教育正迎来快速复兴的时代。

近年来，虽然韩国实行对外开放政策，引进了西方的政治、经济及法律等制度，已经成为当今世界重要的经济体之一，但是，由于儒家思想中蕴藏着深厚的智慧，有助于韩国社会近代化的发展，因而越来越多的韩国人在社会转型中，更加自觉地意识到了儒教文化的价值，纷纷呼吁儒教的现代复兴，并形成了较为体系化的儒学教育制度。可以说，儒学在韩国人民心中具有重要的地位，儒学思想在韩国现代化进程中正展现出越来越强大的生命力。

中国是儒学的发祥地，对韩国来说，儒学则是舶来品。同时，两国虽为邻国，地理环境却相差较大，经历了不同的历史进程，因此，韩国儒学具有自己的特点。例如，韩国儒教文化在概念和核心思想上有差异。《大学》对儒教文化的本质做了说明："大学之道，在明明德，在亲民。"作为具体纲领，举出格物、致知、诚意、正心、修身、齐家、治国、平天下，表现了儒教文化的本质。孔子儒家文化思想的基本内容可以用"仁""礼"来概括。仁是

[①] 韩恩珠. 中韩两国儒文化意识比较研究——以反映在日常生活中的伦理道德与礼仪文化为主［D］. 北京：中央民族大学，2006：18.

[②] 韩恩珠. 中韩两国儒文化意识比较研究——以反映在日常生活中的伦理道德与礼仪文化为主［D］. 北京：中央民族大学，2006：34.

内在的，仁是人的本质，是处理人与人关系的准则；礼是外在的，是宗法等级制度和伦理规范。这就从内外两方面规定了人存在的最高本质仁和形式礼，是孔子儒家文化思想的基本核心。同时，儒家文化孜孜追求人与人的和谐、人与自然的和谐，把天地人看作统一的整体，视"天人合一"为最高境界，从整体考虑问题，不执于一端。相比而言，韩国儒教文化强调"礼"，即以差别为能事，严格区别贵贱、尊卑。同时，注重儒家文化中的性善观、道德观、义礼观。韩国儒教文化里带着劝善惩恶和隐恶扬善的倾向。[①]也就是说，中国儒学思想中的"和谐"思想一向被视为儒学的核心思想，比较而言，韩国儒教也传承了中国儒学的"和谐"思想，但远没有达到核心思想的高度。

中国儒学传到韩国后，迅速被韩国人所接受。儒学在李朝500年一直处于韩国文化的主导地位，以至于许多韩国人认为韩国是儒学的母国。杜维明教授曾言："韩国人说韩国是儒学的母国，不能完全没有根据"，"另一个有趣的现象是儒家传统的民间化"。[②]实际上，韩国在现代化的进程中，尽管受到了日本文化和美国文化的渗透，但是，韩国人在现代化进程中的价值观念、思维模式和权力结构仍是传统儒家式的。例如，韩国政府主导和干预经济的模式发挥了重要的作用。换言之，虽然美国的经济发展模式对韩国影响较大，但是，韩国并没有被置于"自由资本主义发展模式"下放任自流来促进经济发展，而是通过有权威的政府的强制政策或诱导政策来实现发展的。也就是说，韩国人没有全盘照搬美国的经济发展模式，而是依据儒学传统来处理人与人之间的关系，即按照儒学中的森严而不可逾越的等级观念来确定上下关系：君—臣、长—幼、父—子、夫—妻、朋友—朋友，唯有最后一项是儒学中真正平等的人际关系。依据儒学构建的这种等级森严的上下级关系，自然导致人民"忠诚"于领导，这无疑可能造成腐败横行和社会停滞不前。另外，当中央政府专心致志地发展经济，并采取有效的经济政策时，社会就可能爆发出其他文化社会无法比拟的力量。[③]此外，韩国儒教的家族观念使产业工人自觉服从上级的调配。因此，韩国不少工业一直有意识地谋求在企业中建立家长制的权威关系，并通过诉诸家庭式价值确保工人的服从和忠诚。家长主

---

① 韩恩珠. 中韩两国儒文化意识比较研究——以反映在日常生活中的伦理道德与礼仪文化为主 [D]. 北京：中央民族大学，2006：22.
② 杜维明. 现代精神与儒家传统 [M]. 北京：生活. 读书. 新知三联书店，1997：8-9.
③ 尹保云. 韩国的现代化——一个儒教国家的道路 [M]. 北京：东方出版社，1995：106.

义思想常常被利用来确保工人服从并承诺实现公司目标。[1]儒家文化极其重视等级制、尊重权威、合作、勤劳、家族主义等,因而被普遍认为起到了鼓励工人服从和与管理者合作的作用,而且对工人的团结和集体行动起到了劝阻作用。东亚国家中,工业权威通常呈现出家长制或族长制的形态,家族主义思想常常被利用来确保工人服从命令并承诺实现公司目标。[2]

第二节 韩国非诉讼制度

儒家文化传入韩国已超过两千年,民众长期习惯于通过非诉讼方式解决民事争议。[3]二战后,韩国快速接受美国法律制度和法律文化,民众权利意识高涨,导致非诉讼制度的弱化,诉讼案件大幅增加。为此,韩国法律界认为,有必要改革和强化调解制度,以利于有效地解决当事人之间的纠纷。从非诉讼的运作方式看,韩国的非诉讼制度采用多种方式,其中调解方式使用得最为广泛。

一、韩国调解制度的特征

从调解的运行主体来看,韩国调解分为司法型调解制度、行政型调解制度及民间型调解制度。

(一) 司法型调解制度

1990年1月,韩国制定了《民事调解法》,此后进行了十余次修改。为了扩大法院调解的利用率,减轻诉讼压力,韩国对司法型调解制度进行了不断的改革。韩国国会立法调查处于2017年进行了大量调查,公布了改革方案,韩国法院增设了多个程序,以促进司法型调解制度的发展。根据调解的对象,司法型调解分为民事调解和家事调解。除特殊规定之外,家事调解准用《民事调解法》。[4]依据《民事调解法》第7条的规定,司法型调解的主体是法院,在调解法官、常任调解委员等调解人员的主导下,在法院提供的调

---

[1] 具海根. 韩国工人——阶级形成的文化与政治 [M]. 梁光严, 张静, 译. 北京: 社会科学文献出版社, 2004: 59.

[2] 具海根: 韩国工人——阶级形成的文化与政治 [M]. 梁光严, 张静, 译. 北京: 社会科学文献出版社, 2004: 8.

[3] 齐树洁. 韩国调解制度 [J]. 人民调解, 2021 (11): 57-59.

[4] 齐树洁. 韩国调解制度 [J]. 人民调解, 2021 (11): 57.

解场所,依据《民事调解法》及大法院规则等,对民事纠纷进行调解。在韩国,法院附设调解是解决民事纠纷的主要方式。

韩国司法型调解制度的主要特征是:

(1) 建立了独立的调解法律规范体系。韩国在《民事调解法》实施后,又陆续颁布了《民事调解规则》《调解委员规则》《民事及家事调解事务处理例规》等规则和例规,形成了一套完整的民事调解法律体系。该体系具有类似于诉讼程序的较强的程序性,增强了民事纠纷处理过程的程序正义,增加了纠纷当事人对调解程序的信赖。①

(2) 较高专业化的调解人员。随着经济及科技的快速发展,社会中涌现出了越来越多的新专业和技术。韩国对调解人员的专业化程度设置了很高的要求和严格的准入条件与从业限制。普通调解委员要从学识渊博、品行优良的人中选任。相比而言,常任调解委员的选任更加苛刻,如需具有10年以上的从业经历以及法定的职业范围。

(3) 灵活多样的调解程序。《民事调解法》第5条和第6条规定了两种调解程序,即诉前调解和诉中调解。前者指民事纠纷当事人在提起民事诉讼前,直接向法院申请调解;后者指已经起诉的案件中审理该案的法官认为适合调解的,无须征得当事人的同意直接转入调解程序。这种多元化的调解程序既保证了当事人享有充分的程序选择权,一定程度上也体现出调解优先于审判以及强制调解的制度特征。②

(二) 行政型调解制度

韩国的行政型调解较为发达,通过立法设立了各类委员会,开展公共调解,负责处理环境、医疗、消费者权益保护等纠纷。为此,韩国先后颁布了《金融纠纷调解细则》和《医疗纠纷调解法》等。与此对应的,韩国也设立了相关调解机构,如韩国金融监督院设立了金融纠纷调解委员会,韩国保健福祉部设立了医疗纠纷调解仲裁院。这两个调解机构作出的调解结果具有与"法院和解"相同的效力。总之,韩国行政型调解以其成本低廉、效率较高而受到韩国民众的欢迎。③

(三) 民间型调解制度

韩国较早接受了中国传统文化,民众信赖通过民间调解方式解决纠纷。

---

① 谢鹏远. 韩国法院附设调停制度的当代发展及其启示 [J]. 东疆学刊, 2021 (2): 78-87.
② 谢鹏远. 韩国法院附设调停制度的当代发展及其启示 [J]. 东疆学刊, 2021 (2): 80.
③ 齐树洁. 韩国调解制度 [J]. 人民调解, 2021 (11): 58.

然而，二战之后，韩国受到了美国等西方国家法律制度及文化的较大影响，司法诉讼制度发展较快，但对民间型调解重视不够。因此，与司法型调解制度和行政型调解制度相比，韩国民众采用民间型调解的较少，民间型调解制度发展缓慢。

韩国1956年成立的家庭法律商谈所，是韩国最早的民间法律救助机关，也是韩国现代民间型调解制度中最重要的机构。该机构在国内有30个支部，海外有6个支部，优先采用和解的方法进行调解，向国民提供免费的商谈服务和调解服务。调解涉及的内容和个人信息等会被保密，调解员通常是进修过法学、社会福祉学、心理学的硕士或博士。[①]可见，韩国的民间型调解制度存在法律规则缺失、调解程序和机构单一、民众缺少信任等缺点，需要进一步完善。

总之，韩国的调解制度受西方法治及司法化影响较大，具有司法型调解制度和行政型调解制度发达、民间型调解发展缓慢的特点，不能适应韩国民众的需要。我们在构建中日韩自贸区非诉讼制度中，应适当考量韩国民众接受了中国传统文化中和谐思想的事实，充分发挥调解的作用，友好解决国际商事纠纷。

二、韩国国际商事仲裁制度的特征

韩国自20世纪60年代开始，积极开展对外开放，全面引进西方经济机制，经济飞速发展，很快成为著名的亚洲四小龙之一。随着国际商事交易的快速发展，贸易量迅速增加，纠纷也纷至沓来，影响了韩国国际商事交易的持续发展。韩国政府和大韩商工会议所于1965年起草了仲裁法案，1966年3月16日韩国《仲裁法》颁布实施。随后，在1973年、1993年、1999年、2001年及2002年五次进行修订。特别是后三次修订，对原有的《仲裁法》作了大幅度修改，可以说是一次仲裁立法的改革。大韩商工会议所主导建立了商事仲裁委员会，随后制定了《商事仲裁规则》。该仲裁规则于1966年10月得到韩国大法院的认可。该商事仲裁委员会于1980年8月29日修改章程，并将该商事仲裁委员会名称更改为大韩商事仲裁院（Korea Commercial Arbitration Board，KCAB）。大韩商事仲裁院依据《仲裁法》和《对外贸易法》等法律设立，是具有社团法人地位和公益性的民间常设仲裁机构。韩国实行三权分立

---

① 齐树洁. 韩国调解制度 [J]. 人民调解，2021（11）：59.

制度，司法权与行政权、立法权相互独立。①仲裁制度与司法制度相并行，完全独立于行政机关的管辖之外。虽然大韩商事仲裁院的运营费用由韩国政府支付，但不受任何行政机关管辖，其制定的仲裁规则仅需经最高法院批准，不受行政干预。②

西方国际商事仲裁法的价值取向是意思自治、公平、效率及独立等，中国仲裁法的价值取向更注重和谐价值。古朝鲜时期，民间纠纷的解决与中国古代类似，也主要采用和解、斡旋、调解、仲裁以及诉讼等方式。也就是说，在古朝鲜时期，私人之间的纠纷不是通过法律解决的，而是通过于部落或村子的风俗习惯下自然形成的道德制裁来自律地解决。二战以后，美国的法律对韩国的仲裁法影响较大，尤其是韩国与美国于1957年10月7日签订了友好通商及航海条约。韩国1966年公布的《仲裁法》是以1877年德国《民事诉讼法》第十编有关仲裁的规定为模板的。后来，韩国《仲裁法》又受到了美国仲裁协会、国际商会等主要国际仲裁中心的影响。随着韩国加入了《纽约公约》和《UNCITRAL 仲裁示范法》的颁布，韩国加快了仲裁法国际化的步伐，对《仲裁法》进行了革命性的修订。③特别是，韩国对《UNCITRAL 仲裁示范法》进行了详细、深入的研究和讨论，认为这是全世界仲裁法律界协商制定的产物，是经得起考验的法，内容也十分合理，将其内容全部引入的做法是完全正确的。采用该示范法，不仅有助于提高本国的仲裁质量，也有助于吸引国际当事人。

显然，韩国《仲裁法》的制定和多次修订，全面接受了西方国际商事仲裁制度，逐渐淡化了中国传统文化的影响和韩国传统文化的传承。

（一）韩国国际商事仲裁价值取向

韩国《仲裁法》没有适当关注中韩传统文化中的和谐思想。众所周知，中国《仲裁法》传承了中国传统文化中的和谐思想，在全世界创新性建立了仲裁与解调相结合的制度，被誉为"东方经验"，对许多国家和联合国国际贸易法委员会的立法产生了重要影响。与此相反，韩国在意思自治方面，漠视和谐价值的重要性，全面接受了国际商事仲裁规则的规定，即当事人几乎可就所有的仲裁事项作出自由约定。例如，韩国《仲裁法》允许当事人自由约定的理念贯穿于整部法，强行性规定极少。最低限度的强行性规定目的主要

---

① 金泳奎. 中韩商事仲裁制度比较研究 [D]. 北京：中国政法大学，2009：4.
② 张宗岙. 中韩商事仲裁法律制度比较研究 [J]. 西部法学评论，2014（2）：33-42.
③ 金泳奎. 中韩商事仲裁制度比较研究 [D]. 北京：中国政法大学，2009：10.

是保证仲裁基本程序的顺利进行。①

此外，韩国《仲裁法》在仲裁机构独立性方面，处于世界前沿。例如，《仲裁法》接受了仲裁庭自裁管辖权原则，即在仲裁当事人提出管辖权异议时，仲裁庭有权自主决定自己是否具有管辖权。韩国《仲裁法》第17条第1款规定："仲裁庭可以决定其自己的管辖权，包括对仲裁协议的存在和效力。"另外，依据第17条第5款之规定，对于无管辖权和超出授权范围的抗辩，仲裁庭既可以在实体裁决中裁定，也可以通过先决问题解决程序决定。第6款规定，如果仲裁庭以先决问题方式决定仲裁庭具有管辖权，则对此不服的任何一方当事人，可以在收到该决定通知后的30日内，要求法院对仲裁庭的管辖权进行裁定。然而，第7款又规定，仲裁庭仍然可以继续进行程序，包括作出裁决，不必等第6款之规定的法院进行的程序。在第8款中又规定了法院基于第6款作出的裁定不能够上诉。第7条第1款规定："仲裁协议有约定，可由地区法院或其分支机构管辖。如果仲裁协议无约定，则由仲裁地所在法院管辖。如仲裁地尚未确定，则由申请人的惯常居住地或营业地的法院管辖。如上述仲裁地或被申请人的惯常居住地、营业地均无法确定，则由被申请人的住所所在地有管辖权的法院管辖；如果住所地仍无法确定，则由其最后为人所知的惯常居住地、营业地的有管辖权的法院管辖。"

此外，在对外国仲裁裁决的承认和执行方面，针对管辖法院、外国仲裁协议效力问题、缺乏适当通知及丧失陈述的权利、违反正当程序或仲裁庭组成不当、无法承认和执行的仲裁裁决、违反公共政策以及执行裁判的形式等内容，韩国《仲裁法》的规定比较宽松，较好地维持了仲裁院的独立性。②

（二）韩国国际商事仲裁程序

韩国《仲裁法》是世界上最先进的仲裁法之一，与中国《仲裁法》相比，韩国《仲裁法》在程序方面有诸多先进之处。

第一，在仲裁程序的准据法方面，允许仲裁当事人在约定仲裁程序的准据法中享有较大的自由。韩国《仲裁法》第20条规定："（1）在不违反本法的强制性规定的情况下，当事人可以自由约定仲裁程序事项。（2）如果没有第（1）款所称的约定，在遵守本法规定的情况下，仲裁庭可以采用其认为合适的方式进行仲裁程序。赋予仲裁庭的权力应当包括确定证据的可采信性、

---

① 张宗峦. 中韩商事仲裁法律制度比较研究 [J]. 西部法学评论, 2014 (2): 33-36.
② 徐世杰，金万红. 中韩仲裁制度比较研究——以承认和执行外国仲裁裁决案列为视角 [J]. 大连海事大学学报（社会科学版), 2015 (3): 58-64.

重要性的权力。"显然，依据本条的规定，当事人享有选择任何国家法律或任何仲裁机构的仲裁规则作为准据法的自由。当然，本条规定的前提是，当事人的意思自治和仲裁庭的合适选择仲裁程序，不得违反韩国《仲裁法》关于仲裁程序的强行性规定。实际上，韩国《仲裁法》关于仲裁程序的强行性规定并不多。例如，第19条规定，在仲裁程序中，各方当事人应当得到平等对待，并应当给予充分的陈述案情的机会；第22条第（2）款规定，送达于被申请人的仲裁通知应当包括当事人、争议标的和仲裁协议的内容；第24条第（1）款规定，申请人应当陈述其仲裁请求及其依据的事实，被申请人应当陈述其相应的答辩。可见，韩国《仲裁法》关于当事人选择仲裁程序的限制较少，当事人享有较大的自由选择权。

第二，在实体争议的准据法方面，相关规定比较灵活。韩国《仲裁法》第29条规定，仲裁庭应当依据当事人约定的实体争议应当适用的法律规则对争议作出裁决，除另有明示表示外，指明适用某一国的法律或者法律制度应当被解释为指明直接适用该国实体法，而非该国的国际私法。如果当事人未能协议选择实体争议解决的准据法，仲裁庭应当适用仲裁庭认为与争议标的有密切联系的国家的法律。然而，本条没有具体规定这里的"法律规则"指特定国家的法律还是其他的"软法"，如国际条约、商人法、法律的一般原则、《国际商事合同通则》或《欧洲合同法》等。一般认为，本条的规定应该比《UNCITRAL 仲裁示范法》的相关规定更宽泛，即允许当事人选择特定国家的法律或其他"软法"作为实体争议的准据法。①

第三，将是否实行开庭审理的权力授予仲裁庭。随着法治全球化的快速发展，国际商事仲裁的程序出现了诉讼化趋势，其中，仲裁诉讼化的重要表现之一就是开庭审理原则，如第25条第（1）款规定，除当事人有任何相反的协议外，仲裁庭应当决定是否进行开庭审理或者仅进行书面审理。如果当事人未约定不进行开庭审理，应一方当事人的请求，仲裁庭应当在仲裁程序的适当阶段进行开庭。

第四，临时措施的规定较全面。依据《UNCITRAL 仲裁规则》的规定："应当事人任何一方的要求，仲裁庭认为有必要时，得对争议标的采取任何临时措施，包括对成为争议标的的货物的保存在内，诸如将货物交由第三者保存或出售易损的货品。""这些临时性措施得以临时性裁决的方式决定之……"可见，临时性措施（interim measures）的目的在于防止当事人利用程序上的

---

① 金泳奎．中韩商事仲裁制度比较研究［D］．北京：中国政法大学，2009：79．

时间差实施转移财产、毁损财产、毁灭证据、单方面改变现实等行为，损害另一方当事人的合法权益，也就是说，当事人提出采取临时措施的要求，应被看作是保护仲裁之有效地位的合法正当要求。①

UNCITRAL 于 2006 年对《国际商事仲裁示范法》做了大幅度修订，对关于临时措施的规定做了补充，对临时措施的种类做了较具体的规定：（1）在裁定之前维持或恢复现状；（2）采取行动防止目前或即将对仲裁程序发生的损害或影响，或不采取可能造成这种损害或影响的行动；（3）提供一种保全资产以执行后继裁决的手段；或者（4）保全对解决纠纷可能具有相关性和重要性的证据。韩国《仲裁法》在以上诸方面，基本与《UNCITRAL 仲裁示范法》保持一致。②

第三节　中韩自由贸易协定非诉讼制度

自 20 世纪 90 年代以来，WTO 引领下的全球多边贸易体制发展进程举步维艰，使得各国转向区域经济一体化组织。韩国作为实施出口导向的国家，自然也开始注重区域和双边自由贸易安排，与多个国家或地区签署了 FTA（如新加坡、智利、秘鲁、印度、美国、土耳其、加拿大、哥伦比亚、澳大利亚、欧盟等）。中韩两国随着近年来各方面友好合作的快速发展，两国双边贸易额增长很快。目前，中国是韩国最大的贸易伙伴、最大的出口市场、最大的进口来源国和最大的海外投资目的地。韩国也是中国最重要的贸易和投资合作伙伴之一。2004 年 9 月，中韩两国开始就中韩 FTA 在民间层面的可行性进行联合研究，调查双边 FTA 预期的宏观经济效益。2007—2010 年，两国进行了一次行业、研究机构、政府的联合分析，重点分析了对农业和制造业等工业部门的影响。2012 年 5 月至 2014 年 11 月，双方进行了 14 轮谈判。中韩 FTA 于 2015 年 6 月 1 日正式签署，并于 2015 年 12 月 20 日正式生效。依据该协定，经过 20 年过渡期后，90% 以上的税目产品会降为零关税。可见，中韩 FTA 协定是当今世界最先进的双边自由贸易协定之一。

中韩两国虽然传承了相同的传统文化，但是中韩两国的政治、经济及法

---

① 韩健. 现代国际商事仲裁法的理论与实践（第 2 版）[M]. 北京：法律出版社，2000：223.

② JON，W J. Interim Measures in Arbitration and Enforcement of Arbitral Awards in Korea and China [J]. Journal of Arbitration Studies，2016（26）：67-75.

律制度差异较大，这必然成为两国经济合作发展的障碍。因此，构建一个既能较好体现两国传统文化，又能适当借鉴当今世界最先进的仲裁规则的仲裁制度，自然是至关重要的。中韩两国经过艰苦的协商和谈判，最终成功构建了较为先进的以仲裁为主的中韩 FTA 争端解决制度。

一、中韩自由贸易协定磋商与调解制度

如前所述，通过和解的方式解决民事争端是中韩两国传统文化中的共同点，是儒学"和谐"思想的主要体现。因此，中韩 FTA 争端解决机制中的仲裁将和解作为其核心内容，契合了中国仲裁制度中的调解与仲裁相结合的特点。

（一）中韩自由贸易协定中的磋商

中韩 FTA 第二十章（争端解决）的第 1 条（第 20.1 条）就开宗明义地规定："缔约双方在任何情况下均应当尽力对本协定的解释和适用达成一致，并且当一项争端产生时，应当尽一切努力通过合作和磋商，就可能影响本协定执行的任何事项，达成双方均满意的解决方案。"随后的条款中对和解做了明确、具体的规定，首先，第 20.4 条对磋商做了专门的规定，"一、缔约双方应当尽一切努力根据本条款或本协定其他磋商条款就任何争端达成双方满意的解决方案。二、任一缔约方可以就第 20.2 条所述任何事项以递交书面通知的方式向另一方请求磋商。请求方应当在书面通知中说明提出磋商请求的理由，包括指明争议中的措施以及此指控的法律基础。在磋商请求做出后，被请求方应当在收到请求后的 10 日内以书面形式进行答复。三、磋商应当在收到磋商请求后 30 日内、以达成双方满意的解决方案为目的善意地进行。除非缔约双方另有约定，磋商应当在被诉方领土内进行。四、如被请求方未在自收到磋商请求之日起 10 日内答复或未在自收到磋商请求之日起 30 日内进行磋商，请求方可以根据第 20.6 条直接请求设立专家组。五、各缔约方应当：（一）在磋商中提供充分的信息，以便全面审查磋商事项如何可能影响本协定的实施；及（二）在信息提供方相同的基础上，处理磋商过程中交换的任何保密信息。六、磋商应当保密，且不得损害任一缔约方在本章项下任何进一步程序中的权利。"

可见，中韩自由贸易协定中对磋商的规定基本采用了 WTO 争端解决机制中的思路，规定了磋商是必经程序，各缔约方应承担对磋商过程中交换的信息的保密义务。显然，中韩自由贸易协定的规定基本维持了磋商作为非诉讼争端解决方式的本质属性和重要性。

(二) 中韩自由贸易协定中的调解 (包括斡旋及调停)

中韩自由贸易协定较注重调解方式的和解解决争端的作用。第20.5条对斡旋、调停和调解做了具体规定：第一，斡旋、调停和调解是在缔约双方同意的情况下自愿采取的程序。第二，缔约双方在这些程序中所采取的立场应当保密。第三，任一缔约方可随时请求进行斡旋、调停和调解。此程序可随时开始，可随时终止。如缔约双方同意，斡旋、调停和调解程序可以在专家组审理程序进行的同时继续进行。第四，缔约双方被鼓励进入调解程序。第五，缔约双方应当努力以快速的方式参与调解程序，以便在合理时间内、在双方协商一致指定或任命的调解员协助下，寻求双方满意的解决方案。当缔约双方已就解决方案达成一致时，各方应当采取必要的措施以执行双方达成的解决方案。第六，第四款所规定的调解程序并不作为参与本协定争端解决程序或任何一方作为当事方参与的其他协定争端解决程序的基础。

显然，中韩自由贸易协定中关于调解的规定维持了相应的和谐、自治、效益等价值取向。例如，斡旋、调停及调解可以在所有的纠纷解决程序中启动和进行，建立于双方自愿的基础之上，要求双方努力以快速的方式参与调解程序，等等。遗憾的是，中韩自由贸易协定中调解制度受到了西方司法化的影响，过分照搬了WTO争端解决机制的相关规定，漠视了中韩两国人民对中国传统文化和谐理念的认同，对和谐价值取向关注度不够，如调解不是必经程序，调解达成的和解方案缺乏必要的强制执行力，这些无疑削弱了调解作为非诉讼争端解决方式应有的作用。

二、中韩自由贸易协定仲裁制度

当今世界著名的自由贸易区考虑到不同的商事领域差别较大，相关争端不宜采用同一争端解决方式，于是，设置了多元化的争端解决机制。中韩自由贸易协定也采用了这种模式。例如，依据第12.12条的规定，投资争端的当事方可以协商将争端提交到争端缔约方的管辖法院，依据《国际投资争端解决中心公约》进行仲裁，依据《国际投资争端解决中心附加便利规则》进行仲裁，也可依据《UNCITRAL仲裁规则》进行仲裁。当然，经争端缔约方同意，也可依据其他仲裁规则进行任何仲裁。

(一) 中韩自由贸易协定仲裁的管辖权冲突

众所周知，中国和韩国均为WTO缔约国，也就是说，两国商事争端可以同时适用 FTA 争端解决程序和 WTO 争端解决规则。显然，如果这样的管辖权冲突不予解决，必然导致争端解决时间拖延和费用升高。世界上多数 FTA 规定，在 FTA 具有专属管辖权的情况下，当事方不能使用其他争端解决程序。例如，韩国智利 FTA 第 19.3 条、韩国新加坡 FTA 第 20.3 条、韩国 EFTA 第 9.1 条、韩国 ASEAN 争端解决第 2.5 条、韩美 FTA 第 22.6 条、中国智利 FTA 第 81.2 条、中国新西兰 FTA 第 185.3 条、中国新加坡 FTA 第 92.6 条、中国秘鲁 FTA 第 175.2 条、中国 ASEAN 争端解决第 2.6 条等等。[①]中韩 FTA 也采用了上述规定，如第 20.3 条规定：（1）如发生的争端涉及本协定下事项和《世界贸易组织协定》下事项或双方均为缔约方的其他协定下的事项，起诉方可以选择解决争端的场所。（2）一旦起诉方要求按照第一款所指协定项下设立专家组，则应使用该被选定的争端解决场所并同时排除其他场所的使用。

虽然，中韩 FTA 的这一规定，有助于避免在中韩两国政治、经济环境下中韩 FTA 争端弥补机制中仲裁一裁终局的缺陷，较好地适应了中韩两国商事争端当事人的需要。

（二）中韩自由贸易协定仲裁的适用范围

由于 FTA 涉及面较广，有些领域的事宜具有特殊性，不能统一适用 FTA 仲裁予以解决，因此，韩美 FTA、韩欧 FTA 等多数 FTA 将竞争、反垄断、关税措施及卫生检疫措施等特定类型的争端排除在 FTA 争端解决程序的适用范围之外。中韩 FTA 也采用了上述思路和方法，规定一些特定类型的争端不能适用中韩 FTA 争端解决程序。例如，第 5.6 条规定卫生与植物卫生措施下产生的任何事项，任何一方都不得诉诸第 20 章的争端解决程序。

在投资争端解决方面，第 12.12 条规定，"任何投资争端应尽可能通过作为投资争端当事方的投资者与作为投资争端当事方的缔约方之间的友好协商解决。书面协商请求应由争端投资者在投资争端提交本条第三款规定的仲裁之前提交给争端缔约方。""投资争端应根据争端投资者的申请，提交至：（一）争端缔约方的管辖法院；（二）依据《国际投资争端解决中心公约》进行的仲裁，如可适用该公约；（三）依据《国际投资争端解决中心附加便利规则》进行的仲裁，如可适用该规则；（四）依据《联合国国际贸易法委员会仲裁规则》进行的仲裁；（五）经争端缔约方同意，依据其他仲裁规则进行的任何仲裁。""争端投资者一旦将投资争端提交争端缔约方的管辖法院或本条第

---

① 朴正岘. 中韩自由贸易协议（FTA）争端解决中仲裁制度的构建 [D]. 北京：对外经济贸易大学，2015：17.

三款规定的仲裁之一,则争端投资者所做选择应当是终局的,争端投资者之后不得再将同一争端提交本条第三款规定的其他仲裁。"可见,中韩 FTA 争端协议已经采取了 FTA 投资仲裁制度（ISD）,这就意味着,东道国与投资者之间可以适用国际投资仲裁。ISD 仲裁裁决也同样具有终审力,其裁决应当被缔约国承认并执行（《ICSID》第54（1）条）。

关于竞争政策方面的争端,第14.8条规定了应通过磋商来解决。关于环境与贸易方面的争端,第16.8条规定了一缔约方应在其行政部门内指定一个办公室作为与另一缔约方的联络点。一缔约方可通过联络点要求另一缔约方就本章产生的任何事项进行磋商。缔约双方特此成立环境与贸易委员会（以下简称为"委员会"）。委员会应由缔约双方行政部门的若干高级官员组成。委员会应在认为必要时开会,以监督本章的执行。第16.9条规定,对于本章下产生的任何事项,任何一缔约方不得诉诸本协定第二十章（争端解决）。

由此可见,中韩 FTA 为了提高争端解决方面的可预见性和正当性,采取了比较灵活的方法,彰显了当今世界 FTA 争端解决的最新趋势。

（三）中韩 FTA 仲裁裁决的终局性与补救措施

当今世界几乎所有的 FTA 争端解决中,仲裁庭的裁决均具有终局性,不能作为上诉的对象。中韩 FTA 争端解决机制也予以采纳。

第20.15条规定了相应的补救措施,如被诉方在合理期限内未能使被认定与该协定不一致的措施符合专家组的建议,或者被诉方以书面形式表示其将不执行建议,或者没有任何执行措施存在,并且缔约双方未能在进入补偿谈判后20日内就补偿达成一致,起诉方可以对被诉方中止减让或其他义务。

可见,中韩 FTA 争端解决机制没有规定如何纠正仲裁庭可能的误判,也没有规定起诉方采取的补救措施是否包括金钱赔偿。这自然需要在今后的修订中,予以进一步完善。

在其他程序方面,中韩 FTA 的其他条款做了相近的规定,如第20.6条规定了专家组设立,第20.8条规定了专家组职能,第20.10条规定了专家组程序的中止或终止,第20.11条规定了专家组报告的内容,第20.13条规定了合理期限及第20.14条规定了一致性审查,等等。

综上,中韩 FTA 争端解决机制最重要的特点是传承了中韩两国传统文化中儒学的"和谐"思想,把通过和解解决两国 FTA 争端作为重要的方式,在当今世界五彩缤纷的 FTA 争端解决机制中,树立了一面重要的旗帜,既有助于解决中韩 FTA 中当事方之间的商务争端,维持长久的友好合作关系,也有利于向全世界提供中国传统文化中的智慧,为切实构建人类命运共同体与和谐世界的崇高理想作出贡献。

小 结

  韩国是当今世界上重要的经济体之一，较早接受了西方非诉讼制度和法律文化，其非诉讼制度自然体现了西方倡导的价值取向，也照搬了诸多西方创制的新程序，诉讼化比较明显。例如，韩国仲裁制度较完善，但民事调解规则缺少明确、具体的规定，不能满足民众的需要。另外，韩国较早接受和继承了中国传统文化，越来越多的韩国民众在社会转型中更加自觉地意识到了儒教文化的价值，纷纷呼吁儒教的现代复兴，并形成了较为体系化的儒学教育制度。可以说，儒学在韩国人民心中具有重要的地位，儒学思想在韩国现代化进程中正展现出越来越重要的生命力。中韩FTA非诉讼制度接受了中国调解文化的影响，对调解作出了较为全面的规定，仲裁程序中的调解也发挥着重要的作用，为中日韩自贸区非诉讼制度的构建提供了重要的启示。当然，由于受西方非诉讼制度司法化的影响，中韩FTA非诉讼制度中对和谐价值取向重视不够，如调解程序并未被设定为必经程序，和解结果难以执行等。可以合理预计，如果中日韩三国从传统文化的视角展开努力，自贸区非诉讼制度中将和谐设定为核心价值取向，将调解作为首要的争端解决方式，应该得到韩国当局的认可，从而大大提高中日韩自贸区非诉讼制度顺利构建的可能性。

第十一章

中日韩传统文化与非诉讼制度比较

中日韩自贸区非诉讼制度作为切实为自贸区保驾护航的法律制度，必须以中日韩三国传统文化为基础，同时，适当借鉴最先进的国际商事非诉讼理念及程序。换言之，任何脱离中日韩三国传统文化，漠视国际商事非诉讼制度最新发展的行为，必然是水中之月，难逃被束之高阁的命运。虽然中日韩三国都属于东亚文化圈，都把儒学作为自己传统文化中的根本思想，但是，由于三国地理环境和历史发展的进程各不相同，三国在传统文化和商事制度方面也存在诸多差异。因此，将中日韩三国的传统文化和国际商事非诉讼制度做一简要比较，找到共同点，无疑是至关重要的。

第一节 中日韩传统文化之比较

文化的概念很多，因学科不同，研究者的视角不同，对文化的解释可能也有不同。一般来说，文化有广义与狭义之分。广义的文化是指"人类社会历史实践过程中所创造的物质财富和精神财富的总和"。狭义的文化是指"社会的意识形态，以及与之相适应的制度和组织机构"[1]。中日韩三国传统文化具有较多的共同点，也存在诸多不同。

一、中国传统文化的特点

中国历史悠久，文化发展中没有出现像多数国家文化的断层现象，从而得以代代传承、生生不息。中国地理环境优越，食物较充足，人民生活休闲的时间长，为古代学者进行深邃的思考提供了优越的条件。儒学作为中国传统文化的主流思想，具有以下主要特点。

（一）高度崇尚主体意识，提倡人与人之间的和谐关系

中国古人从大自然与人漫长的发展进程形成的互动关系中得到启发，提

---

[1] 梁漱溟. 东西文化及其哲学 [M]. 上海：商务印书馆，1929：53.

出了人与人之间相互包容的"和谐"思想。由于人类自私的天性和自然资源的短缺等,人们之间自然会产生利益冲突,甚至通过血腥的战争来抢夺资源。儒学主张人与人之间应该和谐相处,采用的方法是人们通过主观努力来成就人的品格,按照"己欲立而立人,己欲达而达人""己所不欲,勿施于人""正己正人,成己成物"的思想来协调人与人之间的关系。儒学这种通过自我克制来改善人与人之间关系的思想,有利于维持人们之间的安定团结,促进所有人的福祉。特别重要的是,在当今世界霸权行为横行、单边主义再次作祟的情势下,和谐思想毫无疑问有助于构建"人类命运共同体"及和谐世界,维持世界和平。在对国际商事非诉讼制度的影响方面,和谐价值有利于促使纠纷当事人在争端解决中相互包容和谅解,从长远利益考量,做到既取得了利益,又保障了当事人之间长期友好合作关系,取得双赢的结果。

(二) 注重整体观念,强调个人利益服从集体利益

中国古人从大自然与人在漫长的发展进程中形成的互动关系中得到的另一启发是,人与自然是一个整体,视"天人合一"为最高境界,凡事从整体考虑问题,不能只考虑自己的利益。在国家与世界的关系方面,注重整体意识,即"修身、齐家、治国、平天下";在个人与国家的关系方面,主张个人服从国家,正所谓"大河无水小河干""先有国后有家",个人要顾全大局,必要时不惜为了国家而牺牲个人或局部利益;在文化领域,崇尚兼收并蓄、和而不同的宽容精神。中国传统文化的这种整体观念,对维护民族团结、国家统一,乃至通过构建"人类命运共同体"与和谐社会来提高各国人民的福祉,都是至关重要的。

(三) 顽强的生命力和强大的包容性

儒学自孔子创立以来,在两千多年的发展进程中,可谓风雨兼程、荆棘丛生,但是,儒学在激流险滩中终能化险为夷、柳暗花明。[1]尤其是在当今世界,儒学又迎来了复兴的高潮,这在整个人类历史的发展过程中无疑是罕见的奇迹。根本的原因是,儒学在漫长的历史进程中,始终能顺应社会发展,兼收并蓄,与其他文化融合并消化,大大增强了自己的普适性;不仅能够薪火相传,而且能够使其理论体系更精密完善,理论内容更加丰富、新颖,表

---

[1] 例如,新文化运动期间,随着西方新文化、新思想、新道德的传入,一些人开始批判中国的旧文化、旧思想、旧道德。这无疑使中国传统文化的精华得以发扬光大,也有效抑制了糟粕的蔓延,彰显了巨大的包容性。

现出了顽强的生命力与巨大的包容力。①中国儒学的强大包容性对中日韩构建富有活力的自贸区非诉讼制度的启示是，只要中日韩三国认真秉承儒学的包容性特点，相互包容和友好合作，就能成功构建当今世界最有效、最先进的自贸区非诉讼制度，造福于三国人民，为其他国家提供楷模。

作为当今世界具有悠久历史与文明的国家，中国创造了光辉灿烂的传统文化。在其他文明古国传统文化日趋衰落的今天，唯有中国传统文化仍朝气蓬勃，反映了中华民族充满开拓进取、兼容并蓄的活力，为世界各国提供了难得的智慧。在中日韩三国建设自贸区的进程中，和谐理念必然成为非诉讼制度的核心价值。

二、日本传统文化的特点

世界上的人类作为高级物种，虽然身处不同的地理环境，但具有明显的共性。人类发展历史上，由于自然环境和历史进程不同，人们会创造出不同的文化，使人类文化精彩纷呈、多姿多彩。日本是太平洋中的一个岛国，由3000多个大小不一的岛屿组成，绵延数千千米，与韩国和中国相邻。在原始社会，航海业不发达，导致日本列岛相对封闭，与外界交流困难，文化相对落后。后来，中国文化通过朝鲜辗转传至日本，丰富了日本文化。在古代社会，日本被动接受中国文化，边接受，边发展，边创新。在中国唐代，日本开始积极主动派遣大量学者来中国学习，在社会思想、政治制度、科学技术、文学艺术、宗教信仰、风俗习惯等多方面接受了唐代文化。由于土地短缺、自然资源缺乏、文化落后，日本被迫积极主动并善于吸收和改造中国文化为己所用，实现了社会形态的跨越。

作为一个善于吸收和改造外来文化，并在这一过程中不断寻求创新的民族，日本积极主动接受别国文化的智慧，并与自己的传统文化相融合，形成了当今日本特有的文化。一般来说，当代日本文化仍受到中国传统文化的较大影响，如日本天皇的施政及日本人道德思想等方面具有诸多特点。

（一）儒学的"和为贵"思想得以传承

日本著名学者小岛祐马认为："中国儒学思想旨在构建一个人人以爱为纽带的共同社会，是通向世界和平的唯一之途。与此相反，西方文明的基础是一种利益社会，人与人之间是一种潜在的敌对和斗争关系，由势力的均衡或

---

① 韩恩珠．中韩两国文化意识比较研究［D］．北京：中央民族大学，2006：17.

恐怖的均衡虽然可以得到一时的和平,但永久的世界和平不可能由此达成。"①儒学传到日本后,深受统治阶级的推崇,他们开始运用儒学思想治理国家。例如,圣德太子的《十七条宪法》就蕴含着浓重的儒学思想,其中最重要的是接受了儒学的"和为贵"思想。如《十七条宪法》的"以和为贵"出自《礼记·儒行》中"儒有博学而不穷,笃行而不倦;幽居而不淫,上通而不困;礼之以和为贵,忠信之美;优游之法,慕贤而容众,毁方而瓦合。其宽裕有如此者"。第四条中的"以礼为本",是根据《孝经·广要道章》中"教民亲爱,莫善于孝。教民礼顺,莫善于悌。移风易俗,莫善于乐。安上治民,莫善于礼"提出来的。第十四条,群臣百僚,无有嫉妒;第十五条,背私向公,是臣之道矣,这几条集中讲一个"和"字,由"和"来表示团结、合作。这显然体现了孔子在《论语·学而》中的"礼之用,和为贵"思想。②

(二) 注重仁义、忠孝观念

儒学对日本道德思想的影响也很大。儒学传入日本之前,日本人还生活在自然、单纯的社会中,缺乏对于善恶邪正区分的道德标准。儒学传入日本后,带来了仁义、忠孝的观念,确立了日本人的道德思想。《孟子·万章》言:"孝子之至,莫大乎尊亲;尊亲之至,莫大乎以天下养。为天子父,尊之至也;以天下养,养之至也。"日本天皇也接受了这些思想,并以之来治理国家。例如,文武天皇(697—707)大宝二年(702)十月二十一日诏书言:"上自曾祖下至玄孙,奕世孝顺者,举户给复(负免租调)旌表门间为义家。"另外,在赋役令中还宣布:"凡孝子、顺孙、义父、节妇,志行闻于国郡者,申太政官奏闻,表其门间,免同籍悉课役,有精诚通感者,别加优赏。"可见,天皇对忠孝等儒学思想的重视程度之高,对孝道的尊崇程度无以复加。除此之外,日本政府还多次派商人、使者到中国购买儒家书籍,据日本人统计,仅在 9 世纪初,日本所收藏的汉文经、史、子、集的书籍多达1579 部、16000 多卷。这些书籍对儒学思想在日本的传播和普及起了重大推动作用。儒学渐次成了日本的国民道德。③

此外,日本也接受了儒学的"惩恶劝善"的思想。日本《十七条宪法》第六条、第七条、第九条及第十一条等,对"惩恶劝善"做了规定。例如,第六条借用了《左传·成公十四年》条:"《春秋》之称,微而显,志而晦,

---

① 刘岳兵. 日本近代儒学思想研究 [D]. 北京:中国社会科学院,2001:87.
② 张世响. 日本对中国文化的接受 [D]. 济南:山东大学,2006:117.
③ 张世响. 日本对中国文化的接受 [D]. 济南:山东大学,2006:116.

婉而成章，尽而不污，惩恶而劝善，非圣人谁能修之？"第十一条规定了对官吏要明察功过，赏罚必当。

总而言之，日本社会，尤其是在明治维新以前，可以说是中国的儒学思想统治着日本的政治、社会、经济生活等各个方面，维系着社会的发展。儒学思想在政治、道德、习俗等方面对日本产生了重大影响。儒学思想促进了日本文化水平的提升。[1]

三、韩国传统文化的特点

虽然韩国也是东方儒学圈的国家，但因为韩国的地理环境及历史发展进程与中国不同，儒学作为韩国传统文化的核心，具有如下特点。

（一）高度重视"孝"文化

"孝"作为儒家伦理观的一个重要组成部分，主要调整的是父母与子女亲人之间的相互关系。一般来说，韩国人一直崇尚"为父当慈，为子当孝"的理念，源于《孝经》中的"夫孝，德之本也，教之所由生也"。所以，孝是子女遵从父母的心愿，按照父母希望的方向进行，跟随父母的心愿就是顺理，并且可以让所有人获利。正如《孝经》所言："爱亲者，不敢恶于人；敬亲者，不敢慢于人。"孝顺父母的人不会作出违反人伦秩序的行为，故此孝成为人伦秩序的根本。另外，韩国儒家更注重"礼"文化，讲究"礼者为异"和《礼记》中的"君臣上下，父子兄弟，非礼不定"，即注重差别、等级，严格区分上下、贵贱、尊卑。

可见，孝文化是中国传统文化的一个重要组成部分，有利于维持家庭团结，正所谓"家和万事兴"。

一般来说，中国传统文化受到如"五四运动""文化大革命"等冲击，孝文化概念受到了一定程度的削弱，人们的"礼"文化概念较淡薄。相比而言，韩国人比中国人更注重孝和礼文化。[2]当然，从现代社会理念上看，孝和礼文化有先进的一面，也缺之足够的民主。

---

[1] 张世响. 日本对中国文化的接受 [D]. 济南：山东大学，2006：118.

[2] 韩恩珠博士做了一系列问卷调查，表明在"孩子听从父母的意见""孩子找工作时是否会同父母商量""是否一定要和父母住在一起赡养父母"等方面，韩国人做肯定答复的比例远高于中国人。（韩恩珠. 中韩两国文化意识比较研究 [D]. 北京：中央民族大学，2006：42—72.）虽然1966—1976年"文化大革命"期间的"左"倾主义者陷入了历史虚无主义，兴起了批判儒家崇尚法家的思潮，但是近年来，儒学的发展砥砺前行，进入了史无前例的复兴时期，在中国乃至全世界产生了越来越重要的影响。

（二）偏重家族主义文化，整体性观念淡薄

韩国是单一民族的小国，不存在像中国那样的多民族和多样性文化，韩国传承了儒学的家族情怀，同时也结合韩国自己的传统文化，形成了韩国特有的家族主义文化：以孝为先，家族优先。所有韩国人的第一件事就是孝敬父母，每年的中秋节祭祀已故父母和祖先。还有很多韩国人对自己家族的姓氏或者家谱很关心，构成了家族主义文化的基本特征。①

韩国特别注重家族主义文化，这有助于维持家庭成员之间的和谐与社会的安定，然而，家族主义文化必然导致国民对国家概念的淡薄。同时，由于韩国在对外开放，接受西方政治、经济及法律制度方面的力度较大，西方所提倡的个人主义的文化也对韩国传统文化产生了一定影响。根据韩恩珠博士的问卷调查，在回答"人民是否会为了国家而牺牲自我"问题时，回答"是"的韩国人占的比重远低于中国人。在回答"比别人做更多的努力，以求为祖国作更多的贡献"的问题时，中国人占的比重也远高于韩国人。②

显然，韩国人更注重家族主义文化，整体性观念淡薄，这对稳固家庭有积极作用，但对韩国，乃至中日韩自由贸易区的构建，无疑具有一定消极作用。尽管如此，韩国作为东亚儒教文化圈中堪称最忠实于儒教文化的国家，一直视儒教为韩国传统文化的主流，这无疑为中日韩三国依传统文化来建立自由贸易区提供了坚实的文化基础。③

四、中日韩传统文化之比较

任何制度的构建都离不开文化的根基。中日韩三国的自然环境和历史发展进程不同，三国的传统文化自然互有不同，这决定了中日韩自由贸易区的非诉讼制度必须建立在三国传统文化的共性之上。因此，准确把握中日韩三国传统文化之间的共性和差异，无疑是至关重要的。

（一）中日韩接受中国儒学中的"和思想"的程度有所不同

如前所述，中国古代智者从自然与人的互动关系中悟出了"和思想"，认为人与自然和人与人之间应该和谐相处，即修身、治国、平天下。中国古代智慧告诉我们，人类社会的发展经历了一个从家庭—部落—城邦—国家乃至世界的历史进程，旨在寻求一种至高无上的理想社会——和谐社会。换言之，

---

① 韩恩珠．中韩两国文化意识比较研究［D］．北京：中央民族大学，2006：60-70．
② 韩恩珠．中韩两国文化意识比较研究［D］．北京：中央民族大学，2006：60-71．
③ 韩恩珠．中韩两国文化意识比较研究［D］．北京：中央民族大学，2006：105．

各国人民只有通过和谐和友好合作才能获得永久和平和最大福祉，西方文明崇尚的通过对抗性竞争来获取利益的方式，只能取得一时的幸福，不能获得永久幸福（日本著名学者小岛祐马语）。也就是说，中日韩自由贸易区的根本宗旨是为三国获得最大的福祉，唯一的途径必然是三国人民和谐相处、友好合作。显然，在争端解决机制方面，通过协商、调解和调停等和解的方式来解决三国商人之间的争端，必然是最理想的方式。

然而，上述分析表明，日韩两国在接受中国传统文化中"和思想"的程度方面并不相同：中国作为儒学的发祥地，自然对儒学中"和思想"的理解最深邃、最全面；日本作为自然资源稀缺的岛国，迫于急切改善恶劣生活条件的压力，不得不最大限度地吸收外来文化，对儒学思想的接受略逊色于中国；韩国在接受中国儒学思想时，则更注重"孝"思想，"和思想"的概念较淡薄。例如，中国人早期在国际商事争端解决中，并不善于运用仲裁和诉讼，而主要通过和解的方法予以解决；同样，即使在今天的日本，人们仍热心于采用和解方法解决国际商事争端，并不情愿运用仲裁和诉讼。不同的是，韩国人快速接受了西方的国际商事仲裁概念，热衷于通过仲裁来解决争端，对和解的方法却敬而远之。不过，韩国人更注重"实惠"，只要在谈判中晓之以理、动之以情，他们就会接受和解的方法。例如，中国在中韩自由贸易区谈判中经过耐心解释，成功地与韩国在通过协商、调解和调停等和解方式解决争端方面达成了一致。这为中日韩构建自贸区非诉讼制度提供了激励机制。

（二）中日韩在接受中国儒学整体观念方面存在较大差异

中国古代智者通过观察大自然的发展规律，提出了"天人合一"的思想，为后来的整体观念提供了核心基础。因此，在古代中国，个人要服从家庭，家庭则要服从国家，所谓"没有国，哪有家"。直到今天，多数中国人仍愿为国家出力，以为国家作贡献甚至牺牲自己而自豪。日本人受中国文化中的集体主义思想影响较大，多数人愿为企业和国家出力奉献；然而，韩国人更重视个人对家长及家庭的"孝"，同时，受西方个人主义文化之影响，更注重家庭主义和个人主义，集体主义观念比较淡薄。可见，在整体观念方面，中国和日本比较接近。由于韩国人更注重个人的"现实"和"实惠"，只要能保证韩国人个人的"现实"和"实惠"，他们就会情愿接受相关的规则和制度。

（三）中日韩在接受中国儒学中的包容性方面不尽相同

如前所述，中国传统文化中崇尚"和而不同"及"海纳百川，有容乃大。壁立千仞，无欲则刚"的理念，始终能顺应社会发展，兼收并蓄，与其他文化融合并消化。中国传统文化中这种巨大的包容性，为构建"人类命运共同体"与和谐世界奠定了基础,博得了世界各国人民的赞赏。日本为了尽快使国家现代化,不得不提倡"拿来主义",大量吸收外来文化。虽然部分日本人怀有根深蒂固的小国心态,但是,其文化也彰显了一定的包容性。然而,韩国虽然近年来也实施深度对外开放政策,大量引进西方的政治、经济及法律等制度,但相比之下,韩国人小国心态较重,甚至不少韩国人以为儒学是韩国人创立的。因此,切实把握日韩两国人的心态,有助于我们在三国的交往中"和而不同、求同存异",切实建立起休戚与共的友好合作关系,真正造福于三国人民。

第二节 中日韩非诉讼制度比较

中日韩三国同属于亚洲儒学文化圈,具有大致相同的文化基础,但是,由于自然环境和历史进程不同,各自的非诉讼制度也存在差异。

一、中日韩调解制度比较

(一)中日韩调解制度价值取向比较

前已述及,中国传统文化源远流长,其中的核心理念是"和谐"。在民众纠纷解决方面,中国人崇尚的是采用磋商、调解等非诉讼方式,友好和谐地解决纠纷,维持社会安定,共享幸福生活。虽然日韩两国利用方便的地理优势,早在古代时期就先后接受了中国传统文化,但是两国较早引进了西方的法律制度和法律文化,致使西方法律制度和法律文化不可避免地与本地传统文化发生不同程度的碰撞和融合,两国所建立的非诉讼争端解决制度自然各有不同。

中国作为中国传统文化的发源地,其"和谐"思想自然是博大精深。特别是,在习近平总书记关于构建"和谐"社会倡议的大力推动下,"和谐"思想更加快速发扬光大。这样,中国调解制度中的"和谐"思想毫无疑问是核心价值取向。然而,由于日韩两国全面接受了西方非诉讼制度和文化,受到了西方法治化的影响,漠视两国传统文化中的"和谐"理念,不注重对传统文化的教化和宣传,导致两国的调解制度呈现明显的司法化,民众对调解的利用率较低。例如,日韩两国的司法型调解制度法规较全、机构合理、程序完整,但在调解中对民间习俗及规例重视不够。民间型调解制度重视效率、公平等价值取向，漠视纠纷当事人希望将情、理、法结合，通过和解方式解决纠纷的愿望，这成为民众不愿采用民间调解的主要原因。

（二）中日韩调解制度程序比较

中国传统文化强调的是当事人愿意通过和谐方式解决纠纷，同时，中国对外开放较晚，借鉴西方法律制度及法律文化不够充分，非诉讼制度受司法化影响并不广泛和深入。因此，中国的调解制度存在程序不够完善的不足。例如，深受中国民众喜爱的人民调解方式的程序较简单，灵活性较强，但难以适应中国经济及科技的飞速发展。相比而言，日韩司法型调解制度规则齐全，程序复杂、完整，但灵活性不强。同时，日韩民间型调解制度发展缓慢，不能满足两国民众解决纠纷的需要。

二、中日韩国际商事仲裁制度比较

（一）中日韩国际商事仲裁制度价值取向之比较

国际商事仲裁制度发展以来，一直是由西方国家主导和操纵的，其理论框架和程序必然是西方国家文化的产物，崇尚的是诸如适者生存及零和博弈式的对抗性的竞争机制，将自治、公正、效率及平等作为主要价值取向。国际商事仲裁制度的诉讼化必然导致争端当事人之间针锋相对、寸土必争，只能取得一时的和谐，却破坏了双方之间的友好合作，难免产生两败俱伤的结局。这显然有悖于维持世界永久和平的愿望，不利于提高世界各国人民的福祉。

中国人自古以来崇尚的"礼之用，和为贵""天时不如地利，地利不如人和"的处世观念和哲学思想，反对西方文明倡导的对抗性竞争，主张通过调解友好解决民事争端，因而成为当今世界调解的起源。[1]从价值取向视角来看，中国国际商事仲裁制度始终把和谐作为其核心价值取向，完善了国际商事仲裁制度的理论框架。[2]落实到仲裁程序上，中国国际商事仲裁制度的最大特点，

---

[1] 樊子砺.论中国商事调解制度之构建［D］.北京：对外经济贸易大学，2006：39.
[2] 虽然人人皆知中国传统文化博大精深，是"和谐"理念的发祥地，但是，中国前些年匆忙引进西方仲裁制度过程中漠视了自己传统文化中的智慧，出现了司法化倾向。随着中国传统文化的快速复兴，越来越多的学者开始关注"和谐"思想在非诉讼制度中的重要性。遗憾的是，中国学者仅仅止步于探讨"和谐"理念的文化属性，尚未从非诉讼制度的价值取向的视角展开探索。换言之，中国学者仍然没有摆脱西方国家主导的价值取向体系的困扰，更未明确提出"和谐"应该成为非诉讼制度核心价值的创新论点。本研究首次在国际国内提出中国传统文化中的"和谐"思想应该被设定为非诉讼制度的核心价值取向，完善了国际商事非诉讼制度的理论框架。

是被西方誉为"东方经验"的将仲裁和调解有机结合的制度。

在国际商事仲裁实践中，仲裁与调解相结合有两种形式：（1）中国仲裁机构受理案件后，仲裁与调解相结合。也就是说，仲裁案件受理后，当事人可以在仲裁庭外自行达成和解，也可以在仲裁庭调解下达成和解。在仲裁庭之外达成和解的当事人可以请求仲裁庭根据其和解协议的内容作出裁决书结案，也可以申请撤销案件。在仲裁庭组成前撤销案件的，由仲裁委员会秘书长作出决定；在仲裁庭组成后撤销案件的，由仲裁庭作出决定。（2）仲裁委员会之外通过调解达成和解协议后与仲裁相结合。[①]依据中国国际经济贸易仲裁委员会《仲裁规则》第40条规定，当事人在这种情况下，可以凭当事人仲裁协议中的和解协议，请求仲裁委员会指定一名独任仲裁员，按照和解协议的内容作出仲裁裁决。

自从儒学传入日本后，日本人对儒学的和谐思想推崇备至，和谐思想被牢牢扎根于大多数日本人心中。例如，日本人在解决国际商事争端方面，主要运用协商和调解方式来解决，很少采用诉讼方式。日本知名学者谷口安平（Taniguchi）认为："这是日本企业文化的一部分，一百年来没有发生实质性变化。日本企业争端解决文化与调解文化有姻亲关系，日本商界并未很好地接受仲裁文化。"[②] 日本企业不愿采用仲裁解决争端与日本传统中不喜欢诉讼、酷爱友好解决争端的文化有关。一种留面子的通过友好妥协取得争端解决的方式，远比对抗性争端解决的方法，更受到日本人的欢迎。[③]可见，在国际商事争端解决的方式方面，日本与中国相差不大。

韩国在接受儒学文化方面，关注的重点是"孝"文化和家庭主义，并没有全面吸收儒学的和谐思想。特别是，韩国自20世纪60年代开始，积极开展对外开放，全面引进西方经济制度，经济开始腾飞。同时，韩国大刀阔斧地改革传统的法律制度，大范围接受了西方法律制度。这样一来，相关仲裁法并没有把和谐作为核心价值，自然没有对国际商事争端解决中的协商、调解和调停等和解方式作出明确、具体的规定。不过，考虑到韩国毕竟接受了儒学思想，人们对传统观念比较重视，在把和解方式作为最重要的国际商事

[①] 康明. 商事仲裁与调解相结合的若干问题 [J]. 北京仲裁，2007（1）：90-92.

[②] TANIGUCHI YASUHEI. Arbitration Cultural Revisited 18 years later, Workshop on "Towards A Theory of Arbitration" [M]. Hong Kong：the chinese University of Hong Kong Press，2014：27-28.

[③] THIRGOOD R. A Critique of Foreign Arbitration in Japan [J]. Journal of International Arbitration，2001（18）：178-79.

争端解决方式方面,是能够取得共识的。

(二) 中日韩国际商事仲裁制度程序之比较

如前所述,随着经济及法律全球化的快速发展,国际商事争议急速增多,国际商事仲裁在程序方面发展很快,许多新的程序纷纷面世。随着中国对外开放向广度和深度更快发展,中国的国际商事仲裁制度也进入快车道,吸收和完善了许多国际商事仲裁的新程序,如国际商事仲裁制度的临时仲裁程序、国际商事仲裁制度的当事人权利救济程序及国际商事仲裁的透明度,等等。但是,我国的相关经济制度及法律制度尚不成熟,有些程序并未被及时纳入;有些程序已经被吸收,但由于相关规定不够明确、具体,实践中尚存在一些问题,因而有待进一步完善。

日本自明治维新以来,积极引进西方的政治、经济及法律制度,国际商事仲裁制度也得以改革和完善,尽量与国际惯例保持一致。例如,日本国际商事仲裁法采纳了《UNCITRAL 仲裁示范法》第 1 条 (1) 款的规定,没有对国际仲裁和国内仲裁予以区分。虽然与国内仲裁相比,国际仲裁会涉及外国因素,如国际私法问题,但是,相关的涉外因素可以依其他规则来解决。[①] 显而易见,日本国际商事仲裁法将国际仲裁和国内仲裁融为一体,旨在与国际商事仲裁规则接轨,使日本国际商事仲裁制度现代化。然而,日本政府虽然引进了大量的法律,并使之现代化,却没有适当关注和解决日本人在执行方面存在的问题,导致一些法律被束之高阁,少有问津。例如,日本的仲裁法是世界上最先进的仲裁法之一,但是多数日本人却采用协商等传统方法来解决民事争端。英国华威大学的克莱(Tony Cole)教授认为,不管是普通的日本人还是精明的日本商人,都会积极地寻求避免对抗。这样一来,即使日本人能够通过对抗性纠纷解决方式来使自己的利益最大化,他们也会努力寻求调解来解决纠纷,为了社会和谐而牺牲自己潜在的利益。[②] 因此,日本人解决商事纠纷最常用的是协商和调解。为了维持双方长久的友好合作关系,即使合同条款规定得一清二楚,日本人也会不惜漫长的时间,通过协商和调解来解决纠纷。[③]

---

① NAKANO S. International Commercial Arbitration under the New Arbitration Law of Japan [J]. Japanese Annals of International Law, 2004 (47): 96-98.

② COLE T. Commercial Arbitration in Japan: Contributions to the Debate on Japanese Non-litigiousness [J]. New York University Journal of International Law & Policy, 2007 (40): 29-35.

③ LIVDAHL D A. Cultural and Structural Aspects of International Commercial Arbitration in Japan [J]. Journal of International Arbitration, 2003 (20): 382.

相比之下，韩国在改革传统的仲裁方面力度更大、速度更快。现行的仲裁法几乎吸收了所有的国际商事仲裁的新程序。虽然仲裁法对有些程序规定得不够明确、具体，影响了实践可操作性，但是，对韩国人积极主动运用仲裁来解决国际商事争端影响并不大。也就是说，与日本相比，韩国政府大力普及和鼓励适用仲裁法，韩国人自然热心通过仲裁来解决民事争端。

总而言之，中日韩三国传统文化相近，在仲裁制度的价值取向和规则方面，并无实质性差别。只要中日韩三国在谈判中开诚布公、推心置腹，构建现代化的中日韩自贸区非诉讼制度指日可待。

小　结

中日韩三国互为邻国、隔海相望，为中国传统文化的传播提供了地理优势。然而，三国的地理环境互有差异：中国地大物博，人口众多；日本是岛国，领土狭小，资源短缺；韩国是半岛，领土及资源与日本类似。在历史与文化方面，中国历史悠久，数千年生生不息，文化博大精深，是和谐文化的发祥地。日韩两国历史较短，文化贫乏，只能接受中国文化来充实自己，照搬西方法律制度为己所用。日韩民众虽然信仰中国传统文化中的"和为贵"理念，偏爱以调解的方式来解决民事纠纷，但他们大多只知盲从，却不知所以然。日韩两国匆匆照搬西方法律制度，却茫然不知文化是法律之源之理，漠视民众的文化习俗，导致水土不服，备受民众质疑。在非诉讼制度方面，日韩两国设立的制度程序复杂，耗时耗力，费用昂贵，难以适应两国民众的文化需求。因此，在中日韩自贸区非诉讼制度的构建方面，我们应该针对日韩两国的文化及现行制度的特点，为构建符合三国民众传统文化的非诉讼制度作出不懈努力。

第四篇 04
中日韩自由贸易区非诉讼制度构想建议

第十二章

中日韩自由贸易区非诉讼制度中协商制度构想建议

协商作为历史最悠久、最常用的争端解决方式，随着经济全球化的快速推进及世界多样化的发展，越来越多的人开始注重协商所具有的和谐、效率及保密等优势，协商正在成为越来越重要的国际商事争端解决方式。在中日韩三国传统文化中都视和谐为核心价值取向的语境下，协商的作用更是其他争端解决方式所无法比拟的，协商必定成为三国自贸区中首要的争端解决方式。

第一节 协商的特征及其重要地位

一、协商的特征

协商作为争端解决的方式，在人类开始交往时就出现了，最早可以追溯到人类原始社会的中后期。[1]协商指在争端产生后，当事人各方坐下来就争端进行友好协商处理。可见，协商最为特别的就是协商从发起到作出决定，都由双方当事人自行处理，并没有第三者参与决定。协商程序使当事人最大限度地保持对争端解决的控制权。[2]因此，协商作为争端解决方式，十分受当事人的青睐，使用率最高。有人甚至估计到在一定时间内协商得到运用的次数超过了所有其他解决国际争端方法加在一起得到运用的次数。[3]与其他非诉讼方式相比，协商具有诸多基本特征。

（一）协商最能彰显和谐和自治价值取向

协商的整个过程没有第三方的参与，当事人享有最高水平的自治，在不

---

[1] 叶兴平.国际争端解决方法的历史演进 [J].武汉大学学报（哲学社会科学版），1993 (5)：103-109.

[2] 齐树洁.美国司法制度 [M].厦门：厦门大学出版社，2006：174.

[3] 叶兴平.试论谈判在各种和平解决国际争端方法中的地位 [J].法学论坛，1996 (4)：51-54.

违反相关强行法的前提下，可以自由作出程序、时间和协商决定。因此，协商具有最大的灵活性，在形式和程序上具有高度非正式性。如果协商在具有较强愿望或诚意及理性或能力的当事人之间展开，自然会取得最高程度和谐的协商结果。

（二）协商具有多种形式

在非诉讼制度中，协商机制的灵活性最大。例如，协商的形式是多种多样的，随意性较强。首先，协商可以区别为口头协商与书面协商。口头协商指争端各方代表针对争端进行面对面的协商，可以选择一个合适的地点，也可以通过电话或视频进行"面对面"协商。口头协商的优点是便捷和普遍，即双方代表可以不必进行复杂的准备而迅即展开协商，就争端的事宜进行沟通和信息交流；普遍是指口头协商几乎是所有协商的第一步，为后来的协商铺平道路。书面协商比较正式，一般适用于交通或通信设施不方便的情形，最大的优势是最大限度地节省费用和时间，能够表达和交流双方的立场或观点。在争端解决实践中，口头协商和书面协商既可交替使用，也可混合使用，当事人可以根据具体情形作出选择。其次，协商还可以分为临时协商和契约性协商。临时协商指在合同上并没有作出协商规定的情况下，当事人针对产生的冲突或矛盾，临时决定进行协商。临时协商的优点是在协商的时间、地点及方式方面较灵活，便于当事人迅速就相关问题进行交流，迅即扫清障碍，促进双方的合作关系进一步发展。契约性协商指依据双方合同的相关规定，针对相关问题开展协商。契约性协商一般适用于规模较大的公司之间，需解决的争端往往涉及重大或错综复杂的问题。

（三）参与协商的双方当事人是一种平等的关系

一般情况下，双方当事人在经济势力、法律技能等方面会存在差异，不可能完全相同。然而，协商当事人的平等关系不仅是形式上的，也是实质上的。也就是说，任何当事人不可依仗自己的强势去误导、蒙骗，甚至强迫另一方接受不平等的结果。显然，协商的这个特征有助于维持双方的长期合作关系，取得双赢的结果。

（四）协商具有争端解决和预防争端发生的并行功能

一般情况下，协商可以分为两种：一是争端发生后，当事人就相关问题进行协商，以解决争端；二是当事人依据合作的现实情形已经意识到了潜在的矛盾，感觉到可能导致争端，因而坐下来进行信息沟通和交流，力求解决矛盾，取得和解，做到防患于未然，使各方利益得以最大化。显然，协商这个特有的功能可以最大限度地降低合作风险，及时消除障碍，保证当事人长期合作，这也是当事方采用协商来解决争端的重要原因。

（五）协商的结果容易得到执行

一般来说，协商和调解都是以和解方式了结争端的方式，协商和调解的结果都依靠当事人的自觉执行，并没有强制力。然而，相对来说，由于协商最大限度地依赖于当事人自愿自觉，协商的结果是双方都满意的，因而更容易得到当事人的自觉执行。这样一来，双方当事人就没有必要将争端提交到调解或仲裁，自然会节省时间和费用。

二、协商取得成功的主要因素

与调解和仲裁相比，协商也存在一定的局限性，其中之一是协商不能适用于任何争端，成功的协商必须具备一些因素。换言之，不具备相关因素的协商，可能劳而无功或前功尽弃，当事人不得不将争端提交到调解或仲裁来解决，造成不必要的时间拖延和费用增加。一般来说，成功的协商主要取决于以下因素。

（一）当事人对和谐价值取向的信仰

如前所述，中国传统文化崇尚和谐价值取向，主张以无讼和友好的方式来解决争端。相比而言，西方人更倾向于对抗性的争端解决方式，更愿意选择仲裁和诉讼方式。如果当事人在信仰和谐价值取向方面存在较大分歧，双方展开的协商则很难取得满意的结果。可见，文化是协商成功的首要因素，具有较大文化差异的当事人较难通过协商取得和解结果。

（二）双方当事人之间是否存在共同利益或互补利益

共同利益指双方继续合作会使双方都获得利益，互补利益则指如果双方相互妥协，都会获得利益。通常情况下，双方的共同利益或互补利益是双方协商的基础。如果一方当事人又结识了新的合作伙伴，能够获得更大的利益，双方的协商就难以取得成功。同样，如果双方当事人经过长期合作，在本行业中居于重要地位，维持继续合作关系会使双方获益，协商成功的可能性必然会增大。

（三）双方对协商议题的分歧是否过大

双方当事人协商的议题往往错综复杂，如果当事人由于文化传统及法律理念等原因，对相关协商议题的分歧过大，难以弥合，协商成功的可能性就较小。也就是说，双方当事人应该相互尊重对方的传统文化，积极主动作出适当的妥协。同时，双方当事人应从长远的利益出发，不拘泥于单一的交易，避免狮子大开口而作出拒绝让步的行为。

（四）协商策略或技巧是否运用得当

一般来说，当事人的协商策略或技巧也是决定协商能否成功的重要因素。成功的协商要求双方有战略考虑，确定目标不宜过高，做好适时作出妥协的准备。在协商技巧方面，当事人要有较强的诚信度和理性分析能力，保持良好的态度，创造和解的气氛，不截留重要信息，摒弃误导或蒙骗对方的非诚信做法。

三、协商在中日韩自由贸易区非诉讼制度中的重要地位

与非诉讼制度中的调解和仲裁相比，协商的最大特点是没有第三方的干扰甚至误导，当事人的自治和自愿得到了最大限度的尊重，是和谐解决争端方法体系中最直接、最简便、最能够体现当事方意愿的方法。特别是在中日韩三国都崇尚和谐文化的语境下，协商毫无疑问是非诉讼解决三国商事争端制度中首要的方式。笔者认为，这样的观点具有充分的理论依据。

（一）中日韩三国传统的和谐文化构成了和谐作为核心价值取向的文化根基

如前所述，当代国际商事非诉讼制度中并未认可和谐是核心价值取向，主要原因是西方国家始终固守其传统，视公正、平等及效率为主要价值，缺少相应的和谐文化传统。与此相反，东亚各国（特别是日韩两国）受中国传统和谐文化之影响，和谐文化根深蒂固、博大精深，始终把和谐社会作为社会治理的最高理想境界。中日韩三国这种和谐文化构成了商事非诉讼制度中核心价值的根基，自然成为最强有力的理论基础。

（二）协商作为争端解决方式注重自治的特点至关重要

与调解和仲裁相比，协商排除了第三方的干扰或误导，完全植根于双方的自治，十分契合中日韩三国一直寻求的经济发展愿望，构成了和谐作为首要价值取向的经济基础。换言之，与民事诉讼以当事人的权利导向不同，ADR 主要以当事人的利益作为纠纷解决的焦点。它的基本价值取向仍然是直接切入纠纷的核心要素——利益冲突。[①]中国作为世界上人口最多的国家，正处在国家崛起的关键时期，经济发展是国家和人民的首要大事。日韩的地理位置决定了两国必须面对资源短缺及经济发展动力不足的困难，两国急需与

---

① 齐树洁. 外国 ADR 制度新发展［M］. 厦门：厦门大学出版社，2017：5.

中国开展更深入、更广泛的经济合作。显而易见,中日韩三国都期盼进一步加强经济合作,造福于三国人民。协商作为争端解决方式,能够最大限度地为三国解决商事争端,清除三国经济发展过程中的障碍,为实现经济合作愿望提供重要机遇。

第二节 协商的基本原则

中日韩自贸区非诉讼制度中协商制度必须遵循以下基本原则。

一、和谐与友好协商原则

前已述及,与非诉讼中的调解及仲裁相比,协商视和谐为核心价值取向,即协商的最大特征是和谐。中日韩三国共同信仰儒家文化的"和为贵"思想,偏爱使用和解方式解决商事争端。因此,和谐毫无疑问是中日韩当事人协商解决争端过程中首要的、根本性原则。如此,自然要求当事人秉承友好协商原则,相互尊重,主动作出适当妥协,力求尽早取得双方满意的结果。

二、合法与公平原则

这里合法中的"法"指广义的法,包括法律和社会公序良俗等各种社会规范;合法并不是指当事人必须机械地依照法律的规定,不得变通,而是指协商的内容、范围、程序和方式都不得违反中日韩三国的强制性、禁止性法律规范。例如,和解协议如需公证或转化为仲裁裁决、法院合意判决或撤诉,需由相关机构对其内容进行合法性审查,主要审查有无明显的违法内容和程序及形式上的禁止因素。这样的法律必须遵守。

协商是基于当事人自治展开的,即允许当事人充分行使自主权与处分权,对双方的利益分配达成协议。同时,任何当事人不得依仗自己的优势,为了获取显失公平的暴利,实施误导、蒙骗、强迫及诈欺等行为。一旦出现这种情况,可以由受害人提出申请,由法院作出和解协议无效或撤销的判决。[①]

三、平等互利原则

中日韩三国在政治制度、经济发展水平及法律制度等方面存在不少差异,

---

① 范愉. 非诉讼程序(ADR)教程[M]. 北京:中国人民大学出版社,2020:112.

但是，三国当事人之间是平等互利的关系，任何人不得在争端解决中要求特殊待遇。在经济利益的分配中，三国当事人应本着互惠及双赢的理念，在争端解决过程中作出适当妥协，从而为长期友好合作打下坚实基础。

此外，效率也是协商必须遵循的重要原则。因此，应充分发挥协商的程序随意、灵活、时间短等优点，尽早取得双方满意的结果，从而提高双方的经济效率。

第三节 中日韩自由贸易区非诉讼制度中协商制度构想建议

一、中日韩自由贸易区协商制度的国际渊源

二战以来，越来越多的国家逐渐认识到人类的和平时期已经到来，依靠武力征服来提高各国人民的福祉已经完全行不通了。也就是说，各国经济合作已经成为唯一的路径，经济合作产生的争端也只能通过和谐、友好的方式来解决，任何零和博弈或霸权行为都行不通。这样一来，各国在采用协商方式来解决各国之间的经贸争端方面逐渐取得共识，协商已经成为至关重要的争端解决方式。在立法方面，越来越多的国际组织、知名国际商事争端解决机构及自由贸易协定制定了相应的规则，这些规则自然成为中日韩自贸区协商制度的重要渊源。有鉴于此，笔者建议中日韩自贸区的争端解决制度应以协商为首要的必经程序，充分发挥协商能够维持双方长期的合作关系，取得双赢结果的作用。

（一）国际组织关于国际商事争端解决方式——协商的规定

1. 联合国国际贸易法委员会

联合国大会于1985年6月21日通过的《UNCITRAL 仲裁示范法》第30条规定："（1）在仲裁程序中，如果当事各方就争议达成和解，仲裁庭应终止仲裁程序，而且如果当事各方提出请求而仲裁庭又无异议，则应按和解的条件以仲裁裁决的形式记录和解。（2）此种裁决应与根据案情做出的任何其他裁决具有同等的地位和效力。"虽然本条没有具体规定和解的方式是通过协商还是调解达成，但毋庸置疑的是，这里的和解包括协商方式。必须指出，本条规定将协商或调解达成的和解视为与仲裁裁决有同等的地位和效力，彰显了联合国对协商解决国际商事争端方式的肯定和支持，其意义自然不可低估。

2. 世界贸易组织（WTO）

WTO 作为当今世界的"经济联合国"，在其《谅解书》中对协商方式做了较全面的规定，不愧为当今世界国际组织对协商立法的典范。例如，《谅解书》第 4 条包含 11 款，对协商做了明确、具体的规定：第 1 款要求各成员确认和提高协商程序的有效性；第 2 款要求各成员为另一成员提供协商的机会；第 3 款规定了协商是 WTO 争端解决制度中的必经程序，即只有在另一成员未在收到协商请求之日起 10 天内作出答复，或未在收到请求之日起不超过 30 天的期限内或双方同意的其他时间内进行协商，请求进行协商的成员才可直接开始请求设立专家组；第 4 款规定了协商请求的形式及应具备的内容；第 5 款要求各成员在采取进一步行动之前，应努力尝试对该事项作出令人满意的调整；第 6 款要求协商应保密，并不得损害任何一方在任何进一步诉讼中的权利。本条第 7~11 款规定了在紧急案件中，各成员应尽最大努力加快协商程序和诉讼程序。

显而易见，WTO《谅解书》对协商的规定十分明确、具体，这对构建中日韩自贸区协商制度无疑具有重要的借鉴意义。

3. 国际商会

国际商会于 2017 年 3 月 1 日生效的《仲裁规则》第 33 条规定，若当事人在案卷按规定移交仲裁庭之后达成和解，经当事人要求并经仲裁庭同意，应将其和解内容以和解裁决的形式录入裁决书。显然，国际商会《仲裁规则》基本借鉴了《UNCITRAL 仲裁示范法》的规定，一定程度上彰显了对国际商事争端解决中和解方式的关注。

（二）自由贸易区协定

这里的自由贸易区指广义的自由贸易区，即两个以上国家或地区通过签订自由贸易协定，取消绝大部分货物的关税和非关税壁垒，从而促进商品、服务和资本、技术、人员等生产要素的自由流动，实现优势互补，促进共同发展。如美加墨自由贸易区、美洲自由贸易区、欧盟、中国—东盟自由贸易区，以及中韩自由贸易区等。其中，美加墨自由贸易区、中国—东盟自由贸易区、中韩自由贸易区对中日韩自贸区协商制度的构建，具有较强的针对性。

比较而言，中国—东盟自由贸易区协定的规定较有代表性。该协定用了 8 个条款对协商做了全面的规定。第 1 款要求被诉方给予起诉方协商请求应有的考虑和充分的协商机会；第 2 款规定了协商的形式和内容；第 3 款规定了协商的时限，如要求被诉方在收到请求之日起 7 天内作出答复，并应在收到该请求之日起不超过 30 天的期限内真诚地进行协商，以获得双方满意的解决办法，如被诉方未在前述的 7 天内作出答复，或未在前述的 30 天内进行协商，则起诉方可以直接请求设立仲裁庭；第 4 款要求当事方尽最大努力通过协商对有关事项获得双方满意的解决办法；第 5 款规定了协商应保密；第 6~8 款规定了在紧急案件中，应加快协商的进行。可见，中国—东盟自由贸易区所有成员对协商解决争端给予了较大的重视，一定程度上彰显了中国传统文化中的"和为贵"思想。

此外，中国、日本、韩国、澳大利亚、新西兰与东盟 10 国于 2020 年 11 月 15 日正式签署了《区域全面经济伙伴关系协定》（RCEP），成立了全球最大的自由贸易区。RCEP 对协商极为重视，第 20 条规定了协商具有强制性，第 19 条第 6 款对协商作出了全面、具体的规定：第 1 项规定了任何当事方都可以就相关事宜请求对方协商解决，另一方须认真考虑并给予适当协商的机会；第 2 项规定了请求应包含的内容；第 3 项规定了申请方须同时提供协商的数目请求；第 4 项规定了应诉方须立即承认收到了协商请求，并发出数目的收到通知；第 5 项规定了应诉方须给予回复；第 6 项规定了应诉方须不迟于在收到协商请求的 15 天内开始协商；第 7 项规定了当事方须遵守诚信原则，尽力达成双方满意的解决方案；第 8 项规定了协商必须保密；第 9 项规定了除当事人之外的任何在该事宜方面有实质利益的一方，都可以向当事人发出通知，可以在当事人同意的情况下参与协商。

显然，RCEP 第 19 条第 6 款是当今世界自由贸易区协定中对协商争端解决方式规定得最全面、最具体、具有更强可操作性的规定，必然可以成为中日韩自贸区协商制度的重要借鉴。

综上，中日韩自贸区协商制度的国际渊源较丰富，但相关规定司法性较强，对和谐价值关注不够。此外，许多规定不够具体，操作性不够强，难以充分发挥协商在解决国际商事争端中提高效率及维持长期友好合作关系的作用。《美加墨自由贸易协定》作为西方法律文化的产物，崇尚的是法律至上，对协商方式的规定自然是轻描淡写，可操作性不强。相比而言，WTO 争端解决机制对协商的规定较全面，已成为许多自由贸易区协定的范本，但仍存在过分简单、笼统的不足。中国—东盟自由贸易区、中韩自由贸易区在地理位置及文化传统方面，最接近于中日韩自贸区，但这两个协定对协商的规定基本停留在 WTO 争端解决机制的框架上，对构建中日韩自贸区协商制度的参考价值并不高。虽然 RCEP 代表了当今世界自由贸易区对协商规定的最高水平，对构建中日韩自贸区协商制度具有重要的借鉴作用，但是 RCEP 的一些规定也存在漠视"和谐"思想及规定不够具体、明确的缺陷。

二、中日韩自由贸易区协商制度构想建议

笔者在对当今世界国际商事非诉讼制度及中日韩三国传统文化的共性等进行全面、认真梳理后,提出了以三国传统"和为贵"思想为文化根基、适当借鉴国际商事非诉讼制度最新发展的独具中日韩三国特色的自由贸易区非诉讼制度框架构想,即构建以协商和调解为主、以仲裁为辅的非诉讼制度。可见,在本框架中,协商自然成为第一个必经程序,其重要性毋庸置疑。因此,对于中日韩自贸区非诉讼制度中的协商程序,必须进行认真、慎重的考量和规划。

(一)总则

考虑到中日韩三国文化对儒家智库中的"和为贵"思想有着共同的信仰,中日韩自贸区争端解决制度应以和谐为核心价值取向,协商作为中日韩自贸区非诉讼制度中的首要方式,自然必须充分彰显和谐思想。因此,建议总则中开宗明义地规定和谐是协商的核心价值取向,双方当事人应秉承和谐理念尽最大努力通过协商来解决争端。为此,总则中应规定协商是争端解决中的必经程序,只有双方先经过协商程序,然后才能进入下一程序。

此外,总则应强调当事人在协商程序中坚持自治原则的重要性,明示规定协商从发起到达成和解协议,都由双方当事人自愿协商,没有第三方的参与和决策。

总之,总则应强调双方在协商过程中须遵循和谐、诚信、友好、保密等基本原则及协商的本质属性。同时,应要求双方在协商过程中,相互理解,从长远的利益出发,适时作出适当让步,力求取得双方满意的结果。

(二)基本程序

1. 协商程序启动

协商程序启动作为当事人合意性安排,是协商程序合法性的源泉。国际组织和国内相关法律都做了具体的规定。建议明确规定协商是双方纠纷解决的必经程序,同时,为了切实提高效率、降低成本,应尽量缩短相关的时间。具体可参照 WTO 争端解决机制中的相关规则和具体约文。例如,规定当争端产生时,请求方须向对方发出协商的申请,被请求方须在接到请求之日起 10 天内作出答复,或双方协议在一个较长的时间内答复,并且在接到请求之日起 30 天内进行协商。协商请求应以书面方式提出,明确相关的法律依据,并充分陈述被请求方实施的违反措施。

2. 第三方参与问题

随着经济全球化的快速发展,当事人争端所涉及的经济、科技及法律等问题日趋复杂,邀请相关方面专家参与,有利于协商的顺利进行及和解协议公平。建议双方当事人在合意的情况下,可以聘请相关专家参与协商的过程。

3. 保密问题

双方当事人对协商过程中的私密信息保密,历来是协商的优势之一。因此,建议规定当事人在协商中应提供充分的信息,以便全面审查磋商事项如何可能影响本协定的实施,在与信息提供方相同的基础上,处理磋商过程中交换的任何保密信息。同时,应规定磋商应当保密,且不得损害任一缔约方在本章项下任何进一步程序中的权利。

4. 协商和解协议的执行力

一般来说,协商当事人达成的和解协议基于双方的自觉自愿,不具有法律拘束力和强制执行力。但是,由于协商是双方当事人的高度自愿行为,是友好合作的象征,正常情况下,协商达成的和解协议是易于遵守和执行的。应在协定中明确协商和解协议的性质,并强调双方应自觉遵守和执行,切实促进双方友好合作,取得双赢的结果。

小 结

我们在导论中已经强调过,协商和调解作为当事人纠纷的解决方式,最能彰显中日韩三国民众共同信仰的传统文化中的和谐理念,应该成为中日韩自贸区非诉讼制度中重要的争端解决方式。协商是中国古人最早的民事纠纷解决方式,崇尚的是双方采用友好、和谐的方式作出妥协,达成协议,解决纠纷。协商契合了当今世界构建"人类命运共同体"及和谐世界的需要,被越来越多的国家和国际组织接受,迎来了历史上最好的发展时期。遗憾的是,日韩两国照搬西方非诉讼制度及文化后,司法化愈演愈烈,没有注重发挥协商的特有作用,致使两国的协商制度都存在诸多缺陷,不能满足三国民众的文化需要。因此,在构建中日韩自贸区非诉讼制度的协商程序方面,应该针对中日韩三国现行制度及民众的文化需求,制定明确、具体的协商规则。

第十三章

中日韩自由贸易区非诉讼制度中的调解

随着经济全球化的快速推进，越来越多的国家参与国际商事交易，竞争空前激烈，商事争端自然也随之增多，这无疑已成为各国经济发展的障碍。如何既能解决争端，又能获得平等互利的结果，已经成为各国商事合作中关注的重要问题之一。人类历史的发展表明，各国人民之间的利益冲突和争端在所难免，诉诸武力来解决争端必定损人不利己，必须予以摈弃。通过和谐、友好的方式化解矛盾，既可以便捷地解决争端、提高效率，又可以维持和促进双方的友好合作，自然成为唯一正确的路径。[1]特别是，由于市场主体急剧增多，竞争异常激烈，依赖仲裁或诉讼来解决争端，必然会伤害当事人之间的合作，难免产生双输的结果。这样一来，维持当事人的长期合作关系，就成为取得双赢的关键，也是当今商事交易中的重中之重。如此，协商就成为争端解决方式中的首选。然而，商事争端往往错综复杂，涉及的问题形形色色，协商由于完全依赖双方的自治，缺少第三方的主持和积极联动，智慧来源受到限制，不能保证能够解决所有的争端。有鉴于此，各国逐渐认识到调解既具有协商能够和谐解决争端的优点，也能充分发挥第三方的联动作用，遂开始广泛认可和推广使用调解来解决国际商事争端，使调解成为继协商之后又一重要的和谐解决国际商事争端的方式。

我国作为使用调解解决民事争端历史最悠久的国家之一，一直致力于和谐解决国际商事争端的事宜，先后出台了一系列法律法规和规则。我国各地也成立了相应的调解中心，促进了我国调解工作的发展。同时，越来越多的国家和国际组织出台了不少规则，大大推进了调解作为解决国际商事争端方式的发展。例如，国际商会于2014年1月1日生效的《国际商会调解规则》，能帮助争议双方采用调解方式有效解决纠纷，从各个方面强化国际商会友好解决争议国际中心的职能。2020年9月12日生效的《新加坡调解公约》，适用于调解产生的国际和解协议，有助于调解协议的域外执行，是联合国在国

---

[1] PETSCHE M. Mediation as the Preferred Method to Solve International Business Disputes：Look into the Future [J]. International Business Law Journal, 2013 (2013)：251-254.

际商事调解立法中的里程碑。

中日韩三国的传统文化都崇尚和谐思想,为三国使用调解解决商事争端奠定了坚实的文化根基,保证了调解在三国自贸区非诉讼制度中具有重要地位的正当性和发展前景。

第一节 调解在价值取向和程序上的特征

一般来说,调解是非诉讼制度中最重要的方式,在价值取向和程序上有自己的特征。

一、调解的价值取向

近年来,受西方非诉讼制度司法化影响,调解制度的价值取向呈现明显的特征。

(一)调解的和谐及自治价值受到一定限制

如前所述,协商解决商事争端以和谐为核心价值取向,旨在通过友好及互利的方式使争端得以解决,并不在公平价值方面过分纠缠。然而,调解的整个过程在第三方的主持和联动之下进行,更注重调解结果的公平,并不拘泥于和谐问题。同时,协商完全基于当事人的自治,在启动、协议达成及执行整个过程中,都以当事人自愿为前提。虽然调解也以当事人自愿为其本质的规定性,但是,由于当代社会关于调解的法律规定越来越多、法院法官的作用愈来愈大,调解的自治性正在受到限制。此外,由于调解是由第三方主持进行的,自然也体现了调解员的作用,对当事人的自治产生一定影响。[①]因此,这些限制在一定程度上有损于调解作为非诉讼制度中最重要的争端解决方式的独立性和作用,给更充分发挥调解的作用带来了不确定性。

(二)调解的公正价值取向得以加强

协商的结果完全基于当事人的自愿,这在当事人实力和理性方面差异不大的情况下,可以取得公正的结果。相反,如果当事人实力差距较大,协商过程中有一方明显处于弱势,强势一方可能向对方实施强制、欺诈等非诚信行为,导致调解的实质公正难以得到保证。在调解过程中,调解员不仅有义

---

① 范愉. 非诉讼程序(ADR)教程 [M]. 北京:中国人民大学出版社,2020:115.

务公正主持调解程序,还应更加注重实质公正,强调结果的公正优先于形式上的中立,在当事人一方明显处于弱势的情况下,调解员可以通过适当的帮助,如为其提供信息、解释、代理人和专家咨询等,保证调解过程和结果的公正性。此外,调解员还可以提出建议和方案,以促成当事人达成实质公正的和解。[1]

(三)调解的效率与保密价值受到削弱

由于调解是在调解员的支持和联动下进行的,并且有越来越多的国内立法和国际组织规则,这必然导致调解的程序远比协商复杂,过程艰难,费用高昂,因而降低了调解的效率。同时,保密一直是传统调解的重要特征,在上述情形下,有些原本属于保密的信息可能被公开,不利于双方当事人的商业活动。

二、调解的程序

调解作为非诉讼制度的基础,在程序方面也具有自己的特征。

(一)第三方(调解员)的作用越来越重要

与协商相比,调解基于当事人的自治,但是,调解的过程须在调解员的主持和联动下进行。传统的调解员须坚持中立的立场,主要限于启动调解程序,组织调解过程,创造调解氛围,对调解协议的影响有限。近些年来,调解员的职能越来越制度化甚至诉讼化,作用日益增强,调解员不仅主持调解过程,是对话的中介,也可以作为专家或权威,对调解结果提出评价性的信息,甚至直接提出调解方案。特别是,一些国家将调解和仲裁或诉讼结合起来,法官扮演着法官和调解员的双重角色,对调解的结果产生了较大的影响。

(二)调解的独立性受到削弱

传统的调解具有重要的独立性,不受仲裁或诉讼的影响。虽然国际商事争端解决的诉讼化发展较快,但是,一些国际组织仍然坚持调解的独立性。例如,联合国大会于1980年12月4日通过的《UNCITRAL调解规则》第16条规定:"双方当事人承允,在调解程序进行中,不将调解程序的争议主题提交仲裁或提起诉讼。但一方当事人认为,为保全其权利,必须提交仲裁或提起诉讼时,则不在此限。"第19条还规定:"双方当事人及调解员均承允以后在就调解程序所涉及的争议项目进行仲裁或诉讼时,调解员不充任其仲裁员,

---

[1] 范愉. 非诉讼程序(ADR)教程[M]. 北京:中国人民大学出版社,2020:120.

亦不为任何一方的代理人或顾问。双方当事人也承允以后在任何此类程序中不提请调解员充当证人。"然而需注意的是，近年来，一些国家和国际组织开始在立法中对调解的独立性予以限制。例如，2014年1月1日生效的《ICC调解规则》第10条规定："2. 除非全体当事人另行书面同意或适用法律予以禁止，尽管有本调解规则项下的程序，当事人亦可就争议开始或继续任何司法、仲裁或类似程序。3. 除非全体当事人另行书面同意，否则调解人不能亦不应在与本调解规则项下程序的标的争议有关的任何司法、仲裁或类似程序中担任法官、仲裁员、专家或一方当事人的代表或咨询人。4. 除非所适用的法律要求，或除非全体当事人及调解人另行书面同意，否则调解人不应在涉及本调解规则项下程序任何方面的任何司法、仲裁或类似程序中作证。"显然，国际商会在调解的独立性方面试图寻求一种平衡：一方面同意当事人诉诸仲裁或司法的权利；另一方面在一定程度上维持了调解的独立性。

（三）调解协议的效力能够得到法律的保证

传统调解协议本质上属于一种契约，不具有国家强制性。随着调解制度化的发展，调解协议在法律有专门规定或经法院及其他权威机构的审核、确认、登记等条件下，也可以产生强制执行力，以保证调解协议履行，并对调解进行司法审查及救济。

第二节 调解协议及其法律效力

一、调解协议的形式

调解协议指当事人合意达成的关于处理争端的合同。①根据国际商事争端解决的相关规则及实践，调解协议是当事人开始调解程序的实质要件，也是调解机构受理案件的依据。在国际商事的实践中，调解协议通常分为两类：一种是当事人在合同中约定将他们之间的争端提交调解处理的条款；另一种是当事人除订立商事合同之外，单独订立一份关于选择调解来解决争端的协

---

① 我国许多学者将当事人通过调解达成的和解处理协议也称为调解协议，造成了概念的混淆。为了予以澄清，笔者根据国际国内的相关立法和实践，特别是2018年的《联合国国际贸易法委员会国际商事调解和调解所产生的国际和解协议示范法》的文本，将当事人已经采用调解达成处理争端的协议称为和解协议，调解协议则指当事人同意调解的合意。

议。在国际商事调解程序中，这两种协议并无实质性差异，具有相同的效力。

在具体的国际商事实践中，当事人的合同中一般不约定调解事宜。通常是在争端产生后，一方当事人向另一方发出调解解决争端的邀请，主要采用两种方式：

一是一方当事人直接向另一方发出邀请。采用的方式很灵活，可以是口头的，包括电话、视频，也可以是书面的，包括书信、邮件、传真等。如果被邀请方在一定的时间内作出了接受邀请的回复，双方的调解协议即可达成，否则视为拒绝调解。《UNCITRAL 调解规则》第 2 条规定："1. 要求调解的一方当事人应将依据本规则进行调解的书面邀请送达他方当事人，并扼要说明争议的主要项目。2. 在他方当事人接受调解邀请时，调解程序开始。如果是口头接受，最好以书面加以确认。3. 如果他方当事人拒绝此项邀请，则不进行调解程序。4. 如果要求调解的一方当事人在发出邀请书之日起 30 日内，或在邀请书所规定的限期内未收到答复，邀请人得以认为是对调解邀请的拒绝。如果他作此认定时，应将此通知他方当事人。"

二是一方当事人向具体的调解机构申请调解，由调解机构向对方当事人发出调解邀请。如果对方当事人接受邀请，双方当事人的调解协议即告达成，调解程序即可开始。如果对方当事人超过一定时间作出回复或没有回复，均被视为拒绝调解。2014 年 1 月 1 日正式生效的《ICC 调解规则》第 2 条针对当事人已约定按本调解规则解决争议的情形做了较详细的规定："1. 如果当事人约定按照本调解规则解决争议，则希望根据本调解规则开始调解的任何一方或多方当事人应向中心提交书面的调解申请书。该申请书应包含以下内容：①争议各方当事人及在程序中代表各方当事人的任何人的名称、地址、电话号码、电子邮件地址以及任何其他联系方式；②关于争议的说明，包括对争议价值可能做出的预估；③ 采用调解之外的其他争议解决程序的任何约定，或者，如无上述约定，提交申请书的当事人希望提出的采用其他争议解决程序的任何建议；④关于调解期限的任何约定，或者，如无上述约定，关于调解期限提出的任何建议；⑤关于调解语言的任何约定，或者，如无上述约定，关于语言的任何建议；⑥关于现场会面地点的任何约定，或者，如无上述约定，关于会面地点的任何建议；⑦ 全体当事人对调解人的共同提名，或者，如未进行共同提名，全体当事人对于由中心任命的调解人的特质的任何约定，或者，如无任何该等约定，关于调解人特质的任何建议；⑧提交申请书所基于的任何书面协议。2. 提交申请书的一方或多方当事人在提交申请时应一并支付提交申请时有效的本调解规则附件要求的申请费。3. 提交申书的一方或多方当事人应同时向所有其他当事人发送一份申请书,除非该申请书由全体当事人共同提交。4. 中心应向当事人书面确认已收到申请书和申请费。5. 在当事人已约定按照本调解规则解决争议的情形下,中心收到申请书的日期在各种意义上均应视为程序开始的日期。6. 如果当事人约定根据本调解规则解决争议的期限应自提交申请书之日起开始计算,则仅为决定期限开始时点之目的,应将中心确认收到申请书或申请费之日中的较晚者视为该提交申请书之日。"第3条针对当事人未事先约定按照本调解规则解决争议的情形做了规定:"1. 如果当事人未约定按照本调解规则解决争议,则希望向其他当事人建议按照本调解规则解决争议的任何一方当事人可向中心提交包含第2条第1款①至⑦项所列信息的书面申请书。收到申请书之后,中心将告知所有其他当事人,并可协助当事人考虑该建议。2. 提交申请书的一方或多方当事人在提交申请时,应按提交申请时有效的本调解规则附件的要求支付申请费。3. 如果当事人就按照本调解规则解决争议达成协议,则程序应自中心向当事人发出各方已达成协议的书面确认之日起开始。4. 如果当事人未在中心收到申请书之日起15天内或中心可合理决定的额外期限内同意按照本调解规则解决争议,则程序不予开始。"

二、调解协议的法律效力

由于调解比仲裁更注重当事人的自治,调解协议的法律效力具有自己的特征。

(一) 调解协议对当事人的拘束力

如前所述,调解协议是当事人自由意志的体现,对双方自然有拘束力。与仲裁协议相比,调解协议更充分尊重当事人的意思自治。也就是说,仲裁协议对双方当事人都具有拘束力,不允许当事人对仲裁协议反悔。然而,各国调解法律与实践都允许当事人在调解协议生效后反悔,不必承担责任和后果。例如,如前所述,《UNCITRAL调解规则》规定,一方当事人在存有调解协议的情况下向调解机构提请调解,对方当事人在收到通知后可以拒绝调解或不做答复。但是,该规则未规定违反调解协议、拒绝调解的一方当事人是否应当承担责任与后果。①可见,调解协议对双方当事人来说并非是强制性的,调解协议的拘束力基于当事人的自觉遵守。②

(二) 调解协议阻断仲裁或诉讼的效力

在仲裁程序中,有效的仲裁协议是仲裁机构管辖、裁决案件及排除法院介入的依据。换言之,当事人不得在存在有效仲裁协议的情形下,向法院提出起诉申请,法院也不得就存在有效仲裁协议的特定争议进行审理、判决。可见,有效的仲裁协议在仲裁程序中的效力是强制性的。然而,调解协议对仲裁或诉讼的阻断效力有所不同。例如,印度1996年《仲裁与调解法》第77条规定:"各方当事人不应当在调解程序进行过程中,就调解程序争议事项启动任何仲裁或诉讼程序,除非根据一方当事人的意见启动仲裁或诉讼程序视为保护其权利所必需。"国际组织的相关规定,应以联合国国际贸易法委员会的规定为代表。《UNCITRAL调解规则》第16条规定:"双方当事人承允,在调解程序进行中,不将调解程序的争议主题提交仲裁或提起诉讼。但一方当事人认为为保全其权利,必须提交仲裁或提起诉讼时,则不在此限。"2018年的《联合国国际贸易法委员会国际商事调解和调解所产生的国际和解协议示范法》第14条规定:"当事人同意调解并明确承诺不在具体规定的期限内或者具体规定的事件发生前对现有或者未来争议提起仲裁程序或者司法程序的,仲裁庭或者法院应承认此种承诺的效力,直至所作承诺的条件实现为止,但一方当事人认为维护其权利需要提起程序的除外。提起此种程序,其本身不应视为对调解约定的放弃或者调解程序的终止。"可见,有效的仲裁协议对法院的阻断是无条件的,但是,有效的调解协议对仲裁和法院的阻断是相对的,即如果当事人已经作出了上述规定中的"明确承诺",调解协议就能阻断仲裁程序或法院,否则,当事人可以在调解程序进行的同时提起仲裁或诉讼。也就是说,依据上述规定,调解协议对仲裁或诉讼的阻断是相对的,不是无条件的。如果一方当事人认为确有维护权利的必要,可以提起仲裁程序或诉讼,并且无须经过对方当事人的同意,也不会导致正在进行的调解程序的无效。可喜的是,《新加坡调解公约》首次明确规定,"公约每一当事方应按照本国程序规则并根据本公约规定的条件执行调解协议",这为国际商事调解构建了

---

① 这表明立法者在调解的程序设置上尊重当事人自治的结果。传统的调解是以当事人意思自治为根基的,如果当事人不愿选择调解方式处理争议,任何人不得予以强迫。国际商事当事人向来崇尚意思自治原则,自由行使权利,不受他人的干涉。调解的这个特征正好适合了国际商事当事人的愿望,自然成为其选择调解解决争端的主要原因。

② 王洪根. 国际商事调解协议跨境执行机制研究 [D]. 上海:华东政法大学,2020:30.

直接执行机制,将国际商事调解协议提升到类似仲裁裁决的法律地位,使其成为在全球范围内流通的一种新型法律文书。①

可见,联合国国际贸易法委员会的规定旨在促进国际商事调解方式的发展与仲裁及诉讼的关系方面,寻求一种平衡。虽然《新加坡调解公约》的规定又进了一步,但仍存在较大的不确定性,因为各国的相关规定往往存在差异,会为不情愿执行调解协议的当事方提供借口。可见,这些规定不利于调解方式的充分发挥,无助于满足各国和谐解决国际商事争端的需要。随着国际商事交易及和谐世界建设的快速发展,调解作为国际商事争端解决方式正在蓬勃发展,呈现着美好的发展前景。②在中日韩自贸区调解制度的构建中,应肯定调解的自治性和独立性,确认有效的调解协议阻断仲裁程序或诉讼的效力,这是中日韩三国传统文化的共同需要,也是促进三国自贸区发展的必要措施。

第三节 调解员的选定与行为规范

一、调解员的选定

调解员的选定通常有两种方式:一种是当事人自己选定。一般来说,调解机构都备有调解员名单,会向当事人提供,由当事人自行选定。在集体调解程序中,一般由各方当事人从调解员名单中各选一名代表本方,然后共同选定一名中立调解员组成调解委员会。另一种是调解机构指定调解员。这是指在没有调解员选择程序或当事人不愿或难以选择的情况下,调解机构为当事人指定调解员。在这种情况下,当事人一般有拒绝的权利。但是,只要当事人不明确表示反对,并事实上接受其调解的,可以推定为认可。③

相比而言,国际商事调解中调解员选定较复杂,一般涉及下列问题。

---

① 王洪根. 国际商事调解协议跨境执行机制研究 [D]. 上海:华东政法大学,2020:39.
② 近年来,美国、英国与其他欧洲国家及中国香港的民事和国际商事调解正在取得诸多新的发展,主要表现在当事人调解协议的有效性、和解协议的强制性等方面。特别是,《新加坡调解公约》的生效,必将大大促进国际商事调解的和解协议的执行,推动调解制度进一步发展。
③ 范愉. 非诉讼程序(ADR)教程 [M]. 北京:中国人民大学出版社,2020:122.

（一）调解员的资质

传统的调解仅要求调解员持中立立场，在调解过程中负责主持工作。随着案件复杂性的提高，调解员的义务范围很快扩展，包括提出和解建议或具体方案。这样一来，调解员在促成当事人和解方面的作用越来越大。可见，调解员的资质，包括个人性格、公正性、敬业精神、专业知识及经验和技巧等，直接关系到当事人达成和解的可能性和满意度。根据国际商事调解的实践，当事人对调解员资质的要求包括下列几个方面。

1. 初始要求（threshold requirements）

初始要求指当事人选定调解员时首先应考虑的问题，包括时间和地点、语言水平、费用、中立性和公正性等。[①]与仲裁或诉讼相比，调解程序对调解所需要的时间和地点更灵活。例如，如果案件不复杂，当事人和解意愿强，调解可能在一个星期或一天内得以完成。国际商事争端双方可能相距遥远，调解地点对选定调解员也很重要。调解员的语言水平也至关重要，因为调解员负有创造和谐氛围的义务，自然要求调解员精通双方当事人的语言。调解员的费用也是重要的因素。国际商事调解的实践表明，知名调解员要求的调解费并不统一，即使是同一地区的调解员，要价也差异较大。据相关调查，2008年英国知名调解员对争议额一百万英镑的案件的要价从3500英镑到8000英镑不等。如果调解员应邀赴别国主持调解，不同调解员的报价差异会更大。[②]同时，当事人对调解员的中立和公正性的要求更为重要，因为一旦调解员偏袒任何一方当事人，就可能破坏双方当事人对合作与和解的期盼。[③]国外有学者建议，如果对方当事人是实力雄厚的公司，当事人应该选定对方当事人推荐的调解员，因为该调解员与对方当事人已经建立了友情，能够鼓励对方当事人作出本不可能作出的让步。[④]

---

① ABRAMSON H. Selecting Mediators and Representing Clients in Cross-Cultural Disputes [J]. Cardozo Journal of Conflict Resolution, 2006 (7)：253.
SALOMON C T, SHARP P D. Selecting a Mediator in International Disputes：Dare We Speak of Mediation as Winnable？[J]. Dispute Resolution Journal, 2006 (61)：69.
② MCLLWRATH M, SAVAGE J. International Arbitration and Mediation [M]. The Hague：Kluwer Law International, 2010：201-203.
③ BROWER C H II. Selection of Mediators, in Mediation in International Commercial and Investment Disputes Edited by Catharine Titi and Katia Fach Gómez [M]. London：Oxford University Press, 2019：306.
④ BROWER C H II. Selection of Mediators, in Mediation in International Commercial and Investment Disputes Edited by Catharine Titi and Katia Fach Gómez [M]. London：Oxford University Press, 2019：302.

总之，当事人在考虑选定调解员的初期，应根据自己的情况和案件的特点，对上述因素予以认真权衡，从而作出合理的选择。

2. 专业资质

一般而言，调解员的专业资质最能激励当事人，使当事人对其产生信任和信心。①这里的专业资质通常指调解员的调解经验、专业技能、信誉和声望及职业教育与证书（包括调解员接受调解跨文化争端教育及文凭）等。

首先，调解员的调解经验很重要。调解员的基本职能是善于发现双方当事人的差异，以便想方设法予以和解。这自然要求调解员有较丰富的调解经验。换言之，仅仅调解过屈指可数争端的调解员不可能有足够的机会提高自己的专业技能。因此，调解员具有调解类似争端的丰富经验，也是必不可少的因素。

其次，调解员的专业技能至关重要。如果当事人的争端主要涉及法律问题，自然要求调解员精通相关法律。不同的工业和行业之间差异较大，如建筑行业、能源工业、金融行业及技术转让等，当然要求调解员具有相应的证书和专业知识。必须指出，当事人大可不必对调解员的专业知识有过分要求。正如哈罗德·阿布穆森（Harold Abramson）教授所提醒的，一个具有渊博专业知识的调解员会自视为某行业的权威，可能对各当事人提出评估，干扰当事人的自治，对和解产生不利影响。同样，如果当事人过分坚持某调解员的专业知识和技能，当事人就不会向别的调解员咨询，也会影响争端的和解。②国际商事调解的实践表明，经验和专业知识是成就国际知名商事调解员的重要因素，西方当事人从调解员名单中选定调解员时，特别注重调解员的教育培训和证书。在同样情况下，拥有正规的教育培训和证书的调解员，自然是更理想的。

最后，调解员的个人素质也不可忽视。这里的个人素质主要指调解员的凝聚力、耐心、坚毅、乐观、热情、聪慧及创新等。③国际商事争端不仅涉及法律问题和专业问题，更直接受制于当事人不同的文化传统，可能导致当事

---

① ALEXANDER N. International and Comparative Mediation [M]. The Hauge: Kluwer Law International, 2009: 116.

② BROWER C H II. Selection of Mediators, in Mediation in International Commercial and Investment Disputes Edited by Catharine Titi and Katia Fach Gómez [M]. London: Oxford University Press, 2019: 308.

③ BERCOVITCH J, HOUSTON A. The Study of International Mediation, in Jacob Bercovitch (ed.), Theory and Practice of International Mediation: Selected Essays [M]. London: Routledge, 2011: 35-44.

人之间争议四起，时而无路可行，转眼又柳暗花明，调解过程艰难复杂。这就要求调解员不仅要拥有丰富的经验和专业知识，还要具有较高的素质和坚韧的品格，促使当事人达成和解。

（二）选定调解员的信息来源

由于国际商事调解主要基于当事人的自治，当今世界上至今没有统一的组织提供调解员的资源信息。通常情况下，当事人的信息资源来源于争端解决机构、调解员数据库、口碑及对方当事人推荐等。

1. 争端解决机构

当前可以受理调解案件的争端解决机构较多，它们可以协助当事人获得调解员的信息。这样的争端解决机构可分为提供调解员名册的和不提供调解员名册的。提供调解员名册的有美国的司法仲裁与调解服务有限公司（JAMS）及英国的有效解决争议中心（CEDR），它们愿意免费推荐调解员。其他的要收取一定费用，如纽约的国际预防和解决冲突研究所（CPR）。一般来说，这些机构提供的调解员都是经过筛选的，调解员的素质和能力能得到保证。另外，这些机构名册上的调解员都是来自国内的，一般情况下，并不具有丰富的调解国际商事争端的经验。[①]

此外，一些知名的国际商事仲裁机构也提供调解服务，但不提供调解员名册，在选定调解员方面采用"走向市场的方法"。一方面，这些世界知名的国际商事争端解决机构信誉卓著，也希望在国际商事调解领域占据主导地位。另一方面，这些机构在提供调解服务时，会收取较高的费用。例如，依据国际商会 2014 年的调解规则，当事人提出申请时须同时支付不予退还的申请费 3000 美元，然后，根据调解工作情况支付管理费，如争议额不超过 20 万美元的，收取的管理费不超过 5000 美元，这些费用不包括调解员的费用；伦敦国际仲裁院（LCIA）收取不予退还的 750 英镑的申请费，外加每小时 100~225 英镑的管理费（根据参与人员和具体调解工作）。需要指出的是，这些知名的国际商事争端解决机构主要受理仲裁业务，在调解方面的经验远不如以调解为主业的国际商事争端解决机构。[②]

2. 调解员数据库

除商事仲裁和调解机构之外，一些国际组织设置了调解员数据库，供当

---

① MCLLWRATH M, SAVAGE J. International Arbitration and Mediation [M]. The Hague：Kluwer Law International, 2010：191.

② MCLLWRATH M, SAVAGE J. International Arbitration and Mediation [M]. The Hague：Kluwer Law International, 2010：192.

事人随时查阅。例如,荷兰国际调解院(IMI)的数据库收集了近1000名调解员的信息,这些调解员都满足该调解院的证书要求。当事人在该数据库中能查到调解员的多方面信息,如调解员个人是否获得了跨文化证书、语言技能及联系方式等。①当然,一般情况下,这样的调解员数据库只能提供调解员的专业素质,不能确认调解员的个人素质。这样一来,当事人可以通过其他当事人或调解员的口碑,来了解相关调解员的个人素质。

3. 对方当事人推荐

不少国外学者主张当事人应选择对方当事人推荐的调解员,这种选定方法至少有下列优点:一是每位当事人都希望选择对方当事人喜欢和信任的调解员,这样有利于促成双方和解;二是这个方法是双方合作的必然需要;三是如果选择了对方当事人推荐的调解员,对方当事人会更积极地投入调解程序之中;四是对方当事人推荐的调解员在解决争端方面,会对其施加更大的影响。②

简言之,当事人能否选定适合自己的优秀的调解员,是当事人解决争端时面临挑战之一。当事人应综合利用相关信息资源,慎重选择,作出合理的决定。③

二、调解员的行为规范

国际商事调解大致可分为有组织的调解人和无组织的调解人。前者指隶属于调解组织的调解人,后者则指有执业资格的私人调解人和没有执业资格的临时受托为某案件进行调解的调解人。④鉴于调解员的作用日益重要,很多国家都制定了相关法律法规,对调解员的资格、素质及行为规范加以规定。

(一)遵守国家法律法规、公序良俗及调解机构规则

无论哪一种调解员,在调解过程中都必须遵守国家法律法规及公序良俗,有组织的调解员还应遵守调解组织的规则。也就是说,调解员不得为了自己

---

① MCLLWRATH M, SAVAGE J. International Arbitration and Mediation [M]. The Hague:Kluwer Law International, 2010:193.

② MCLLWRATH M, SAVAGE J. International Arbitration and Mediation [M]. The Hague:Kluwer Law International, 2010:194.

③ BROWER C H II. Selection of Mediators, in Mediation in International Commercial and Investment Disputes Edited by Catharine Titi and Katia Fach Gómez [M]. London:Oxford University Press, 2019:317.

④ 范愉. 非诉讼程序(ADR)教程 [M]. 北京:中国人民大学出版社, 2020:119.

的私利，不顾国家的法律法规和公序良俗，利用自己的权利，要么对当事人实施强制、欺诈等不当行为，要么纵容当事人达成有悖于国家法律法规及公序良俗的方案。

（二）秉持公正、中立

调解员在调解中必须站在公正的立场上，不偏袒任何一方，实事求是地分析案情，提出公平的和解方案。与仲裁相比，调解更注重当事人权利和利益分配中的实质公正，不拘泥于法律中关于形式正义的相关规则。换言之，调解员必须注重实质正义，对明显弱势一方当事人在信息提供、提出建议方面给予必要的帮助。

（三）满腔热情地从事调解工作

调解员必须满腔热情，有强烈的责任感，愿意为来自不同国家的当事人的商事争端调解作出贡献。也就是说，调解员在调解工作中，应积极主动地提供服务，认真负责，不做凌驾于当事人之上的裁判官。工作顺利时，做到不骄不躁，清醒冷静；调解工作中出现困难时，绝不轻言放弃，而应意志坚定，全力以赴，尽全力促使当事人达成和解。

（四）切实承担保密义务

与仲裁和诉讼相比，商事调解对保密的要求最高，对调解员的保密义务也有较高要求。一般来说，调解员在调解程序的整个过程中，即使当事人达成和解协议后，调解员也须始终承担保密义务，不得泄露当事人的隐私、商业秘密，以及在调解中提出的证据、主张、作出的妥协和协议内容等信息，否则，调解员必须承担相应的法律责任。

第四节 调解员的调解技巧

一般来说，人与文化的多样性和商事争端的复杂性决定了调解员的技巧因人而异，不可能千篇一律、完全一致。随着国际商事调解案件的增多，参与调解的当事人来自国家的数目更多，因而产生了更多的文化冲突。例如，根据国际商会的统计，2002年参与国际商会调解的当事人来自11个国家，

2011 年增加到 27 个国家。①国际商事调解的实践表明，拥有心理学和社会学（文化）知识有助于提高调解员的调解能力，丰富调解技巧，从而大大提高调解中实现和解的效率。从国际国内调解员培训内容来看，心理学和社会学方面的教育也是主要内容。

一、当事人的文化差异与调解员的调解技巧

本书有专门的章节论述了文化对法律的重要影响，强调了文化因素在构建中日韩自贸区非诉讼制度中的重要性。世界各民族在其发展的历史长河中，受到经济、政治、民族习俗、地理等多方面因素的影响，逐渐形成了彼此不同的文化传统和文化模式，这就是文化的差异性。②从某种程度上说，双方当事人产生争端主要源于文化冲突，以和解方式解决争端自然也是缓和双方文化冲突的结果。因此，调解员从文化的视角真实了解当事人的特性，从而找到平衡点，是解决双方争端的根本之策。

因此，越来越多的知名国际商事争端解决机构开始注重文化对调解的影响，其中国际商事领域的实践具有代表性。例如，虽然国际商会于 2014 年生效的《ICC 调解规则》是由来自 29 个国家的专家和代表起草的，但是国际商会一直致力于对该规则的修改工作。为此，国际商事调解规则起草小组及国际商会国际非诉讼中心访问了新加坡、巴拿马、阿·联酋、澳大利亚、英国、巴西、美国及日本等国家，收集了大量的资料，为修订该规则做准备。同时，国际商会为了促进人们对新规则的了解，经常举办"调解周"论坛，邀请来自 50 多个国家的 500 多名专家参与，旨在讨论新调解规则及分享来自各文化区域调解员的经验，使新规则适应于所有文化的需要。③

（一）当事人的文化差异

1. 东方国家的社会文化

东方国家的社会文化深受中国文化的影响，注重的是和谐和集体主义。

---

① SICARD-MIRABAL J, CLARKE R. the Effect of Culture on International Mediation, in Contemporary Issues in International Arbitrathion and Mediation Edited by Arthrur W. Rovine [M]. Leiden: Koninklijke Brill NV, 2014: 168.

② 王洪耕. 商务谈判 [M]. 北京: 首都经济贸易大学出版社, 2005: 207.

③ SICARD-MIRABAL J, CLARKE R. the Effect of Culture on International Mediation, in Contemporary Issues in International Arbitrathion and Mediation Edited by Arthrur W. Rovine [M]. Leiden: Koninklijke Brill NV, the Netherlands, 2014: 175.

随着中国的日益崛起和强大,中国文化的影响越来越深入和广泛。[1]与西方国家相比,东方国家更信仰"和为贵"思想,主张人与人之间应该"求同存异""和而不同"和谐相处。同时,东方国家崇尚的和谐与集体主义源于儒家文化传统,特别注重家庭生活,在教育中重视家教,鼓励孩子成为负责任的家庭成员,像忠诚于家庭一样忠诚于国家。[2]在争端解决的价值取向上,西方人关注的是公正和自己的利益,东方人首先关注的往往不是自己的利益,而是双方长期的和谐互信关系,在争端解决中会作出较大让步。[3]在对当事人之间争端的态度上,东方人一般认为争端有悖于"和为贵"思想,是一种非正常的状态。中国人认为,与人发生争议是丢面子的事情,是一种耻辱。韩国人认为,与别人发生争议是一件羞耻的事情,因为争议的发生说明某人没有能力和别人维系一种和谐的关系。因此,不与人发生争议或不与人打官司是一种莫大的光荣。[4]在日本,当某人对别人不满时,他通常会以沉默和避让来处理,而不是向对方直接表达不满,因为这样可能导致公开的冲突,这是日本人不愿意看到的。[5]

因此,东方国家的这种文化在争端解决方式上表现为,东方人在国际商事实践中会尽量避免发生争端。一旦发生争端,东方人会本着和谐互信的价值取向来选择协商或调解解决争端。双方当事人在协商、调解中,为了保持友好关系作出妥协让步,反对对抗性的仲裁或诉讼;在双方的权利和利益分配中,注重长期合作、互利共赢,反对仗势欺人的零和博弈行为。

2. 西方国家的社会文化

与东方国家的社会文化相比,西方国家更注重个人主义。个人主义是一种思想,指个人生活属于他自己,他有不可剥夺的权利来实施个人主义,即只要他认为适当,就可以依自己的判断来行事,拥有和使用自己的努力所得,追求他选择的价值。因此,一个人首先视自己为个人,然后才成为集体的一

---

[1] SICARD-MIRABAI J, CLARKE R. the Effect of Culture on International Mediation, in Contemporary Issues in International Arbitrathion and Mediation Edited by Arthrur W. Rovine [M]. Leiden: Koninklijke Brill NV, the Netherlands, 2014: 170.

[2] HOFSTEDE G, B. The Confucius Connection: From Cultural Roots to Economic Growth [J]. Organizational Dynamics, 1988 (16): 5-8.

[3] 土钢. 国际商事调解技巧研究 [M]. 北京: 中国民主法制出版社, 2014: 26.

[4] FISHER R, L. URY W, PATTON B. Getting to Yes: Negotiating Agreement without Giving in [M]. Boston: Houghton Mifflin Harcourt, 1991: 31.

[5] SUGIYAMA LEBRA T. Nonconfrontational Strategies for Management of Interpersonal Conflicts, Conflict in Japan [M]. Hawaii: University of Hawaii Press, 1984: 49.

部分。个人主义会创造更多的机会,是人类发明和创新的催化剂,所以,人们为集体作出贡献的责任来自个人愿望。

西方国家强调个人主义的社会文化,使人们视自己为独立的个体,具有重要的创造性和自治性。个人主义思想使西方人在国际商事调解实践中表现为:在同别人交流时为自己健谈的口才而自豪,毫不保留地谈及自己的想法和诉求,气势逼人;他们在交谈中常常使用准确的词语,咬文嚼字。一般而言,西方人于交流中强调不做寒暄,开门见山,直来直去,并且希望对方明确地给予答复。也就是说,西方人并不注重"语境",包括躯体语言、面部表情、社会作用和社会期盼。[1]在对争端的态度上,西方人一般认为,双方产生争端是一种正常现象,"冲突本身就是社会和个人变化的动力所在"[2]。在争端的价值取向方面,西方人追求的是权利、公正和利益。因此,西方人即使选择调解方式解决争端,也并不注重和谐互信的长期合作关系,而是为了避免诉讼程序的昂贵和拖沓,最大限度地争得权利和利益。

在法律文化方面,西方国家大致分为英美法和大陆法。当今世界中大约有80个英美法国家,其注重司法先例的作用。英美法诉讼中风行的是对抗性的制度,即法官很少进行法院外调查,全靠控辩双方的辩论来说服法官作出有利于自己的判决。这样,只有那些最具说服力的一方才能获胜。此外,在英美法的法院审理中,由于控辩双方会为了某些利益或无利益而全力以赴,双方妥协的空间很小。这种控辩需要双方律师依照严格的证据规则做大量的准备工作,法官会依此作出判决。[3]

大陆法以历史悠久及成文法为主要特点。在大陆法国家的诉讼中,法官一般采用纠问式,而不是对抗式,法官发挥的作用远比英美法法官的作用大:法官控制诉讼的整个过程,决定什么样的证据是必要的,谁可以作为证人出庭,主持法庭口头辩论,为律师的参与留下较小空间。大陆法诉讼对国际商事调解的影响是,调解员在调解中可以自由地向双方当事人提出问题,证据

---

[1] G. CHASE O, BRUNER J S., Law, Culture, and Ritual: Disputing Systems in Cross-cultural Context [M]. New York: Now York University Press, 2005: 130.
[2] KOVACH K K. Mediation: Principles and Practice [M]. London: Thomson/West, 2004: 3.
[3] SICARD-MIRABAL J, CLARKE R. the Effect of Culture on International Mediation, in Contemporary Issues in International Arbitrathion and Mediation Edited by Arthrur W. Rovine [M]. Leiden: Koninklijke Brill NV, 2014: 172.

质证中的程序也比较灵活,注重当事人之间的信息交流。①

(二) 调解员的调解技巧

如前所述,文化因素对争端解决具有至关重要的作用,决定着双方当事人的和解协议能否达成和权利及利益的分配。因此,调解员应充分发挥文化桥梁的作用,在双方当事人的不同文化中找到共同点,并巧妙地进行融合,进而达成共识,取得双赢。特别是,文化具有深刻性、广泛性及遗传性等特性,由此决定文化根深蒂固地扎根于人们的心中,不易产生变化。因此,需要调解员掌握基本的技巧,作出艰苦的工作。

(1)调解员应切实遵守当事人自治原则,明确自己文化桥梁的角色。人类作为文化的产物,自然难以摆脱自己文化的影响,甚至对自己的文化产生优越感。如果当事人和调解员来自不同的文化区域,自然会出现三种文化的冲突:双方当事人会自觉不自觉地要求依照各自的文化来进行调解,调解员在调解过程中也自然会流露出自己文化的倾向,甚至出现调解员主导和控制调解程序的现象。这种现象明显有悖于调解的当事人自治原则,是不能提倡的行为。

一般来说,如果双方当事人的文化不同,产生冲突则不可避免。调解员的义务就是尊重当事人自治原则,尽力摆脱自己文化的束缚,从当事人双方的文化中寻求平衡点,促使当事方达成共识。调解员不可漠视当事人自治原则,把自己的文化因素带入调解程序,更不能依自己的文化定式,对当事方的行为指手画脚,甚至强迫当事人接受调解员的文化习俗或行为。调解员须始终铭记自己的义务是当事人自治优先,调解员应该像桥梁一样将当事人双方不同的文化连接起来,融为一体,从而达成共识。

(2)调解员应切实了解当事人不同的文化背景。随着经济全球化的快速发展,各国之间的文化交流日益频繁,为调解员了解当事人的文化提供了条件。特别是,中国的逐渐崛起和经济繁荣有利于使中国的文化走向世界,越来越多的西方人开始了解中国文化。不可否认的是,当今世界上多数知名的国际商事争端解决机构在西方,大多数知名的调解员也来自西方,他们常年在西方文化中耳濡目染,具有较强的文化自信,往往对中国文化知之甚少,甚至嗤之以鼻,远不适应调解中国人与西方人的商事争端的需要。因此,调解员

---

① SICARD-MIRABAL J, CLARKE R. the Effect of Culture on International Mediation, in Contemporary Issues in International Arbitrathion and Mediation Edited by Arthrur W. Rovine [M]. Leiden: Koninklijke Brill NV, 2014: 173.

在调解程序启动之前，必须接受系统的跨文化教育培训，取得相应的证书；同时，要深入细致地了解当事人在文化传统上的差异及对某些问题处理的习惯和方法，切实做到胸有成竹，防患于未然。

(3)调解员在处理当事人发生文化冲突时要晓之以理，动之以情。文化具有强烈的渗透性和广泛性。也就是说，一个人的言语表情、声音高低、举手投足等躯体语言，都会体现特定的文化传统。同时，调解会场的地点、布置及开会的时间等，也会成为相应文化的表现形态。因此，调解员在诸多细节方面，应该细致入微、关怀备至、不厌其烦。

同时，文化习惯往往根深蒂固，绝非一日之功，要想在短时间内说服一方当事人去迁就另一方往往是很难的。首先，调解员在调解开始时，应该心平气和地把当事人的文化做简要介绍，并提醒双方要相互尊重。其次，调解员要积极引导双方将注意力转向双方的长期利益方面，以便让双方知道，一时的迁就可能换来更大的利益。一旦当事人在调解过程中出现难以和解的文化冲突，调解员应在尊重双方文化传统的基础上，耐心做说服工作，晓之以理，动之以情，促使当事人尽早达成共识。

总之，文化会影响人们生活的方方面面，是调解工作的重中之重。"国际商事调解的过程，本身就是不同文化碰撞与交流的过程，而这一过程也是调解员对不同文化进行解读与协调的过程。"[1]

二、当事人的心理倾向与调解员的调解技巧

调解所尊奉的当事人意思自治原则，决定了当事人的意愿在和解中起着关键的作用。从心理学的视角看，人的多样性自然决定了人的心理也呈现多样性，主要表现在人的知觉、情绪、态度、性格及能力等方面。也就是说，调解过程中当事人的心理不可能完全一致，产生不同程度的冲突在所难免。一般来说，当事人心理因素会对调解能否顺利进行乃至成功产生重要的甚至决定性的影响。显然，调解员工作的一个重要方面就在于根据当事人的心理与情感因素进行适当的把握和调适。否则，一旦当事人可能对对方或调解员产生心理上的抵触情绪甚至敌意，调解就很难进行下去。由此看来，调解员对于当事人的心理的调适和把握，的确是调解成功的重要一环。[2]

---

[1] ALBERSTEIN M. Forms of Mediation and Law: Cultures of Dispute Resolution [J]. Ohio State Journal of Dispute Resolution, 2007 (22): 323.

[2] 王钢. 国际商事调解技巧研究 [M]. 北京：中国民主法制出版社，2010: 45.

（一）当事人的心理倾向

一般地说，当事人的心理受文化、实力和个性的影响，会在调解过程中表现出各种不同的倾向。其中，文化对当事人的心理倾向的影响至关重要。例如，中国人受源远流长的儒家文化影响，往往注重调解中的谋略，足智多谋，如习惯于"先礼后兵"、多多寒暄、建立友好关系、主动作出妥协等。美国人则性格外向、坦率、热情而自信，追求物质上的利益。同时，美国人也常常依仗其国家的强势，表现出强烈的驾驭欲望和咄咄逼人之势，甚至目空一切。美国人的这种心理倾向容易导致对方反感，使双方当事人之间产生对抗。相对而言，日本人则工作态度认真，性格内向，心性多疑，不相信别人。此外，日本人更注重长远合作关系，常常小恩小惠，期待收罗人心，奠定合作的基础。

总之，由于文化、实力及个性等因素的影响，当事人在调解中可能表现出过于自信、傲慢、委婉、猜忌等心理倾向，因而需要调解员认真调适。

（二）调解员的调解技巧

面对以下两种当事人心理上的倾向，调解员应采用灵活的调节技巧。

1. 当事人盲目自信

自信作为个人对自己评价的一种积极态度，是人的优秀品质之一，主要指个人对自己的实力及能力等给予较高评价。自信是建立在有自知之明之上的。只有了解自己也了解别人后才能自信。如果过分高估自己的地位、实力等，就是盲目自信，而盲目自信对自己和别人都不利，甚至会碰得头破血流。心理学理论认为，一个事实往往分为符合人们期望和有悖于人们期望两个方面。由于人们关注事物存在不够全面的缺陷，人们会自然地重视与自己期望一致的事实，漠视与自己期望不一致的事实。当事人便会盲目地相信自己对于事情的处理结果有足够的掌控能力，而事实并不尽然。显然，如果一方当事人过分高估自己的能力，必然漠视对方的能力和利益诉求，在调解过程中会提出过分的要求，同时拒绝作出适当的让步。如果这样的当事人对调解员提出的方案不满意，必然会退出调解程序，将纠纷提交法院解决，导致调解失败。因此，当事人的过分自信必然成为调解成功的主要障碍。①

这种现象常发生在一向自恃清高的美国。一方面，美国人心中的法治思维根深蒂固，总是认为只有通过法庭上的对抗性较量，才能得到公正的结果；另一方面，美国人依仗美国在政治、经济及法律制度等方面的优势，难以摆

---

① 王钢．国际商事调解技巧研究［M］．北京：中国民主法制出版社，2010：52.

脱霸权思维，总是感觉自己永远正确，别人都应对他们俯首帖耳。因此，调解员在工作中应采取以下方法：首先，要充分认识到当事人的过分自信是能否成功调解的关键，必须高度重视。其次，应从和气生财的视角切入，进行耐心劝导。美国人虽然常常目中无人、高傲自大，甚至不可一世，但是美国人还有实在直率、不善计谋及热情好客的一面。如果调解员积极耐心地加以开导，必然取得积极的效果。再次，从长期利益方面入手也是重要的技巧。如前所述，美国人常常把利益作为调解的首要价值取向，但往往只顾眼前利益，缺乏长远思考。调解员应耐心劝导当事人从长远利益着想，如果仅仅关注眼前利益，就会因小失大。例如，调解员可以解释说，如果这次调解失败，就只能诉诸法院，耗时费钱，得不偿失。同时，双方的贸易关系会受到致命的影响，甚至完全破裂，会失去诸多商机，经济损失不可估量。实践证明，如果耐心劝导，多数美国人能够听得进去，也会取得意想不到的效果。最后，调解员可尝试换位思考。换位思考是指设想把当事人置于对方的位置，让其亲身体验所面临的困难和挑战，切实理解对方已经作出的妥协，不再坚持自己的过分要求，作出适当的让步，消除双方的分歧。采用这样的方法，可以让当事人更深入地了解对方，产生同感，激发其公正性和同情心，作出适当的让步。

2. 当事人的猜忌心理倾向

猜忌是一种心理现象，是人性中多疑因素的表现，主要来自"自我安全感"。也就是说，凡事都是用自己的一套思维方式，依据自己的认识和理解程度进行循环思考。由于自己的知识来源往往并不全面，又缺乏必要的交流，因而可能处处神经过敏，甚至捕风捉影，对他人失去信心，损害正常的人际关系，对自己和别人都不利。当事人在调解中的猜忌心理主要表现在：一是怀有贪得无厌的想法，总是怀疑对方提出的和解方案基于诸多自己并不了解的信息，对方企图获取不公平的利益，不考虑自己的利益；二是总认为对方还有较大的让步空间，只要坚持自己的要求，对方必定会作出较大妥协。这样，当事人常常不考虑对方的建议是否对自己有利，而总是考虑自己不能让对方的想法得逞。[1]在对方已经作出较大让步的情况下，可能认为对方仍有较大的利益空间，始终坚持自己的条件，不作出适当的让步，阻碍调解的进行，甚至导致调解失败。

---

[1] KOROBKIN R, Guthrie C, Psychological Barriers to Litigation Settlement: An Experimental Approach [J]. Michigan Law Review, 1994 (93): 111.

可见，当事人的猜忌心理也是调解争端时经常遇到的问题，调解员在调解工作中必须认真对待。首先，调解员应从心理学的角度找到当事人猜忌的原因，对症下药，找到适当的方法。如前所述，人们猜忌心理的主要心理学原因是人们在复杂多变的环境中感到"缺乏安全感"，尤其是在当事人双方沟通不充分的情况下，本能地对对方缺乏信任，甚至产生敌意。其次，调解员应通过与当事人及当事人之间的信息交流来进行调适。人的本性不可能改变，但可以通过正确的方法予以调适。换言之，调适的最重要方式是加强信息交流，增加调解员与当事人及当事人之间的了解，切实建立起相互信任的友好合作关系。一方面，调解员要靠自己的勤奋工作，在当事人心中建立起中立、公正、善良的形象，使当事人充分信任调解员。这样，调解员可以向当事人解释对方当事人和解方案的合理性，并耐心做说服工作。另一方面，调解员应尽量多地组织双方当事人进行信息交流，启发当事人将心比心和换位思考，加深相互理解。当然，调解员对对方当事人提出和解方案的理解也可能有偏颇之处，如果当事人指出对方当事人的和解协议不公平，调解员也应虚心接受，适当转变自己的工作方法。例如，调解员可以跟对方当事人进行单独协商，劝其从长期合作的角度来进行考量，适当降低期望值，取得双赢的结果。

当然，在可能的情况下，调解员和当事人应尽可能多地提供几套可供选择的和解方案。[1]这样一来，另一方当事人选择的余地就更大，因而也更容易达成和解。[2]

三、调解员化解双方当事人心理冲突的技巧

当事人之间的国际商事纠纷往往错综复杂、各不相同，这给调解的顺利进行带来了不少困难。当事人是否信任调解员的权威性及调解能力，往往是决定调解能否成功的重要因素。因此，调解员应掌握相关的调解技巧。

（一）当事人不信任调解员的权威及调解能力

通常情况下，如果当事人对调解员了解不多，在涉及自己重大利益的情况下，往往对调解员的能力不够信任，不积极配合调解员的工作。这时，调解员最重要的技巧，是采用迂回的方式，利用各种场合，让当事人知道自己

---

[1] ROSS L. Reactive Devaluation in Negotiation and Conflict Resolution [J]. Barriers to Conflict Resolution, 1995 1 (3): 282.
[2] 王钢，曾加. 调解中的当事人心理倾向探析 [J]. 西北大学学报（哲学社会科学版），2011, 41 (4): 102-106.

的资历和能力（包括教育程度、品格及曾处理过的纠纷等）。因为不论国外还是国内的当事人，都很重视调解员的教育程度及工作经历。

（二）当事人对调解的程序产生怀疑

一般情况下，当事人都知道调解方式的优点之一是当事人自治和程序的灵活性。近年来，为了提高调解结果的公平性，越来越多的国家和国际组织制定了较完善的调解规则，这可能使当事人难以理解，并产生抵触心理。在此情况下，调解员应该予以耐心解释，同时，在调解过程中灵活运用相关的程序。例如，对那些较为复杂的纠纷，可以采取先易后难的方法，分段解决，避免出现僵局；对于和解结果，也可以采取多样的方法，如当事人之间让利、补货、分期履行，等等。

小　结

调解作为继协商之后又一和解程序，其重要性要超过协商，应该成为中日韩自贸区非诉讼制度中最重要的纠纷解决程序。主要原因是，调解在最能充分彰显中日韩三国民众崇尚传统文化中和谐思想的同时，又适当借助于公正、中立的调解员的帮助，能够大幅度保证调解结果的公正性。调解员应该具有较高的专业技能，全面了解当事人双方的文化特点及性格，熟练使用适当的调解技巧，启发、鼓励当事人双方作出妥协，最后达成调解协议。也就是说，在调解员的协助下，调解方式能够克服协商方式的诸多不足，如当事人缺乏专业知识、对法律规则不甚了解、当事人之间不够了解、忽视双方长期合作的重要性等，促使当事人作出明智的选择，最后以和解方式解决纠纷。日韩两国民众都偏爱调解方式，但两国的调解规则不够完善，不能满足民众的需要。中日韩三国基于三国传统文化的共性，将调解设定为中日韩自贸区非诉讼制度中最重要的争端解决方式，无疑是顺理成章的。

第十四章

中日韩自由贸易区调解制度构想建议

如前所述,中国源远流长的传统文化最早孕育了调解方式。随着"人类命运共同体"与和谐世界建设的快速推进,调解作为非诉讼争端解决方式,在国际国内迎来了新的发展机遇,越来越多国家和国际组织制定了相关的调解规则。然而,随着西方国家主导的法治诉讼化的发展,调解存在的一些问题也备受质疑,影响了调解制度的正常发展,其中最重要的是调解中的保密问题、和解协议的法律效力及执行力等问题。这对构建适合中日韩文化及法律制度的自贸区调解制度,无疑是至关重要的。

第一节 调解的保密问题

众所周知,近年来国际商事调解之所以得到了越来越快的发展,除具有便捷、及时和经济的优点外,它还能够为当事人和调解员的信息予以保密,有助于当事人维持长期的合作关系,取得共赢的结果。然而,由于法治全球化的快速发展,调解及仲裁等非诉讼方式的诉讼化日益明显,调解作为争端解决方式的传统优势正在受到侵蚀,有关调解的保密与透明度问题的争论也成为当前国际商事争端解决中的热点问题之一。特别是,由于国际投资争端解决中涉及东道国的主权及公共利益问题,这一领域争端解决中的争论尤其激烈。[①]

一、国际商事和投资调解中保密与透明度问题

一般而言,国际商事调解中的保密概念具有多面性:一是指调解的参与人员(当事人、专家及调解员)应承担保密的基本义务,这是调解的最重要

---

① BROWN C, WINCH P. The Confidentiality and Transparency Debate in Commercial and Investment Mediation, in Mediation in International Commercial and Investment Disputes Edited by Catharine Titi and Katia Fach Gómez [M]. London: Oxford University Press, 2019: 321.

特征。二是指保密扩展至调解过程，特别是私人会议中的信息交流。国际商事争端解决实践中，信息交流分为公开交流方法和私密交流两个方面，前者指除非当事人有特别的要求，当事人向调解员交流的信息不属于保密范畴；①后者指除非交流方有相反的表明，所有私自交流的信息都需要保密。②三是指保密扩展至保护调解员的权利与义务的信息，如以后诉讼或仲裁中要求调解员出庭提供证据等。③

国际调解中关于保密与透明度的争论最早源于投资者—国家仲裁与国际商事仲裁。④随着近年来经济全球化的发展，国际投资急剧增加，各国缔结的国际投资协定自然也快速增多，如双边投资协定、多边投资协定及自由贸易协定中的投资条款等。这些国际投资协定从国际商事仲裁中借鉴了争端解决方面的经验，如国际商事仲裁一直视保密为重要的价值取向和特征，投资者—国家程序中也自然包含了类似的规定。由于投资者—国家中涉及国家主权和公共利益等问题，该领域的仲裁程序必然要求透明度，这样一来，国际商事仲裁中的保密价值取向与投资者—国家中的透明度要求之间，必然产生激烈的冲突。⑤

近年来，投资者—国家领域的争端大幅增多，解决的方法主要是借鉴国际商事中的仲裁。然而，由于国际商事仲裁始终以保密为其重要的价值取向，学者们开始指责国际商事仲裁缺少透明度，并不适合解决国家投资争端。⑥其中主要的原因是，投资者—国家争端解决程序中关系到国家和公共利益，政治问题敏感，如东道国的政策可能被投资者质疑有悖于双边投资协定。此外，投资者—国家争端可能因为仲裁或诉讼费用迫使主权国家从财政预算中支出，招致人们对国家的质疑。这样一来，人们纷纷要求提高投资者—国家争端解

---

① 澳大利亚国际商事仲裁中心和联合国国际贸易法委员会采用的方法。
② 伦敦国际仲裁院和世界知识产权组织采用的方法。
③ BROWN C, WINCH P. The Confidentiality and Transparency Debate in Commercial and Investment Mediation, in Mediation in International Commercial and Investment Disputes Edited by Catharine Titi and Katia Fach Gómez [M]. London: Oxford University Press, 2019: 331.
④ BROWN C, WINCH P. The Confidentiality and Transparency Debate in Commercial and Investment Mediation, in Mediation in International Commercial and Investment Disputes Edited by Catharine Titi and Katia Fach Gómez [M]. London: Oxford University Press, 2019: 323.
⑤ MCLACHLAN C. Investment Treaty Arbitration: The Legal Framework, in Albert Jan van den Berg (ed.), 50 years of the New York Convention: ICCA International Arbitration Conference [M]. London: Kluwer Law International, 2009: 98-100.
⑥ RUSCALLA G. Transparency in International Arbitration: Any (Concrete) Need to Codify the Standard? [J]. Groningen Journal of International Law, 2015 3 (1): 1-2.

决中的透明度,以便促进公众接受投资仲裁。①

相比而言,国际商事仲裁程序并没有经历过上述要求增强透明度的过程,因为一般来说,国际商事仲裁并不涉及像投资者—国家仲裁会面临的政治问题。因此,保密始终是国际商事仲裁的基本特征,是当事人信任的最高价值。②换言之,除极个别的情况外,如当事人明示或默示的同意、法院的命令或公正利益的要求等,要求国际商事仲裁提高透明度,构成了当事人使用国际商事仲裁的障碍。③

二、国际商事和投资调解中的保密制度

随着调解在国际商事争端解决中日趋重要和广泛应用,不少国家和国际机构逐渐形成了相应的调解中的保密制度,因而有效地推进了国际商事调解制度的发展。

(一)国内调解制度

一般来说,对调解中保密事宜予以调整,源于各国的相应法律制度。然而,由于各国的政治、经济、文化及法律制度差异较大,各国对调解中保密事宜的法律调整也各不相同,难以统一。④因此,一些区域和国际组织开始制定相应的规则,旨在推进区域和各国国际商事调解规则的统一化。例如,欧盟议会和委员会于2008年颁布了调解指令,以促进欧盟各国的民事和商事调解规则的统一。联合国国际贸易法委员会(UNCITRAL)于2002年出台了《UNCITRAL调解示范法》,旨在统一各国对商事调解的立法工作。当然,UNCITRAL只是针对国际商事调解制定了最低标准的调整规则,允许各国依据自

---

① UNCITRAL, Report of the Working Group on Arbitration and Conciliation on the work of its forty-eighth session' UN Doc A/CN. 9/646 [C]. New York, 4-8 February 2008, 41st Session, para. 69.
② BROWN C, WINCH P. The Confidentiality and Transparency Debate in Commercial and Investment Mediation, in Mediation in International Commercial and Investment Disputes Edited by Catharine Titi and Katia Fach Gómez [M]. London: Oxford University Press, 2019: 325.
③ BOND ST. Expert Report of Stephen Bond Esq (in Esso/BHP v Plowman) [J]. Arbitration International, 1995 11 (3): 273.
④ Guide to Enactment and Use of the UNCITRAL Model Law on International Commercial Conciliation [C]. 2002, para. 58.

己的具体情况，在遵守 UNCITRAL 最低标准的情况下制定不同的规则。①

（二）国际机构规则：商事调解

许多国际知名的国际商事争端解决机构制定了各自的规则，来调整国际商事调解事宜。虽然这些规则并不统一，但是都规定了争端当事人和调解员在当事人没有作出相反约定情况下，应承担对调解程序中的任何信息予以保密的基本义务。同时，各国际商事争端解决机构也规定了例外规则，如国际商会的《调解规则》允许参与调解的人员公开调解程序。②虽然《UNCITRAL 调解规则》没有具体规定例外规则，但是允许参与人公开和解协议。③

总的来说，当今世界中几乎所有的知名国际商事争端解决机构都规定了调解中的当事人和调解员都应承担保密的基本义务，同时也尊重当事人的意思自治权。也就是说，人们已经对调解中保密的默认地位达成了共识，即在当事人没有作出相反的规定时，当事人和调解员都应承担相应的保密义务。④

（三）国际机构规则：投资调解

由于国际投资的产生和发展远远晚于国际商事，国际投资争端解决方面的非诉讼制度也自然产生得较晚。截至目前，国际上只有国际律师协会（IBA）和国际投资争端解决中心（ICSID）制定了调解规则，对调解中的保密问题作出了规定。国际律师协会于 2012 年 10 月 4 日制定了《IBA 投资者—国家调解规则》（IBA 规则），旨在协助投资者和国家依据投资条约、投资合同或投资法律来解决争端。⑤ IBA 规则共有 12 条，认可了调解中保密的默认地位，规定了"基准程序"（baseline of procedures）供当事人使用。IBA 规则对

---

① BROWN C, WINCH P. The Confidentiality and Transparency Debate in Commercial and Investment Mediation, in Mediation in International Commercial and Investment Disputes Edited by Catharine Titi and Katia Fach Gómez [M]. London: Oxford University Press, 2019: 332.

② 《国际商会调解规则》第 9 条第 1 款规定，"如果当事人未做出任何相反约定，且除非适用法律予以禁止：① 程序，除其正在发生、已经发生或将要发生的事实外，均具有非公开性和保密性；② 当事人之间达成的任何和解协议应予以保密，但是，如果适用法律要求当事人披露该协议，或为实施或执行该协议之目的而有必要做出披露，则当事人有权予以披露。"

③ 《UNCITRAL 调解规则》第 14 条规定："调解员及双方当事人对涉及调解程序的一切事项均负保密之责。除为实施和执行所必要外，对和解协议也应保密。"

④ ALEXANDER N. International and Comparative Mediation, Global Trends in Dispute Resolution [M]. London: Kluwer Law Internationak, 2009: 245.

⑤ JOUBIN-BRET A, LEGUM B. A Set of Rules Dedicated to Investors-State Mediation: The IBA Invest-State Mediation Rules [J]. ICSID Review-Foreign Investment Law Journal, 2014 29 (1): 17.

国际投资调解的最大贡献是维持了调解作为争端解决方式所具有的诸多优势中的灵活性，允许当事人通过合意来修改或废除该规则。同时，IBA 规则提供了"检查清单"，供当事人根据自己的需要在调整 IBA 规则时使用。IBA 规则的这种灵活性，是当事人国家政府在进行财经预算或制定政策时所需要的。[1]与国际商事调解相比，IBA 规则在平衡保密与透明度两项价值取向方面，作出了不同的规定，如明示规定当事人和调解员没有承担对调解程序、和解结果和相关条件保密的义务。可见，IBA 规则对调解程序中的相关信息有较高透明度要求。

三、国际商事和投资调解的发展趋势

随着经济全球化的发展正在加快，国际商事及投资调解所具有的当事人自治、便捷、低成本及有利于维持当事人之间长期友好合作的诸多优势，决定了调解的前景十分广阔，并使其呈现出诸多的新趋势。

（一）国际商事和投资调解持续发展势头不容置疑

当今世界经济全球化的快速发展，使越来越多的国家和个人认识到只有通过友好合作，才能取得共赢。诉诸司法诉讼解决国际商事争端必然耗力费钱，得不偿失，协商或调解既能快捷、高效解决争端，又能促进双方长期合作，做到互利共赢。因此，这是国际商事争端解决中的大势。也就是说，如果调解程序中缺少了私密和保密机制，必然破坏当事人的利益，因此，调解中的保密比透明度重要得多。[2]

国际商事争端解决中的调解正值持续发展的好势头，同时，虽然国际投资争端解决中的调解发展较晚，却呈现出良好的发展前景：国际投资争端当事人越来越认识到调解的诸多优越性，特别是国际上许多知名国际商事争端解决机构制定了相应的规则，鼓励使用调解来解决投资争端（如国际律师协会的规则），联合国国际贸易法委员会也针对投资者—国家争端解决（ISDS）

---

[1] CONSTAIN S. Mediation in Investor–State Dispute Settlement: Government Policy and the Changing Landscape [J]. ICSID Review-Foreign Investment Law Journal, 2014 29 (1): 25-26.

[2] BROWN C, WINCH P. The Confidentiality and Transparency Debate in Commercial and Investment Mediation, in Mediation in International Commercial and Investment Disputes Edited by Catharine Titi and Katia Fach Gomez [M]. London: Oxford University Press, 2019: 339.

进行了诸多改革，为国际投资争端解决中的调解提供了较好的机制。①

（二）国际商事与投资调解中保密机制将通过不同路径快速发展

国际商事调解与国际投资调解作为同一棵树上两根不同的树枝，会通过不同的路径持续快速发展。②国际商事调解源远流长，发展势头不容置疑。由于国际投资涉及国家的主权及公共利益问题，如公开听证、文件披露及法庭之友等，国际投资调解要求有较高水平的透明度。如果要求国际商事及国际投资都具有同样程度的透明度，势必会削弱调解的优势。③

一方面，当事人在国际商事调解和国际投资调解中仍会享有较大的自治权，以维持调解程序中的灵活性。这种灵活性允许当事人根据具体的争端性质来选择调解方式，这在国际投资争端解决中是至关重要的。同时，这种灵活性允许争端解决机构同当事人协商后，邀请第三方参与程序，以提供相应的帮助。另一方面，一些投资争端可能完全属于契约性质，并不涉及公共利益问题，自然要求较低程度的透明度，增强调解的保密度。④

总之，保密作为调解方式的传统优势，必须予以维持。国际商事调解会随着经济全球化的发展与和谐社会的建设从而快速发展，这是不容置疑的。虽然国际投资争端解决中纳入调解方式较晚，在具体应用中仍存在一定的不确定性，但是，可以预见，调解能够帮助投资者—国家争端得以和解，这不仅能够维护当事人的利益，还能促进投资者—国家争端解决制度的健康

---

① 联合国国际贸易法委员会自2017年以来，一直致力于对投资者—国家争端解决机制的改革。UNCITRAL第三工作组在2020年的第39次会议上，与会代表就调解所具有的诸多优势及在投资者—国家争端解决中更多使用调解问题达成了共识。可以预见，UNCITRAL的积极工作必将为统一各国调解规则作出贡献，大大促进各国使用调解来解决国际投资争端。

② STRONG S I. Use and Perception of International Commercial Mediation and Conciliation: A Preliminary Report on Issues Relating to the Proposed UNCITRAL Convention on International Commercial Mediation and Conciliation (2014-11-17) University of Missouri School of Law Legal Studies Research Paper [G]. 2014 (28): 59.

③ COE J. Toward a Complementary Use of Conciliation in Investor-State Disputes: A Preliminary Sketch [J]. University of California Davis Journal of International Law and Policy, 2005 12 (7): 7-14.

④ BROWN C, WINCH P. The Confidentiality and Transparency Debate in Commercial and Investment Mediation, in Mediation in International Commercial and Investment Disputes Edited by Catharine Titi and Katia Fach Gómez [M]. London: Oxford University Press, 2019: 340.

发展。①

第二节 和解协议的法律效力及强制执行力

和解协议指国际商事调解当事人经过调解程序后达成的解决其争端的书面协议。当事人选择国际商事调解,最终目的是达成以和解方式解决争端的协议,恢复友好的贸易合作关系,取得双赢的结果。当事人达成和解协议只是争端解决的第一步,更重要的是确定和解协议的法律效力,进而获得强制执行力。也就是说,只有达成的和解协议具有法律效力和强制执行力,当事人才能履行各自应尽的义务,这样既能友好解决争端,又能维护双方的合法利益。

一、和解协议的法律效力

和解协议的法律效力指和解协议具备了有效性条件,对当事人具有约束力,能够得到法律上的认可,得到法院或其他机关以及仲裁机构的确认。也就是说,只有具有法律效力的和解协议,才能得到法院的强制执行,维护当事人的合法利益。

如前所述,调解协议主要是当事人意思自治的结果,是当事人的私权处分行为,并不必然具有法律效力。一般而言,和解协议具有民事合同的特征,被视为合同。因此,有效的和解协议必须具备以下条件:第一,和解协议的当事人具有完全的民事行为能力;第二,当事人的意思表示真实一致,不存在当事人之间或来自调解员的强制或胁迫;第三,和解协议不违反法律或社会公共利益,不损害第三人利益;第四,和解协议的标的明确、具体及有可操作性。

二、和解协议的强制执行力

与法律效力不同,和解协议的强制执行力指的是和解协议的既判力,即当事人不得就该和解协议提起诉讼,法院也不得再次审理该法律关系。换言

---

① BROWN C, WINCH P. The Confidentiality and Transparency Debate in Commercial and Investment Mediation, in Mediation in International Commercial and Investment Disputes Edited by Catharine Titi and Katia Fach Gómez [M]. London: Oxford University Press, 2019: 341.

之，如果当事人一方拒绝履行和解协议，另一方可申请法院强制执行。可见，和解协议的法律效力是和解协议强制执行力的前提条件。

当今世界多数国家的国际商事调解立法认可了和解协议的法律效力，只有少数国家仍不承认和解协议的法律拘束力。然而，针对和解协议是否具有强制执行力，国际商事调解立法和实践仍旧不够明确，立法上可以分为肯定和有限肯定两种主要观点。

（一）立法上肯定的观点

国内立法中肯定和解协议具有强制执行力的主要有印度、意大利及新加坡等。例如，印度1996年的《仲裁与调解法》第73条第3款规定："经当事人签字的和解协议是终局的，并对当事人和相关方具有约束力。"第74条规定："和解协议应当视为具有与仲裁庭按照当事人和解协议的内容做出的仲裁裁决同等的效力。"按照意大利2003年出台的一项调解法令，在意大利司法部备案的调解组织主持下达成的和解协议被认为具有司法上的可执行性。①

国际组织立法中肯定国际商事调解和解协议强制执行力的主要以联合国国际贸易法委员会和欧盟的指令为代表。例如，2018年的《UNCITRAL调解示范法》第14条规定："当事人同意调解并明确承诺不在具体规定的期限内或者具体规定的事件发生前，对现有或者未来争议提起仲裁程序或者司法程序的，仲裁庭或者法院应承认此种承诺的效力。"第15条明确规定："当事人订立争议和解协议的，该和解协议具有约束力和可执行性。"《UNCITRAL调解示范法》对和解协议的强制执行力的规定是当前国际法律文件中最为明确的，旨在推动各国在调解和解协议强制力上的立法。虽然《UNCITRAL调解示范法》属于软法的性质，但是，联合国国际贸易法委员会作为当今世界最重要的国际组织，其立法必然会大大促进国际商事调解的快速发展。此外，欧盟2008年的《第2008/52/EC号关于民商事调解某些方面的指令》对国际商事调解和解协议的强制力也做了明确的说明，并要求各成员国（除丹麦外）赋予国际商事调解和解协议以强制执行力。

（二）立法上有限肯定的观点

立法上对和解协议的有限肯定指立法上并不直接赋予和解协议以强制执行力，而是在和解协议达成后，须经过一定的法律程序之后，才使得和解协议具有强制执行力。由于各国的规定差异较大及国际法的固有缺陷，国际组

---

① 王钢. 论国际商事调解协议的法律效力［C］. 2008年全国博士生学术论坛（国际法）论文集，2008：464.

织并没有对此作出具体规定。相关的规定主要存在于一些国内法律中。例如，德国 2000 年《德国民事诉讼法施行法》确立了德国一些类型的民事案件诉前强制性调解的制度，即当事人提起诉讼之前必须向州司法管理机构设置或认可的调解机构申请调解，并规定经调解达成和解协议的，将当事人和解的内容登记在法院的案卷上，和解协议即具有法律约束力，当事人可以按照《德国民事诉讼法》的规定申请法院强制执行。[1]韩国的商事调解应由各方当事人指定一名仲裁员，专门负责根据当事人的和解协议出具裁决书。如果要使和解协议具有强制执行力，当事人必须申请仲裁员确认该和解协议的内容，并根据和解协议的内容作出仲裁裁决书。[2]波兰的《民事诉讼法》规定，一旦当事人之间经过调解达成的和解协议得到法院的确认，那么该和解协议即获得与法院执行令同等的效力。波兰法院审查的重点是和解协议是否存在违背法律的强制性规定、公序良俗以及内容前后冲突的情况。[3]依据韩国《调解法》第 29 条、第 34 条等的规定，在韩国诉讼前调解中，当事人经调解达成和解协议的，调解在协议事项记载于调解笔录时成立。因调解成立或者替代调解的决定得到确定时，产生与裁判上和解相同的效力。[4]

2010 年的《中华人民共和国人民调解法》第 33 条规定："经人民调解委员会调解达成调解协议后，双方当事人认为有必要的，可以自调解协议生效之日起三十日内共同向人民法院申请司法确认，人民法院应当及时对调解协议进行审查，依法确认调解协议的效力。人民法院依法确认调解协议有效，一方当事人拒绝履行或者未全部履行的，对方当事人可以向人民法院申请强制执行。人民法院依法确认调解协议无效的，当事人可以通过人民调解方式变更原调解协议或者达成新的调解协议，也可以向人民法院提起诉讼。"我国香港地区的《商务仲裁条例》规定，调解成立后达成和解协议的，经法院核定，与民事确定判决具有同样之效力，可申请法院强制执行。我国台湾地区的相关法律也做了类似的规定。

三、和解协议的域外承认与执行

如前所述，调解作为一种争端解决方式，源于古代人们解决民事纠纷的

---

[1] 李祖军. 调解制度论：冲突解决的和谐之路 [M]. 北京：法律出版社，2010：337.
[2] 李祖军. 调解制度论：冲突解决的和谐之路 [M]. 北京：法律出版社，2010：338.
[3] 齐树洁. 外国 ADR 制度新发展 [M]. 厦门：厦门大学出版社，2017：349.
[4] 齐树洁. 外国 ADR 制度新发展 [M]. 厦门：厦门大学出版社，2017：400.

做法。随着国际商事的发展，调解逐渐被纳入国际商事和投资争端解决中。与仲裁和诉讼相比，调解的最大特征是当事人意思自治。也就是说，即使在当事方通过调解达成和解协议的执行中，也基于当事人的自愿和自觉。由于国际商事争端的当事人来自不同的国家，当事人国家的政治、经济、法律及文化等诸方面存在这样或那样的差异，和解协议的执行必然面临诸多困难。

国际商事争端解决的实践表明，当前调解达成的和解协议只能通过当事人的自愿和自觉来执行。一旦一方当事人拒绝履行和解协议，另一方当事人只能通过诉诸法院来要求执行有关协议。由于不同国家的司法制度和法院诉讼程序不同，依据什么样的标准来确定执行还是拒绝执行就成为争议的焦点，这无疑成为和解协议中的障碍。国际商事仲裁在外国的承认与执行，可以依照《纽约公约》来实施，然而，国际商事调解的和解协议的执行，一直在国际上缺少统一的标准。可喜的是，联合国国际贸易法委员会于2020年9月12日生效的《新加坡调解公约》，借鉴了《纽约公约》的经验，允许一方当事人不需要提起合同诉讼，直接寻求某国执行机构执行和解协议，从而大大便利了和解协议的执行。[1]该公约的达成也能消除社会公众对调解持有的一些怀疑态度，有利于调解在更广范围得以适用。[2]《新加坡调解公约》为国际商事调解构建了直接执行机制，将国际商事调解协议提升到类似仲裁裁决的法律地位，使其成为可在全球范围内流通的一种新型法律文书。[3]

我国已于2019年8月7日签署了《新加坡调解公约》。这样，我国当前的调解制度须依照《新加坡调解公约》作出较大调整。尤其是，由于该公约契合了我国传统文化的"和为贵"思想，必然会受到我国商事领域人士的欢迎，这既有助于我国企业拓展对外经贸合作，也能够大大促进我国的营商环境快速发展。

---

[1] 赵云. 新加坡调解公约：新版纽约公约下国际商事调解的未来发展［J］. 地方立法研究，2020（3）：76-86.

[2] CHANG F. Desirability of a New International Legal framework for Cross-Border Enforcement of Certain Mediated Settlement Agreements［J］. Contemporary Asia Arbitration Journal，2014（7）：135.

[3] 王洪根. 国际商事调解协议跨境执行机制研究［D］. 上海：华东政法大学，2020：39.

第三节　中日韩自由贸易区非诉讼制度中调解制度构想建议

在当今世界各国经济合作中，中日韩自贸区在多个方面都是独一无二的：第一，中日韩三国的传统文化高度类同，都崇尚儒家文化，信仰"和为贵"思想；第二，中日韩三国中的日韩两国为发达国家，中国为世界最大的发展中国家，三国的政治、经济及法律制度差异较大；第三，中日韩三国隔海相望，唇齿相依，地理位置优越。换言之，中日韩自贸区的独特性，决定了自贸区争端解决机制的构建极富挑战性。虽然当今世界上并没有现成的模式可用，但是，也的确存在着相关的国际渊源，可供我们参考借鉴。

一、中日韩自由贸易区调解制度的国际渊源

随着经济全球化及和谐世界建设的快速发展，越来越多的国家和个人认识到了调解在解决国际商事争端方面的独特优势，开始频繁使用调解来解决双方的争端，维持长期的合作关系，取得双赢的结果。因此，许多国际组织、双边调解合作协议及自由贸易区协定都制定了关于调解的规则，这些规则自然为构建中日韩自贸区调解制度提供了一定的经验和渊源。

（一）国际组织关于国际商事调解的规定

1. 联合国国际贸易法委员会

UNCITRAL 于 1980 年 12 月制定的《UNCITRAL 调解规则》第 1 条规定了当事人双方可以约定寻求友好解决方法，使用调解解决双方争端。第 2 条规定了具体的调解程序，第 3 条规定了调解员的人数和指定，第 5 条规定了当事人向调解员提出的说明书，第 7 条规定了调解员的任务，第 11 条规定了当事人和调解员的合作，第 13 条规定了和解协议，第 14 条规定了保密，第 15 条规定了调解程序的结束，等等。UNCITRAL 于 2002 年出台了《UNCITRAL 调解示范法》，并于 2018 年进行了修正，对 2002 年《UNCITRAL 调解示范法》中的相关用语进行了解释和补充。与《UNCITRAL 调解规则》相比，《UNCITRAL 调解示范法》借鉴了当前国际国内调解法的最新发展，大大促进了各国关于国际商事调解方面立法的统一化。[①]更可喜的是，联合国国际贸易

---

① 例如，该《调解示范法》第 18 条规定了依赖于和解协议的要求，如电子通信方面的条件。再如，第 19 条规定了和解协议执行国的主管机关拒绝准予救济的理由。

法委员会正在致力于相关研究和立法工作,将国际商事争端的调解机制作为优先考虑的争端解决方式。[①]

2. 世界贸易组织

世界贸易组织(WTO)作为当今世界的"经济联合国",其《谅解书》规定了"斡旋、调解和调停"的争端解决方式。依据第5条的规定,调解应依据当事人的明确意愿,任何时候都可以开始和终止。虽然WTO并未对调解的程序及其涉及的重要问题作出明确、具体的规定,但是,调解作为WTO争端解决中主要的方式之一,对构建中日韩自贸区调解制度仍具有借鉴意义。

3. 国际商会

国际商会于2014年1月1日生效的《ICC调解规则》是当前国际上知名国际商事争端解决机构出台的调解规则中最明确、最具体的规则,在世界上产生了重要的影响。《ICC调解规则》对调解的定义(第1条)、程序的开始(第2条)、调解地点和语言(第4条)、调解人的挑选(第5条)、收费和费用(第6条)、调解的进行(第7条)、程序的终止(第8条)、保密(第9条)等事宜,做了较具体的规定。

(二)中外双边调解合作协议关于国际商事调解的规定

中外双边调解合作协议指中国国际商会商事调解机构与一些国家的相关机构签订的合作调解协议,如中国国际商会调解中心与瑞典斯德哥尔摩商会调解院、美国仲裁协会纽约调解中心、德国汉堡调解中心、韩国商会、日本汽车工业协会、中国香港和解中心、中国澳门世界贸易中心等分别签订的调解合作协议。其中,中韩调解合作协议,北京、汉堡调解中心合作协议以及内地与香港、澳门调解合作协议,对中日韩自贸区调解制度的构建具有重要的借鉴意义。

1. 中韩调解合作协议

中国国际贸易促进委员会/中国国际商会调解中心与大韩商工会议所/中国韩国商会达成了《合作协议》,促进两国的贸易合作、投资及其他经济交流,推广调解作为解决中韩经贸纠纷的手段。该《合作协议》对调解争议的范围、调解员选任和协助、调解地点、调解机构和人员设置等做了基本的规定。

[①] 联合国国际贸易法委员会第二工作组(争议解决)第六十八届会议于2018年2月5日至9日通过了国际商事调解,拟订关于调解所产生国际商事和解协议的执行的文书秘书处的说明。

264

2. 北京、汉堡调解中心合作协议

1987年5月，中国国际贸易促进委员会与德意志联邦共和国北京—汉堡调解中心签署了《北京—汉堡调解中心合作协议》，该协议对调解程序的进行及管理、调解员的任选、促进调解的措施及双方关于调解的信息交流等，作出了粗略的规定。

3. 内地与香港、澳门调解合作协议

中国国际商会调解中心于2001年3月6日与中国香港和解中心在北京签订了合作协议，于2002年12月16日与中国澳门世界贸易中心在中国澳门签订了合作协议。依据这两个协议，内地与香港和澳门在推广调解、教育与培训调解员、交流信息、举办研讨会及对商务争议进行联合调解等方面进行合作。[①]显然，这两个协议的签订，必定会大大促进三方在通过调解解决国际商事争端方面的合作，从而加快三地经济的发展。

（三）自由贸易区协定

1. 美加墨自由贸易区

如前所述，美加墨自由贸易区协定基本沿袭了北美自由贸易区协定的"多元调整"争端解决模式，把斡旋、调解及调停作为当事人意思自治的结果，主要采用磋商和仲裁两种方式来解决争端。

此外，中国—东盟全面经济合作框架协议争端解决机制协议基本采用了WTO争端解决机制中的相关规定，主要通过磋商和仲裁来解决争端，对调解的程序仅仅做了简要规定。

2. 中韩自由贸易协定

中华人民共和国政府于2015年12月20日与大韩民国政府达成了自由贸易协定。在争端解决方法方面，该协定也参照了WTO争端解决机制，规定了磋商为必经程序，把斡旋、调停和调解规定为当事人自愿采取的程序。例如，该协定第20.5条规定，缔约双方在斡旋、调停和调解程序中所采取的立场应当保密，且不得损害任一缔约方在本章下任何进一步程序中的权利。

3. RCEP协定

中国、日本、韩国、澳大利亚、新西兰与东盟10国于2020年11月15日正式签署了RCEP协定，建立了全球最大的自由贸易区。中日韩三国均为RCEP协定的成员国，该协定的争端解决机制毫无疑问对构建中日韩自贸区非诉讼制度具有最强的针对性和借鉴性。RCEP协定第19条第7款对斡旋、调

---

① 穆子砺. 论中国商事调解制度之构建［D］. 北京：对外经济贸易大学，2006：142.

解与调停做了规定。第1项规定了争端当事方可以在任何时间自愿合意采用斡旋、调解与调停等方式,这些方式的程序可以在任何时候启动,任何当事人都可以随时终结该程序;第2项规定,如果争端当事人同意,即使相关事宜正被仲裁庭审理,上述程序也可以继续;第3项规定,任何争端当事方采用的上述程序及持有的立场,在其他程序中须保密,不能对任何当事方的权利构成歧视。可见,RCEP协定对调解的规定借鉴了我国"调解与仲裁相结合"的"东方经验",但是,对调解的作用不够重视,没有对调解的强制性作出明示规定,相关规则太笼统,可操作性不强。

综上,中日韩自贸区调解制度的国际渊源存在诸多不足,一句话概括为"雷声大雨点小",即对运用调解方式解决国际商事争端持支持和鼓励态度,但并未作出明确、具体的规定,难以充分发挥调解在解决国际商事争端中能够提高效率及维持长期友好合作的作用。联合国国际贸易法委员会的规定较具体,但是《UNCITRAL调解示范法》不具法律拘束力。WTO争端解决机制对调解做了一些规定,但不属于必经程序。国际商会的规定具有较强的可操作性,但对构建中日韩自贸区调解制度并无多大参考价值。相比而言,中国—东盟自由贸易区及中韩自由贸易区在地理位置及文化传统方面,最接近于中日韩自贸区,但这两个自贸区协定对调解的规定基本停留在WTO争端解决机制的水平,仅将调解程序置于当事人自愿的地位,对调解涉及的诸多法律问题也未作出全面、明确、具体的规定。虽然RCEP协定刚刚签署,但遗憾的是,该协定对调解的重要性认识不足、规则不够具体,也缺乏可操作性。

二、中日韩自由贸易区调解制度构想建议

如上所述,中日韩三国传统文化的共性及三国政治、经济及法律等方面的差异,已经决定了中日韩自贸区在当今世界区域经济一体化中是独一无二的。同时,构建适当的中日韩自贸区调解制度又面临着国际渊源极为有限的窘境,虽然日韩两国早已接受了中国传统文化,但两国受到了西方的法律制度及法律文化的较大影响,其非诉讼制度中呈现了严重的诉讼化,漠视了日韩两国民众偏爱通过和解方式解决争端的要求。这一切无疑使构建适当的中日韩自贸区调解制度成为前无古人的事业,几乎需要从头做起,不可能一蹴而就。在认真考察了中日韩三国的传统文化及梳理了国际商事非诉讼制度的最新发展的基础上,在习近平总书记构建"人类命运共同体"与和谐世界倡议的感召下,笔者对构建中日韩自贸区调解制度提出一些构想建议。

(一) 总则

法律的总则包括法律立法的价值取向、立法目的、适用范围和基本内容的简短表述，具有统领法律各章的作用。考虑到文化对构建法律制度的根本性作用及当前和谐世界建设的需要，中日韩三国民众共同对传统文化中"和为贵"思想的信仰的客观事实，笔者建议中日韩自贸区调解制度必须将和谐设定为核心价值取向。因此，中日韩自贸区调解制度的总则中应开宗明义地规定和谐是调解制度的核心价值取向，其目的是适应三国民众的文化需求，保障中日韩三国经济的健康发展，维护三国稳定、和谐的社会秩序，也为"人类命运共同体"的建设贡献力量。[①]

总则中应明文规定，调解为中日韩自贸区争端解决机制的必经程序，即只有在经过调解程序仍不能解决争端后，才可以申请成立专家组。同时，总则应规定，任一缔约方可随时请求进行调解。此程序可随时开始，可随时终止，也可以在专家组审理程序进行的同时继续进行。

此外，总则也应对调解所适用的范围作出明确、具体的规定。

(二) 调解协议

调解协议作为当事人意思自治的表现和调解程序启动及运行的依据，是调解制度中的关键之一。首先，笔者建议明示调解程序的主体包括国家、自然人和法人，从而避免中国—东盟自由贸易区协定的不足，让调解方式惠及更多的参加者。其次，规定调解协议应当具有下列内容：请求调解的意思表示、调解事项、选定的调解机构等。最后，应列举出调解协议无效的具体情形，如约定的调解事项违反法律规定的、无民事行为能力人或者限制民事行为能力人订立的调解协议、一方采取胁迫手段迫使对方订立调解协议，等等。

此外，应强调调解协议独立存在，合同的变更、解除、终止或者无效，不影响调解协议的效力。

(三) 调解程序

众所周知，传统的调解根基于当事人的意思自治原则，程序以简单、便捷及较高灵活性为特色。然而，UNCITRAL 及国际商会等的调解规则的经验之一，是在遵守当事人意思自治的前提下，逐渐使调解程序的规则日臻具体

[①] 前文已经述及，当今世界无论是国际组织争端解决规则还是国家的相关法律，虽然鼓励当事人运用调解解决国际商事争端，但尚未明示调解制度中应以和谐作为核心价值取向。笔者这一建议无疑填补了国际争端解决机制理论框架中的空白，具有重要的指导国际商事调解实践的意义。

化。换言之，调解程序规则的具体化有助于促进调解的程序正义和增强调解的独立性。[①]一般来说，调解程序主要包括调解程序启动、调解员选任、调解程序进行及调解程序终止等。

1. 调解程序启动

调解程序启动作为当事人合意性安排，是调解程序合法性的源泉。国际组织和国内相关法律都做了具体的规定。例如，《UNCITRAL调解示范法》第5条规定："1. 对于所发生的争议，调解程序自该争议各方当事人同意参与调解程序之日开始。2. 一方当事人邀请另一方当事人参与调解，自邀请函发出之日起30日内或者在该邀请函规定的期限内未收到对该邀请函的接受函的，可决定将此作为拒绝调解邀请处理。"《国际商会调解与仲裁规则》第2~3条也做了具体规定。

2. 调解员选任

从UNCITRAL和国际争端解决机构的立法经验方面看，调解员选任中调解员的资格至关重要。《欧洲调解人行为法》第1部分"调解员的资格和指定"对调解员的资格、指定、独立性、公正性进行了详细规定。中国国际商会调解中心的《调解员守则》第1条和第5条也做了具体规定。虽然《UNCITRAL调解示范法》的规定较笼统，但是第6条第4款也从调解员资格准入的角度进行了规定。由于中日韩三国的政治、经济及法律制度差异较大，可能导致三国的调解员对相关规则有不同的理解，笔者建议应对调解员的资格作出具体规定。

3. 调解程序进行

UNCITRAL及知名国际争端解决机构的相关立法经验是，尊重当事人意思自治，只是对调解程序提出一般性原则要求，并不做具体的规定。例如，《UNCITRAL调解示范法》第7条第1~2款规定了当事人可以自行约定具体的调解程序，第3款要求调解员应力求公平对待各方当事人，并应为此考虑到具体案情。可见，调解程序的约定是调解方式中最能彰显当事人意思自治的部分。

4. 调解程序终止

由于多数法律规定了调解程序在争端解决中可以随时启动和随时终止，调解程序的终止也自然需要作出具体规定。《UNCITRAL调解示范法》第12条规定了四种情形：（1）当事人订立了和解协议的，于协议订立日终止；（2）调解

---

① 唐俊. 调解制度构建新论［D］. 北京：中国政法大学，2010：161.

员与当事人协商后声明继续调解已无必要的,于声明日终止;(3)当事人向调解员声明终止调解程序的,于声明日终止;(4)一方当事人向另一方当事人或者几方当事人以及指定的调解员声明终止调解程序的,于声明日终止。考虑到该规定可操作性较强,笔者建议中日韩自贸区调解制度可以予以参照。

5. 调解程序与保密

众所周知,与仲裁和诉讼相比,调解程序中的保密是调解的根本性特征之一,必须予以高度重视。其中,调解证据不可采规则应引起关注,该规则指调解作为当事人的私密行为,当事人为了服务或便利争端的解决,在调解过程中提供的证据不能提交到仲裁和司法程序。[①] 在这方面,《UNCITRAL 调解示范法》第 11 条做了如下规定:"1. 调解程序的一方当事人、调解员或者第三人,包括参与调解程序管理的人在内,不得在仲裁程序、司法程序或者类似程序中依赖于下列任何一项,将其作为证据提出或者就其提供证言或者证据。①一方当事人关于参与调解程序的邀请,或者一方当事人曾经愿意参与调解程序的事实;②一方当事人在调解中对可能解决争议的办法所表示的意见或者提出的建议;③一方当事人在调解程序过程中做出的陈述或者供述;④调解员提出的建议;⑤一方当事人曾表示愿意接受调解员提出的和解建议的事实;⑥完全为调解程序而准备的文件。2. 不论本条第 1 款所述及信息或者证据的形式如何,本条第 1 款均适用。3. 仲裁庭、法院或者其他政府主管机关不得下令披露本条第 1 款所述及的信息,违反本条第 1 款提供这类信息作为证据的,该证据作为不可采信处理。尽管如此,在法律规定限度内或者为了履行或者执行和解协议,可披露或者作为证据采信这类信息。4. 不论仲裁程序、司法程序或者类似程序是否与调解程序目前或者曾经涉及的争议有关,本条第 1 款、第 2 款和第 3 款的规定均适用。5. 仲裁程序、司法程序或者类似程序中可予采信的证据,不违反本条第 1 款所规定限制的,不因其曾在调解中使用转而不予采信。"可见,该规定较全面,在国际上具有明显的代表性,建议中日韩自贸区调解制度予以采纳。

(四)调解方式

调解方式与调解程序一样,具有较高程度的灵活性和独立性。因此,笔者建议作出下列规定。

[①] 当然,为了确保法院查明案件事实,当事人在诉讼中能够使用的证据,不能因为这些证据曾在调解过程中使用过就不能在诉讼中继续使用。
唐俊. 调解制度构建新论[D]. 北京:中国政法大学,2010:158.

(1)调解员可以采用有利于当事人达成和解的适当调解方式。调解地点可由当事人约定,并取得调解机构同意,在适当的地点进行。

(2)调解员如认为有必要,可以聘请有关行业的专家参与调解工作,所产生的费用由当事人承担。

(3)调解程序在以下情形终止:1)当事人之间达成和解协议;2)调解机构作出调解书;3)调解员认为调解已无成功的可能,并以书面声明终止调解程序;4)各方或任何一方当事人向调解员书面声明终止调解程序;5)调解协议中规定的调解期限届满,当事人协议同意延期的除外。

(4)如果调解不成功,调解员不得在其后就同一争议进行的仲裁程序中被另一方当事人选任为仲裁员,但当事人同意者除外。

(5)如果调解不成功,当事人均不得在其后就同一争议进行的仲裁程序或诉讼程序及其他程序中,引用调解员和各方当事人在调解程序中提出过、建议过、承认过和表示过愿意接受的任何以达成和解为目的的方案和建议,作为其申诉或答辩的依据。

(6)当事人不得在以后的任何程序中要求调解员充当证人,但法律有规定的除外。

(五)调解达成的和解协议的法律效力及强制执行力

如前所述,国际组织和国内法对和解协议的法律效力及强制执行力的规定不尽相同,可以粗略分为肯定和有限肯定两类。依据《UNCITRAL 调解示范法》第 14 条和第 15 条的规定,当事人通过调解订立的和解协议具有约束力和可执行性。虽然该示范法属于"软法",仅仅具有劝诫性,但是,联合国国际贸易法委员会作为当今世界最重要的国际组织,其所制定的示范法的权威性和影响力自然不容置疑。同时,中日韩三国传统上文化相通,地理位置上隔海相望,互为邻邦,三国民众都希望通过调解来解决纠纷,加快经济发展,提高生活福祉。因此,和解协议具有法律效力和强制执行力,是三国人民的共同心声。所以,笔者建议中日韩自贸区协定上明示规定借鉴《UNCITRAL 示范法》的经验,作出和解协议具有法律效力和强制执行力的规定。

1. 和解协议的主要内容

和解协议应具备如下内容:各方当事人的基本情况;争端的主要事实、争端焦点和调解请求;各方当事人的权利、义务;履行协议的方式和期限;协议签字的时间及当事人签字。

2. 和解协议的法律效力及强制执行力

笔者建议中日韩自贸区协定参照《新加坡调解公约》作出明示规定：当事人订立的和解协议具有约束力和可执行性，当事人应当自动履行；一方当事人不自动履行或未能全部履行的，另一方当事人可凭调解协议向有管辖权的法院申请强制执行；当事人认为和解协议的内容存在违反法律的，可以向有管辖权的法院起诉，要求变更和解协议的内容或申请撤销和解协议。

小　结

随着"人类命运共同体"及和谐世界建设的快速进行，调解作为重要的非诉讼争端解决方式，已经被越来越多的国家和国际组织认可，并制定了相应的规则。这无疑为规范中日韩自贸区非诉讼制度中的调解程序提供了重要的参考。如前所述，在本研究中，笔者首次提出了中日韩自贸区非诉讼制度应该构建以调解为主、仲裁为辅的争端解决机制。换言之，中日韩三国在构建调解制度时，应该本着立足于三国民众的传统文化理念，适当借鉴国外的创新程序，构建适合三国特殊情形的调解制度。例如，在价值取向方面，应该明确规定依据中日韩三国的文化传统，将和谐设定为调解制度的核心价值取向；在调解的保密问题方面，应该坚持三国民众的文化传统，维持传统调解制度中作为本质属性之一的保密制度；在和解协议的法律效力及强制执行力方面，应该明示规定一方当事人不自动履行或未能全部履行的，另一方当事人可凭调解协议向有管辖权的法院申请强制执行。构建适合三国特殊情形的调解制度既有利于尊重三国民众的传统文化，又可以更充分地发挥调解作为最重要的争端解决方式的和解作用，促进中日韩三国民众进一步和谐、友好地相互合作。

第十五章

中日韩自由贸易区非诉讼制度中仲裁制度构想建议

中国作为世界上最早孕育了仲裁制度的国家之一，相应的文化及实践自然博大精深。特别是，当今世界正经历着百年未有之大变局，其中最大的特点是文明的多样性得以认可，和平、发展等成为大势所趋。习近平精辟地指出，和平、发展、公平、正义、民主、自由是全人类的共同价值。[①]换言之，随着"人类命运共同体"及和谐世界建设的蓬勃发展，中国传统文化中的和谐思想正赢得世界各国及国际组织的认可和赞赏，必然成为各国人民信仰的主流理念。"今天，无论东方或西方，和谐已不再被视为法制的对立物，开始成为人类社会共同追求的一种价值取向。"[②]日韩两国接受了中国传统文化的影响，两国民众都期盼通过和解的方式解决争端。因此，在"人类命运共同体"与和谐世界建设世界大势的感召下，笔者提出构建中日韩自贸区仲裁制度，将中日韩三国文化中的和谐思想设定为核心价值取向，同时，制定与此相对应的仲裁规则和程序。

由于中国特有的地理位置、重农轻商及"无讼是求"的文化传统，国际商事仲裁在西方国家更受重视，且一直被他们所主导，正呈现出明显的诉讼化现象，阻碍了中国智慧推进国际商事仲裁发展的进程。尤其是，日韩两国较早接受了西方的仲裁制度和文化，两国的仲裁制度自然也难以摆脱诉讼化的趋势，这无疑给我们构建适合中日韩民众要求的自贸区仲裁制度带来了挑战。

可见，中日韩自贸区仲裁制度的构建面临的最大困难，是如何既适当借鉴西方仲裁制度中的合理之处，又将三国文化中和谐思想设定为仲裁制度的核心价值取向，并制定相应的规则。只有在这两个方面加以合理权衡，才能满足三国民众主要采用和解方式解决纠纷的要求。

---

① 习近平. 论坚持推动构建人类命运共同体 [M]. 北京：中央文献出版社，2018：253.
② 范愉，等. 多元化纠纷解决机制与和谐社会的构建 [M]. 北京：经济科学出版社，2011：53.

第一节　中日韩自由贸易区仲裁制度中的核心价值取向与和谐思想

如前所述，当今世界许多区域组织的仲裁制度对构建中日韩自贸区仲裁制度提供了借鉴，然而，中日韩自贸区具有独一无二的特征，如中日韩三国都直接传承了中国传统文化中的和谐理念，日韩是发达国家，中国是发展中国家。因此，三国高度的文化共同性决定了我们不能全盘照搬任何建立于不同文化之上的自贸区仲裁模式，必须构建适合三国文化传统的仲裁制度。

一、文化与中日韩自由贸易区仲裁制度中的和谐价值取向

前已述及，许多著名学者对文化与法律的关系问题做了大量的研究，认为文化是法律之源，法律问题的解决应该基于相应的文化。同样，不同区域的人会创造不同的文化，自然会产生与自己文化相对应的法律制度。换言之，基于文化的多样性，必然产生多样性的法律。日韩两国接受了中国传统文化，三国的法律自然具有较大的相似性，这构成了中日韩三国自贸区法律制度的根基。

因此，中日韩自贸区非诉讼制度中的仲裁制度必须根植于三国的文化传统，唯有如此，才能充分发挥以仲裁方式解决三国民事争端的作用。日韩两国仲裁制度的发展历程表明，两国匆忙照搬了西方的仲裁制度和文化，不可避免地出现了水土不服的严重问题，致使日韩两国多数民众不情愿采用仲裁方式解决民事纠纷。可见，和谐作为三国文化中的核心理念，自然应该设定为中日韩仲裁制度中的核心价值取向，其他价值取向次之。

二、和谐与其他价值取向的关系

西方主导的国际商事仲裁制度的价值取向一直是效益优先，公正第二，其他的次之。也就是说，仲裁是效益和公正的有机结合。[①]实际上，仲裁自诞生以来，随着社会的发展，效益和公正价值之间一直存在冲突。效益作为商人们创设仲裁之初的追求，一直是受到人们欢迎的。根据经济分析法学派的理论，效益是法的宗旨。换言之，所有的法律活动和全部法律制度，说到底是以有效地利用自然资源、最大限度地增加社会财富为目的。仲裁所解决的

---

① 张烨．论防止仲裁的诉讼化［D］．北京：对外经济贸易大学，2007：23．

争议均源自市场条件下平等主体之间的商事活动,因而最彻底地体现了市场经济的基本规律。①

公正主要指资源分配方面的公正,即人们之间的权利或利益在分配过程、分配方式和分配结果上是合理的;反之,则称为不公正。随着西方国家经济和法治的快速发展,"法律至上"思想开始蔓延,仲裁的诉讼化日趋明显,原本高效、灵活、简单的仲裁程序却逐渐变得像诉讼一样烦琐、复杂、费时和昂贵,显而易见,随着仲裁的诉讼化,仲裁视效率为核心价值取向的特征正在消失,代之而起的是公正价值取向,原本伴随仲裁的友好、和谐及宽松的氛围,也被西方一直崇尚的激烈对抗性所取代,国际商事仲裁的诉讼化倾向已成为仲裁理论界和实务界评论和批判的对象。②总之,近年来西方国家主张的"法律至上"理念导致仲裁的诉讼化,严重削弱了仲裁所固有的效益价值取向,使仲裁程序日趋复杂和烦琐,仲裁费用居高不下,正将历来被商人喜爱的仲裁置于越来越危险的境地。③从当今世界"人类命运共同体"及和谐世界建设的大潮来看,仲裁漠视和谐价值,片面追求公正和效率价值,明显与上述大势不相契合。也就是说,在构建中日韩自贸区非诉讼制度中,仲裁难以适应中日韩三国的文化共性,必然成为辅助性的争端解决方式。

可喜的是,近年来,越来越多的国家和国际组织开始认识到和谐的重要性,和谐已经成为众多法学家所追寻的最美好的法律状态,自然是国际商事仲裁制度的核心价值。实际上,就和谐与公正的关系看,没有和谐的秩序,就没有权利,也不可能有公正,和谐的状态必然是无限接近公正的。也就是说,公正必须以和谐为基础,公正只有在和谐之下才能取得。就和谐与效益的关系看,如果当事人双方追求零和博弈,毫不顾忌对方效益,必然导致两败俱伤、断绝合作。没有了双方合作,何谈效益?只有在和谐机制下,社会成员才能在合作中尽其所能,提高经济效益,而不是靠弱肉强食的实力较

---

① 张烨. 论防止仲裁的诉讼化 [D]. 北京:对外经济贸易大学,2007:26.
② 张烨. 论防止仲裁的诉讼化 [D]. 北京:对外经济贸易大学,2007:32.
③ 可喜的是,国际国内越来越多的学者和法律人已经意识到和谐社会建设的重要性和当前的仲裁诉讼化倾向的危险性,正在为促进仲裁的健康发展奔走呼号。同时,越来越多的国际组织(特别是联合国国际贸易法委员会)、知名国际仲裁机构(如国际商会)及自由贸易协定(如2020年11月15日签署RCEP)已经或正在制定相关的规则,以便维持仲裁的本质特征,促进仲裁的正常发展。完全可以预见,随着和谐世界建设的推进,仲裁作为传统的争端解决方式必然迎来又一个春天。

量。[①]可见，当事人效益的取得必须以和谐为前提；仲裁制度中作为核心价值取向的和谐，为当事方获得效益提供了保障。无限地逐利只会扼杀其他个体追求效益，最终牺牲社会整体效益。

当然，不可否认的是，日韩两国较早接受了西方非诉讼制度，崇尚的是仲裁制度中的公正、效益等价值取向，漠视两国传统文化中的和谐理念及民众期望采用和解方式解决纠纷的需求。两国仲裁制度由于在价值取向上欠妥，因而一直受民众诟病，但是两国政府尚未意识到问题的严重性，这为中日韩自贸区仲裁制度中将和谐设定为核心价值取向，带来了一定困难。日韩两国应该正视两国领土狭小，资源短缺，急需对外经济合作的现实。换言之，日韩两国的地理特点决定了两国的发展不能离开与其他国家的长期合作，和谐世界作为长期合作的最重要基础，将成为两国发展的必然选择。同时，日韩两国应该意识到，随着中国经济的快速发展和崛起，"人类命运共同体"及和谐世界建设的广泛认可，中国传统文化中的和谐思想必然成为当今世界的主流理念。在中日韩自贸区仲裁制度中纳入和谐核心价值取向，无疑适应了世界大潮，是三国发展的必由之路。

第二节　中日韩自由贸易区仲裁制度的程序

中日韩三国共同信仰的和谐成为自贸区仲裁制度的价值取向后，必然产生统领和主导作用，要求仲裁制度的程序必须彰显和谐理念。国际商事仲裁制度近年来发展较快，呈现了明显的诉讼化与和谐思想的并行发展，二者必然在相互冲突中艰难前行、互有胜负。然而，从当今世界发展大势来看，和谐必然成为时代潮流，势不可挡。因此，在构建中日韩自贸区仲裁制度程序方面，应该从和谐价值取向的高度出发，对近年来出现的新程序进行披沙拣金，适当取舍，构建契合中日韩三国传统文化的仲裁制度。

一、仲裁的保密与透明度

前已述及，保密是仲裁产生以来的本质属性之一，自然是区别于诉讼的重要特征。"保密性产生于作为一种纠纷解决方式的仲裁的最早源头，它根植

[①] 范愉，等．多元化纠纷解决机制与和谐社会的构建［M］．北京：经济科学出版社，2011：53．

于自然法理论和多个世纪的仲裁实践。"①自二战以来，国际商事仲裁制度的司法化愈演愈烈，对公正的呼声越来越高，导致保密向透明度转化。另外，随着经济全球化的发展，全世界进入了和平发展时期，各国人民开始注重通过相互的经济合作来提高自己的福祉，和谐世界的建设自然成为世界发展的大势。这样一来，国际商事仲裁制度的保密制度得到了重视，各国普遍承认保密性是国际商事仲裁的根本属性，认为仲裁当事人可以依据意思自治原则，在仲裁协议中对保密问题作出具体约定。也就是说，仲裁当事人应当承担保密义务，这种义务会日趋重要。②"保密是仲裁的一个根本性的部分。当事人总是关心保密问题，因为仲裁程序的公开可能造成道义和财产损失。遵守保密原则是仲裁协议的内在义务。所以，必须承认仲裁庭有权阻止一方当事人将仲裁予以公开，特别是如果一方当事人将信息披露于仲裁程序之外。"③我国 2014 年之前的仲裁法没有对仲裁的保密义务作出具体规定，但是，2014 年修订的《中国国际经济贸易仲裁委员会（CIETAC）仲裁规则》第 38 条明确规定了"保密"问题："（一）仲裁庭审理案件不公开进行。双方当事人要求公开审理的，由仲裁庭决定是否公开审理。（二）不公开审理的案件，双方当事人及其仲裁代理人、仲裁员、证人、翻译、仲裁庭咨询的专家和指定的鉴定人，以及其他有关人员，均不得对外界透露案件实体和程序的有关的情况。"可见，该仲裁规则在确认仲裁的不公开审理原则的基础上，又增添了仲裁中的参与方的保密义务规定，即对有关仲裁的实体事项、仲裁的程序事项，均承担保密义务。④

---

① LAZAREFF S. Confidentiality and Arbitration: Theoretical and Philosophical Reflection. In: Confidentiality in Arbitration/commentaries on rules, statutes, case law and practice/A special supplement to the ICC international court of arbitration bulletin [C]. ICC Publication No. 700, 2019: 81.

② REYMOND-ENIAEVA E. Toward a Uniform Approach to Confidentiality of International Commercial Arbitration [M]. Geneva: Springer Nature Switzerland AG, 2019: 58.

③ BUCHER A, TSCHANZ P Y. International Arbitration in Switzerland [M]. Lausanue: Basle Helbing & Lichtenhahn, 1988: 205.

④ 当然，适当提高国际商事仲裁程序的透明度（特别是国际商事投资仲裁中），也具有诸多优点，如有助于维护国家的公共利益、提高仲裁程序的可预见性和统一性及提高裁决的质量，等等。[CARMODY M. Overturning the Presumption of Confidentiality: Should the UNCITRAL Rules on Transparency Be Applied to International Commercial Arbitration [J]. International Trade & Bussiness Law Review, 2016 (19): 9-169; BUYS C G. The Tensions between Confidentiality and Transparency in International Arbitration [J]. American Review of International Arbitration, 2003 (14): 121-137.]

考虑到中日韩三国都崇尚传统文化中的和谐理念,三国民众都顾及自己的面子,不愿意将仲裁的相关程序暴露在光天化日之下,笔者建议中日韩自贸区的仲裁制度保留较高的保密性,即当事方可以在仲裁协议中规定相关的保密义务,同时,参与仲裁程序的第三方及仲裁员都须承担保密义务。

二、仲裁与调解相结合

如前所述,中国基于博大精深的和谐文化及源远流长的调解传统,在世界上首次试验了国际商事仲裁与调解相结合的程序,获得了巨大的成功,被国外誉为"东方经验"。从中日韩自贸区仲裁制度中设定和谐核心价值取向的视角看,仲裁与调解相结合的程序具有诸多优点,其中最重要的莫过于将和谐思想融入仲裁制度中,仲裁与调解相结合体现了"促进和解"的现代文化理念和精神。国际商事仲裁领域中的当事人往往差距比较小,常具有长期的交易合作关系。这些都增加了当事人达成和解的可能性。[①]

仲裁与调解相结合的程序虽然自诞生以来经历过一些波折,理论界仍不乏质疑,但是,该程序受到了越来越多国家及国际组织的欢迎,纷纷制定了相关的法律规则。[②]尤其是,仲裁与调解相结合的程序完美彰显了中日韩三国共同信仰的"和为贵"思想,保障了该程序的理论正当性和实践上的可操作性。有鉴于此,笔者建议中日韩自贸区仲裁制度中设定仲裁与调解相结合的程序,为保障中日韩自贸区的正常发展作出贡献。

三、友好仲裁

友好仲裁属于仲裁变体,指仲裁庭依据当事人的授权,不受实体法规定拘束,依据法律一般原则、衡平原则、公允善良原则、商事惯例等作出裁决。友好仲裁在域外的制度原型是起源于罗马法的"公平与善良法则"(ex aequo et bono)以及源自法国1807年民事诉讼法的"友好仲裁"(amicable composition)。友好仲裁方式得到了法国、比利时、荷兰以及瑞士等大陆法系国家的

---

① 张璐."仲裁与调解相结合"制度的法律问题研究初探[J]. 兰州学刊, 2004: 3: 166.
② ERMMERMAN H C. The Ever-increasing Influence of Mediation as A Means of Resolving Complex Commercial Disputes [J]. DePaul Law Review, 2001 (50): 1085-1086.
CHI S. The Role of Mediation in Trademark Disputes [J]. American Journal of Mediation, 2008 (2): 105-112.
PETSCHE M. Mediation as the Preferred Method to Solve International Business Disputes: A Look into the Future [J]. International Bussiness Law Journal, 2013 (2013): 251-253.

承认。在普通法系的英国和美国，只要当事人授权，仲裁员就可以进行友好仲裁。[1]

友好仲裁主张当事人可以授权仲裁庭不必依据现行法律规定作出裁决，体现了当事人的自治权。更重要的是，当事人要求采用友好的方式解决纠纷，充分彰显和传播了和谐理念。实际上，社会发展早已表明，法律固有的局限性以及现实社会环境的困扰，使得法律和司法在很多方面作用十分有限。法律的无限扩张和对社会的高度介入，有可能进一步摧毁社会共同体和自治。因此，法律本身不仅无助于人们精神价值与和谐社会的建立，甚至会对它们给予致命的打击乃至破坏。[2]中国前几年致力于法治建设，没有足够重视传统文化，阻碍了磋商、调解等解决民众纠纷方式的发展，不利于和谐社会的建设。日韩两国的教训更深刻：二战后集中搬抄西方法律制度和文化，漠视民众心中对传统文化的偏爱，导致他们不愿采用仲裁这一准司法方式解决民事纠纷。

遗憾的是，我国作为和谐文化的鼻祖，《仲裁法》中却没有规定友好仲裁制度，原因之一是我国《仲裁法》规定了比友好仲裁更具有可预测性和可控制性的仲裁调解制度，可以在纠纷解决实践中替代友好仲裁。[3]可喜的是，我国已有部分仲裁机构在其仲裁规则中规定了友好仲裁制度，这必然会推动我国尽早将友好仲裁纳入《仲裁法》。[4]考虑到友好仲裁彰显了中日韩民众共同信仰的和谐理念，日韩两国仲裁法中又没有规定完整的调解仲裁制度，笔者建议中日韩自贸区仲裁制度中设定友好仲裁程序，相信友好仲裁程序特别契合中日韩三国的传统文化，必然会为促进三国友好合作和自贸区的正常发展发挥重要作用。

四、仲裁第三方制度

仲裁第三方指非仲裁协议的表面签订者，由于合同或其他财产关系，对

---

[1] 邓瑞平，等. 国际商事仲裁法学 [M]. 北京：法律出版社，2010：14.
[2] 范愉，等. 多元化纠纷解决机制与和谐社会的构建 [M]. 北京：经济科学出版社，2011：58.
[3] 江伟，肖建国. 仲裁法（第3版）[M]. 北京：中国人民大学出版社，2016：221.
[4] 例如，《中国（上海）自由贸易试验区仲裁规则》（2015年版）第56条规定，当事人在仲裁协议中约定，或在仲裁程序中经协商一致书面提出请求的，仲裁庭可以进行友好仲裁。仲裁庭可以依据公允善良的原则作出裁决，但不得违反法律的强制性规定和社会公共利益。

仲裁标的或相关的财产权益有独立请求权,或虽无独立的请求权,但仲裁的结果与其有法律上的利害关系,而主动申请参加,或被仲裁当事人要求追加,或被仲裁庭通知,加入即将开始或已经开始的仲裁程序中的当事人。[①]当然,仲裁第三方进入仲裁程序必须由仲裁当事人一方或多方提出申请,或者经过仲裁当事人一方或多方的同意。相反,在仲裁当事人均不同意或均未提出申请的情况下,仲裁第三方本人提出申请或仲裁庭主动要求追加第三方,都是不允许的。

仲裁第三方制度的产生主要基于经济全球化的快速发展及国际商事仲裁的便捷、高效价值取向的需要。首先,允许第三方参加可以大大简化仲裁程序,减轻诉累。其次,可以有效避免同一案件作出相互矛盾的裁决。如果不允许具有实质利益关系的第三方参加仲裁,第三方的权益就得不到保护,第三方必然另行提起仲裁或诉讼,致使不同的裁判主体可能对于同一案件事实作出不一致的裁决,最终导致争端不能彻底解决。在各国和知名国际商事争端解决机构的仲裁立法及实践中,已经存在大量的法律规则和仲裁案例。[②]例如,《中国—东盟全面经济合作框架协议(中国解决机制协议)》第10条、《北美自由贸易区协定》第2013条、2020年正式签署的《区域全面经济伙伴关系协定(RCEP)》第19条第9款等,对仲裁第三方都作出了大同小异的规定。

我国虽然至今尚未构建完整的仲裁第三方制度,[③]但是,《中国(上海)自由贸易试验区仲裁规则》已率先作出了规定。从和谐的视角看,第三方的利益通过参与仲裁得以维护,自然有利于促进当事人和第三方的和谐和长期合作。同时,仲裁的意思自治原则表明,当事人应该有权同意第三方参与仲裁程序。笔者建议中日韩自贸区仲裁制度中纳入第三方制度,一是中日韩自贸区中的纠纷必然涉及多个当事方,如果各方都通过仲裁程序解决纠纷,自然有利于维持当事人与第三方的关系;二是《中国—东盟全面经济合作框架协议(中国解决机制协议)》《北美自由贸易区协定》等的情形最接近于中

---

① 丁伟,石育斌. 国际商事仲裁第三人之理论建构与实务研究[J]. 中国国际私法与比较法年刊,2003(1):321-350.
② 夏蔚. 仲裁第三人研究[J]. 当代法学,2000(5):34-36.
③ 《中国(上海)自由贸易试验区仲裁规则》第37条对仲裁第三方作出了规定。虽然该规定还存在诸多不足,但是已经彰显了仲裁第三方制度即将进入我国《仲裁法》的趋势。[周影珠. 从上海自贸区仲裁规则看仲裁第三人制度在我国的应用与展望[J]. 法制与社会,2015(20):41-42.]

日韩自贸区协定，其借鉴性不言而喻；三是第三方制度适应了当前经济全球化的需要，前景十分广阔。

五、临时仲裁

临时仲裁是由争议双方当事人共同选定的，或是由仲裁庭自行设计的仲裁规则所引导的仲裁程序。临时仲裁是不受特定机构管理的仲裁。[①]由于临时仲裁具有诸多优点，已被许多国际条约和协议所接受。《纽约公约》《UNCITRAL 仲裁示范法》《欧洲国际商事仲裁公约》《美洲国家国际商事仲裁公约》等国际公约均明确了临时仲裁的地位。1976 年颁布的《UNCITRAL 仲裁规则》在实践中极大地便利了临时仲裁。当事人无须在争议产生之前或之后制定详细的仲裁程序，而只需将该规则所提供的全面且充分的仲裁规则放入他们的仲裁协议即可。如此，当事人既可在争议产生之后如其所愿选择临时仲裁定纷止争，亦可避免因缺乏制定详尽的仲裁程序的能力或由于无法预料到其中的陷阱而使商事纠纷的解决陷入困境。[②]

遗憾的是，我国 2017 年修正的《仲裁法》第 16 条规定，仲裁协议必须有选定的仲裁委员会。第 18 条规定，"仲裁协议对仲裁事项或者仲裁委员会没有约定或者约定不明确的，当事人可以补充协议；达不成补充协议的，仲裁协议无效"。可见，我国《仲裁法》并不认可临时仲裁在我国境内的效力。尽管如此，2016 年 12 月 30 日，最高人民法院印发了《关于为自由贸易试验区建设提供司法保障的意见》，允许在自贸区内注册的企业相互之间约定以临时仲裁的方式解决商事纠纷，并通过法院审查监督的形式予以规范。自此以后，我国一些仲裁机构在临时仲裁方面做了很多尝试，促使我国的临时仲裁日趋成熟。临时仲裁在自贸区的发展、互联网平台的发展方面，更彰显出其具有不可替代的优势和发展临时仲裁制度的必要性。[③]

临时仲裁作为仲裁的初级形式，代表着仲裁的本质属性，充分彰显了当事人的意思自治。机构仲裁是在临时仲裁的基础上发展起来的，但随着机构仲裁司法化的发展，无论是仲裁过程还是仲裁结果，当事人往往要受制于仲裁员或者仲裁机构的意志，当事人的意愿得不到尊重，故而违背了人们创设

[①] BORN G B. International Arbitration: Law and Practice [M]. London: Wolters Kluwer, 2016: 26.

[②] 张贤达. 我国自贸区临时仲裁制度的构建 [J]. 国家检察官学院学报, 2017 25 (3): 160-170.

[③] 张春良, 等. 中国涉外商事仲裁法律实务 [M]. 厦门: 厦门大学出版社, 2019: 426.

仲裁制度的初衷。①换言之，临时仲裁比机构仲裁更能体现当事人的意愿（和谐友好地解决纠纷），有助于和谐社会的建设。因此，笔者建议，中日韩自贸区仲裁制度中设定临时仲裁制度，这既有助于维护中日韩三国民众的权利和利益，又有利于三国民众建立长期友好、和谐的合作关系。

六、集体仲裁与合并仲裁

（一）集体仲裁

集体仲裁（Class Arbitration）是近年来全球法治化进一步发展催生的新程序。随着经济的发展，一些经济纠纷越来越复杂，涉及的人员众多。集体仲裁指一名或多名申请人代表其他具有相同利益的他人向仲裁庭申请对同一被申请人索赔的请求。通常情况下，申请人会多达几十、数百，甚至上千人。②近年来，越来越多的国家已经或正在制定集体诉讼和集体仲裁的规则，如英国、西班牙、加拿大及哥伦比亚等。国际投资仲裁实践中已经认可了集体救济程序，应用也逐渐广泛。例如，国际投资争端解决中心（ICSID）2011 年的一个仲裁案件，允许超过 19 万名意大利申请人向阿根廷提出索赔。ICSID 裁决解释称："这里出现的集体救济是唯一合同和法律规定的保障申请人实体权利的方式。"本案承认，同意诉诸 ICSID 仲裁的单个索赔人都可以得以认可。③

我国的《仲裁法》没有认可集体仲裁，多数世界知名的仲裁机构也没有对集体仲裁作出明确规定。国际条约也对集体仲裁保持沉默。④学者和律师对该程序的优劣素有争论。集体仲裁有利于促进传统仲裁所崇尚的效率、公正、灵活的价值，这是毋庸置疑的。笔者也不否认集体仲裁存在的诸如增加法院的介入及不确定性等方面的不足，但是，权衡利弊，国际商事仲裁引入集体仲裁程序的优点远远大于风险，这一程序正在得到越来越多学者和律师的好评。⑤也就是说，只要国家和仲裁机构制定合理的程序规则，集体仲裁程序的

---

① 张春良，等. 中国涉外商事仲裁法律实务［M］. 厦门：厦门大学出版社，2019：417.

② BLAVI F, VIAL G. Class Action in International Commercial Arbitration［J］. Fordham International Law Journal, 2016 (39)：791-797.

③ Abaclat and Others v. Argentine Republic, ICSID Case No. ARB/07/5, Decision on Jurisdiction and Admissibility［C］. ¶ 191 (Aug. 4, 2011) .

④ BLAVI F, VIAL G. Class Action in International Commercial Arbitration［J］. Fordham International Law Journal, 2016 (39)：791-808.

⑤ STRONG S. I. From Class to Collective: The De-Americanization of Class Actions［J］. Arbitration International, 2010 (26)：493-494.

风险完全是可控的。

毫无疑问，集体仲裁是西方国家主张的仲裁司法化的一项创新程序。考虑到该程序的确具有提高效率及促进公正的优点，也有助于高效处理涉及多个当事方的复杂纠纷，从而维持当事方的友好合作关系，日韩两国也具备西方仲裁法律及文化的基础，笔者认为，中日韩自贸区仲裁制度可以设定集体仲裁。特别是，中日韩自贸区三国民众共同信仰中国传统文化，长期合作前景看好，然而在合作中必然会产生错综复杂的纠纷，涉及诸多当事方的利益。通过集体仲裁方式解决当事方的纠纷，既维持了长期合作和共赢，又能节约司法资源。当然，中日韩应制定相应的规则，最大限度地发挥集体仲裁的优点，减小该程序可能导致的副作用。

（二）合并仲裁

近年来，由于各国的经济贸易合作向深度和广度快速发展，国际商事争端日趋复杂，经常涉及多个当事方的利益纠葛，因此，合并仲裁（consolidation of arbitration）作为一种新的国际商事仲裁程序发展较快，正在得到越来越多国家和知名国际商事仲裁机构的认可和推行。合并仲裁是指一个仲裁机构受理多个关联案件后，通过一个仲裁程序一并解决多个仲裁案件的一种多方当事人争议解决方式。合并仲裁的实质是仲裁程序的合并。①

合并仲裁作为一种新的争端解决方式，正处在发展中，各国立法和法院及国际商事仲裁机构的态度也不尽相同。英国1996年的《仲裁法》第35条规定了应该遵循当事人意思自治原则，将决定合并仲裁的权利交给双方当事人，而仲裁庭无权强制合并仲裁。美国2000年的《修订示范仲裁法》（RUAA）第10条第一次对合并仲裁作出了完整规定，地方法院对符合条件的关联案件的仲裁请求享有合并仲裁的权利，除非当事人的仲裁协议明确约定禁止合并仲裁。当今世界上许多知名国际商事仲裁机构对合并仲裁作出了规定，其中国际商会仲裁院的规定较具有代表性。2017年的《国际商会仲裁规则》第4条第6款规定："当一方当事人提交的申请书涉及的法律关系与已经按照本规则正在进行当中的同一当事人之间的仲裁程序有关时，仲裁院应一方当事人的申请可以决定将申请书中的请求纳入正在进行的仲裁程序当中，但须以审理事项还未被签字或未被仲裁院批准为前提，而该请求只根据第15

---

① 邓瑞平，等. 国际商事仲裁法学 [M]. 北京：法律出版社，2010：277.
显然，合并仲裁与集体仲裁最大的不同是，合并仲裁是两个或以上的仲裁程序的合并，集体仲裁则指多人参与相同的仲裁程序。[BLAVI F, VIAL G. Class Action in International Commercial Arbitration [J]. Fordham International Law Journal, 2016（39）：791-797.]

条规定才可能被纳入正在进行的仲裁程序当中。"《中国海事仲裁委员会仲裁规则》第46条认可了合并仲裁,做了相关规定。

合并仲裁符合仲裁制度的意思自治和公正价值取向。其中,允许当事人合意确定当事人争端解决方式和内容是意思自治原则的最充分体现。①同时,合并仲裁也维持了公正的价值取向。因此,合并仲裁的价值取向与仲裁制度的意思自治原则的契合,奠定了合并仲裁的理论根基。虽然合并仲裁制度在一定程度上有可能有碍于仲裁程序正义的实现,因为其允许在当事人未达成合意的情况下强制将有关联的仲裁程序合并进行,似乎突破了传统仲裁制度的意思自治原则,但是我们更应当看到,合并仲裁能够避免案件结果的不公正,而且其远比牺牲的那些程序正义更重要。②

笔者认为,合并仲裁彰显了当事人意思自治、公正及效益等价值取向,有助于解决错综复杂的纠纷,节省时间和费用。同时,日韩两国的相关法律法规也接受了合并仲裁制度。③因此,笔者建议中日韩自贸区仲裁制度中设定合并仲裁程序。

七、简易程序及加速仲裁

(一)简易程序

简易程序(summary procedure)又称小额仲裁程序,指对国际商事仲裁中的某些程序进行简化。该程序以其高度的自治性和快速灵活的审理过程,在世界范围内被广泛应用。④世界上一些知名的国际商事仲裁机构如伦敦仲裁院、斯德哥尔摩商会仲裁院等,都规定了国际商事仲裁简易程序。我国《仲裁法》中没有明确规定简易程序,但对独任仲裁员仲裁和书面审理的肯定,实质上都包含了简化仲裁程序的精神。⑤不过,我国许多仲裁机构都认可了仲裁简易程序,作出了较为明确、具体的规定。

仲裁简易程序作为与仲裁普通程序并列的一个独立程序,主要适用于争

---

① 乔欣. 仲裁权论[M]. 北京:法律出版社,2009:82.
② 乔欣. 和谐文化理念视角下的中国仲裁制度研究[M]. 厦门:厦门大学出版社,2011:321.
③ 例如,2008年修订的《日本商事仲裁协会商事仲裁规则》第44条第1款规定:"多个仲裁申请的请求事项相互关联,协会或者仲裁庭认为有必要的,经过各种仲裁申请的全体当事人的书面同意,可以在一个程序下进行审理。但多个仲裁申请是基于同一个仲裁协议的,无须当事人的同意。"
④ 邓瑞平,等. 国际商事仲裁法学[M]. 北京:法律出版社,2010:300.
⑤ 江伟,肖建国. 仲裁法[M]. 北京:中国人民大学出版社,2016:167.

议金额较小、案情简单及事实清楚的纠纷。与仲裁普通程序相比,简易程序具有独任仲裁员审理案件、审理方式灵活、程序简易及各阶段时间较短等特点。显然,国际商事仲裁简易程序是各国民事诉讼制度中小额诉讼程序在国际商事领域的再现,彰显了和谐、自治和效益等价值取向,发展前景良好。因此,笔者建议中日韩自贸区仲裁制度也吸收国际商事仲裁简易程序,这有利于促进三国民众间的友好合作,提高经济效益。

（二）加速仲裁

加速仲裁（expedited arbitration）指高速、经济地解决特定类型的国际商事争议,在国际商事仲裁普通程序的基础上进行限制和简化而形成的一套简易快捷、费用低廉的仲裁方式。[1]由于加速仲裁具有快速、费用低的特点,有助于提高当事方的效益和减轻诉累,不少国家和国际商事仲裁机构都作出了相应的规定,如世界知识产权组织仲裁与调解中心、日本商事仲裁协会、中国国际经济贸易仲裁委员会（CIETAC）、中国海事仲裁委员会、美国仲裁协会和斯德哥尔摩商会仲裁院等。[2]

近年来,国际商事仲裁程序快速诉讼化的发展,导致仲裁自治、高效的本质属性逐渐削弱,当事人难以从仲裁普通程序中低廉、方便、经济、高效地解决国际商事纠纷。显而易见,加速仲裁程序有助于恢复和维持仲裁的本质属性,一定程度上彰显了和谐、自治及效益等价值取向,符合中日韩三国民众信奉的"和为贵"理念。因此,笔者建议中日韩自贸区仲裁制度中认可加速仲裁程序,并作出明确、具体的规定。

小　结

本章的研究思路是在"人类命运共同体"及和谐世界建设的背景下,从中日韩三国共同信仰的传统文化切入,对当前国际商事仲裁制度的价值取向及程序两方面进行全面梳理和深入探讨,从而对中日韩自贸区仲裁制度提出构想建议。在价值取向方面,笔者首次提出,中日韩自贸区仲裁制度应将和谐思想设定为核心价值取向,统领整个仲裁制度,这是和谐世界不可逆转的必然要求。在仲裁程序构建方面,笔者依照和谐价值取向的要求,适当考虑

---

[1] 邓瑞平,等. 国际商事仲裁法学［M］. 北京：法律出版社,2010：304.
[2] 郑远民,吕国民,于志宏. 国际私法［M］. 北京：中信出版社,2002：293-294.

当前国际商事仲裁中的新程序和日韩两国较早接受西方仲裁制度、文化的事实，提出了上述建议。至于那些主要源于西方仲裁诉讼化的新程序，如紧急仲裁员程序、先例程序、上诉程序、缺席程序及重新仲裁程序等，笔者认为这些程序有悖于中日韩三国民众信仰的和谐思想，不符合仲裁的本质属性要求，因此，不主张将这些程序纳入中日韩自贸区仲裁制度。

主要参考文献

一、中文文献

(一) 中文类著作

[1] 法学教材编辑部《西方法律思想史》编写组. 西方法律思想史[M]. 北京：北京大学出版社, 1983.

[2] 杨良宜. 国际商务仲裁[M]. 北京：中国政法大学出版社, 1997.

[3] 陈治东. 国际商事仲裁法[M]. 北京：法律出版社, 1998.

[4] 张晋藩. 中华法制文明的演进[M]. 北京：中国政法大学出版社, 1999.

[5] 刘作翔. 法律文化理论[M]. 北京：商务印书馆, 1999.

[6] 范愉. 非诉讼纠纷解决机制研究[M]. 北京：中国人民大学出版社, 2000.

[7] 李双元. 国际私法（新编本）[M]. 北京：北京大学出版社, 2000.

[8] 范愉. ADR 原理与实务[M]. 厦门：厦门大学出版社, 2001.

[9] 王生长. 仲裁与调解相结合的理论与实务[M]. 北京：法律出版社, 2001.

[10] 韩德培, 朱克鹏, 等. 国际私法[M]. 北京：高等教育出版社, 2002.

[11] 刘晓红. 国际商事仲裁协议的法理与实证[M]. 北京：商务印书馆, 2005.

[12] 尹力. 国际商事调解法律问题研究[M]. 武汉：武汉大学出版社, 2007.

[13] 邓瑞平, 等. 国际商事仲裁法学[M]. 北京：法律出版社, 2010.

[14] 范愉, 等. 多元化纠纷解决机制与和谐社会的构建[M]. 北京：经济科学出版社, 2011.

[15] 乔欣. 和谐文化理念视角下的中国仲裁制度研究 [M]. 厦门：厦门大学出版社, 2011.

[16] 赵秀文. 国际商事仲裁法（第 3 版）[M]. 北京：中国人民大学出版社, 2012.

[17] 江必新. 新民事诉讼法理解适用与实务指南 [M]. 北京：法律出版社, 2012.

[18] 梁治平. 寻求自然秩序中的和谐——中国传统法律文化研究 [M]. 北京：商务印书馆, 2013.

[19] 王钢. 国际商事调解技巧研究 [M]. 北京：中国民主法制出版社, 2014.

[20] 齐树洁. 民事诉讼法（第 10 版）[M]. 厦门：厦门大学出版社, 2016.

[21] 许倬云. 中西文明的对照 [M]. 杭州：浙江人民出版社, 2016.

[22] 江伟, 肖建国. 仲裁法（第 3 版）[M]. 北京：中国人民大学出版社, 2016.

[23] 习近平. 论坚持推动构建人类命运共同体 [M]. 北京：中央文献出版社, 2018.

[24] 张中秋. 中西法律文化比较研究（第 5 版）[M]. 北京：法律出版社, 2019.

[25] 王钢. 国际商事调解规则研究 [M]. 北京：中国社会科学出版社, 2019.

[26] 王丽. "一带一路"国际商事调解 [M]. 北京：北京大学出版社, 2020.

（二）中文类译著

[1] 孟德斯鸠. 论法的精神（上册）[M]. 张雁深, 译. 北京：商务印书馆, 1961.

[2] 博登海默. 法理学——法哲学及其方法 [M]. 邓正来, 姬敬武, 译. 北京：华夏出版社, 1987.

[3] 施米托夫. 国际贸易法文选 [M]. 赵秀文, 选译. 北京：中国大百科全书出版社, 1993.

[4] 伯尔曼. 法律与革命——西方法律传统的形成 [M]. 贺卫方, 高鸿钧, 张志铭, 等译. 北京：中国大百科全书出版社, 1993.

[5] 棚濑孝雄. 纠纷的解决与审判制度 [M]. 王亚新, 译. 北京：中国

政法大学出版社，1994.

[6] 亨廷顿. 文明的冲突与世界秩序的重建［M］. 周琪，刘绯，张立平，等译. 北京：新华出版社，1994.

[7] 萨维尼. 论立法与法学的当代使命［M］. 许章润，译. 北京：中国法制出版社，2001.

[8] 亚里士多德. 尼各马可伦理学［M］. 廖申白，译注. 北京：商务印书馆，2003.

(三) 中文类期刊

[1] 石泰峰. 社会需求与立法发展——兼析有法不依的立法原因［J］. 中国法学，1991（1）.

[2] 陈安. 英、美、德、法等国涉外仲裁监督机制辨析［J］. 法学评论，1998（5）.

[3] 彭云业. 论仲裁制度中当事人意思自治的扩与限［J］. 法学评论，2001（4）.

[4] 陈弘毅. 调解、诉讼与公正——对现代自由社会和儒家传统的反思［J］. 现代法学，2001（6）.

[5] 范愉. 浅谈当代"非诉讼纠纷解决"的发展及其趋势［J］. 比较法研究，2003（4）.

[6] 汪祖兴. 效率本位与本位回归［J］. 中国法学，2005（4）.

[7] 郭玉军，孙敏洁. 美国诉讼和解与中国法院调解之比较研究［J］. 法学评论，2006（2）.

[8] 张春良. 论国际商事仲裁价值［J］. 河北法学，2006（6）.

[9] 黄进，马德才. 国际商事争议可仲裁范围的扩展趋势之探析［J］. 法学评论，2007（3）.

[10] 高鸿钧. 英国法的主要特征（上）［J］. 比较法研究，2012（3）.

[11] 范愉. 自贸区建设与纠纷解决机制的创新［J］. 法治研究，2017（1）.

[12] 黄进. 建立中国现代仲裁制度的三点构想［J］. 中国法律评论，2017（3）.

[13] 朱明新. 联合国国际贸易法委员会投资仲裁透明度规则评析［J］. 武大国际法评论，2017（1）.

[14] 齐树洁. 英国调解制度［J］. 人民调解，2018（12）.

[15] 车丕照. 是"逆全球化"还是在重塑全球规则？［J］. 政法论丛，

2019（1）.

二、英文类文献

（一）英文类著作

［1］ DURANT W. The Story of Civilization. Our Common Heritage［M］. New York: Simon & Schuster, 1963.

［2］ RAWLS J. A Theory of Justice［M］. Cambridge: The Belknap Press of Harvard University Press, 1971.

［3］ BUCHER A, TSCHANZ P Y. International Arbitration in Switzerland［M］. Lausanue: Basle Helbing & Lichtenhahn, 1988.

［4］ FOX W F. International Commercial Agreements［M］. Deventer: Kluwer Law and Taxation Publishers, 1992.

［5］ GAILLARD E, SAVAGE J. International Commercial Arbitration［M］. The Hague: Kluwer Law International, 1999.

［6］ ALFINI J J. Mediation Theory and Practice［M］. Boston: Allyn & Bacon, 2001.

［7］ CROKER CHESTER A. Mediation in the Hardest Cases［M］. Washington: US Institute of Peace Press, 2004.

［8］ BUHRING-UHLE CHRISTIAN. Arbitration and Mediation in International Business［M］. The Hague: Kluwer Law International, 2006.

［9］ MOSES M L. The Principles and Practice of International Commercial Arbitration［M］. Cambridge: Cambridge University Press, 2008.

［10］ ALEXANDER N. International and Comparative Mediation［M］. The Hague: Kluwer Law International, 2009.

［11］ NOUSSIA K. Confidentiality in International Commercial Arbitration［M］. London: Springer London, 2010.

［12］ MCLLWRATH M, SAVAGE J. International Arbitration and Mediation［M］. The Hague: Kluwer Law International, 2010.

［13］ BEARDSLEY KYLE. The Mediation Dilemma［M］. New York: Cornell University Press, 2011.

［14］ ALVAREZ J E. International Organizations as Law-makers: Transparency in International Law［M］. Andrea Bianchi & Anne Peters eds. UK: Oxford Univ

Pr, 2013.

［15］BORN G B. International Commercial Arbitration ［M］. London: Wolters Kluwer, 2014.

［16］GOLANN DWIGHT. Mediation: The Roles of Advocate and Neutral ［M］. London: Wolters Kluwer, 2016.

［17］PETERSMANN E U. CETA, TTIP, TISA New Trends in International Economic Law, in Mega-Regional Trade Agreements: CETA, TTIP, and TiSA edited by Stefan Griller, Walter Obwexer and Erich Vranes ［M］. London: Oxford University Press, 2017.

［18］SWEET A S, GRISEL F. The Evolution of International Arbitration: Judicialization, Governance, Legitimacy ［M］. London: Oxford University Press, 2017.

［19］REYMOND-ENIAEVA E. Towards a Uniform Approach to Confidentiality of International Commercial Arbitration ［M］. Geneva: Springer Nature Switzerland AG, 2019.

［20］CAMERON P D, KOLO A. Mediating International Energy Disputes, in Mediation in International Commercial and Investment Disputes edited by Catharine Titi and Katia Fach Gómez ［M］. London: Oxford University Press, 2019.

［21］LEOVEANU A, ERAC A. ICC Mediation: Paving the Way forward, in Mediation in International Commercial and Investment Disputes edited by Catharine Titi and Katia Fach Gómez ［M］. London: Oxford University Press, 2019.

［22］TOMUSCHAT C, KOHEN M G. Flexibility in International Dispute Settlement: Conciliation Revisited ［M］. Boston: Brill Nijhoff, 2020.

［23］FERRARI F, ROSENFELD F, CZERNICH D. Due Process as a Limit to Discretion in International Commercial Arbitration ［M］. London: Wolters Kluwer, 2020.

（二）英文类期刊

［1］JONES S A. Historical Development of Commercial Arbitration in the United States ［J］. Minnesota Law Review, 1927（12）.

［2］FISS O M. Against Settlement ［J］. Yale Law Journal, 1984（93）.

［3］EDWARDS H T. Alternative Dispute Resolution: Panacea or Anathema? ［J］. Harvard Law Review, 1986（99）.

［4］NOMURA Y. Some Aspects of the Use of Commercial Arbitration by Japanese Corporations [J]. Osaka University Law Review, 1986 (33).

[5] BIRKE R, TEITZ L E. U. S. Mediation in 2001: The Path that Brought America to Uniform Laws and Mediation in Cyberspace [J]. American Journal of Comparative Law, 2002 (50).

[6] BUYS C G. The Tensions between Confidentiality and Transparency in International Arbitration [J]. American Review of International Arbitration, 2003 (14).

[7] GARCIA F J. Beyond Special and Differential Treatment [J]. Boston College International & Comparative Law Review, 2004 (27).

[8] NAKANO S. International Commercial Arbitration under the New Arbitration Law of Japan [J]. Japanese Annal of International Law, 2004 (47).

[9] RAYMON A H. Confidentiality in a Forum of Last Resort: Is the Use of Confidential Arbitration A Good Idea for Business and Society? [J]. American Review of International Arbitration, 2005 (16).

[10] Rogers C A. Transparency in International Commercial Arbitration [J]. University of Kansas Law Review, 2006 (54).

[11] SALACUSE J. Is There a Better Way? Alternative Methods of Treaty-Based, Investor-State dispute Resolution [J]. Fordham International Law Journal, 2007 (31).

[12] VANDUZER J. A. Enhancing the Procedural Legitimacy of Investor-State Arbitration Through Transparency and Amicus Curiae Participation [J]. McGILL Law Journal, 2007 (52).

[13] COLE T. Commercial Arbitration in Japan: Contributions to the Debate on Japanese Non-litigiousness [J]. New York University Journal International Law and Policy, 2007 (40).

[14] CHI S. The Role of Mediation in Trademark Disputes [J]. American Journal of Mediation, 2008 (2).

[15] CUNIBERTI G. Beyond Contract – The Case for Default Arbitration in International Commercial Disputes [J]. Fordham International Law Journal, 2009 (32).

[16] MEALY N. Mediation's Potential Role in International Cultural Property Disputes [J]. Ohio State Journal on Dispute Resolution, 2011 (26).

[17] MAVROIDIS P C. Free Lunches? WTO as Public Good, and the WTO'

s View of Public Goods [J]. European Journal of International Law, 2012 (23).

[18] GENN H. What is Civil Justice for? Reform, ADR, and Access to Justice [J]. Yale Journal of Law and Humanities, 2013 (15).

[19] CHANG F. Desirability of a New International Legal Framework for Cross-Border Enforcement of Certain Mediated Settlement Agreements [J]. Contemporary Asia Arbitration Journal, 2014 (7).

[20] STRONG S I. Beyond International Commercial Arbitration-The Promise of International Commercial Mediation [J]. Washington University Journal of Law & Policy, 2014 (45).

[21] STIPANOWICH T J, LAMARE J. Living with ADR: Evolving Perceptions and Use of Mediation, Arbitration, and Conflict Management in Fortune 1000 Corporations [J]. Harvard Negotiation Law Review, 2015 (19).

[22] DESIERTO D A. Rawlsian Fairness and International Arbitration [J]. University of Pennsylvania Journal of International Law, 2015 (36).

[23] CARMODY M. Overturning the Presumption of Confidentiality: Should the UNCITRAL Rules on Transparency Be Applied to International Commercial Arbitration [J]. International Trade & Business Law Review, 2016 (19).

[24] POOROOYE A, FEEHILY R. Confidentiality and Transparency in International Commercial Arbitration: Finding the Right Balance [J]. Harvard Negotiation Law Review, 2017 (22).

[25] TUNG S H L, LIN B. More Transparency in International Commercial Arbitration: To Have or Not to Have [J]. Contemporary Asia Arbitration Journal, 2018 (11).

[26] SATAGOPAN A. Conceptualizing a Framework of Institutionalized Appellate Arbitration in International Commercial Arbitration [J]. Pepperdine Dispute Resolution Law Journal, 2018 (18).

后　记

　　我记得在孩童时期，就经常听家父和邻居大爷、叔叔讲述古代的故事。上初中后，在家父的辅导下，开始阅读家藏古书，深受儒家思想中"和为贵""己所不欲，勿施于人"等思想的影响。由于当时年景不好，父母又身体不好，生活十分艰难。我作为长子，时常感觉苦恼愤懑，度日如年，于是常常爬上村头的山头，远眺烟波浩渺的渤海，想象着早日登上来往的帆船，进入蓬莱仙境，过上那种人人互敬互爱、和谐相处、友好无讼的天堂生活。从此以后，这个美好的憧憬时常在脑海里显现，难以释怀。我当了大学法学教师后，渐渐对西方的依法治国制度产生了崇拜和敬仰，但也时而感觉西方的做法过分古板和程序化，会削弱人与人之间的友好关系，不利于促进人们之间的和谐相处，这与孩童时期梦想的天堂世界渐行渐远。后来，我有机会公派出国留学，经常受邀到联合国、世界知识产权组织及国外知名大学进行讲学和参加国际会议，结识了不少外国知名法学教授，对西方的政治、经济及法律等制度有了全面、深刻的了解。在此期间，我发现西方法治的确存在诸多不足，并不是理想的治国方式，所以，我就趁在国外讲学的机会，讲授中国儒家思想中的"和为贵"等思想，提出了国际商事仲裁正在过分诉讼化，鼓励人们使用磋商、调解及调停等和解方式解决民事纠纷的主张，博得了国外学者和学生的好评。近年来，习近平总书记提出的构建"人类命运共同体"及和谐世界的倡议，指明了人类社会发展的大势，要求大力弘扬中国传统文化，这更加坚定了我对中国传统文化中和谐思想的认知和进一步研究。

　　自中日韩就建立自由贸易区开始谈判以来，我就开始收集相关资料，展开对中日韩自贸区非诉讼制度的研究，旨在构建"人类命运共同体"与和谐世界语境之下，根植于中日韩三国共同信仰的中国传统文化中的和谐思想，提出了将和谐设定为核心价值取向、以调解为主仲裁为辅的构想。这无疑将中国传统文化的精髓及智慧纳入了国际商事非诉讼制度理论及程序框架，填补了空白。同时，为中日韩自贸区的顺利运行保驾护航，切实为三国人民的福祉作出贡献。

  深感幸运的是，本研究获得了山东大学 2019 年度人文社会科学重大项目的资助，得以顺利进行。在本项目成功完成之际，我要真诚地感谢课题组的全体专家和参与者。同时，还要感谢无偿给我提供研究资料的国外专家，特别是 Franco Ferrari、Ernst-Ulrich Petersmann 及 Gary B. Born 等教授。

  "人类命运共同体"与和谐世界建设正在如火如荼展开，中国传统文化在当今世界熠熠生辉、光彩夺目，中日韩自由贸易区谈判正在进行，前程似锦，催人奋进，激励人们加倍努力！

姜作利
2022 年 11 月 6 日于山东大学（青岛校区乐水居）